教育部人文社会科学重点研究基地——西北大学中国西部经济发展研究中心
陕西宏观经济与经济增长质量协同创新研究中心
西北大学中国马克思主义政治经济学研究中心
西北大学“双一流”建设项目
陕西高校人文社会科学青年英才支持计划（2015）
教育部人文社科基金项目“新常态下中国经济增长数量和质量多维互动机制研究”（17XJA790004）

新时代下强起来的中国特色社会主义政治经济学研究

RESEARCH ON THE POLITICAL ECONOMICS OF SOCIALISM WITH CHINESE CHARACTERISTICS IN THE NEW ERA OF GREATNESS

何爱平　师　博◇等著

中国经济出版社
CHINA ECONOMIC PUBLISHING HOUSE
北 京

图书在版编目（CIP）数据

新时代下强起来的中国特色社会主义政治经济学研究/何爱平等著. --北京：中国经济出版社，2019.2

ISBN 978-7-5136-5568-2

Ⅰ.①新… Ⅱ.①何… Ⅲ.①中国特色社会主义-社会主义政治经济学-研究 Ⅳ.①F120.2

中国版本图书馆 CIP 数据核字（2019）第038173号

责任编辑　贺　静
责任印制　马小宾
封面设计　华子设计

出版发行　中国经济出版社
印 刷 者　北京柏力行彩印有限公司
经 销 者　各地新华书店
开　　本　710mm×1000mm　1/16
印　　张　23.5
字　　数　349千字
版　　次　2019年2月第1版
印　　次　2019年2月第1次
定　　价　69.00元
广告经营许可证　京西工商广字第8179号

中国经济出版社　网址 www.economyph.com　社址 北京市西城区百万庄北街3号　邮编 100037
本版图书如存在印装质量问题，请与本社发行中心联系调换（联系电话：010-68330607）

目　录

目录

上篇 重大理论问题

下篇 重大实践问题

上篇

重大理论问题

从富起来的政治经济学到强起来的政治经济学

何爱平　李雪娇①

政治经济学是发展的学说，中国特色社会主义政治经济学是马克思主义理论和中国实际相结合的产物，具有明显的历史性和阶段性，“马克思列宁主义的普遍真理与本国的具体实际相结合，这句话本身就是普遍真理。它包含两个方面，一方面叫普遍真理，另一方面叫结合本国实际。我们历来认为丢开任何一面都不行”②。马克思主义原理与新中国成立到改革开放前的现实实践相结合，孕育了站起来的政治经济学；与改革开放时期的中国社会主义发展实践相结合，产生了富起来的政治经济学；与新时代的中国特色社会主义建设相结合，诞生了强起来的政治经济学。新时代下强起来的政治经济学在对象上更侧重于对当代中国生产力发展的研究，并从生产力的角度研究生产关系，同时，在社会主义初级阶段具体经济制度、体制机制和经济运行理论方面取得了创新成果；在研究方法上，强起来的政治经济学不仅坚持了马克思主义政治经济学历史唯物主义辩证法的方法论基础，还借鉴了当代西方经济学的最新成果；在理论结构上，强起来的政治经济学创造性地提出了新常态理论、新的发展理念、发展方式与动力转换理论以及开放新格局的理论。

一、政治经济学的历史性和阶段性

恩格斯在《反杜林论》中指出：“政治经济学本质上是一门历史的科

① 何爱平，女，西北大学经济管理学院教授，博士生导师，研究方向为政治经济学；李雪娇，女，西北大学经济管理学院 2014 级博士研究生，研究方向为政治经济学。

② 邓小平．邓小平文选：第 1 卷[M]．北京：人民出版社，1989：259.

学。它所涉及的是历史性的经常变化的材料；它首先研究生产和交换的每一个发展阶段的特殊规律，而且只有在完成这种研究之后，它才能确立为数不多的，适合于一切生产和交换的最普遍的规律。”① 恩格斯关于政治经济学本质所作的理论规定深刻阐述了政治经济学研究的历史性和阶段性。

首先，政治经济学的历史性体现在其研究对象上。马克思在《资本论》的序言中明确指出：“我要在本书研究的，是资本主义生产方式以及和它相适应的生产关系和交换关系。到现在为止，这种生产方式最典型的地点是英国，因此，我在理论阐述上主要用英国作为例证。”② 可以看出，《资本论》以物质资料的生产为出发点，以19世纪的资本主义社会欧洲为背景，以英国为典型例证，阐释了资本主义生产方式产生、演变及未来发展的历史过程。因此，马克思主义政治经济学本身就是历史的产物，是在研究一定历史条件下的经济发展规律得到的理论成果，这种成果也只适用于特定的历史条件。恩格斯也认为，政治经济学的研究基于一定的历史条件，其研究对象是按照历史存在的时代条件所决定的。其研究结果也具有明显的时代特征，“由重农学派和亚当·斯密做了正面阐述的狭义的政治经济学，实质上是十八世纪的产儿……并且带有那个时代的一切优点和缺点”③。马克思在对蒲鲁东的指责中指出：“这些经济学家把这些经济范畴的看作永恒的规律，而不是看作历史性的规律——只是适于一定的历史发展阶段、一定的生产力发展阶段的规律。”④ 可见，政治经济学研究的是置于一定历史条件和时代语境下的社会关系，其研究对象具有历史性和阶段性。

其次，政治经济学的历史性体现在其研究内容上。马克思对经济规律的考察是从历史发展的角度来切入的。在商品价值形式的演变中，他认为，与原始社会末期出现的偶然产品剩余和简单的物物交换相适应的是简

① ［德］马克思，恩格斯．马克思恩格斯全集：第20卷［M］．北京：人民出版社，1972：160－161.
② ［德］马克思．资本论：第1卷［M］．北京：人民出版社，2004：8.
③ ［德］马克思，恩格斯．马克思恩格斯全集：第20卷［M］．北京：人民出版社，1972：165.
④ ［德］马克思，恩格斯．马克思恩格斯选集：第4卷［M］．北京：人民出版社，1995：536－537.

单的或者偶然的价值形式，随着社会生产力和社会分工的不断发展，产品交换频率逐渐提高，一种商品和其他好几种商品经常交换，才出现总和的和扩大的价值形式，而当所有商品的价值都统一表现在同一种商品即一般等价物上时，就出现了一般价值形式，而这种一般等价物固定在某一贵金属上时，就出现了货币，因此，货币的本质就是固定的一般等价物。无独有偶，在资本主义生产力的演变过程中，马克思也是从历史的视角展开研究的。起初从小商品生产分化出来的“资本主义协作……表现为资本主义生产过程所固有的并表示其特征的历史形式”①；作为资本主义生产过程特殊形式的工场手工业，从16世纪中叶才开始占据统治地位，马克思认为工场手工业“一方面，它表现为社会经济形成过程中的历史进步和必要的发展因素；另一方面，它又是文明的、精巧的剥削手段”②；直到足够多的生产资料聚集到资本家手中，劳动分工日益分化，生产规模越来越大，机器和大工业生产才出现，而且新兴工业“通常都是先经过手工业生产，然后经过工场手工业生产这些短暂的过渡阶段才达到工厂生产”③。

再次，政治经济学的历史性体现在其研究方法上。马克思运用历史唯物主义的分析方法阐述了人类社会发展的一般规律和趋势，“物质生活的生产方式制约着整个社会生活……社会的物质生产力发展到一定的阶段，便同他们一直在其中活动的现存生产关系和财产关系（这只是生产关系的法律用语）发生矛盾。于是这些关系便由生产力的发展形式变成生产力的桎梏。那时，社会革命的时代就到来了。随着经济基础的变更，全部庞大的上层建筑也或慢或快地发生变革”④。此段经典论述被认为是马克思唯物辩证法思想的精髓，深刻揭示了生产力与生产关系、经济基础与上层建筑等社会基本矛盾。正是基本矛盾的运动才不断推动人类社会从低级阶段向高级阶段发展，其中生产力是历史发展的最终决定力量，而且生产力决定生

① ［德］马克思．资本论：第1卷［M］．北京：人民出版社，2004：388.

② ［德］马克思．资本论：第1卷［M］．北京：人民出版社，2004：422.

③ ［德］马克思．资本论：第1卷［M］．北京：人民出版社，2004：530.

④ ［德］马克思，恩格斯．马克思恩格斯文集：第2卷［M］．北京：人民出版社，2009：591－592.

产关系、经济基础决定上层建筑，而生产关系也会对生产力产生反作用。人类社会的基本矛盾决定了社会发展是一个自然的历史过程，马克思将这个表述称为，“我所得到的，并且一经得到就用于指导我的研究工作的总的结果”①。

最后，马克思强调任何一种理论都应随着实践活动和时代背景的变化而不断更新发展。政治经济学是研究人类不同历史条件下各种社会经济发展规律的科学，马克思认为“辩证法不崇拜任何东西，按其本质来说，它是不断批判和革命的”②，因此，理论也应该是不断发展演进的，因为我们“所考察的经济范畴，也都带有自己的历史痕迹”③。他清楚地认识到“政治经济学不可能对一切国家和一切历史时代都是一样的”④“人们借以生产、消费和交换的经济形式是暂时的和历史性的形式”⑤“英国古典政治经济学是属于阶级斗争不发展的时期的”⑥，《资本论》是属于阶级激烈斗争的资本主义时期的。马克思主义具有与时俱进的理论品质⑦，恩格斯强调“马克思的整个世界观不是教条，而是方法，它提供的不是现成的指南，而是进一步研究的出发点和提供这种研究使用的方法，具体的问题是不断变化的”⑧，因此“我们的理论是发展的理论”⑨。现实实践就是理论发展的主要动力，原理的实际应用“随时随地都要以当时的历史条件为转移”⑩。

---

① ［德］马克思，恩格斯．马克思恩格斯文集：第2卷［M］．北京：人民出版社，2009：591.
② ［德］马克思，恩格斯．马克思恩格斯全集：第44卷［M］．北京：人民出版社，2001：22.
③ ［德］马克思，恩格斯．马克思恩格斯全集：第44卷［M］．北京：人民出版社，2001：197.
④ ［德］马克思，恩格斯．马克思恩格斯全集：第20卷［M］．北京：人民出版社，1972：160－161.
⑤ ［德］马克思，恩格斯．马克思恩格斯选集：第4卷［M］．北京：人民出版社，1995：533.
⑥ ［德］马克思．资本论：第1卷［M］．北京：人民出版社，2004：16.
⑦ 江泽民．论“三个代表”［M］．北京：中央文献出版社，2001：165.
⑧ ［德］马克思，恩格斯．马克思恩格斯全集：第4卷［M］．北京：人民出版社，1995：472－473.
⑨ ［德］马克思，恩格斯．马克思恩格斯全集：第4卷［M］．北京：人民出版社，1995：685.
⑩ ［德］马克思，恩格斯．马克思恩格斯文集：第2卷［M］．北京：人民出版社，2009：15.

二、中国特色社会主义政治经济学的历史发展阶段

社会主义发展阶段的探索经历了曲折的过程，党的十一届三中全会确立了中国社会主义社会还处于初级阶段的基本认识。党的十九大指出，“中国特色社会主义进入新时代，意味着近代以来久经磨难的中华民族迎来了从站起来、富起来到强起来的伟大飞跃”①，从实践活动的角度把初级阶段划分为站起来、富起来和强起来三个阶段。按照马克思主义理论研究与实践相结合的历史阶段性特征，中国特色社会主义初级阶段的政治经济学也应该分为站起来的政治经济学、富起来的政治经济学和强起来的政治经济学。

（一）新中国成立到改革开放前的社会主义政治经济学：站起来的政治经济学

中华人民共和国成立以后，结束了长达百年的战乱和分裂状态，出现了一个相对和平的局面，国内百废待兴，国外还面临着西方资本主义世界的经济封锁和敌对政策，以及20世纪50年代开始恶化的中苏关系。中国共产党聚焦于社会主义制度的建立和经济体制的探索，以马克思主义政治经济学作为理论指导，以苏联模式及其经济思想为借鉴，不断进行经济思想探索，通过生产关系和所有制关系的社会变革，快速开展工农业生产，尤其是重工业的快速发展，经过长期的实践探索和对自身经验教训的总结，在实践中形成了建立与完善社会主义经济体制的主体经济思想，同时形成了一系列富有真知灼见、符合中国实际国情和不断变化的国内外矛盾的经济思想，具有中国特色的社会主义政治经济学成功地站了起来。这些思想为中国的社会主义建设提供了理论指导，让一个拥有6亿多人口的大国，面对生产力极端落后的基础，在社会动荡的情况下，实现了如此复杂广泛的变革，生产力还得到相应的发展，国民经济体系得以基本确立，为

---

① 习近平．决胜全面建成小康社会 夺取新时代中国特色社会主义伟大胜利[N]．人民日报，2017－10－28(1)．

中国和世界的发展做出了贡献。

站起来时代下，中国共产党坚持“按自然发展规律，按经济发展规律”[①]，习近平总书记在纪念毛泽东诞辰120周年的讲话中指出，毛泽东“把马列主义基本原理同中国实际进行第二次结合，找出在中国进行社会主义革命和建设的正确道路”[②]。站起来时代下，中国共产党积极探索社会主义社会的基本矛盾，从统筹兼顾、综合平衡的角度出发，阐释了站起来时期对社会矛盾的基本认识和处理态度，提出了一系列独创性的理论观点，包括：农业为基础、工业为重点，必须处理好重工业和轻工业、农业的关系；平衡工业发展布局，沿海的工业基地必须充分利用，内地工业必须大力发展，处理好沿海工业和内地工业的关系；重视国防建设，更要重视经济建设；兼顾国家、生产单位、个人的利益，要军民兼顾、公私兼顾；巩固中央领导，扩大地方权力，处理好中央和地方、地方和地方的关系，充分发挥中央和地方两个积极性；学习一切民族、一切国家的长处，包括资本主义国家先进的科学技术和科学管理方法，反对不加分析地一概排斥或一概照搬；要把马克思列宁主义的普遍真理同中国革命的具体实践相结合，反对教条主义[③]等，创造性地发展了马克思主义政治经济学。这一时期，以《论十大关系》《工作方法六十条（草案）》等为代表的一系列著作是马克思主义基本原理和中国特色社会主义道路探索阶段的现实实践相结合的产物，是中国特色社会主义政治经济学的理论成果。

（二）改革开放以来到党的十八大的中国特色社会主义政治经济学：富起来的政治经济学

中国社会主义道路的探索中逐渐暴露出劳动者生产积极性不高、物质资料短缺和人民生活水平普遍低下等弊端。中国共产党和学术界积极反

① 中共中央文献研究室．毛泽东年谱（1949—1976）：第2卷［M］．北京：中央文献出版社，2013：535.

② 中共中央文献研究室，编．十八大以来重要文献选编：上［M］．北京：中央文献出版社，2014：691.

③ 毛泽东．论十大关系［M］．北京：人民出版社，1976：2－24.

思，尝试对经济体制进行改革，初步建立了社会主义市场经济体制。这一时期的政治经济学聚焦于马克思主义原理同我国改革开放的实践相结合，产生了一系列新的理论。邓小平同志将研究对象界定为经济文化落后国家如何建设、巩固和发展社会主义经济关系，探索中国特色社会主义经济体制和经济运行的规律，从方方面面解答了社会主义国家如何发展的一系列问题，创造性地建立了社会主义初级阶段理论和社会主义市场经济的理论，首次将社会主义制度和市场经济相结合，建立了具有中国特色的经济体制。中国特色社会主义经济理论指导中国经济实现了连续30多年的中高速增长，创造了世界经济增长史上的“中国奇迹”。从改革开放到党的十八大，中国的城镇人均可支配收入增长突破70倍，农民人均纯收入也增长了近60倍，人民需求从百元级的温饱消费升级到千元级的小康消费，中华民族成功实现了从站起来到富起来的过渡。

富起来时代下，中国特色社会主义政治经济学努力探索，经历了逐步深化和实践检验，形成了一整套关于富起来的理论体系，其中，社会主义的本质理论、初级阶段理论、基本经济制度理论、社会主义分配理论，以及对外开放理论均取得了丰硕的成果。邓小平同志从目的上指出了社会主义的本质，“我们革命的目的就是解放生产力，发展生产力，离开了生产力的发展、国家的富强、人民生活的改善，革命就是空的”①。他还从历史的角度对社会主义发展阶段进行了界定：“中国社会主义是处在一个什么阶段，就是处在初级阶段，是初级阶段的社会主义”②，为正确认识社会主义建设初期产生的经济和社会问题提供了理论指引。“公有制为基础，多种所有制共同发展”是社会主义基本经济制度理论的核心内容，指明了现阶段中国经济制度的根本性质。此外，还确立了“坚持按劳分配为主体、多种分配方式并存，劳动、资本、技术和管理等生产要素按贡献率参与分配”的基本分配制度、“引进来”和“走出去”相结合的对外开放理论。

---

① 邓小平．邓小平文选：第2卷[M]．北京：人民出版社，1994：231.

② 邓小平．邓小平文选：第3卷[M]．北京：人民出版社，1993：252.

富起来时代，是中国特色社会主义政治经济学的快速发展时期，理论创新层出不穷，不仅丰富和发展了马克思主义政治经济学，而且为中国社会主义经济建设提供了科学的指导。

（三）新时代的中国特色社会主义政治经济学：强起来的政治经济学

习近平总书记作出了中国特色社会主义已经进入了新时代的伟大判断，界定了我国社会主义建设的新阶段。新的历史方位上国内外经济形势复杂变化，中国经济迎来了新的战略机遇和严峻挑战。作为世界经济重要的增长极，党的十八大以来中国经济发展呈现出“一是从高速增长转为中高速增长；二是经济机构不断优化升级；三是从要素驱动、投资驱动转向创新驱动”[①] 的新特点。经过40年的中高速增长，我国经济社会建设取得了巨大成就，人民需求结构不断升级，社会主要矛盾也发生了转变，人们对优美生态环境的需求日益增长，不平衡不充分发展的弊端逐渐显现。强起来时代下，中国经济增长向高质量进行转型，面临经济结构优化、增长动力转换和发展方式转变的新难题，破解新阶段的发展难题必须坚持马克思主义的理论指导，结合时代特征促进政治经济学的理论创新和发展。在马克思诞辰200周年的纪念大会上，习近平总书记指明了新时代政治经济学理论研究的新方向：“我们要坚持用马克思主义观察时代、解读时代、引领时代……不断开辟当代中国马克思主义、21世纪马克思主义新境界！”[②]

强起来时代下，政治经济学的理论研究取得了丰硕成果，促进了马克思主义政治经济学的时代化和中国化。新常态理论、新的发展理念、生态文明理论和供给侧结构性改革理论等成果是马克思主义中国化的“典范”，开创了政治经济学研究的新境界。进入强起来时代，在中国共产党的马克思主义政治经济学理论创新成果的指引下，中国共产党人和学术界已经探

① 习近平．谋求持久发展 共筑亚太梦想[N]．人民日报，2014－11－10(2)．

② 习近平．在纪念马克思诞辰200周年大会上的讲话[N]．人民日报，2018－05－5(2)．

索出了发展动力转换和发展方式转变的新路径和办法，这也是今后一段时期实现中国经济发展转型升级的着力点，是加快推动中国经济发展转型升级的“推进器”。强起来时代下，中国共产党在马克思主义政治经济学理论上的供给侧结构性改革理论为深化经济体制机制改革指明了出路。中国共产党在经济开放理论上的诸多探索，为中国经济进一步对外扩大开放注入了“强心剂”，助推中国经济开放迈向更高层次，是扩大对外经济开放的“助力器”。习近平总书记在2014 年 7 月 8 日主持召开经济形势专家座谈会时指出：“要学好用好，要立足我国国情和我国发展实践，发展当代中国马克思主义政治经济学。”为中国特色社会主义政治经济学的应用和发展指明了新的方向。可见，强起来的中国特色社会主义政治经济学已经初步为中国迈入经济强国行列设计出了“蓝图”和基本实施方案，这是马克思主义政治经济学与当代中国经济发展实践相结合的产物，也是中国特色社会主义政治经济学在新历史条件下的重要成果。

三、强起来的政治经济学的理论创新

（一）研究对象创新

（1）侧重于研究当代中国生产力的发展，并从发展生产力的视角研究生产关系

政治经济学在新时代下侧重于对当代中国生产力的研究，并从发展生产力的视角研究生产关系，这是由我国所处的发展阶段、发展任务和经济发展实践共同决定的。研究对象建立在基本国情发展需要和历史条件的基础上，党的十九大报告中指出：“我国仍处于并将长期处于社会主义初级阶段的基本国情没有变，我国是世界最大发展中国家的国际地位没有变”，初级阶段的历史性特征和发展中国家的世界定位，意味着生产能力研究依然是新时代政治经济学的主要研究对象。社会主义生产关系是社会化大生产时期最先进的生产关系，发展生产力不仅是这种先进性的重要体现，也

是保持并延续这种先进性的客观需要①。改革开放以来，中国特色社会主义社会生产力虽然取得了突飞猛进的发展，中华民族从站起来成功过渡到富起来，但是发展的不充分、不平衡问题依然存在，生产力的可持续拓展潜力有待进一步挖掘，社会主义发展生产力的总任务并没有改变。因此，分析强起来时代生产力发展的桎梏、破解新的历史方位上生产力发展的问题和瓶颈，依然是政治经济学理论研究的重要任务。

进入强起来时代，中国特色社会主义政治经济学对生产力的研究主要包含三个层次：解放生产力、发展生产力和保护生产力②。在站起来和富起来时代，中国特色社会主义革命和改革的主要目的是“解放生产力、发展生产力”③；进入强起来时代，习近平总书记又提出了“保护环境就是保护生产力，改善环境就是发展生产力”④的论断，将社会主义初级阶段生产力研究进一步拓宽。在社会主义初级阶段，解放生产力就是要不断完善基本经济制度、资源配置方式和宏观调控的手段等生产关系，对束缚生产力的体制机制进行改革，激发生产力发展的动力。发展生产力是中国特色社会主义经济建设的主要目的，习近平总书记指出：“发展必须是遵循经济规律的科学发展，必须是遵循自然规律的可持续发展”⑤。发展社会主义生产力必须在科学认识经济发展规律的基础上，学好用好政治经济学，用科学的理论体系指导经济建设和社会发展。保护生产力是在资源约束趋紧、环境危机显现的时代背景下提出的持续发展理论，是新时代中国特色社会主义政治经济学的重大理论创新。保护生产力不仅要保护生产要素，更要保护生产和生活环境，而且重点是保护生态环境，“要像保护眼睛一样保护生态环境，像对待生命一样对待生态环境”⑥。

---

① 何爱平，李雪娇，邓金钱．习近平新时代绿色发展的理论创新研究[J]．经济学家，2018(6).

② 洪银兴．以创新的理论构建中国特色社会主义政治经济学的理论体系[J]．经济研究，2016(4).

③ 邓小平．邓小平文选：第3卷[M]．北京：人民出版社，1983：231.

④ 习近平．习近平谈治国理政：第2卷[M]．北京：外文出版社，2017：209.

⑤ 习近平2014年7月8日在召开经济形势专家座谈会的讲话[EB/OL]．http://www.xinhuanet.com/politics/2014-07/08/c_111518411.htm.

⑥ 习近平．习近平总书记系列讲话重要读本(2016年版)[M]．北京：学习出版社，人民出版社，2016：233.

(2) 社会主义初级阶段的生产关系及其具体表现形式

社会主义初级阶段的生产关系表现为一系列具体的经济制度，决定了社会生产、分配、交换的规则。生产关系一直是政治经济学研究的重点对象，马克思认为“人们在自己生活的社会生产中发生一定的、必然的、不以他们的意志为转移的关系，即同他们的物质生产力的一定发展阶段相适合的生产关系。这些生产关系的总和构成社会的经济结构，即有法律的和政治的上层建筑树立其上并有一定的社会意识形式与之相适应的现实基础”[①]。我国社会主义初级阶段一直坚持“公有制为主体、多种所有制共同发展”的基本经济制度，党的十九大报告强调必须“毫不动摇巩固和发展公有制经济，毫不动摇鼓励、支持、引导非公有制经济发展”，经济体制改革是对束缚生产力发展的机制进行完善，并没有改变我国的基本经济制度。按劳分配建立在政治经济学劳动价值论的基础上，是我国一直坚持并不断完善的基本分配制度。中国特色社会主义强起来之后，社会生产效率达到了新的高度，分配中更加注重发展机会和发展成果的公平正义，新时代中国特色社会主义全面实施了精准扶贫战略，努力扩大低收入者收入，通过共建共享扩大中等收入群体，让人民有更多的获得感。

政治经济学是从生产力发展的角度来研究生产关系的，因为“随着经济基础的变更，全部庞大的上层建筑也或慢或快地发生变革”[②]。从站起来到富起来，中国社会生产力和人民生活水平都上了一个新的台阶，交换和消费的形式也随之发生了变化。党的十四大确认建立“社会主义市场经济体制”，将市场经济与社会主义制度结合起来，在富起来阶段，我国一直坚持市场经济建设。进入强起来的民族复兴阶段，习近平总书记提出“使市场在资源配置中起决定性作用，更好发挥政府作用”，党的十九大更是在贯彻新发展理念、建设现代经济体系中专设一节强调要加快完善社会主义市场经济体制。从富起来到强起来，扫码支付和电子商务等信息技术飞

---

① [德]马克思，恩格斯．马克思恩格斯选集：第2卷[M]．北京：人民出版社，1995：32.

② [德]马克思，恩格斯．马克思恩格斯选集：第2卷[M]．北京：人民出版社，1995：33.

速发展，经济基础的变化带来消费模式的变革，强起来的政治经济学着重研究共享消费、绿色消费等新的消费理念和消费模式。强起来的政治经济学侧重于研究共享消费和绿色消费，人们对美好生活的需求开始理性化，物质文化产品的丰富和发展已经不能满足人们对美好生活的追求，人们更注重消费中对自然环境造成的影响。共享消费依赖智能化支付模式，消费产品的所有权和使用权相分离，消费主体更加多元化，监管过程更加社会化。绿色消费关注消费过程中的环境保护，满足人们对绿色低碳生态产品的需求，同时在生产的过程中注重节能减排，满足人们对美好生活环境的需求。

（3）新时代下经济体制和经济运行研究

进入强起来时代，社会主义政治经济学的市场经济体制及其改革理论研究取得了重大进展，其中，供给侧结构性改革理论、生态文明建设理论、农业现代化和乡村振兴理论以及对外开放新格局理论成果丰富。供给侧结构性改革，从生产端入手调整供给，更灵活地适应市场需求的变化，“简言之，就是去产能、去库存、去杠杆、降成本、补短板”①。需要强调的是，供给侧结构性改革不同于西方的供给学派，中国特色社会主义政治经济学的供给侧结构性改革“不只是一个税收和税率问题”，其重点是解放和发展社会生产力，提高全要素生产率。新时代下，生态环境问题被提升到前所未有的高度，因为“现在温饱问题解决了，保护生态环境就应该而且必须成为发展的题中应有之义”②。新时代的生态文明建设理论是一个完整体系，习近平在任浙江省委书记时提出了“绿水青山就是金山银山”的财富观，后来又提出了“保护环境就是保护生产力、改善环境就是发展是生产力”的著名论断。同时，还提出了“推动形成绿色发展方式和生活方式”的实现路径，以及“用最严格的制度、最严密的法制保护生态环境”③ 和“改革环保管理体制、实行总量和强调双控行动”等具体的落实

---

① 习近平．习近平谈治国理政：第2卷[M]．北京：外文出版社，2017：254.

② 习近平．习近平谈治国理政：第2卷[M]．北京：外文出版社，2017：392.

③ 习近平．习近平关于社会主义生态文明建设论述摘编[M]．北京：中央文献出版社，2017：99.

措施。城乡发展的区域不平衡是新时代我国经济发展的重要问题，习近平总书记强调“一定要看到，农业还是‘四化同步’的短腿，农村还是全面建成小康社会的短板。中国要强，农业必须强；中国要美，农村必须美；中国要富，农民必须富”①。党的十九大报告中提出了乡村振兴的“二十字要求”，即“产业兴旺、生态宜居、乡风文明、治理有效、生活富裕”，并进一步从政策体系、制度保障、产业体系等方面提出了乡村振兴的现实举措。改革开放40年来，我国已经逐步形成了多层次、宽领域、点线结合的全面对外开放格局。进入新时代，习近平总书记又提出了“发展更高层次的开放型经济”“推动形成全面开放新格局”“构建人类命运共同体”，同时又提出了“一带一路”倡议，既有科学的理论指导，又有针对性的实践操作，以促进中国和世界经济在更高层次上的深度融合、凝聚全球稳定增长的新动能。

区别于资本主义社会，中国特色社会主义是从微观、中观和宏观三个层次来管理经济运行的。微观层面的经济管理主要包括对国有和非国有企业、城市家庭和乡村农户行为的规范和引导，建立在中国特色社会主义公有制基础上的国有企业兼具独立商品生产者的企业属性和全民所有的所有制属性，作为生产单位，国有企业需要实现效率和利润的目标，作为所有制的实现形式，国有企业主要发挥保障宏观调控、推动经济发展、维护国家安全和实现和谐社会的功能。非公有制企业激发了社会活力，极大地推动了我国的经济增长，在社会主义经济建设中也发挥了积极作用。城乡家庭既是消费者，也是劳动力和生产要素的所有者。从消费看，家庭对美好生活的需要是城乡居民消费不断升级的内在推动，新时代下家庭消费呈现出高品质商品和服务相融合、线上线下融合以及支付手段电子化等新的特点。从生产看，我国劳动力成本日渐提高，剩余劳动力空间不断缩小，从农村向城市转移劳动力的权益保障不足。中观经济是微观经济运行和宏观

① 习近平. 习近平总书记系列重要讲话读本(2016年)[M]. 北京:学习出版社,人民出版社,2016:157.

经济运行的结合部，以地方政府为依托，是中国特色社会主义的伟大创新。地方政府的竞争被认为是创造中国增长速度的重要原因，不仅作为市场主体内生于经济系统，与企业、家庭发挥同样重要的作用，而且改变了资本主义市场经济中的无政府状态，使社会化大生产更加有序，更能满足人民需求。产业经济和区域经济也是中观管理的重要方面，产业的经济管理体现在产业结构高级化和产业组织集中化两个部分，产业结构高级化在比例上表现为产业结构的重心由第一产业依次向第二产业、第三产业转移，在内部效率上表现为投入产出的水平不断提高。区域经济管理是解决发展不平衡问题的重要手段，通过邻近省市的横向和纵向联合，基于区域特点整体规划推进经济区、经济带的发展。中国特色社会主义政治经济学对经济运行的宏观管理包括需求和供给两个层面，社会总供给与总需求平衡是宏观经济有序运行的重要条件。需求结构管理是具有中国特色的宏观调控方式，是建立在中国特色社会主义的基本经济制度、基本分配制度和社会主义市场经济基础上的宏观调控方式，需求结构管理使我国经济结构不断优化升级，从而适应新时代下经济发展的新要求，实现经济稳步增长。供给结构管理也是我国宏观政策的一项创新，区别于资本主义国家私人作出的生产决策，我国通过改变国有企业的生产决策就可以改变国企所在部门的供给，改变生产的无政府状态。供给侧结构性改革以“去产能、去库存、去杠杆、降成本、补短板”为短期任务，以促进经济向高质量发展转型为长期战略目标，不仅是适应新时代经济发展要求的必然选择，而且是助力需求端结构调整和发展方式转型的必然要求。

（二）研究方法创新

（1）坚持唯物辩证法的方法论基础

唯物辩证法是马克思主义的方法论基础，是马克思主义政治经济学分析社会问题、开展科学研究的根本指导。中国特色社会主义政治经济学坚持马克思主义历史唯物主义和辩证法的研究方法，从历史唯物主义的角度看待经济发展规律和经济制度的优缺点，避免陷入唯心主义陷阱。从人类社会发展的角度客观看待时代背景和社会问题，更全面更长远地分析社会主义经济发展规律，破解发展难题。同时，利用辩证法分析当前中国经济发展，既要看到社会主义建设事业所取得的伟大成就，也不能逃避发展过程中产生的社会问题。要客观地看待经济制度和政策改革，从实现社会主义本质目标的价值标准出发，进行利弊比较分析，避免绝对判断，将辩证唯物主义更好地嵌入中国特色社会主义政治经济学的理论创新中。

（2）借鉴当代西方经济学最新成果实现具体研究方法创新

政治经济学是开放的经济学，马克思十分重视比较和借鉴的研究方法，“要对资产阶级经济学全面地进行这样的批判，只知道资本主义的生产、交换和分配的形式是不够的。对于发生在这些形式之前的或者在比较不发达的国家内和这些形式同时并存的那些形式，同样必须加以研究和比较，至少是概括地加以研究和比较”①。当代西方主流经济学在制度分析法、数理演绎方法和实证分析方法等具体研究方法上的创新研究成果给中国特色社会主义政治经济学的发展提供了重要参考。应借鉴制度经济学的最新成果，将制度经济学的分析方法融入马克思主义政治经济学的制度分析中，促进中国特色社会主义政治经济学制度研究的进一步深化。马克思的经济理论是古典经济学中运用数学方法最多的，在中国特色社会主义政治经济学中运用数理分析方法是为了构建更加严密的理论逻辑体系，并将数理分析的对象由传统的利润、价值等总量问题向个体利益、经济福利等个量方向进行扩展，丰富政治经济学数理演绎分析方法的内容。应借鉴当代西方计量经济学研究成果和方法，将马克思主义政治经济学实证分析的广度和深度进一步加强，利用中国经济发展的现实数据，为马克思主义政治经济学的经典理论假设提供经验证据，丰富政治经济学的理论内涵。

---

① ［德］马克思，恩格斯．马克思恩格斯全集：第20卷［M］．北京：人民出版社，1972：164.

（三）理论体系创新

（1）新常态理论创新

经济发展进入新常态是政治经济学对我国现阶段经济发展所处的历史阶段的精准定位，“是党的十八大以来党中央综合分析世界经济长周期和我国发展阶段性特征及其相互作用作出的重大战略判断”[①]，因为“我国经济发展历程中新状态、新格局、新阶段总是在不断形成，经济发展新常态是这个长过程的一个阶段，这完全符合事务螺旋式上升的运动规律”[②]。习近平总书记从时间和空间两个维度阐述了新常态出现的客观性和必然性。“从时间上看，我国发展经历了由盛到衰再到盛的几个大时期，今天的新常态是这种大时期更替变化的结果”[③]，从农耕文明时代领先世界到工业文明时代的落后再到新中国成立后的站起来、富起来，不同的发展阶段我国在世界经济发展中的地位也在不断发展变化。改革开放之后，我国经济发展总量持续增大，在世界经济发展中的地位也不断上升，党的十八大以来，以“三期叠加”难题为代表的一系列新问题、新情况开始显现，成为经济发展进入新阶段的标志。“从空间上看，我国出口优势和参与国际分工模式面临新挑战，经济发展新常态是这种变化的体现”。[④] 富起来时代下，依靠较低的劳动力成本，我国迅速成为国际贸易大国，出口拉动了国内经济增长，然而随着人口红利的消失和国际总需求的疲软，出口需求也随之减少。而且我国货物出口总额在世界总量中的占比在2010年已经超过了10%的拐点，经济增长动力转换必然带来经济增长速度的下降。习近平总书记进一步总结了中国经济进入新常态的基本特点：“一是从高速增长转为中高速增长；二是经济机构不断优化升级；三是从要素驱动、投资驱

① 习近平．习近平总书记系列重要讲话读本（2016年版）[M]．北京：学习出版社，人民出版社，2016：140.

② 习近平．习近平总书记系列重要讲话读本（2016年版）[M]．北京：学习出版社，人民出版社，2016：141.

③ 习近平．习近平谈治国理政：第2卷[M]．北京：外文出版社，2017：246.

④ 习近平．习近平谈治国理政：第2卷[M]．北京：外文出版社，2017：247.

动转向创新驱动。”①

经济发展进入新的历史阶段，有新的发展机遇和挑战，但总体来说机遇大于挑战。在2015年的年终经济工作总结会议上，习近平总书记提出了“认识新常态、适应新常态、引领新常态，是当前和今后一个时期我国经济发展的大逻辑”。后来习近平总书记进一步强调“新常态不是一个事件，不能以好的或坏的来界定”“新常态不是一个筐子，不要什么都往里面装”“新常态不是一个避风港”②，连用三个“不”字，对新常态的内涵理解进行纠偏。新常态是强起来时代中国经济的新特征，呈现出新的发展趋势：从消费需求来看，从富起来时代的模仿型排浪式消费转向个性化、多样化消费；从投资需求来看，传统产业的投资需求相对饱和，新技术、新商业模式的投资机会大量涌现；从出口和国际收支来看，我国的低成本优势逐渐消失，国际收支双顺差局面转向收支基本平衡；从生产能力来看，从供给不足到产能过剩，产业结构优化升级刻不容缓；从生产要素来看，从依靠低成本劳动力转向依靠人力资本质量和科技进步；从市场竞争看，从数量扩张和价格竞争转向质量型和差异化竞争；从资源环境约束来看，从高消耗粗放型转向绿色低碳循环发展新方式。新常态背景下，虽然面临很多新的问题和挑战，但是我国仍然处于发展的重要战略机遇期，因为经济发展基本面总体向好的状态没有变。

（2）发展理念创新

“创新、协调、绿色、开放、共享”的发展理念是对中国特色社会主义建设规律的新认识，也是社会发展规律和国内外发展经验的新总结。“发展是一个不断变化的进程，发展环境不会一成不变，发展条件不会一成不变，发展理念自然也不会一成不变。”③ 新发展理念立足于中国现阶段的发展实践，致力于破解发展难题，科学地回答了中国特色社会主义发展

---

① 习近平．谋求持久发展　共筑亚太梦想[N]．人民日报，2014-11-10(2)．

② 习近平．习近平总书记系列重要讲话读本(2016年版)[M]．北京：学习出版社，人民出版社，2016：144．

③ 习近平．习近平谈治国理政：第2卷[M]．北京：外文出版社，2017：197．

的保障的一系列问题，反映了我党对中国特色社会主义建设规律的认识和总结，也拓展了经济发展理论和马克思主义政治经济学。

创新是引领发展的第一动力，创新发展是发展动力理论的创新。党的十八届五中全会指出："我们必须把创新作为引领发展的第一动力，把人才作为支撑发展的第一资源，把创新摆在国家发展全局的核心位置，不断推进理论创新、制度创新、科技创新、文化创新等各方面创新，让创新贯穿党和国家一切工作，让创新在全社会蔚然成风。"① 可见，创新发展理念是一个全方位系统性的战略布局，其中，基础是理论创新，关键是科技创新，根本是文化创新，保障是制度创新。理论是实践的先导，理论创新对经济实践创新具有重要的引导作用，我国改革开放取得的每一次突破和成功都是与理论创新分不开的，正是基于政治经济学理论的不断创新才成就了中国的改革开放。制度创新是激发创新主体活力、引领社会发展的重要条件，为经济主体持续创新提供了保障。科技创新是创新中的动力之源，是全面创新的重心所在。而文化是软实力，文化创新是中华民族的生命力和凝聚力得以延续和加强的基础。

协调发展是发展结构理论的创新，旨在解决发展的不平衡问题。"在经济发展水平落后的情况下，一段时间的主要任务是要跑得快，但跑过一定路程后，就要注意调整关系，注重发展的整体效能，否则'木桶'效应就会愈加显现，一系列社会矛盾会不断加深。"② 在富起来阶段，为了实现经济发展的起飞，我们集中优势资源完成了各阶段发展的主要任务，同时也造成了不同区域经济、供给侧和需求侧、物质文明和精神文明等方面的发展不平衡问题。各地资源禀赋和历史基础的不同，必然会造成发展方式和发展水平的差异，这种差异是制约经济社会长期健康发展的现实障碍。进入强起来时代，必须要及时对社会发展的短板进行调节，注重发展的整体性和协调性。协调发展理念侧重于更加平衡的发展，是实现产业升级的

---

① 习近平．在党的十八届五中全会第二次全体会议上的讲话（节选）[J]．求是，2016(1)．

② 习近平．在党的十八届五中全会第二次全体会议上的讲话（节选）[J]．求是，2016(1)．

客观需求和破解发展难题的重要方式，也是跨越“中等收入陷阱”的重要途径。协调发展就是准确把握中国特色社会主义事业的总体布局，化解社会矛盾，缩小发展差距，注重发展的整体性、协调性和平衡性。

绿色发展是财富理论的创新，旨在解决人与自然和谐发展的问题。“绿色循环低碳发展，是当今时代科技革命和产业变革的方向，是最有前途的发展领域，我国在这方面的潜力相当大，可以形成很多新的经济增长点。”① 绿色发展就是要形成绿色的思维定式、绿色的生活方式和绿色的生产模式，是实现人类永续发展的必要条件。中国经济40年的中高速增长加剧了资源约束和环境风险，绿色发展就是在保护生态环境的前提下寻找新的经济增长点，是打破新时代中国资源约束和环境瓶颈的重要手段，也是人类社会实现健康可持续发展的重要前提。经济发展带来了需求结构的升级，强起来阶段需要更丰富的生态产品来满足人们对美好生活的需求，绿色发展打破了传统的人和自然之间的物质变化过程，通过治理环境以解放新时代社会主义的生产力，通过改善环境以发展社会主义的生产力，通过保护环境以保护新时代社会主义的生产力。习近平总书记提出“我们既要绿水青山，也要金山银山。宁要绿水青山，不要金山银山，而且绿水青山就是金山银山”②。美好的生态环境是财富创造的基础，也是其主要途径，强起来阶段要实现高质量的经济发展，必须处理好经济发展和生态保护的关系。

开放发展是全球化理论的创新，旨在解决发展的内外联动问题。改革开放伟大实践对内是改革，对外是开放。“开放是国家繁荣发展的必由之路。以开放促改革、促发展，是我国发展不断取得新成就的重要法宝。”③ 开放发展理念突出互利共赢、全面开放和主动开放，是更高层次的发展理念，是促进全球经济共同发展的重要途径。共赢开放，互利互惠，促进世

---

① 习近平．在党的十八届五中全会第二次全体会议上的讲话（节选）[J]．求是，2016(1)．

② 习近平．习近平总书记系列重要讲话读本（2016年版）[M]．北京：学习出版社，人民出版社，2016：230．

③ 习近平．习近平总书记系列重要讲话读本：2016年版[M]．北京：学习出版社，人民出版社，2016：276．

界各国携手共进，各族人民都期待实现更好、更快、更美的发展，然而梦想的实现以和平稳定的国际环境和国际秩序为前提。全面开放，就是从更高层次上打开对外开放新格局，新时代的开放发展理念注重更全面、更高层次的对外开放，以更辽阔的开放空间、更宽广的开放领域和更丰富的开放形式让广大发展中国家和发达国家实现更高层次的利益共享和责任共担。进入强起来时代，中国作为全球经济发展的重要增长极，是世界金融风险重要的“稳定器”，主动开放的发展理念是我国积极参与全球价值链分工、自觉承担国际责任的体现，促进了更深层次、更高水平的国际合作。

共享发展是发展目的的理论创新，旨在解决社会公平正义问题。“让广大人民群众共享改革发展成果，是社会主义的本质要求，是社会主义制度优越性的集中体现，是我们党坚持全心全意为人民服务根本宗旨的重要体现。”① 共享发展解释了强起来时代中国特色社会主义经济发展的出发点和落脚点，是实现更有温度、更可持续、更能惠及普通百姓的发展理念。从发展范围上看，共享发展的目的是全民共享，是让经济发展的成果分享给全部的中国人民，让各个地区、每个民族的人民都能享有经济发展的成果，尤其要注重对现阶段经济发展落后地区的补偿，让所有人民群众都能在发展中有获得感和幸福感。从发展内容上看，共享发展是全面共享，是把发展的所有成果都进行分享，不仅让产品和服务得到合理分配，同时也让生产资料和发展资源在不同人群、不同区域之间实现公平分配。从发展过程看，共享发展是共建共享，在发展中依靠人民，只有在发展中人人参与、人人尽力，才能在结果分配中实现人人享有、人人惠及。

（3）发展方式与动力创新

强起来时代下，经济发展方式转变的核心是要实现人与自然的和谐共生。从生产看，富起来时代下，我国依靠丰富的资源储备和人口红利实现

① 习近平．习近平谈治国理政：第 2 卷[M]．北京：外文出版社，2017：200.

了经济高增长，而这种高增长是一种高污染、高消耗的粗放式经济增长。经济总量的不断扩张也伴随着资源约束的趋紧和生态环境的恶化，新时代背景下必须推进经济向绿色低碳循环转型，寻找新的经济增长点，才能实现长期可持续的发展，达到人与自然的和谐共生。从消费看，经过改革开放40年的发展，需求结构不断优化升级，人民生活水平不断提高，人民已经达到了万元级甚至十万元级的享受型消费。新时代背景下，人们对优美生态环境和清洁生态产品的需求日益迫切，必须减少生产中的资源消耗和污染排放，提高终端产品的产品清洁度，还人民群众一个优美的生活空间，让广大人民都能购买到放心、清洁的产品是经济发展方式转变的核心要义。因此，传统产业的绿色转型和新兴环保产业的培育是经济发展方式转型的核心。

强起来时代下，经济发展方式转型的目标是实现人的全面自由发展。马克思认为经济社会发展的最终目的是“人的全面自由发展”，在《共产党宣言》中他明确指出：“代替那存在着阶级和阶级对立的资产阶级旧社会的，将是这样一个联合体，在那里，每个人的自由发展是一切人自由发展的条件。”① 建立在马克思经济学基础上的中国特色社会主义政治经济学坚持了这一目的，认为新时代经济方式转型的目标依然是人的全面自由发展。这里的全面和自由体现在两个层面：一是一切人的全面自由发展，“一个人的发展取决于和他直接或者间接进行交往的其他一切人的发展”②，强起来时代下要让中华民族的全部人民都享受到发展的机会和成果，这里的人是包含所有阶层、所有区域、所有代际的全部中国人民。二是人的一切的全面自由发展，马克思认为发展生产力的目的是为了节约劳动时间，而节约劳动时间的目的是为了实现人在艺术、科学等所有方面的全面发展，“培养社会的人的一切属性，并且把他作为具有尽可能丰富的属性和联系的人，因而具有尽可能广泛需要的人生产出来”③。

---

① [德]马克思，恩格斯．马克思恩格斯文集：第2卷[M]．北京：人民出版社，2009：53.
② [德]马克思，恩格斯．马克思恩格斯全集：第3卷[M]．北京：人民出版社，1956：515.
③ [德]马克思，恩格斯．马克思恩格斯文集：第8卷[M]．北京：人民出版社，2009：90.

强起来时代下，经济发展方式转型的重要动力是创新驱动。马克思认为创新是发展的根本动力，这里的创新不仅包括技术创新，还包括科学创新和制度创新。制度创新是社会经济体制得以延续的根本，“资产阶级除非对生产工具，从而对生产关系，从而对全部社会关系不断地进行革命，否则就不能生存下去”①。习近平总书记指出，主体创新能力不强是我国经济发展的“阿喀琉斯之踵”，新时代“抓住了创新，就抓住了牵动经济发展的‘牛鼻子’”②。从需求侧看，投资和出口对经济增长的贡献逐渐变小，而国内的高端产品需求又不能被满足，对经济增长的带动作用有限；从供给侧看，劳动密集型的传统产业正在衰落，新兴产业、绿色产业的发展缓慢，造成经济发展的新旧动力之间不能实现顺利转换。因此，要积极通过技术创新和制度创新，深化经济体制改革，才能建立社会主义现代的经济体系，正如习近平总书记所强调的，“抓创新就是抓发展，谋创新就是谋未来”③。

强起来时代下，经济发展方式转型的关键是结构优化。马克思认为从经济结构看待生产力和生产关系是社会发展的关键，“这种生产的承担者对自然的关系以及他们互相之间的关系，他们借以进行生产的各种关系的综合，就是从社会经济结构方面来看的社会。”④“人们在自己生活的社会生产中发生的一定的、必然的、不以他们意志为转移的关系，即同他们的物质生产力的一定发展阶段相适合的经济结构。”⑤新时代要解决中国经济大而不强、虚胖体弱的难题，关键在于优化经济结构，尤其是产业结构。新的历史方位上，经济发展面临的情况发生了新的变化，只有加快淘汰落后产能，对传统产业进行改造升级，同时积极培育发展新兴产业，才能进一步解放和发展社会主义生产力。此外，还要努力调节供给和需求的矛盾，促进就业结构和区域结构的协调性和整体性。

强起来时代下，经济发展方式转变的保障是制度转型。制度具有协调

---

① [德]马克思，恩格斯．马克思恩格斯选集：第1卷[M]．北京：人民出版社，1995：275.
② 习近平．习近平谈治国理政：第2卷[M]．北京：外文出版社，2017：201.
③ 习近平．习近平谈治国理政：第2卷[M]．北京：外文出版社，2017：203.
④ [德]马克思，恩格斯．马克思恩格斯全集：第25卷[M]．北京：人民出版社，1974：925.
⑤ [德]马克思，恩格斯．马克思恩格斯全集：第13卷[M]．北京：人民出版社，1962：8.

社会利益关系的功能，通过制度分析的视角展开对经济问题的研究是马克思主义政治经济学的伟大创新，“马克思的分析框架是最有说服力的，这恰恰是因为它完全包含了新古典分析所遗漏的所有因素：制度、国家和意识形态”①。我国经济建设之所以取得举世瞩目的成就，就是因为正确发挥了社会主义制度的优越性，是对马克思主义制度理论的应用和实践。“毫不动摇坚持我国基本经济制度，推动各种所有制经济健康发展”是新时代转变经济发展方式的基本保障，任何层面的经济体制改革都基于制度转型，习近平总书记多次强调，“保护生态环境必须依靠制度、依靠法治。只有实行最严格的制度、最严密的法治，才能为生态文明建设提供可靠保障”②。

（4）开放理论创新

马克思认为，开放发展是生产方式发展的必然结果，随着技术的进步，国家之间的贸易会越来越频繁，最终形成全球范围内的世界市场。“各民族的原始封闭状态由于日益完善的生产方式、交往以及因交往而自然形成的不同民族之间的分工消灭得越彻底，历史也就越是成为世界历史。”③ 机器的发明和分工的深化是国家开放的物质基础，而交通和通信技术的发展是国家之间进行贸易的前提条件。马克思还以旧中国为例指出，封闭锁国的经济政策在长期一定是不可行的，“与外界完全隔绝曾是保存旧中国的首要条件，而当这种隔绝状态通过英国而为暴力所打破的时候，接踵而来的必然是解体的过程”④。从政治经济学来看，无论经济发展水平如何，各个国家都应该积极参与国际分工，利用好世界资源促进本国经济的发展。

新时代下，以“一带一路”建设为重点推动形成全面开放新格局。2013 年，习近平总书记出访中亚和东南亚国家时提出了“一带一路”倡

① [美]诺斯．经济史中的结构与变迁[M]．上海：上海三联书店，1993：68.

② 习近平．习近平关于社会主义生态文明建设论述摘编[M]．北京：中央文献出版社，2017：99.

③ [德]马克思，恩格斯．马克思恩格斯选集：第 1 卷[M]．北京：人民出版社，1995：88.

④ [德]马克思，恩格斯．马克思恩格斯文集：第 2 卷[M]．北京：人民出版社，2009：609.

议，致力于与沿线各国的政策沟通、设施联通、贸易畅通、资金融通和民心相通，积极促进与其他国家在制造业、金融业、技术人才等方面的互动与交流，以期在更大范围内实现经济利益的普惠共赢。值得强调的是，“一带一路”倡议不是地缘政治项目，而是中国共产党在新时代提出的各国互利共赢的经济合作方案。作为重要的经济增长极和风险“稳定器”，中国在全球发展中的作用已经不容小觑，“一带一路”倡议就是中国承担大国责任的体现。“一带一路”倡议坚持共商、共建、共享的基本原则，欢迎世界搭乘中国经济发展的“快车”，以期发展范围更大、领域更宽、层次更高的开放型经济，全面形成对外开放新格局，是促进世界经济发展资源的自由流通、促进世界各国的平衡发展的重要途径。

开放发展是构建人类命运共同体的重要途径。信息化和通信技术的发展将世界各国的经济发展连成一个整体，任何一个国家都不可能成为独自发展的“孤岛”，世界发展的共同体正在形成。作为全球最大的经济体，美国曾经冷战苏联、升值日元，迫使全球第二大经济体相继陨落，如今又通过贸易战打压中国，试图建造唯美独尊的单极世界。众所周知，全球化快速发展的新时代只有合作才能共赢，对抗只能双输，只求一家独大的零和思维是“身体进入 21 世纪，而脑袋还停留在旧时代”的想法。各国应积极参与人类命运共同体建设，因为“只有在共同体中，个人才能获得全面发展其才能的手段，也就是说，只有在共同体中才可能有个人自由”①。践行落实开放发展理念，构建新时代的人类命运共同体，是强起来时代下中国特色社会主义政治经济学对世界生态和谐、国际和平发展贡献的解决方案。

参考文献

[1]习近平. 习近平谈治国理政：第 2 卷[M]. 北京：外文出版社，2017:254.

① ［德］马克思，恩格斯. 马克思恩格斯文集：第 1 卷[M]. 北京：人民出版社，2009:571.

[2][德]马克思.资本论:第1卷[M].北京:人民出版社,2004:8,388,422,530.

[3]江泽民.论“三个代表”[M].北京:中央文献出版社,2001:165.

[4]毛泽东.论十大关系[M].北京:人民出版社,1976:2-24.

[5][美]诺斯.经济史中的结构与变迁[M].上海:上海三联书店,1993:68.

[6]习近平.决胜全面建成小康社会 夺取新时代中国特色社会主义伟大胜利[N].人民日报,2017-10-28:第1版.

[7]习近平.谋求持久发展 共筑亚太梦想[N].人民日报,2014-11-10:第2版.

[8]习近平.在党的十八届五中全会第二次全体会议上的讲话(节选)[J].求是,2016(1).

[9]中共中央文献研究室.毛泽东年谱(1949—1976)第2卷[M].北京:中央文献出版社,2013:535.

[10]中共中央文献研究室,编.十八大以来重要文献选编:(上)[M].北京:中央文献出版社,2014:691.

[11]中共中央文献编辑委员会,编.邓小平文选:第3卷[M].北京:人民出版社,1983:231-252.

[12]中共中央马克思恩格斯列宁斯大林著作编译局,编译.马克思恩格斯全集:第20卷[M].北京:人民出版社,1972:160-165.

[13]中共中央马克思恩格斯列宁斯大林著作编译局,编译.马克思恩格斯全集:第44卷[M].北京:人民出版社,2001:22,197.

[14]中共中央马克思恩格斯列宁斯大林著作编译局,编译.马克思恩格斯文集:第1卷[M].北京:人民出版社,2009:571.

[15]中共中央马克思恩格斯列宁斯大林著作编译局,编译.马克思恩格斯文集:第2卷[M].北京:人民出版社,2009:591-592.

[16]中共中央马克思恩格斯列宁斯大林著作编译局,编译.马克思恩格斯选集:第1卷[M].北京:人民出版社,1995:88,275.

[17]中共中央马克思恩格斯列宁斯大林著作编译局,编译. 马克思恩格斯选集:第4卷[M]. 北京:人民出版社,1995:533 -537.

[18]习近平. 习近平谈治国理政:第2卷[M]. 北京:外文出版社,2017:209.

[19]习近平. 习近平总书记系列重要讲话读本(2016年版)[M]. 北京:学习出版社,人民出版社,2016:141 -146.

[20]何爱平,李雪娇,邓金钱. 习近平新时代绿色发展的理论创新研究[J]. 经济学家,2018(6).

[21]洪银兴. 以创新的理论构建中国特色社会主义政治经济学的理论体系[J]. 经济研究,2016(4).

[22]习近平. 在纪念马克思诞辰200周年大会上的讲话[N]. 人民日报,2018 -05 -05:第二版.

中国特色社会主义政治经济学重要理论问题的思考

任保平①

2014年7月8日，习近平总书记在中央经济形势专家座谈会上提出："各级党委和政府要学好用好政治经济学。"2015年11月23日，习近平总书记在主持中共中央政治局第二十八次集体学习时强调，要立足国情和我国发展实践，揭示新特点、新规律，提炼和总结我国经济发展实践的规律性成果，把实践经验上升为系统化的经济学说，不断开拓当代中国马克思主义政治经济学新境界。习近平总书记在2015年12月18日至21日召开的中央经济工作会议上强调，要坚持中国特色社会主义政治经济学的重大原则，坚持解放和发展社会生产力，坚持社会主义市场经济改革方向，使市场在资源配置中起决定性作用，是深化经济体制改革的主线。这意味着我国要构建中国特色社会主义政治经济学和当代马克思主义政治经济学，一方面，中国特色社会主义政治经济学的重要理论对我国发展实践具有指导性的影响和作用；另一方面，构建当代马克思主义政治经济学理论不仅拓宽了马克思主义政治经济学的新境界，更是深入研究世界经济需要面对的新问题和新境遇，赋予具有中国特色、中国风格、中国经验的当代中国马克思主义政治经济学新内容。构建中国特色社会主义政治经济学，不仅需要明确构建中国特色社会政治经济学的任务以及研究基础，更需要明确中国特色社会主义政治经济学的理论体系和内在逻辑，通过对中国特色社会主义政治经济学重要理论问题的思考，构建中国特色社会主义政治经济

---

① 任保平，男，西北大学经济管理学院教授，博士生导师，研究方向为理论经济学。

学理论体系，为马克思主义政治经济学贡献中国智慧。

一、构建中国特色社会主义政治经济学的任务

当代中国，需要构建具有中国特色社会主义的政治经济学，其任务是构建中国特色社会主义政治经济学和当代马克思主义政治经济学相结合的系统性理论学说。构建中国特色社会主义政治经济学，不仅要认识到其作用和意义，更要明确以下几个方面的重要内容。

（1）中国特色社会主义政治经济学开拓了马克思主义政治经济学的新境界。中国现象需要中国阐释，中国模式需要中国表达，中国道路需要中国理论。中国特色社会主义政治经济学，植根于中国现代化进程的现实土壤。

（2）中国特色社会主义政治经济学是把实践经验上升为系统化的经济学说。虽然我国的改革开放已经积累了丰富的实践经验和理论认识，但是从学理和学术的角度来说，我们还并没有提出一套“系统化的经济学说”。如何“把实践经验上升为系统化的经济学说”，这正是中国特色社会主义政治经济学努力的方向。

（3）中国特色社会主义政治经济学的构建为马克思主义政治经济学创新发展贡献了中国智慧。列宁指出：“政治经济学的基础是事实，而不是教条。”习近平总书记指出：“要深入研究世界经济和我国经济面临的新情况新问题，为马克思主义政治经济学创新发展贡献中国智慧。”

（4）中国特色社会主义政治经济学构建的重大原则，一是要充分反映中国共产党领导中国特色社会主义实践的理论创新成果，立足中国国情，坚持以人民为中心的根本立场。二是要吸收借鉴现代西方经济学的合理成分，但不能照抄照搬。坚持问题导向，重点探索中国特色社会主义经济发展规律。

（5）中国特色社会主义政治经济学的理论体系、话语体系、学科体系的构建，需要建立具有中国特色、中国风格、中国气派的政治经济学。

（6）向“强起来”的政治经济学转变。习近平总书记在党的十九大报告中讲了三个时代——“站起来时代”“富起来时代”和“强起来时代”。

现在中国特色社会主义政治经济学要向“强起来”的政治经济学转变，改革开放以来的政治经济学是“富起来”的政治经济学，新时代的中国特色社会主义政治经济学是“强起来”的政治经济学。“强起来”的政治经济学要研究现代化强国建设，为现代化强国建设提供理论指导。

因此，构建中国特色社会主义政治经济学就是建立中国政治经济学的4.0版本。首先，以《资本论》和列宁的《帝国主义论》为核心的政治经济学是1.0版本；其次，斯大林、毛泽东时期的政治经济学是2.0版本；再次，邓小平时期的政治经济学是3.0版本；最后，目前所提出的中国特色社会主义政治经济学是构建中国政治经济学的4.0版本。中国政治经济学4.0版本是在经典马克思主义理论的基础上，更进一步发展出的新马克思主义政治经济学理论，即要用中国经验丰富和发展马克思主义政治经济学。中国政治经济学4.0版本实际是两个方面：一是对国内而言，构建的中国特色社会主义政治经济学，强调总结我国在发展过程中实践出的新经验，并上升成为系统性的新理论。二是对国际而言，形成当代中国的马克思主义政治经济学，强调中国特色社会主义政治经济学对世界的贡献。

二、中国特色社会主义政治经济学的构建要坚持政治经济学的传统

当前，政治经济学的研究脱离了历史观，出现了严重的教条化倾向，从概念到概念，缺乏中国元素，导致政治经济学缺乏对现实问题的解释力。政治经济学是一门历史科学，政治经济学研究在于努力收集大量的历史资料和当前的资料，以总结经济规律。因此，中国特色社会主义政治经济学的构建要坚持政治经济学的历史分析传统。

恩格斯指出：“政治经济学本质上是一门历史的科学。它首先涉及的是历史性的即经常变化的材料，研究生产和交换的每个个别发展阶段的特殊规律，而且只有在完成这种研究以后，它才能确立为数不多的、适用于生产一般和交换一般的、完全普遍的规律。”“历史从哪里开始，思想进程也应该从哪里开始，而思想进程的进一步发展不过是历史过程在抽象的理

论上前后一贯的形式上的反映；这种反映是经过修正的，然而是按照现实的历史过程本身的规律修正的。”① 恩格斯的论述包括两方面的含义：一是政治经济学的民族性，即不同国家有不同的政治经济学；二是政治经济学的历史性，即不同时代有不同的政治经济学。

政治经济学是历史的科学，并非说它是人类社会或各国的经济编年史或历史编纂学，更不是以罗列历史现象而否认客观经济规律的德国历史学派那样的国家经济学。政治经济学是人们在占有充分地历史和现实的材料基础上，运用科学的抽象方法，透过经济现象而探讨其内在联系的科学，也就是说，它以一定社会生产方式作为自己的研究对象，研究其发生和发展变化的客观规律。

《资本论》是政治经济学的经济经典著作之一，这部巨著就是一部活生生的资本主义生活史，它既不是抽象的逻辑演绎，也不是历史现象的罗列，而是把逻辑和历史、理论和实际具体结合，达到两者的高度有机统一，是政治经济学方法上的一次革命。在《资本论》第一卷第二版的跋中，马克思指出：“研究必须充分地占有材料，分析它的各种发展形式，探寻这些形式的内在联系。只有这项工作完成以后，现实的运动才能适当地叙述出来。这一点一旦做到，材料的生命一旦观念地反映出来，呈现在我们面前的就好像是一个先验的结构了。”② 这段话清晰地表明了马克思对于历史和逻辑的观点，“占有材料”即为历史资料，“分析探寻”则为逻辑分析，历史是逻辑的基础。马克思在晚年认识到，研究社会发展规律不能局限于西欧各国，也不能局限于资本主义社会形态，而是既要对各个国家进行专门研究和具体分析，也要从世界历史的整体性上来研究考察。马克思在晚年大量阅读了世界通史著作，进行深入研究，并形成了篇幅浩大的《历史学笔记》，从更大范围的历史角度来研究政治经济学。

政治经济学的历史分析传统不仅体现在马克思主义的学说中，而且体

① [德] 恩格斯．反杜林论[M]．北京：人民出版社，1999.

② [德] 马克思．资本论：第1卷[M]．北京：人民出版社，2004.

现在政治经济学的历史变迁中，在经济学说史上具有深厚的历史分析传统。古典政治经济学的代表人物其政治经济学基本理论，都是从大量历史资料的整理过程中而形成的，亚当·斯密、马尔萨斯等经济学家都是如此。约翰·穆勒从方法论视角重视政治经济学的历史分析，马克思和后来的历史学派对历史维度的关注均来源于黑格尔的历史哲学，德国历史学派也非常强调历史分析方法的重要性，强调政治经济学要以历史为依据，政治经济学应该是国家经济学。李斯特在《政治经济学的国民体系》一书中分别考察了意大利、荷兰、英国、西班牙、葡萄牙、法国、德意志各邦、俄国、美国经济发展的历史，然后总结出历史的经验。历史学派的奠基人罗雪尔强调政治经济学的目的不是指出事物的理想状态应该是怎样，而是记述事物本身的发展过程。认为政治经济学不应该只限于研究现代的经济制度，而应收集大量的“历史资料”，特别是各个国家古代的历史资料。虽然不能将历史学派的“历史方法”等同于科学，但是我们应充分肯定历史学派强调从历史中抽象理论的方法论意义。

因此，政治经济学具有深厚的历史分析传统，政治经济学的研究在于努力收集大量的历史资料和当前的资料。只有在大量收集资料后，经济学家才有可能应用归纳的方法得出若干结论。这些资料所能说明的，与其说是一国国民经济以及世界经济的一般生产过程，不如说是各个不同时代的经济制度和民族经济形态的特殊情况。这表明社会主义进入了新的历史阶段，这个阶段是中国为人类提出方案的阶段，需要新的政治经济学理论。

三、《资本论》范式与中国特色社会主义政治经济学理论体系的构建

（一）《资本论》范式对中国特色社会主义政治经济学构建的启示

当前我们面临着构建中国特色社会主义政治经济学的历史重任，《资本论》为中国特色社会主义政治经济学理论体系的构建提供了一种理论方

式范式，中国特色社会主义政治经济学理论体系是《资本论》理论范式时代化的产物。

今天我们纪念《资本论》第一卷出版 150 年，需要思考以下几个问题：

（1）《资本论》在马克思主义政治经济学中的地位。《资本论》是马克思主义政治经济学经典著作之一，主要是马克思的资本理论著作，政治经济学的基本经济制度理论在《共产党宣言》，分配理论在《哥达纲领批判》，政治经济学的基本范畴和基本原理在《反杜林论》，关于东方社会的理论在《历史学笔记》《人类学笔记》。

（2）《资本论》留给我们的精神遗产。主要在于阶级立场、方法论体系（唯物辩证法、抽象法、历史分析方法）以及理论范式。

（3）《资本论》的中国化。依据《资本论》构建中国特色社会主义政治经济学，需要明确中国特色社会主义政治经济学的基本概念和基本范畴，并且结合中国实际进行发展。

与此同时，马克思的《资本论》作为政治经济学的经典著作，为中国特色社会主义政治经济学理论体系的构建提供了一种科学的理论范式，这种科学的理论范式主要表现在：

（1）人民立场的范式。任何经济学都有其阶级立场，代表某些阶级的利益。以《资本论》为核心的马克思主义经济学代表了工人主义和无产阶级的利益，这是马克思主义政治经济学的立场范式。

（2）方法论体系的范式。《资本论》的方法，最根本的是唯物辩证法。以唯物辩证法为“纲”，以科学的抽象为主干，以其他方法为“目”，构成的方法论体系是政治经济学方法论体系的范式。

（3）基本的理论范畴的范式。《资本论》的任务是阐释基本经济规律，在阐释经济规律的过程中所形成的一些理论范畴，这是政治经济学的理论基础范式。

（4）基本原理的范式。《资本论》提供了研究市场经济的基本原理范式，这些范式包括：价值规律、竞争规律、商品理论、货币理论、竞争理论、资本周转理论、地租理论、信用理论，迄今为止都是科学的原理，但是也需要发展。

（二）中国特色社会主义政治经济学对《资本论》理论范式的坚持

基于《资本论》构建的基本范式启示，中国特色社会主义政治经济学对《资本论》理论范式的坚持主要表现在以下三个方面。

（1）中国特色社会主义政治经济学理论体系的构建必须坚持《资本论》所提供的人民立场的范式。立场是人类观察事物和处理问题时所站的价值原点，马克思的《资本论》代表了工人阶级和无产阶级的利益，中国特色社会主义政治经济学理论体系的构建必须坚持《资本论》的人民立场，正如习近平总书记在庆祝中国共产党成立95周年大会上所指出的，人民立场是中国共产党的根本政治立场，是马克思主义政党区别于其他政党的显著标志。中国特色社会主义政治经济学理论体系的立足点必须坚持最广大人民的根本利益高于一切，指引人民创造幸福生活，尊重人民主体地位。

（2）中国特色社会主义政治经济学理论体系的构建必须坚持《资本论》所提供的方法论体系的范式。《资本论》在唯物辩证法根本方法的基础上，采取了科学抽象法、历史分析法等特殊方法，这些方法范式是构建中国特色社会主义政治经济学理论体系时必须坚持的。科学运用这些方法论范式，立足我国国情和我国发展实践，揭示新特点、新规律，提炼和总结我国经济发展实践的规律性成果，把实践经验上升为系统化的经济学说，不断开拓当代中国马克思主义政治经济学新境界。

（3）中国特色社会主义政治经济学理论体系的构建必须坚持《资本论》所提供的基本范畴和基本原理范式。运用《资本论》所提供的基本范畴和基本原理，研究中国特色社会主义经济的生产、分配、交换、消费等主要环节，以及基本经济制度、基本分配制度、经济体制、经济发展和对外开放等重大理论问题、重大实践问题和重大历史经验的总结，研究经济发展新常态、新发展理念、供给侧结构性改革等重大战略思想和理论命题。形成具有时代特征的当代中国马克思主义政治经济学，指导新常态下的中国经济发展。

因此，中国特色社会主义政治经济学不是照抄照搬，而是要不断地发展，意味着中国特色社会主义政治经济学的构建并不是对《资本论》照着讲，而是要以发展的目标接着讲。

四、为马克思主义政治经济学的发展贡献中国智慧

政治经济学的创新发展首先是要回归和重建历史观，直面中国经济发展的大问题，给政治经济学植入中国元素，而植入中国元素的视角就是历史，从历史资料的整理中，回归和构建政治经济学的历史观。正如熊彼特指出的：如果一个人不掌握历史事实，不具备适当的历史感或所谓的历史经验，他就不可能指望理解任何时代包括当前的经济现象。

进入新常态以后，我国经济发展还有许多问题需要进一步研究，这些研究应该具有历史眼光和世界视域，很多现实问题都需要从历史角度来加以考察，需要从制度、技术、文化、意识形态、国家、组织、人口、政治、自然资源、地理环境等各个角度进行历史资料的挖掘。总结中国的改革经验，研究中国的历史，从历史中汲取营养，给政治经济学植入中国元素，给政治经济学贡献中国智慧。思路主要有以下几个方面。

（一）为政治经济学的创新发展贡献传统文化智慧

现代西方经济学把物质增长作为经济发展的标准，政治经济学把价值作为衡量经济发展的标准。钱穆在《中国经济史》中认为，在中国历史上，主张“人生为主而经济为副的低水准的经济观”“中国经济的理想水平主在平”，而人生为主的经济观强调经济对于人生自属必需，但此项必需亦有一限度。亦可说，就人生对经济之需要言，并不是无限的。钱穆先生从中国经济史和中国文化的角度提出了经济发展的价值判断，经济发展的水平一定要和人生理想相适应，超越人生理想的经济发展水平对人是有

害的。其本质含义就是经济发展要有利于人的发展。钱穆的以“人生为主”，和马克思在《1844年经济学哲学手稿》中对私有财产的扬弃，设想未来社会是人向自身、向社会的即合乎人性的人的复归是一致的。即经济发展一定要以人的发展和人的自由（可选择权利的增加）为目标，以人为本。

（二）为政治经济学的创新发展贡献历史传统智慧

农业的现代化是中国经济发展的核心问题，而这一问题的关键在于探索合适的土地流转机制，形成适合现代市场经济的农地关系，促进农业的产业化和现代化。但是从长期的历史变迁来看，中国的农地关系具有其特殊性。在马克思主义政治经济学的地租理论中，资本主义的土地关系是三阶级模型，土地所有者——地主，资本所有者——农业资本家，农业劳动者——农业工人，在资本主义的农业生产中，地主获得地租，农业资本家获得剩余价值，农业工人获得工资，农业的发展以工业化的方式来组织。而在中国长期的历史变迁中，农地关系是典型的两阶级模型，土地所有者——地主，土地租佃者——农民，形成了典型的租佃制。即使在当代的家庭生产中，土地所有者是国家，农民家庭在一定期限内获得土地经营权，农业的资本主义生产方式和市场化生产方式也没有形成。这就需要研究中国的农地关系历史变迁，总结中国农地关系的历史特征，探索中国的农地关系如何由两阶级模型转化为三阶级模型的机制，从而为当前的土地流转和农业的现代化提供历史依据。

（三）为政治经济学的创新发展贡献中国智慧

在政治局集体学习时，习近平总书记提出了一个新的论断，要“提炼和总结我国经济发展实践的规律性成果，把实践经验上升为系统化的经济学说”，更重要的是要“不断开拓当代中国马克思主义政治经济学新境界”。这里提出的是“中国马克思主义”，而不是“中国化的马克思主义”，更不是“马克思主义中国化”。“中国马克思主义”则意味着在经典马克思主义理论的基础上，更进一步发展出新的马克思主义理论，要用中国经验丰富和发展马克思主义政治经济学。

五、中国特色社会主义政治经济学的理论体系

（一）中国特色社会主义政治经济学的主线："发展的政治经济学"

改革开放30年形成了"中国奇迹"，在"中国奇迹"背后有许多的"中国经济发展之谜"，现有的经济学理论无法给出合理且有力的解释。因此，需要建立一套基于中国经济发展背景、经济运行实践的当代中国的马克思主义政治经济学理论体系来解释，并指导新常态下的中国经济发展实践。这套理论体系就是发展经济学与政治经济学结合而形成的中国马克思主义政治经济学。因此，当代中国马克思主义政治经济学的构建，其主线应该是发展经济学与马克思主义政治经济学结合而形成的中国发展的政治经济学。

然而，发展经济学与政治经济学结合而形成的中国特色社会主义政治经济学，回答的是"什么是发展""怎样实现发展""发展为了什么"这三个根本问题。发展经济学主要是研究发展中国家如何实现工业化、摆脱贫困落后、走向富裕的经济学。发展经济学与政治经济学是既有区别，又有联系的。政治经济学的一般理论是整个经济科学的基础，发展经济学是在政治经济学所揭示的内在的、本质的经济必然性的基础上，研究一国经济的发展问题的。因此，发展经济学的研究更接近现实经济生活，它充分注意人在客观条件制约的范围内对经济过程的影响，尤其是人在经济活动中所作出的各种选择。发展经济学的研究必将检验和丰富政治经济学所揭示的客观经济规律，但是，西方发展经济学迄今为止并没有很好地解决发展中国家的经济发展问题。所以，在中国特色政治经济学构建的过程中，需要把政治经济学与发展经济学相结合，从而形成具有中国特点、中国元素、中国风格的经济学，构建起马克思主义政治经济学的4.0版本。

发展经济学与政治经济学相结合，基于中国经济发展的事实、材料，形成当代中国马克思主义政治经济学，其研究对象是中国特色的经济发展道路。马克思主义政治经济学与发展经济学结合而形成的当代中国的马克思主义政治经济学，在理论基础、体系结构、实践功能方面同现有的西方

经济学流派有本质的不同。当代中国的马克思主义政治经济学以马克思主义政治经济学为理论基础，既反映人类一般经济发展的规律，又反映中国经济特殊规律，能有效解释中国经济发展现象、指导中国经济发展，成为中国建立完善的社会主义市场经济体系理论基础的经济学理论体系。同时也要借鉴世界各国在发展过程中的一些好的做法和经验教训，比如，市场经济发展过程中劳资矛盾问题、环境污染问题等的产生与化解，对这些经验教训的总结有利于中国政治经济学的构建和发展，也可以使我们的经济实践少走一些弯路。

因此，中国政治经济学的构建，应该扎根于中国经济建设的实际、中国经济改革的实践，立足于中国经济以及世界经济发展的重大历史经验教训，进行总结概括，提炼升华，探索其中的经济规律，从而上升为系统化的经济学说，这样才能构建起科学的中国的马克思主义政治经济学，才能阐释中国道路的成功，才能指引未来中国正确的发展道路。

（二）中国特色社会主义政治经济学理论体系构建的逻辑

（1）理论逻辑

经济学既是历史的科学，也是关于实践的学科，因为任何经济学理论都是建立在已有的经济发展实践基础上，对已有的事实、矛盾、问题进行总结提升而形成的。政治经济学是一种历史科学，是在对过去经济发展历史道路总结基础上形成的，首先要通过对过去的历史资料的大量收集整理来探索背后的内在规律。从政治经济学的发展历史来看，不管是古典政治经济学还是经典马克思主义政治经济学，都是对历史资料从具体到抽象再从抽象到具体的过程中概括提炼出来的基本经济规律。而中国特色社会主义政治经济学理论体系的构建依据马克思主义政治经济学的理论基础、方法论、理论框架，总结当代中国经济发展的经验，发展出基于中国事实、中国经验的系统学说，才是中国特色社会主义政治经济学理论体系建构的坚实理论基础。

因此，构建中国特色社会主义政治经济学理论体系的过程中还要重视对中国经济发展史的研究，尤其是要重视对长时间、大时段经济史的研究，重视对中国经济发展过程中的重大理论问题、重大实践问题和重大历史经验的总结，通过重大问题来进行概括和抽象其中的规律性，从而上升为系统化的经济学说。因此，中国发展的政治经济学要吸收中国经济发展的历史、中国思想史、中国经济史中先进的元素，并把这些中国元素植入政治经济学的框架中。

(2) 实践逻辑

中国特色社会主义政治经济学理论体系的构建，首先需要确定研究的对象是什么。中国特色社会主义政治经济学研究的对象应该是中国特色的发展道路。中国独特的经济发展道路，包括过去的道路、现在的道路以及未来的道路，具体来讲包括四个层次：

一是过去几千年经济发展的历史道路及其经济思想和制度演进，这是从长时段来研究的，因为长时段的发展研究才能正确揭示经济发展的规律。

二是中国社会主义经济制度建立的经济发展道路，即新中国成立后的计划经济时期的发展道路。通过这一时段的研究才能揭示中国社会主义的经济发展规律。

三是社会主义改革时期的经济发展道路，即改革开放后社会主义市场经济体制的建立和完善时期，总结改革年代的经济发展规律。

四是新常态下经济发展的道路。

(三) 中国特色社会主义政治经济学理论体系的构成

在发展经济学和政治经济学的结合中构建的当代中国马克思主义政治经济学理论体系，应该研究五个层次的问题：

第一个层次是中国经济发展的初始条件及其演变。经济发展的初始条件就是在经济发展初始时刻应该满足的初始状态，经济发展是有阶段的，不同阶段面对的初始条件是不同的。与此相适应，经济发展的目标以及基本矛盾也是不同的，包括中国经济发展初始条件及其变化、中国经济发展的制度基础及实现形式的变迁、中国经济发展的根本目标及阶段性目标、中国经济发展基本矛盾及其变化。

第二个层次是中国宏观经济发展的政治经济学。主要是对宏观发展问题的政治经济学分析，包括中国的宏观经济运行及特点、中国工业化的路径及其阶段性变化、中国城市化的路径及其阶段性变化、信息化的路径及其阶段性变化、农业现代化的路径及其阶段性变化、绿色化的路径及其阶段性变化。

第三个层次是中国中观经济发展的政治经济学。主要是对中观发展问题的政治经济学分析，包括中国地方经济运行及主要特点、中国区域经济的运行及其特点、中国产业结构的形成及其特点。

第四个层次是中国微观经济发展的政治经济学。主要是对微观发展问题的政治经济学分析，包括中国微观经济发展及特点、中国农户行为（家庭）及其变迁、中国各种所有制企业的运行及其特点、中国合作经济组织的运行及其特点。

第五个层次是中国与世界合作发展的政治经济学。主要研究开放经济背景下中国经济发展的政治经济学分析。主要内容包括：大国经济的独立发展及与国际经济的合作共建、中国与世界经济合作的变迁及其特征。

因此，当代中国马克思主义政治经济学的构建，一方面，需要明确其主线是发展经济学与马克思主义政治经济学相结合以形成中国发展的政治经济学。另一方面，要基于中国特色社会主义政治经济学理论体系及其内在逻辑的构建。基于此，我们认为中国特色社会主义政治经济学系统性的构建还需要思考的问题包括：数量和质量相结合意义上的劳动价值论问题；生产力质量的界定和度量；新时代下我国人民日益增长的美好生活需要与不平衡、不充分的发展之间的新矛盾的解决路径；基本经济制度的质量与数量问题；中国道路的政治经济学释义；后发展理论体系的建立和研究；后社会主义市场经济理论的建设；宏观层面的结构调控、质量调控的实施以及资产价格市场的调整行为；微观和中观层面的运行问题以及适应新时代的现实性概念和话题。通过这些方面的思考和补充，我国社会主义政治经济学与当代马克思主义政治经济学系统的理论架构和体系构建才更具完整性和实践性，使我国特色社会主义政治经济学更充满中国智慧、中国风格以及中国力量。

参考文献

[1] [德]恩格斯.反杜林论[M].北京:人民出版社,1999.

[2] [德]马克思.资本论:第1卷[M].北京:人民出版社,2004.

[3]习近平.更好认识和遵循经济发展规律 推动我国经济持续健康发展[N].人民日报,2014-07-09:第一版.

《资本论》与中国特色社会主义政治经济学的基本原则[①]

何爱平　赵仁杰[②]

党的十九大报告中指出："必须从理论和实践结合上系统回答新时代坚持和发展什么样的中国特色社会主义、怎样坚持和发展中国特色社会主义。"这是新时代对中国特色社会主义政治经济学创新发展的新要求。习近平总书记指出要坚持中国特色社会主义政治经济学的重大原则，这是因为基本原则问题关乎中国特色社会主义政治经济学的发展方向。作为马克思主义政治经济学的基石，《资本论》对资本主义生产方式进行了深刻的分析，这为政治经济学的理论研究提供了典范，《资本论》的创作过程和研究范式所体现出的理论原则，不仅保证了马克思主义政治经济学的发展方向和理论活力，也是中国特色社会主义政治经济学创新发展过程中必须继承和坚持的重大原则，更为在新时代中国社会主要矛盾变化背景下，推进中国特色社会主义政治经济学创新发展提供了重要指引。

总的来看，《资本论》可以从以下六个方面为新时代中国特色社会主义政治经济学重大原则提供支撑：一是《资本论》以资本主义生产关系为主要研究对象，将人与人之间的利益冲突作为核心问题，以实现全人类的解放和自我完善为目标，充分体现了"以人为本"的原则，只有从"以人为木"的原则出发，才能更好地解决人民日益增长的美好生活

---

① 基金项目：陕西省社会科学基金面向"十三五"重大理论与现实问题研究项目"中国特色社会主义政治经济学的创新发展研究"（项目编号：2016ZDA18）；第二批陕西高校人文社会科学青年英才支持计划项目。

② 何爱平，女，西北大学经济管理学院教授，博士生导师，研究方向为政治经济学；赵仁杰，男，上海财经大学经济学院2017级博士研究生，研究方向为理论经济学、财政学。

需要和不平衡、不充分发展之间的矛盾。二是《资本论》的创作与资本主义生产力和生产方式的变革过程紧密结合，不断更新对资本主义经济的认识和分析，体现出“与时俱进”原则，只有“与时俱进”，才能准确认识新时代中国特色社会主义建设面临的新挑战。三是在《资本论》的创作过程中，马克思始终坚持理论联系实际，在马克思主义实践论的指导下，将欧洲资本主义发展实践中的矛盾冲突提升为系统学说，体现了理论创新的“实践性”原则，坚持“实践性”原则，才能更好地促进中国特色社会主义政治经济学与新时代中国特色社会主义建设紧密结合。四是《资本论》立足于工人阶级的生存困境，通过分析资本主义国家剩余价值产生的根源，揭露资本主义剥削本质，为无产阶级提供理论指导，带有明显的“阶级性”原则，坚持“人民为中心”的阶级原则，才能保障新时代中国特色社会主义的正确方向。五是《资本论》以 19 世纪英国为样本，以欧洲为背景的资本主义社会为基础，所分析的社会经济问题具有地区性和民族性，同时又运用马克思主义哲学共性与个性相统一的方法，在充分体现“民族性”原则的基础上，实现理论逻辑的一般化。所以，坚持“民族性”原则，才能体现中国特色社会主义政治经济学的中国风格、中国气派。六是《资本论》批判地吸收了英国古典政治经济学、法国重农学派包括资产阶级庸俗经济学的合理成分，实现了对前人研究的继承和发展，体现出兼容并包的“开放性”原则，坚持“开放性”原则，才能引领推动形成全面开放新格局。

一、以实现人的发展、满足人的需求为主的“以人为本”原则

人与人之间的关系是《资本论》研究的核心问题，也是马克思主义政治经济学区别于西方经济学的本质所在。《资本论》的“以人为本”原则集中体现在两大方面：一方面是马克思在创作《资本论》的实践过程中，坚持了“以人为本”的价值理念；另一方面是《资本论》理论自身所体现出的人本主义。

马克思在创作《资本论》之前，就将自己的人生目标确定为“为人类的幸福和我们自身的完善”①，他在早期著作《1844年经济学哲学手稿》中曾批判古典政治经济学家不重视人的观点：“各国只是生产的工场；人是消费和生产的机器；人的生命就是资本；经济规律盲目地支配着世界。在李嘉图看来，人是微不足道的，而产品则是一切。”② 在《资本论》的创作过程中，马克思更是多次深入工人阶级内部，充分了解工人生产、生活面临的困境的情况，深入研究其历史使命及其未来发展，《资本论》的整个创作过程都体现了马克思主义政治经济学对人自身的关注。就《资本论》的研究内容，马克思指出：“我在本书研究的是，资本主义生产方式以及和它相适应的生产关系和交换关系。”③ 生产方式、生产关系和交换关系的主体都是人，或者说是劳动者，而并非物。马克思将《资本论》的研究对象界定为人本身以及由生产活动所结成的人与人之间的关系，他考察了资本主义生产过程，发现“劳动为富人生产了奇迹般的东西，但是为工人生产了赤贫。劳动生产了宫殿，但给工人生产了棚舍……”④。他深刻批判了资本主义条件下财富增长与工人阶级贫困化现象，揭示了资本积累的一般规律，即“产业后备军的相对量和财富的力量一同增长。但是同现役劳动军相比，这种后备军越大，常备的过剩人口也就越多，他们的贫困同他们所受的劳动折磨成反比。最后，工人阶级中贫苦阶层和产业后备军越大，官方认为需要救济的贫民也就越多。这就是资本主义积累的绝对的、一般的规律”⑤。为了实现工人阶级解放和人的发展，马克思通过《资本论》深刻分析了工人阶级实现解放、劳动者自身实现发展所需要具备的一般前提和具体条件，在这一目标的指引下，马克思通过系统阐释劳动价值论和剩余价值学说，为如何推动工人阶级解放提供了理论指导。他指出：“人的解放，就是社

① [德]马克思，恩格斯．马克思恩格斯全集：第1卷[M]．北京：人民出版社，1956：414.
② [德]马克思，恩格斯．马克思恩格斯全集：第42卷[M]．北京：人民出版社，2002：72.
③ [德]马克思，恩格斯．马克思恩格斯全集：第44卷[M]．北京：人民出版社，2001：8.
④ [德]马克思，恩格斯．马克思恩格斯全集：第3卷[M]．北京：人民出版社，2002：270.
⑤ [德]马克思，恩格斯．马克思恩格斯全集：第44卷[M]．北京：人民出版社，2001：742.

会的解放，它是通过工人阶级这种政治形式表现出来的，而且不仅涉及工人的解放，因为工人的解放包含着全人类的解放；之所以如此，是因为整个人类奴役制就包含在工人同生产的关系中，而一切奴役关系只不过是这种关系的变形和后果罢了。”① 可见，在《资本论》和整个马克思主义政治经济学的基本价值理念中，实现劳动者主体自身的发展、推动人自身的物的满足是其重要目标。因此，《资本论》是一部关于人的解放和发展的伟大学说，充分体现了“以人为本”的价值原则。

中国的社会主义建设和马克思主义政治经济学中国化过程充分体现了“以人为本”的原则。在中国特色社会主义的建设中，满足广大人民群众的需求一直是中国改革和发展的重要目标。习近平总书记指出：“人民对美好生活的向往，就是我们的奋斗目标。”坚持“以人为本”原则，以满足人民群众需求为目标，可以保证中国特色社会主义政治经济学的马克思主义属性和正确方向，是马克思主义人本思想的进一步提升。从中国特色社会主义发展的伟大实践来看，“以人为本”原则要求中国的社会主义建设要以实现人的全面发展为目标。中国特色社会主义政治经济学坚持“以人为本”原则是在中国特色社会主义背景下对马克思人本思想的传承和发展。从中国特色社会主义建设的实践的需求角度出发，“以人为本”始终是中国特色社会主义建设的指导原则，展现着中国特色社会主义的本质属性，能够确保中国特色社会主义事业保持正确方向，也是实现党的十九大“满足人民对美好生活向往目标”的重要理论来源。

二、从时代特征出发、反映时代需求的“与时俱进”原则

《资本论》的诞生标志着马克思主义政治经济学的建立。但在《资本论》发表之前，马克思在《1844 年经济学哲学手稿》等作品中就已经对《资本论》中的一些理论问题进行了大量探讨，随着时代的发展，马克思在对涉及资本主义生产方式的一些基本理论问题上的认识也在不断修正，

① ［德］马克思，恩格斯．马克思恩格斯全集：第 42 卷［M］．北京：人民出版社，2002：120.

如在对劳动和劳动力两个概念范畴的界定上。当马克思在 1849 年写《雇佣劳动与资本》的时候，他认为工人出卖给资本家的是他的劳动，所以提出了“劳动的价值”。但随着马克思对劳动价值论的进一步研究，他发现雇佣工人作为商品卖给资本家的，不是他的劳动，而是他的劳动力，是他的劳动力在一定时限内的使用权，而劳动力的使用权则是可以被衡量的，也是有价值的。这一认识改变奠定了《资本论》关于商品价值和使用价值分析的基础。再比如，马克思在《资本论》中预言：一个“自由人联合体”将会取代资本主义社会，后来在 1875 年的《哥达纲领批判》中，马克思结合资本主义社会的发展状况和共产主义实践，指出共产主义社会有低级阶段（即社会主义社会）和高级阶段。

可见，马克思从来不把自己的理论看作是最终完整的理论体系，而是强调了任何一种理论都应随着实践活动和时代背景变化不断更新发展的重要性。他指出：“辩证法不崇拜任何东西，按其本质来说，它是不断批判和革命的。”[①] 他认为，我们“所考察的经济范畴，也都带有自己的历史痕迹”。[②] 他清楚地认识到，《资本论》所分析的资本主义生产方式和资本主义经济是人类社会在一定历史阶段的特定形式，而这一具体形式又与资本主义生产方式的早期形成和发展密切相关。同样的，《资本论》中所讨论的资本主义社会的经济问题，也必然会随着资本主义的发展演进逐渐成为历史。因此，要保持理论的长久生命力，必须在尊重历史的基础上不断更新。众所周知，在《资本论》的写作计划中，马克思曾经打算把《世界市场》问题作为《资本论》的续篇内容，即作为他的经济学著作六册计划中的最后一册，这一写作计划反映了马克思在对当时资本主义经济发展趋势、资本主义扩张的实践进行思考后，对《资本论》理论体系的修正完善。在考察了《共产党宣言》发布 25 年来欧洲经济社会发展的巨大变化后，马克思曾指出“这些纲领现在有些地方已经过时了”[③]。而时隔 45 年，

---

① ［德］马克思，恩格斯．马克思恩格斯全集：第 44 卷［M］．北京：人民出版社，2001：22.

② ［德］马克思，恩格斯．马克思恩格斯全集第 44 卷［M］．北京：人民出版社，2001：197.

③ ［德］马克思、恩格斯．马克思恩格斯全集：第 1 卷［M］．北京：人民出版社，1995：244.

恩格斯在纠正马克思对 1848 年欧洲革命形势的过高估计时曾明确指出："历史表明，我们以及所有和我们有同样想法的人，都是不对的。历史清楚地表明，当时欧洲经济社会发展的状况还远没有成熟到可以铲除资本主义生产的程度"①。恩格斯论述了马克思主义随实践发展变化的这一理论品质："马克思的整个世界观不是教条，而是方法，它提供的不是现成的指南，而是进一步研究的出发点和提供这种研究使用的方法，具体的问题是不断变化的。"② 可见，《资本论》的创作过程充分体现了马克思主义政治经济学不断进行理论创新的特点，这也是《资本论》能够常读常新，马克思主义政治经济学能够在资本主义生产方式发生巨大改变的背景下仍然保持强大生命力的关键所在。

中国特色社会主义政治经济学是新时代马克思主义基本原理与中国特色社会主义的伟大实践相结合的产物，在坚持马克思主义基本原理的同时又带有鲜明的时代特征。而中国改革和发展的实践是不断变化的，因此，其理论形成和发展中也就必须坚持"与时俱进"的原则。党的十八大以来，在进一步继承中国特色社会主义理论体系的基础上，结合经济社会发展新常态背景下中国改革和发展中面临的新问题，以习近平同志为核心的党中央提出强调要学好用好政治经济学，不断开拓马克思主义政治经济学的新境界。党的十九大更是对新时代中国共产党的历史使命和中国特色社会主义思想进行了全新表述。因此，在当前中国经济社会发展步入新时代背景下，中国特色社会主义政治经济学的理论创新过程中，必须继承并坚持"与时俱进"这一重要原则，使得中国特色社会主义政治经济学能真正成为反映时代需求、解释当前中国发展问题，并进一步指导中国特色社会主义建设的科学理论学说。

三、立足改革发展过程、总结发展经验的"实践性"原则

理论与实践的关系是马克思主义理论的基本问题，在《资本论》的写

① ［德］马克思，恩格斯．马克思恩格斯全集：第 4 卷［M］．北京：人民出版社，1995：512.

② ［德］马克思，恩格斯．马克思恩格斯全集：第 4 卷［M］．北京：人民出版社，1995：472 – 473.

作过程中，马克思始终坚持了理论联系实践的基本原则，将欧洲资本主义经济社会发展演变的具体实践作为《资本论》分析的一手材料。理论联系实践是《资本论》和整个马克思主义经济学的重要理论原则。

从马克思自身为《资本论》写作所进行的实践准备来看，马克思走出校园后从事的第一份工作是在1842—1843年担任《莱茵报》主编，在实际工作中他遇到了以莱茵省议会关于林木盗窃和地产分析的讨论等为代表的经济利益问题。这一工作实践使他有大量的机会去了解和关注社会生活等现实问题，并开始研究政治经济学，个人工作实践为马克思后来从事理论研究提供了经验积累。同马克思一样，恩格斯在离开学校帮助父亲管理工厂时，通过与工人的亲密接触，认识到了资本主义生产方式下工人的生活状况，在思想上对资本主义社会有了新的认识，这些经历为后来他研究并传播马克思主义提供了动力。在正式开展《资本论》写作之前，马克思曾先后写作《巴黎笔记》和《布鲁塞尔笔记》等大量经济学笔记，这些笔记是马克思政治经济学的初步研究成果，也是马克思在巴黎等地进行了广泛的社会实践观察和调研后，对于古典政治经济学的初步批判思考，为《资本论》的创作奠定了基础。从《资本论》创作的实践背景来看，马克思在创作《资本论》时，19世纪初期以英国为代表的资本主义国家资产阶级与无产阶级的矛盾日益尖锐，资本家通过资本支配工人的劳动，使得工人阶级遭受剥削，并引发了以1831年和1834年法国里昂工人起义等为代表的一系列无产阶级反抗运动。马克思考察了工人运动的现状，发现，“阶级斗争在实践方面和理论方面采取了日益鲜明的和带有威胁性的形式”①。但即使如此，资产阶级经济学家还极力为掩盖资本主义剥削的本质和资本家剥削工人的行为进行辩护。马克思尖锐地批判了当时无视实践变化的庸俗经济学理论：“现在的问题不再是这个或那个原理是否正确，而是它对资本有利还是有害，方便还是不方便……公正无私的科学探讨让位

① [德]马克思，恩格斯．马克思恩格斯全集：第44卷[M]．北京：人民出版社，2001：17.

于辩护士的坏心恶意。”①

《资本论》的实践性原则，另一方面源于其整个理论所坚持的历史唯物主义与辩证法。马克思主义政治经济学坚持了社会实践决定意识的基本原则，在这一原则的指引下，马克思、恩格斯从19世纪初欧洲资本主义社会现实出发，在总结以往欧洲工人运动经验的基础上，提出了立足于实践的科学系统理论。对于理论中存在的令人不解的问题，马克思指出：“凡是把理论导致神秘主义的神秘的东西，都能在人的实践以及对实践的理解中找到合理的解决”②。可以说，实践是马克思主义理论学说产生的基础，同时也是马克思主义政治经济学的根本目标。19世纪资本主义社会及其生产关系下工人与劳动人民的生存状况使得马克思开始研究资本主义经济问题，创立了以《资本论》为核心的马克思主义政治经济学。但是马克思主义政治经济学作为一个系统的理论学说，其目标不仅仅在于阐明资本主义生产关系以及其剥削工人的秘密，马克思曾指出这些理论学说是“无产阶级的精神武器，是无产阶级改变世界，实现共产主义的工具”。正是因为马克思主义政治经济学将推动实践变革作为目标，才能够有效指导全世界范围内的无产阶级革命和社会主义建设，将理论设想与社会主义实践相结合，影响着人类社会进程。

邓小平同志曾经指出：“我们坚信马克思主义，但马克思主义必须与中国实践相结合。只有结合中国实际的马克思主义，才是我们所需要的真正的马克思主义。”③ 中国特色社会主义政治经济学的核心在于以中国特色社会主义建设实践为基础。在近40年的社会主义建设中，中国实现了从一个落后的农业国家向工业化国家的转变，探索出了在社会主义国家发展市场经济的新道路。习近平总书记强调：“实践是理论的源泉，我国经济发展进程波澜壮阔、成就举世瞩目，要深入研究世界经济和我国经济面临的新情况新问题，为马克思主义政治经济学创新发展贡献中国智慧。”可见，

---

① [德]马克思，恩格斯. 马克思恩格斯全集:第44卷[M]. 北京:人民出版社,2001:17.

② [德]马克思，恩格斯. 马克思恩格斯全集:第1卷[M]. 北京:人民出版社,1995:60.

③ 邓小平. 邓小平文选:第3卷[M]. 北京:人民出版社,1994:121.

要发展好中国特色社会主义政治经济学就必须立足于中国改革发展实践，从实践中获得理论提升的要件，立足于中国改革和发展实践，以实践为基础生成理论，在实践中发展理论，将马克思主义政治经济学基本原理与中国特色社会主义建设的伟大实践相结合。把中国改革和发展的经验提升成为系统性的理论学说，进一步表明其理论产生的基础是中国社会主义建设的伟大实践，这一原则与《资本论》是一脉相承的。在中国特色社会主义政治经济学的创新发展中，必须更好地坚持这一基本原则，确保中国特色社会主义政治经济学理论的实践性特征。

四、依托人民群众、以人民为中心的“阶级性”原则

政治经济学具有鲜明的阶级性特征。马克思曾指出：“政治经济学所研究的材料的特殊性质，把人们心中最激烈、最卑鄙、最恶劣的感情，把代表私人利益的复仇女神召唤到战场上来反对自由的科学研究。”① 在写作《资本论》之初，马克思首先重点分析了“在过去的各个历史时代，我们几乎到处都可以看到社会完全划分为各个不同的等级，看到社会地位分成多种多样的层次。在古罗马，有贵族、骑士……在中世纪，有封建主、臣仆……而几乎在每一阶级内部又有一些特殊的阶层”②。马克思观察到了自罗马时代以来社会阶级存在的现实，并系统梳理和分析了阶级背后的经济利益，指出“至今一切社会的历史都是阶级斗争的历史”③。

《资本论》以劳动价值论为基础，以剩余价值学说为核心，揭露资本家剥削工人劳动的秘密，阐明了资产阶级与无产阶级对立的实质，《资本论》明显地站在了无产阶级立场上，带有鲜明的阶级性原则。正是由于《资本论》坚持了无产阶级立场，使《资本论》区别于其他古典政治经济学，成为无产阶级革命和社会主义建设的理论指导。恩格斯曾在《资本论》（第一卷）英文版序言中指出：“《资本论》在大陆上常常被称为工人

① ［德］马克思，恩格斯．马克思恩格斯全集：第44卷［M］．北京：人民出版社，2003：10.

② ［德］马克思，恩格斯．马克思恩格斯全集：第1卷［M］．北京：人民出版社，1995：272.

③ ［德］马克思，恩格斯．马克思恩格斯选集：第1卷［M］．北京：人民出版社，1995：272.

阶级的圣经，任何一个熟悉工人运动的人都不会否认：本书所作的结论日益成为伟大的工人阶级运动的基本原则，不仅在德国和瑞士是这样，而且在法国，在荷兰和比利时，在美国，甚至在意大利和西班牙也是这样；各地的工人阶级都越来越把这些结论看成是对自己的状况和自己的期望所作的最真切的表述。”①《资本论》在全世界工人阶级运动中理论指导地位的取得，正是因为《资本论》站在工人阶级立场上，从工人阶级利益角度出发，对资本家凭借其占有的生产资料残酷剥削工人的事实进行科学的理论分析，敢于直面资本主义社会和资本主义生产生产方式的剥削本质，从而成为科学的理论。相反地，资产阶级古典政治经济所代表的是资产阶级的利益，资产阶级经济家就会在理论上极力为资本主义剥削本质和资本主义社会的矛盾冲突进行辩护，从而产生了与当时资本主义社会实际不相符的西尼尔的“节欲论”、萨伊的“生产三要素论”以及巴师夏的“经济和谐论”等。对于《资本论》所强调的阶级立场，后来的马克思主义经典作家们都进行了继承和进一步的解释，从列宁到斯大林，从毛泽东思想到中国特色社会主义理论，都明确了马克思主义政治经济学的阶级立场。

习近平总书记在谈到中国特色社会主义政治经济学的根本立场时强调：“要坚持以人民为中心的发展思想，这是马克思主义经济学的根本立场。”关于坚持以人民为中心的阶级立场的重大意义，习近平总书记分别从人民群众的巨大力量、保障人民主体地位、维护人民群众利益等方面进行详细，阐述了立足于人民群众、反映群众心声的重要性。习近平总书记关于中国特色社会主义政治经济学以人民为中心的阶级立场的论述体现了我们党对于坚持以人民为中心的发展思想的清醒认识和一贯坚持，铸就了中国特色社会主义政治经济学的本质原则。在中国经济社会发展步入新时代的背景下，坚持中国特色社会主义政治经济学以人民为中心的阶级性原则，就要求把保障人民群众利益、实现共同富裕作为最终目标。针对当前出现的经济增长速度放缓、收入分配不公、生态环境污染等影响到人民群

① ［德］马克思，恩格斯．马克思恩格斯全集：第 44 卷［M］．北京：人民出版社，2003：34.

众福祉的问题，在对这些问题展开研究的时候，必须坚持中国特色社会主义政治经济学以人民为中心、代表人民群众利益的阶级原则。党的十九大报告中进一步明确了"坚持以人民为中心"的原则，只有明确了以人民为中心这一阶级原则，并在理论研究和发展实践中认真践行这一原则，才能够使理论研究成果和改革发展实践保持正确一致的方向。

五、展现中国发展特色、提升发展经验的"民族性"原则

马克思主义政治经济学揭示了人类经济社会发展的一般规律，具有世界性和普适性的特征，《资本论》作为全世界工人阶级的理论指导，也具有高度的一般性。但是，从马克思主义经济学创立之初，马克思、恩格斯就高度重视经济社会发展方式的民族性特征，并强调在对不同资本主义生产关系的分析中重视"民族性"原则。

《资本论》及整个马克思主义政治经济学的民族性特征与其理论产生的背景密不可分，19世纪初，民族主义和世界主义、德意志民族和西欧国家的差异与冲突构成了《资本论》产生的重要文化背景。正是由于这种民族化差异及其所引发的冲突，马克思主义政治经济学从一开始就关注经济理论的民族性特征。《资本论》将19世纪欧洲特别是德国、英国和法国等国的资本主义生产关系作为研究对象，而不同国家经济社会关系的矛盾与其民族特征紧密相关。对此，马克思、恩格斯曾指出："正是由于各民族不同的民族特性，不同的国家和地区在民族解放与经济社会发展上也相应存在着多种方式。以自发的唯物主义为信仰的法国人是政治的民族，必须经由政治的道路来完成革命；因为信仰泛神论和唯灵论，德国人必须先经历一场哲学革命；英国人，这个民族是德意志成分和法兰西成分的混合体，对消除对立丧失信心所以完全听从于经验。于是英国人也就卷入了一场更广泛的社会革命。"[①]正是因为对"民族性"原则的尊重，马克思主义经济学在全世界范围内得到了快速发展。当《资本论》与俄国社会主义建

① [德]马克思，恩格斯．马克思恩格斯论民族问题[M]．北京：民族出版社，1987：161.

设发展实践相结合时，就产生了以列宁、斯大林为代表的具有俄罗斯民族印记的苏联社会主义政治经济学，形成了“苏联范式”。在马克思主义经济学与中国社会主义革命和建设相融合的问题上，毛泽东指出：“使马克思主义在中国具体化，使之在其每一表现中带有必须有的中国的民族特性，即是说，按照中国的特点去应用它……”① 在中国特性和中华民族历史文化特征的影响下，以马克思主义为指导，中国走出了一条独具特色的社会主义建设道路。《资本论》在其他国家和地区的应用经验表明，在将马克思主义政治经济学基本原理应用于本国的社会主义发展实践时，必须充分考虑本民族的历史文化传统以及民族特征，只有尊重“民族性”原则，才能够找到人们能够普遍接受的社会主义发展道路，取得社会主义建设的伟大成效。

中国特色社会主义政治经济学是全面反映和总结中国特色社会主义建设发展经验的系统性经济学说，与其他经济理论的根本差异在于，其根植于中国特色社会主义建设和中华民族追求伟大复兴的历史实践。中国特色社会主义道路的独特性在于，它坚持将社会主义建设与中华民族的民族特性和优秀传统文化相结合。因此，在发展道路的选择上，“中国既不走封闭僵化的老路，也不走改旗易帜的邪路”，在坚持马克思主义指导下，中国走上了一条成功的渐进式转型发展道路，从而创造了社会主义经济建设的奇迹。中国的这种渐进式改革和发展道路与苏联、东欧社会主义国家的“休克疗法”不同，这一差异在本质上反映了不同发展道路的民族文化印记。正是由于中华民族的历史传统和文化特征中对渐进式改革的认同，才为中国社会主义市场经济转型提供了宝贵机会，避免走上原苏联和东欧国家的道路。因此，要准确理解中国特色社会主义道路的独特性，系统总结其成功经验，就必须充分认识到其民族特性和“民族性”原则。对此，2016 年 5 月 17 日习近平总书记在主持召开的哲学社会科学工作座谈会上明确指出，“构建中国特色哲学社会科学，一是要体现继承性、民族性，

① 毛泽东．毛泽东选集：第 2 卷[M]．北京：人民出版社，1991：534.

要善于融通中华民族有效传统文化资源”，党的十九大报告中进一步强调了理论创新中的“文化自信”。因此，中国特色社会主义政治经济学的理论创新发展也必然需要紧密融合中华民族的优秀传统，坚持马克思主义经济学的民族性原则，将理论创新的目标嵌入实现中华民族伟大复兴、实现“中国梦”的发展愿景中。

六、吸收借鉴其他学派思想、兼容并包的“开放性”原则

《资本论》作为独立完整的政治经济学理论，它在理论体系、研究内容和分析方法等多个方面自成一家，实现了对古典政治经济学的创造性发展和超越。但是，从《资本论》理论研究的过程和内容来看，《资本论》并非是封闭保守的，它在构建和坚持自身理论体系的同时，充分吸收借鉴了重农学派、斯密、李嘉图等古典政治经济学，也包括空想社会主义者的合理成分，体现出理论创新过程中兼容并包的“开放性”原则。

《资本论》的理论基础是劳动价值论，在马克思之前，斯密和李嘉图等古典政治经济学家已经提出了劳动价值理论，李嘉图就指出商品的价值是由生产这一商品必需的劳动量决定的，而非为这种劳动支付的报酬，马克思和恩格斯高度评价了李嘉图的这一理论贡献，认为这是“划时代的发现”。但对于李嘉图劳动价值论的局限性，马克思指出：“商品既有使用价值和交换价值的两重性，那表现在商品中的劳动也必定有两重性，斯密和李嘉图等只是单纯地分析劳动，必定到处弄不明白，而一般经济学者竟没有例外地不注意这种简单的情形。”① 马克思关于劳动二重性的分析，是他对于斯密和李嘉图劳动价值论最重要的变革，也是《资本论》理论创新的核心成果，对此，马克思本人也说：“商品中包含的劳动的这种二重性，是首先由我批判地证明了的。这一点是理解政治经济学的枢纽。”② 马克思的再生产理论揭示了人类社会不断发展的本质过程，对

① ［德］马克思，恩格斯．马克思恩格斯通信集［M］．上海：生活·读书·新知三联书店，1958，4：7.

② ［德］马克思，恩格斯．马克思恩格斯全集：第44卷［M］．北京：人民出版社，2003：55.

于该理论的重要性，马克思指出：“不管生产过程的社会形式怎样，它必须是连续不断的，或者说，必须周而复始地经过同样一些阶段。一个社会不能停止消费，同样，它也不能停止生产。因此，每一个社会生产过程，从经常联系和它不断更新来看，同时就是再生产过程。”① 马克思再生产理论的直接思想来源于法国重农学派代表人物魁奈的《经济表》，他认为：“这个表，是在18世纪初叶，在政治经济学的幼稚时期出现的。一直到现在，政治经济学还应无疑感谢这个最天才的创作。”② 魁奈在《经济表》中将简单再生产作为他抽象的基础模型，对于这一点，马克思认为分析社会再生产“主要的困难……不是发生在对积累的考察上，而是发生在对简单再生产的考察上，所以亚当·斯密《国富论》和他以前的魁奈《经济表》讨论到社会年生产物的运动及其以流通为媒介的再生产时，总是从简单再生产出发”③。马克思再生产理论的基础也是简单再生产，在借鉴魁奈简单再生产分析范式的基础上，马克思从商品资本循环运动的公式出发，阐明了资本在第一、第二部类中循环的过程以及总的社会生产过程，而且说明了社会总生产中剩余价值的生产、分配问题，对简单再生产过程的科学分析和理论拓展做出了创新贡献。在关于资本循环运动公式的研究中，马克思认为魁奈从重农主义的特殊立场，选定“W′—W′”这一公式作为《经济表》的分析基础，这与重商主义强调的“G—G′”的过程存在本质区别，“这就体现了魁奈伟大的正确的见识”。④ 在对重农学派的吸收借鉴的基础上，马克思进一步发展并最终形成了《资本论》再生产理论的完整体系。

从上述两个经典理论的创新例证来看，马克思在《资本论》的创作过程中，一直坚持以开放包容的态度去对待其他学派理论的合理成分，并努力将其融入《资本论》的分析框架中。正是因为对资产阶级古典政治经济

① ［德］马克思，恩格斯．马克思恩格斯全集：第44卷［M］．北京：人民出版社，2001：653.
② ［德］马克思．剩余价值学说史：第一卷［M］．上海：三联出版社，1957：97.
③ ［德］马克思，恩格斯．马克思恩格斯全集：第45卷［M］．北京：人民出版社，2003：410.
④ ［德］马克思，恩格斯．马克思恩格斯全集：第45卷［M］．北京：人民出版社，2003：115.

学的深入研究，马克思才能站在与古典政治经济学家完全不同的阶级立场上，揭示其存在的不足，并对整个资产阶级古典政治经济学理论提出挑战，构建起马克思主义政治经济学理论体系。《资本论》这种兼容并包的“开放性”理论研究原则为中国特色社会主义政治经济学的创新发展提供了良好范例。中国特色社会主义政治经济学是在马克思主义政治经济学一般原理下，对中国改革和发展经验在理论层面的系统总结和提升。在这一过程中，必须正确认识西方经济学等其他学科的观点，在坚持批判性的基础上，积极吸收借鉴其他学科的合理成分，加强与其他学科的学术交流，兼收并蓄不同学科的研究方法和分析视角，在开放包容的学术环境下，促进新时代中国特色社会主义政治经济学的理论创新，使之逐渐成为最能够解释中国特色社会主义经济社会发展实践的科学理论。

参考文献

[1] 中共中央马克思恩格斯列宁斯大林著作编译局,编译.马克思恩格斯全集[M]. 北京:人民出版社,2003.

[2] 中共中央马克思恩格斯列宁斯大林著作编译局,编译.马克思恩格斯全集[M]. 北京:人民出版社, 2002.

[3] 中共中央马克思恩格斯列宁斯大林著作编译局,编译.马克思恩格斯全集[M].北京:人民出版社,2001.

[4]中共中央文献编辑委员会,编.邓小平文选[M]. 北京:人民出版社,1993.

[5]毛泽东.毛泽东选集[M]. 北京:人民出版社,1991.

[6]中国社会科学院民族研究所,编.马克思恩格斯论民族问题[M]. 北京:民族出版社,1987.

[7] [德]马克思,恩格斯,著.马克思恩格斯通信集[M]. 北京:生活·读书·新知三联书店, 1958.

[8] 中共中央马克思恩格斯列宁斯大林著作编译局,编译.马克思恩格斯全集[M]. 北京:人民出版社,1956.

[9] 习近平. 习近平在中共中央政治局第二十八次集体学习时强调 立足我国国情和我国发展实践 发展当代中国马克思主义政治经济学[J]. 党建，2015(12).

中国特色社会主义政治经济学的理论渊源与理论特征

田雪航　何爱平[1]

习近平总书记在主持以“马克思主义政治经济基本原理与方法论”为主题的中共中央政治局第二十八次集体学习时强调：“要立足我国国情和我国发展实践，揭示新特点新规律，提炼和总结我国经济发展实践的规律性成果，把实践经验上升为系统化的经济学说，不断开拓当代中国马克思主义政治经济学新境界。”[2] 2015 年 12 月的中央经济工作会议则明确指出“要坚持中国特色社会主义政治经济学的重大原则”，中国特色社会主义政治经济学的提出是马克思主义政治经济学中国化的最新理论成果，一方面，标志着马克思主义中国化进入了新的历史阶段，即中国特色社会主义政治经济学在理论体系上逐渐走向成熟；另一方面，也体现了中国共产党对中国特色社会主义政治经济学能够解决新时代下经济发展瓶颈的理论自信。

作为马克思主义政治经济学中国化的最新成果，中国特色社会主义政治经济学与马克思主义政治经济学一脉相承，是中国特色社会主义理论体系的重要组成部分。但是，与传统马克思主义政治经济学、西方主流经济学和新政治经济学不同，中国特色社会主义政治经济学的理论来源非常广泛。以《资本论》为核心的马克思主义政治经济学是中国特色社会主义政

---

① 田雪航，女，西北大学经济管理学院 2013 级博士研究生，研究方向为政治经济学；何爱平，女，西北大学经济管理学院教授，博士生导师，研究方向为政治经济学。

② 习近平．立足我国国情和我国发展实践，发展当代中国马克思主义政治经济学[N]．人民日报，2015－11－25.

治经济学的理论基础，原苏联和东欧社会主义国家社会主义建设过程中的政治经济学是中国特色社会主义政治经济学的重要理论参考，其他非马克思主义经济学的研究成果是中国特色社会主义政治经济学的重要理论借鉴，特别是中国长期的革命和建设过程中的政治经济学是推动中国特色社会主义政治经济学形成、构成中国特色社会主义政治经济学的重要理论元素。中国特色社会主义政治经济学丰富的理论来源使其呈现出独特的理论特性。

一、文献综述

对于中国特色社会主义政治经济学的来源，国内学术界普遍认为马克思主义政治经济学的一般原理是中国特色社会主义政治经济学的理论来源，而我国新中国成立以来，特别是改革开放以来中国特色社会主义经济建设的伟大实践是其实践来源。理论来源与实践来源的结合形成了中国特色社会主义政治经济学的理论和方法体系。中国特色社会主义政治经济学发端于毛泽东思想[①②]，最终形成和完善于以习近平同志为核心的党中央领导集体[③④⑤]。

卫兴华认为，马克思主义政治经济学的一般原理，特别是马克思主义政治经济学有关社会主义的基本原理是中国特色社会主义政治经济学的理论之源，要弄清中国特色社会主义政治经济学的“流”，就必须知其“源”。[⑥] 杨承训也认为中国特色社会主义政治经济学的根本源头是马克思主义政治经济学，包括马克思、恩格斯、列宁的博大精深的政治经济学基

① 顾海良.《论十大关系》与中国特色社会主义政治经济学的发展——纪念毛泽东《论十大关系》发表60周年[J]. 教学与研究,2016(4).

② 张宇. 中国特色社会主义政治经济学[M]. 北京:中国人民大学出版社,2016:24.

③ 逄锦聚. 书写中国特色社会主义政治经济学时代篇章——学习贯彻习近平同志关于经济改革发展问题的重要论述[N]. 人民日报,2016-07-14.

④ 王立胜. 中国特色社会主义政治经济学的历史逻辑[M]//本书编写组:中国特色社会主义政治经济学十五讲. 北京:中国人民大学出版社,2016:32.

⑤ 张新宁. 中国特色社会主义政治经济学研究述评[J]. 政治经济学评论,2017.

⑥ 卫兴华. 中国政治经济学蕴含的根本原则[N]. 北京日报,2016-02-29.

本观点。[①] 黄华、程承坪同样认为中国特色社会主义政治经济学是马克思主义政治经济学的继承和发展，其认为中国特色社会主义政治经济学除来源于马克思对资本主义批判所创设的政治经济学的基本理论之外，还来源于以马克思主义理论为指导的中国特色社会主义经济实践。[②] 贾根良认为除马克思主义政治经济学外，也应当借鉴"西方政治经济学"的理论成果，以丰富马克思主义政治经济学的理论体系，推动中国特色社会主义政治经济学的创新发展。[③] 王立胜认为中国改革发展实践是中国特色社会主义政治经济学发展的丰厚土壤。[④] 蒋南平认为，在近百年马克思主义政治经济学中国化的进程中逐步形成了中国化马克思主义政治经济学的理论架构。[⑤] 逄锦聚提出中国特色社会主义政治经济学来源于马克思主义政治经济学基本原理与当代中国实践的结合，在此基础上吸取中国历史优秀文明成果，借鉴世界上别国优秀文明成果的产物，是马克思主义政治经济学的最新发展。[⑥] 刘凤义认为中国特色社会主义政治经济学，也就是当代中国的马克思主义政治经济学，是马克思主义政治经济学中国化的具体结晶。[⑦] 张宇认为中国特色社会主义政治经济学的产生和发展，是与马克思主义和社会主义的历史紧密相连的，特别是与社会主义经济理论和实践的发展紧密相连的。[⑧] 武力认为中国特色社会主义政治经济学是马克思主义基本原理与中国实践相结合的最新成果，是马克思主义与中国实践相结合、不断

---

① 杨承训．中国特色社会主义政治经济学的理论溯源和生成背景［J］．毛泽东邓小平理论研究，2016（2）．

② 黄华，程承坪．论中国特色社会主义政治经济学的理论创新方向——基于马克思政治经济学批判的分析［J］．经济学家，2017（6）．

③ 贾根良．我国应该加强西方政治经济学的教学与研究［J］．政治经济学评论，2017（1）．

④ 王立胜．中国特色社会主义政治经济学的形成和发展［J］．中共青岛市委党校青岛行政学院学报，2016（6）．

⑤ 蒋南平，谭琼．中国经济学的理论自信之源在于马克思主义经济学的中国化——兼评《高级现代政治经济学》［J］．政治经济学评论，2016（3）．

⑥ 逄锦聚．中国特色社会主义政治经济学的民族性与世界性［J］．经济研究，2016（10）．

⑦ 刘凤义．中国特色社会主义政治经济学原则与供给侧结构性改革指向［J］．政治经济学评论，2016（2）．

⑧ 张宇．中国特色社会主义政治经济学是怎样一门科学［J］．学习与探索，2016（9）．

与时俱进的产物。[①]

本文分别探讨了中国特色社会主义政治经济学与马克思主义政治经济学、原苏联和东欧社会主义国家社会主义建设过程中的政治经济学、其他非马克思主义经济学的研究成果以及中国长期的革命和建设过程中的政治经济学之间的关系，探讨了其形成的理论来源，并进一步论证了中国特色社会主义政治经济学的独特的理论特性。

二、中国特色社会主义政治经济学的理论渊源

（一）以《资本论》为核心的马克思主义政治经济学是理论基础

中国特色社会主义政治经济学是马克思主义政治经济学的新拓展。马克思主义政治经济学是马克思主义理论学说的重要组成部分，是马克思主义理论最详细、最深刻、最全面的证明和运用，是社会主义国家发展经济的主要理论指南（洪远朋，2009）[②]。恩格斯在评价《资本论》在马克思主义理论体系和科学社会主义学说中的地位时曾指出："资本和劳动的关系，是我们全部现代社会体系所围绕旋转的轴心，这种关系第一次在这里得到了证明 。"可见，在整个马克思主义政治经济学理论体系中，《资本论》处于核心地位，它是马克思主义政治经济学的基石，是一切马克思主义经济学理论发展的源头（胡钧，2011）[③]。因此，作为马克思主义政治经济学的新拓展，中国特色社会主义政治经济学的重要理论基础也是以《资本论》为核心的马克思主义政治经济学，《资本论》构成了中国特色社会主义政治经济学的理论渊源。

首先，以《资本论》为核心的马克思主义政治经济学为中国特色社会主义政治经济学提供了基本理论框架，其理论逻辑是中国特色社会主义政

① 武力．中国特色社会主义政治经济学和历史研究[J]．中国道路，2015.

② 洪远朋．正确认识马克思主义政治经济学[J]．马克思主义研究，2009(7)：22－28.

③ 胡钧．资本论在马克思主义理论体系中的核心地位——兼论从《1844年经济学哲学手稿》到《资本论》[J]．政治经济学评论，2011(3)：4－24.

治经济学的理论之源（葛扬，2016）[①]。马克思主义政治经济学是一个体系完整、逻辑严密的科学理论学说，它通过揭示资本主义经济的内在矛盾以及社会主义替代资本主义的最终趋势，阐释了人类经济社会发展的一般规律，特别是在市场经济条件下，劳动与资本的关系变化以及由此所引发的一系列经济社会运动规律。从分析对象上来看，以《资本论》为核心的马克思主义政治经济学分析的经济对象是商品经济，或者说就是一种市场经济，这为中国特色社会主义政治经济学的分析对象提供了直接导向，也符合中国特色社会主义市场经济的发展现状。中国特色社会主义政治经济学的研究一方面是为了将中国改革和发展的经验提升总结为系统性的经济学说，而中国改革和发展的对象就是市场经济，马克思主义政治经济学分析对象上的指引性，为中国特色社会主义政治经济学的理论研究提供了导向。另一方面，深入研究中国特色社会主义政治经济学，还为我国经济社会发展面临的问题提供了正确的理论解释和政策指导，以市场经济为分析对象的马克思主义政治经济学能够有效促进中国特色社会主义政治经济学与中国特色社会主义市场经济的融合，并为促进市场经济的繁荣发展提供理论指导。从理论逻辑上出发，以《资本论》为核心的马克思主义政治经济学从商品生产出发，到资本的生产过程，再到资本流通过程，最后到资本生产和流通中，回到了整个资本生产的总过程中，并在其中包括分配、交换和消费问题，从而构成了马克思主义政治经济学的基本理论逻辑和分析框架。其中，马克思主义政治经济学强调的“劳动价值理论”“剩余价值理论”等经典论断，对当前中国特色社会主义政治经济学仍然具有很强的适应性。马克思主义政治经济学的理论逻辑和基本框架仍然是中国特色社会主义政治经济学的逻辑基础和理论核心。特别是以《资本论》为核心的马克思主义政治经济学重点分析了生产关系，提出了生产关系要适应于生产力发展的重要论断，而进一步揭示生产关系规律也成为中国特色社会

① 葛扬．理论逻辑、实践逻辑与中国特色社会主义政治经济学[J]．改革，2016(3)：137－140.

主义政治经济学研究的重大课题（刘灿，2016）[①]。

其次，以《资本论》为核心的马克思主义政治经济学为中国特色社会主义政治经济学提供了基本的研究方法。马克思主义政治经济学不同于古典政治经济学和新政治经济学的重要之处在于其坚持了历史唯物主义和辩证唯物主义的基本研究方法，特别是对辩证法的应用，为中国特色社会主义政治经济学研究提供了方法论支撑。以《资本论》为核心的马克思主义政治经济学强调了从个别到一般的科学抽象，并坚持运用辩证法分析资本主义经济制度存在的内在矛盾。马克思指出："最一般的抽象总产生在最丰富的具体发展的地方，在那里，一种东西为许多种东西所共有。这样一来，它就不只是在特殊形式上加以思考了。"[②] 毛泽东也曾在《矛盾论》中指出："关于共性与个性、绝对和相对的辩证关系的道理，是关于事物矛盾问题的精髓，不懂得它，就等于抛弃了辩证法。"马克思主义政治经济学起源于古典政治经济学，然后从马克思主义政治经济学再到中国特色社会主义政治经济学，其实就是一个从一般到个别、从共性到个性的演变过程。马克思主义政治经济学是从马克思主义经济学说出发，结合科学社会主义在全世界范围内的实践，提升总结出来的具有一般意义的系统学说。中国特色社会主义政治经济学则是在马克思主义政治经济学一般理论的指引下，结合中国改革和发展实践提炼出来的具有中国特色、对马克思主义政治经济学具有拓展意义的理论学说。而这个从一般到个别、从共性到个性的逻辑演变和理论发展过程，就是马克思主义政治经济学中国化的过程，也是中国特色社会主义政治经济学的形成过程。因此，以《资本论》为核心的马克思主义政治经济学所强调的辩证法和历史唯物主义仍然是中国特色社会主义政治经济学研究的基本方法和逻辑准则。

最后，以《资本论》为核心的马克思主义政治经济学为中国特色社会主义政治经济学提供了价值观导向。马克思主义政治经济学与古典政治经

① 刘灿．揭示生产关系规律是中国特色社会主义政治经济学研究的重大课题[J]．经济学家，2016(3):9－11.

② ［德］马克思，恩格斯．马克思恩格斯全集：第46卷[M]．北京：人民出版社，1979:42.

济学、西方经济学以及新政治经济学的根本不同之处体现在其价值取向上。价值取向是一种经济学理论的出发点和立足点，也是经济理论的核心与归宿（于金富，2009）①。马克思主义政治经济学自产生以来就具有与古典政治经济学、西方经济学等完全不同的价值取向。与西方经济学所强调的“经济人”为主体的“个人主义”价值取向不同，马克思主义政治经济学追求人的自由全面发展，建立了以“真正共同体”为目标的“个人—集体”主义价值。正如马克思、恩格斯在《共产党宣言》中所强调的：“代替那阶级和阶级对立的资产阶级旧社会的，将是这样一个联合体，在那里，每个人的自由发展是一切人的自由发展的条件。”在《德意志意识形态》中，马克思指出：“只有在共同体中，个人才能获得全面发展其才能的手段，也就是说，只有在共同体中，人才可能有真正的自由”。可见，马克思、恩格斯所讲的自由人联合体就是以个人为主体、一切个人自由全面发展的社会共同体。这一价值取向虽然也强调了个人作为经济主体的重要性，但更加突出了社会共同体对个人价值实现和自由发展的决定性作用。正是因为马克思主义政治经济学的这一价值取向，它才能够成为无产阶级夺取和巩固政权的主要理论指导。马克思主义政治经济学的这一价值取向对于当今中国特色社会主义建设具有纲领性意义，它奠定了中国特色社会主义的基本价值观是实现个人与社会统一、和谐发展。中国特色社会主义政治经济学要服务于中国特色社会主义建设，其价值导向必然保持一致。因此，马克思主义政治经济学的价值取向为中国特色社会主义政治经济学和中国特色社会主义建设提供了重要的价值导向。

（二）原苏联和东欧社会主义政治经济学是重要理论参考

马克思、恩格斯关于社会主义的设想最早在俄国得到了实践。虽然伴随着苏联解体和东欧剧变，世界共产主义运动遭受了巨大挫折，但是原苏联和东欧社会主义国家为建设“特色社会主义”进行了大量探索，并形成

① 于金富．马克思主义经济学的价值取向[J]．经济经纬，2009(4)：1－4.

了苏联社会主义政治经济学。原苏联和东欧社会主义国家的伟大实践以及苏联社会主义政治经济学为中国特色社会主义政治经济学提供了重要经验借鉴和理论参考。

（1）列宁“新经济政策”与俄国社会主义政治经济学的初步形成

马克思晚年在探讨落后国家如何实现社会主义时，曾提出社会主义革命可以在资本主义比较薄弱的国家率先实现（即“一国胜利论”），这一理论和假想最终在俄国实现，并在苏联时期达到顶峰。俄国通过十月革命建立起了世界上第一个共产主义政权，在“战时共产主义”后，俄国经济社会发展的冲突日益严重，列宁发现“战时共产主义”政策对经济的过度集中使得生产活动被严重束缚，他在苏共十大上指出：“这是一种错误，这一错误的产生一方面是迫不得已，另一方面我们做的超过了理论和政治上所必要的限度，这是毋庸置疑的事实”①。随着对“战时共产主义”的反思，俄国开始了“新经济政策”，提高了经济运行中的市场化倾向，俄国开始了“特色社会主义”建设的伟大实践（鞠立新，1992）。正是由于俄国经济政策由高度集中的战时计划体制向新经济政策下的市场化转变，在新经济政策推行时期，俄国第一次尝试了在共产主义政权下发展市场经济的探索。而中国特色主义建设的核心问题也是在社会主义政治体制下发展好市场经济，将社会主义与市场经济有机结合是中国特色社会主义政治经济学最重要的理论贡献（张宇，2016）。可见，列宁的“新经济政策”为中国特色社会主义建设提供了实践参考，其推行过程中显现出的一系列问题为中国在社会主义国家逐渐建立和发展市场经济提供了经验启示。

伴随着俄国经济发展实践的转变，俄国社会主义政治经济学也逐渐形成。在20世纪20年代初，俄国经济学家普遍认为社会主义政治经济学并不存在，指出政治经济学只存在于商品拜物教的地方，其研究的是资本主义生产方式，而社会主义生产方式是直接透明的，并没有自发作用的规律，因此不需要研究，特别是布哈林指出：“理论政治经济学以商品生产

① [苏]列宁. 列宁论新经济政策[M]. 北京:人民出版社,2001:6－7.

为基础，而资本主义商品社会的结束也意味着政治经济学的告终”①。1929年，列宁发表对布哈林《过渡时期经济学》的评论，在文章中指出了布哈林社会主义政治经济学的教条主义，指出社会主义政权国家存在商品生产问题，社会主义政治经济学的发展要与俄国经济改革的实践相联系。从此开始，俄国经济学家结束了20世纪初以来的对于社会主义政治经济学是否存在的质疑，开始集中研究如何在苏维埃社会发展经济，解决经济问题，逐步明确了社会主义政治经济学的研究对象和目标。

（2）《苏联社会主义经济问题》与苏联社会主义政治经济学的发展

列宁在明确指出以布哈林为代表的社会主义政治经济学不存在的理论错误后，虽然这一认识得到了大量扭转，但在部分学者中仍然存在混淆计划与共产主义的观点，比如在《苏维埃经济理论基础》一书中有“计划……是共产主义社会的现实生产关系”。20世纪30年代初，加托夫斯基在文章中指出：“苏维埃经济理论是关于过渡时期生产关系的学说”，这也就从侧面否认了广义社会主义政治经济学的存在。为了明确这一问题，联（共）布中央在1936年年底公布了“改造政治经济学教学”的决议，并在1937年开始组织编写政治经济学教科书。在编写政治经济学教科书的过程中，学者们面临的首要问题就是明确社会主义政治经济学的研究对象问题。在这一问题上，苏联经济学家存在不同看法，特别是以雅罗申柯为代表的质疑派指出：“社会主义政治经济学的主要问题不在于研究社会主义社会中人们的生产关系，而在于探讨和发展社会生产中生产力组织的科学理论、国民经济发展计划化的理论”。雅罗申柯关于社会主义政治经济学研究对象的论述受到了斯大林的严肃批评，他指出马克思主义将社会看作一个整体，包含了社会生产力和生产关系两大方面，无论社会制度如何，只有这两方面同时成立，才能够满足马克思主义。但是雅罗申柯认为社会主义不存在生产关系，而将生产力的组织形式等同于整个社会主义政治经济学，使得社会主义政治经济学失去了直接研究对象。

① ［苏］布哈林. 过渡时期经济学［M］. 上海：上海三联出版社，1920：7－8.

斯大林对雅罗申柯的批评明确了社会主义政治经济学的研究对象问题，捍卫了恩格斯关于广义政治经济学研究对象的论述，为科学社会主义政治经济学的发展奠定了基础。在明确了研究对象后，苏联经济学家开始对社会主义国家经济运行中的规律和问题展开大量研究。比如以帕什科夫为代表的学者认为在社会主义经济中同样存在客观规律，并通过学者们的研究，最终在斯大林的《苏联社会主义经济问题》中指出社会主义生产方式发展是一个自然过程，是不以人的意志为转移的规律性过程，人们不能改变或废除这些规律。在进一步的分析中，斯大林在《苏联社会主义经济问题》中明确了社会主义基本经济规律、国民经济有计划的按比例发展规律、社会主义经济的价值规律等，从而推动了整个苏联社会主义政治经济学的发展，完善了苏联社会主义政治经济学的理论体系。在这一时期，苏联社会主义政治经济学为中国政治经济学的形成和发展提供了基本的理论体系框架和价值指导，也为中国特色社会主义政治经济学的形成提供了重要的理论来源。

（3）原东欧国家建设特色社会主义的伟大尝试与理论启示

与苏联的高度计划不同，原东欧国家多次在社会主义中发展市场经济和建立相关制度，并进行了大量的将社会主义与市场制度相结合的伟大实践和理论探索，为中国特色社会主义政治经济学提供了重要的实践依据和理论启示。以兰格为代表的经济学家提出了“市场社会主义”。在他1936年出版的《社会主义经济理论》一书中，他借助新古典方法，将资本主义经济中的劳动和消费市场纳入社会主义市场价格的形成过程，从理论上证明了社会主义国家可以利用市场机制来促进资源有效配置。兰格认为，米塞斯断言社会主义经济不能解决资源的合理配置问题，其根据是对物价的性质混淆不清，通过区分“狭义价格”和“广义价格”，兰格找到了建立社会主义经济均衡的基础，也是在社会主义条件下实现资源优化配置的基础。兰格的这一理论是第一次专门研究社会主义与市场经济的结合。随后，以哈耶克为代表的奥地利学派对兰格提出的市场社会主义提出了质疑，认为兰格提出的中央计划委员会在制订生产计划时，无论是消费者的消费偏好，还是各种产品的信息，都是以分散的形式存在的，无法进行统一汇总。也就是说，中央计划下一般均衡所要求的条件，即各项数据是给定的，对于所有人而言都是已知的，根本无法实现。

虽然以兰格为代表的经济学家在理论上证明了社会主义与市场经济融合发展的可能，但在斯大林时期，“苏联模式”的高度集中化使得其他国家并没有实践市场社会主义的空间。但在斯大林逝世后，面临“苏联模式”给东欧经济带来的不利影响，东欧社会主义国家开始尝试实行市场社会主义。从20世纪50年代初开始，南斯拉夫在企业管理和资源配置中逐步将权力下放，让工人、企业主在商品生产中的决定权增加，根据市场需求决定原料供应和生产。这是社会主义国家第一次将市场作为主要的资源配置的伟大尝试，这种市场社会主义经济模式具有开创性意义（Neuberger and Duffy，1976）。随后，匈牙利也开始在计划经济体制下引入市场机制。波兰在兰格、布鲁斯等的主张下，开始将市场机制的集中计划与分散管理相结合，进行分权式改革。虽然由于生产力的发展程度和市场机制的偏差等问题，东欧社会主义国家对市场社会主义的探索最终都以失败告终。但是，这些尝试为中国特色社会主义提供了重要的实践经验，中国在社会主义制度下发展市场经济的伟大实践与东欧国家的早期尝试密不可分，以兰格为代表的市场社会主义理论对中国特色社会主义建设和中国特色社会主义政治经济学具有重要的理论参考价值。

（三）西方经济学的学术成果是重要理论借鉴

以《资本论》为核心的马克思主义政治经济学和苏联社会主义政治经济学虽然存在一定区别，但都属于马克思主义经济学的范畴，它们是中国特色社会主义政治经济学的重要理论来源。但是，除马克思主义政治经济学外，以西方经济学为代表的非马克思主义经济学也产生了大量成果，这些理论成果也为中国特色社会主义政治经济学提供了重要理论借鉴。

（1）西方经济学的研究范式与“工具取向”

通过百年的理论演变，以新古典经济学为主体的西方经济学得到了快速发展，在世界资本主义国家占据着主流地位。西方经济学的快速发展与其研究范式的科学化、规范化和研究工具的不断更新具有直接关系。与苏联社会主义政治经济学不同，中国特色社会主义政治经济学在坚持马克思主义经济学基本价值取向的同时，不断吸收借鉴西方经济学的研究方法与分析工具，在保持马克思主义经济学价值理念的同时，不断提高中国特色社会主义政治经济学理论体系的完整性、逻辑严密性和研究过程的科学规范性。从现代马克思主义经济学的学科发展来看，通过将西方经济学的研究方法和分析工具引入马克思主义经济学中，将西方经济学的工具与马克思主义经济学的理论相结合，构建现代马克思主义经济学的新范式，是促进当代马克思主义经济学发展的重要内容（于金富，2008）①。因此，中国特色社会主义政治经济学的创新发展中，在坚持马克思主义价值判断的基础上，研究范式逐渐呈现出多元化特征，当代中国马克思主义政治经济学的研究因为研究方法、思想观点等不同，形成了“八大流派”（薛宇峰，2009）②。在中国马克思主义政治经济学的快速发展中，对西方主流经济学的借鉴对于丰富中国马克思主义政治经济学的学说流派发挥了重要作用。

可见，以西方经济学为代表的非马克思主义经济学的研究范式和工具取向为中国特色社会主义政治经济学的研究方法创新提供了重要理论借鉴，从而推动中国特色社会主义政治经济学理论体系不断完整、研究范式不断更新，有助于提高中国特色社会主义政治经济学对中国特色社会主义建设实践的指导性，提高中国特色社会主义政治经济学对中国改革和发展中现实问题的解释力。

（2）非马克思主义经济学拓宽了中国特色社会主义政治经济学的分析对象

除了以新古典经济学为代表的西方经济学外，制度经济学、新政治经济学等非马克思主义政治经济学在近些年发展迅速，特别是在中国具有较

① 于金富．构建现代马克思主义经济学范式[J]．马克思主义研究，2008(1):43－51.

② 薛宇峰．当代中国马克思主义经济学的流派[J]．经济纵横，2009(1):31－40.

大的影响力。新制度经济学、新政治经济学等学科在中国的快速发展与其根植于中国特色社会主义的伟大实践密不可分，这些非马克思主义经济学为进一步拓展中国特色社会主义政治经济学的分析对象提供了理论借鉴。从《资本论》来看，马克思主义经济学的分析范式其实就是一种制度分析，其经济理论的本质也是制度经济理论，马克思是较早地将制度纳入经济分析中的理论家，并将对资本主义生产关系和社会矛盾的研究统一纳入资本主义制度弊端的分析范式内（于金富，2008）。因此，作为马克思主义经济学中国化的最新成果，中国特色社会主义政治经济学的形成和发展中也必然充分吸收了制度经济学对制度和制度体系的研究，特别是在转型时期的中国，各种制度还需不断完善，制度变革仍处在较为活跃的时期，中国特色社会主义政治经济学对社会经济制度，尤其是对中国改革和发展过程中制度变革的关注是体现中国特色社会主义的重要方面。

与西方经济学不同，非马克思主义政治经济学的另一个特征就是其将政治和国家意识作为经济分析的重要背景，充分考虑了政治制度和国家意识在经济运行中的作用，作为马克思主义政治经济学中国化的最新成果，中国特色社会主义政治经济学也必然会继承这一理论传统。从 20 世纪 90 年代开始，西方经济学的发展中逐渐演变出新政治经济学，将西方经济学传统的经济个人的研究拓展到国家社会中，并在运用新古典经济学分析范式的同时充分考虑了国家政治制度、民族意识等因素对经济活动的影响（宋胜洲，2005）①。中国特色社会主义政治经济学是社会主义政治经济学的重要内容，其理论体系必然要体现出社会主义国家的政治属性，在对经济运行的分析过程中纳入中国社会主义国家政治体制的独特性，这是中国特色社色主义政治经济学区别于与其他经济理论的本质差异。但是，传统的中国马克思主义政治经济学在一定程度上过于强调意识形态，削弱了社会主义经济理论对现实问题的解释力和指导性，这一点在苏联早期社会主义政治经济学的发展中也普遍存在。在这一方面，新政治经济学的研究为

① 宋胜洲．理解西方新政治经济学[J]．经济评论，2005(5):56－59.

我们提供了很好的理论借鉴，它将政治制度和国家意识引入经济理论，但又避免了完全的意识形态化，借助于新古典的分析方法和现代经济学研究工具，在完善经济理论的同时又体现出理论体系对现实问题强大的解释力。因此，新政治经济学等非马克思主义经济学在拓展中国特色社会主义政治经济学的分析对象、提升理论体系科学性和解释力方面提供了重要理论借鉴。

（四）中国社会主义建设时期的政治经济学是重要理论元素

中国特色社会主义政治经济学是当代马克思主义政治经济学与中国改革和发展实践相结合的产物，是马克思主义政治经济学中国化的最新成果，也是对中国新中国成立以来，尤其是改革开放以来中国特色社会主义成功实践的分析和总结（洪银兴，2016）。也就是说，中国在社会主义建设时期的伟大实践为中国特色社会主义政治经济学的形成和发展提供了经验支撑，这一历史时期所产生的政治经济学也就成为中国特色社会主义政治经济学的重要理论元素，是构成中国特色社会主义政治经济学理论体系的重要内容。

（1）毛泽东思想与中国社会主义政治经济学的奠基

"社会主义政治经济学教科书，究竟怎样写才好?"① 在阅读《苏联政治经济学教科书》修订第三版时，毛泽东同志正式提出并开始研究这一重要问题。从20世纪50年代后，毛泽东就开始思考并深入研究苏联社会主义政治经济学和中国社会主义经济问题。在1958年读斯大林《苏联社会主义经济问题》的批注、《苏联社会主义政治经济学》的谈话中，毛泽东对苏联社会主义政治经济学提出了独到见解，进行了理论探讨，并指出"苏联政治经济学教科书有许多观点是马克思主义的，但也有许多观点是离开马克思主义的"②，毛泽东对苏联政治经济学的优点进行了肯定，也明确指出了其存在的问题，这种对待理论辩证唯物主义的研究态度和方法为

① 毛泽东．毛泽东文集:第8卷[M]．北京:人民出版社,1999:137.
② 毛泽东．毛泽东文集:第8卷[M]．北京:人民出版社,1999:138.

中国社会主义政治经济学的形成和发展提供了宝贵的理论遗产（吴易风，2013）[①]。

总的来看，毛泽东对中国社会主义政治经济学的论述主要体现在：第一，在研究对象上。毛泽东在两次谈话中都指出："政治经济学的研究对象主要是生产关系，但要研究清楚生产关系，就必须一方面联系研究生产力；另一方面联系研究上层建筑对生产关系的积极作用和消极作用"[②]。毛泽东对社会主义政治经济学研究对象的这一论述为中国特色社会主义政治经济学研究对象的界定提供了指导，表明中国特色社会主义政治经济学不仅要关注生产关系，更要关注生产力发展，特别是构建起解放、发展和保护生产力的系统学说（洪银兴，2016）。第二，在世界观和方法论上。毛泽东指出："马克思能够写出《资本论》、列宁能够写出《帝国主义论》，因为他们都是哲学家，有辩证法的武器。"[③] 因此，在社会主义政治经济学研究的世界观上，毛泽东强调要坚持马克思主义，在方法论上他坚持辩证法，认为必须要用对立统一的观点看问题。中国特色社会主义政治经济学同样需要坚持辩证法，要遵循一般特殊和个别的辩证法以及最一般的抽象产生的路径，不能把 般的经济关系与个别的经济现象混为 谈（蔡继明，2016）。第三，在研究纲领上。毛泽东强调了中国社会主义政治经济学研究的纲领问题，他指出："我们要以生产力和生产关系的平衡不平衡、生产关系和上层建筑的平衡不平衡作为纲，来研究社会主义社会的经济问题"[④]。这一论述表明，中国社会主义政治经济学要以社会主义社会的基本矛盾为主，以生产关系调整适应生产力发展需求作为研究目标。中国特色社会主义政治经济学研究的重大课题就在于揭示生产关系规律（刘灿，2016），从当前中国生产力发展的现实出发，研究生产关系如何调整，以便更好地适应生产力发展的需求。第四，在生产关系的具体方面和社会主

---

① 吴易风．毛泽东论中国社会主义政治经济学[J]．政治经济学评论，2013(4)：3－32.

② 毛泽东．毛泽东文集：第8卷[M]．北京：人民出版社，1999：131.

③ 毛泽东．毛泽东文集：第8卷[M]．北京：人民出版社，1999：140.

④ 毛泽东．毛泽东文集：第8卷[M]．北京：人民出版社，1999：130－131.

义经济规律方面。毛泽东针对苏联社会主义政治经济学存在的问题，对社会主义政治经济学主要研究对象的生产关系的内涵及其具体内容进行了详细论述。除此之外，毛泽东还就社会主义商品生产和价值规律等问题进行了细致研究，这些理论思想都为中国特色社会主义政治经济学理论的形成提供了思想源泉。

（2）中国特色社会主义建设时期的政治经济学

毛泽东在社会主义政治经济学上的探索不可避免地会受到时代的局限，使得其不可能突破计划经济与市场经济的界线（王立胜、郭冠清，2016），无法将社会主义与市场经济有效结合。然而，在社会主义国家发展市场经济、实现公有制与市场经济的有机结合，正是中国特色社会主义的核心体现。伴随着改革开放的实践，中国在特色社会主义建设的伟大实践中产生了大量的中国特色社会主义经济理论。中国特色社会主义建设时期的政治经济学为中国特色社会主义政治经济学的形成提供了最为直接的经验支撑和理论元素。首先，中国特色社会主义经济理论与中国特色社会主义政治经学都体现出理论上的中国特色，即在社会主义国家发展市场经济。以邓小平为核心的党的第二代领导集体在面临实行改革开放、推进计划经济体制改革的困境时，创造性地提出了社会主义市场经济论。从党的十一届六中全会到党的十二届三中全会，社会主义国家发展商品经济逐步达成共识，“有计划的商品经济”的伟大理论创造成为中国特色社会主义经济理论的重大发展。其次，从社会主义发展的阶段出发，提出社会主义初级阶段理论。进一步明确社会主义初级阶段的基本矛盾，并将其与社会主义政治经济学的研究对象相结合，丰富和发展了中国特色社会主义经济理论。最后，从社会主义初级阶段中国生产力发展的现实出发，提出了“解放生产力、发展生产力”的社会主义本质学说。在构建中国特色社会主义政治经济学理论体系的过程中，需要充分借鉴中国特色社会主义理论中邓小平关于社会主义初级阶段社会主义本质的论述，在解放、发展生产力的基础上，保护生产力（洪银兴，2016）。可见，中国特色社会主义政治经济学与中国特色社会主义经济理论是一脉相承的，后者为前者提供了大量的实践经验和理论元素。

三、中国特色社会主义政治经济学的理论特征

与马克思主义政治经济学、西方经济学不同，中国特色社会主义政治经济学是马克思主义政治经济学基本原理与中国特色社会主义伟大实践相结合的产物，根植于马克思主义经济学的强大生命力，是马克思主义经济学中国化的最新成果。同时，中国特色社会主义政治经济学又立足于中国特色社会主义建设的伟大实践，分析和总结中国特色社会主义建设过程中存在的问题和成功经验，并在马克思主义经济学的基本原理下，将之提升为系统性的理论学说。而在这一理论形成和发展过程中，中国特色社会主义政治经济学还充分吸收了中国传统文化和历史文明成果，体现出明显的民族特征。在研究范式和分析工具上，中国特色社会主义政治经济学强调对西方主流经济理论创新成果的合理吸收和有效借鉴，体现出兼容并蓄的理论特征。

（一）根植于马克思主义经济学的强大生命力

什么样的经济学才是真正的经济学？什么样的经济学适合于中国经济社会发展的需要？这是中国经济学研究者普遍关心的问题，也是影响中国经济社会进步的重要因素。经济学是一门历史学科，这是对经济学学科属性的马克思主义界定（何自力，2015）①，政治经济学本质上是一门历史的科学，它重视对历史事件的分析和历史经验的总结。马克思主义政治经济学带有的历史性使得它必定会随着历史变化而不断更新完善，从而成为将科学性与革命性相统一的具有时代特征和强大生命力的理论学说。

首先，马克思主义政治经济学将人类经济社会发展看作是不以人的意志为转移的历史过程。从这一认知出发，马克思主义政治经济学强调经济理论的发展必须要与经济社会发展的实践性结合，在社会实践发展的过程

① 何自力．历史感与马克思主义政治经济学的生命力[J]．高校马克思主义理论研究，2015(1):19－24.

中，努力解释其中存在的问题，从而实现经济理论逻辑与社会发展实践的有机统一。正是因为马克思主义政治经济学坚持了理论随实践发展、与实践相结合的原则，才使得马克思主义政治经济学能够与时俱进，保持强大的生命力。中国特色社会主义政治经济学是马克思主义经济学基本原理与中国特色社会主义实践相结合的产物，是马克思主义中国化的最新成果。它将中国特色社会主义建设的实践经验与马克思主义经济学基本理论相结合，对中国改革和发展的历史过程进行经验总结与理论提升，这明显地体现了马克思主义经济学尊重历史过程、注重社会发展实践的特征，也展现了其强大的生命力。新中国成立至今，中国的社会主义建设走过了60多年，从当前全球范围内社会主义事业发展的态势来看，中国的社会主义无疑取得了最为瞩目的成就，通过对这60多年发展历史的经验总结，将其上升为系统的理论学说，是马克思主义中国化的深化，也是中国特色社会主义政治经济学形成的路径选择。

其次，马克思主义政治经济学强调了建设社会发展实践和理论学说的空间性，注重对特定时间和空间环境下经济理论发展和演变的规律研究。恩格斯在《反杜林论》中明确指出："人们在生产、交换时所处的条件，各个国家各不相同，政治经济学不可能对一切国家、一切历史时代都是一样的。"可见，马克思主义政治经济学不仅重视社会发展实践和经济理论的历史性，还强调其空间性，特别是不同分析对象空间差异所带来的理论分析上的不同。正是由于马克思主义政治经济学的这一特征，当其与苏联的经济社会实践相结合时就产生了苏联政治经济学，当其与中国特色社会主义的伟大实践相结合时，也必然会催生出中国特色社会主义政治经济学。正因如此，马克是思主义政治经济学才在全世界范围内得到了发展，中国特色社会主义政治经济学也继承了这一理论传统，带有明显的中国特色，展现出强大的生命力。

再次，马克思主义政治经济学的强大生命力来源于它对人们社会实践的尊重。马克思主义政治经济学在理论与实践的关系上，始终强调理论不是人们主观意念和单纯的逻辑思考得来的，其必然立足于鲜活的社会实践。因此，在中国特色社会主义建设的开端，面临理论和认知上的迷茫，邓小平同志从马克思主义尊重社会实践的这一鲜明特征出发，提出了“实践是检验真理的唯一标准”，从而为改革和发展扫清了思想障碍。中国特色社会主义政治经济学正是从中国特色社会主义建设的伟大实践出发，在充分总结实践经验、尊重实践过程和事实的基础上，对取得的成功经验进行理论提升，使之成为系统性的经济学说。对这一实践过程中存在的问题，进行理论反思与经验总结，以便更好地指导中国的社会主义建设。正是在立足于实践、发展于实践、服务于实践的过程中，中国特色社会主义政治经济学才会显示出强大的生命力。进入中国特色社会主义新时代，经济实践的背景和条件发生了巨大变化，摆在中国共产党和全国人民面前的经济社会发展任务也更为艰巨。特别是在中国经济总量已跃居全球第二、经济稳定增长的背景下，中国经济面临的结构性问题凸显，环境污染和社会治理等新的挑战不断加剧，这要求我们进一步发扬马克思主义政治经济学的实践性特征，将新时代下中国经济社会的现实问题与中国特色社会主义政治经济学的理论创新有机结合，继续保持马克思主义政治经济学对现实问题的强大解释力。

最后，马克思主义经济学对经济理论正确与否的判断依据并不仅仅是其理论逻辑是否合理，更为重要的是，它关注经济理论是否反映客观现实、能否经受实践检验。中国特色社会主义政治经济学是中国社会主义不断发展的产物，是在中国改革与发展的新的历史条件下，为适应中国特色社会主义建设实践的现实需求所产生的理论学说。中国特色社会主义政治经济学反映了中国特色社会主义建设的实践，按照马克思主义经济学原理，就是科学的理论、正确的理论。

（二）立足于中国特色社会主义建设的伟大实践

与西方经济学理论不同，马克思主义经济学强调经济理论的实践性和历史性。这也使得马克思主义经济学在不同历史阶段、不同国家体现出不一样的理论成果，带有典型的时空特征。中国特色社会主义政治经济学的重要特征就是其立足于中国特色社会主义建设的伟大实践，反映了中国建设特色社会主义的整体过程及其所得经验成果。

一方面，中国特色社会主义建设实现了社会主义与市场经济的有效融合，为“市场社会主义”的实现提供了蓝本。20 世纪 20—30 年代的“社会主义大论战”中，以兰格为代表的东欧经济学家提出了“市场社会主义”，试图为在为社会主义国家发展市场经济的可行性提供理论支撑，但是由于东欧经济和社会体制等本身存在的问题，这一理论最终也伴随着东欧经济的衰败而被人们忘却。但是，中国从改革开放以来，一直在探索如何在保持国家政权社会主义性质的前提下发展市场经济，促进生产力发展和人民共同富裕。经过近 40 年的探索，中国逐渐实现了由计划经济向市场经济的转型，并取得了举世瞩目的经济发展成效。正是中国特色社会主义建设实践的成功，才为中国特色社会主义政治经济学的形成提供了实践基础。依托于中国特色社会主义建设的伟大实践，中国特色社会主义政治经济学可以有力地回答社会主义国家能否发展市场经济、社会主义国家如何发展好市场经济等重大理论问题，从而为早期社会主义经济学家为社会主义国家发展市场经济的理论探索提供更加充实的佐证。

另一方面，中国特色社会主义建设过程中出现的大量新问题给中国特色社会主义政治经济学的研究提供了素材，也拓展了马克思主义经济学的研究范围。在长达 40 年的经济转型过程中，中国社会主义市场经济在快速发展的同时也面临很多问题的困扰，比如收入分配、区域差距、环境污染等。这些在中国特色社会主义建设实践中产生的问题为进一步完善马克思主义政治经济学理论提供了重要素材。在新的时代背景下，面临改革和发展中存在的问题，中国特色社会主义政治经济学需要从实践出发，实现理论突破，实现研究对象、目标任务、经济制度理论的理论创新（洪银兴，2016）。以研究对象的理论创新为例，中国改革和发展过程中出现的环境污染等绿色生态问题是与生产力发展相关的，政治经济学应直接以生产力为研究对象，构建起解放、发展和保护生产力的系统性理论学说（洪银兴，2016）。可见，从保护生产力的角度出发，中国特色社会主义政治经济学将中国特色社会主义建设实践中存在的问题提升到系统的理论学说中，从而丰富和发展了马克思主义政治经济学和中国特色社会主义理论。

因此，从中国特色社会主义建设的伟大实践出发，在马克思主义经济学基本原理的指导下，中国特色社会主义政治经济学能够有效回答以往社会主义政治经济学未能回答和得到验证的理论难题。同时，中国特色社会主义建设实践过程中产生的问题与中国的应对经验也为进一步创新马克思主义经济学的研究对象、目标任务和理论体系等提供了重要素材，为中国特色社会主义政治经济学的形成和发展提供了机遇，也为这一理论打上了时代烙印。

（三）融合于中国传统文化的全民族智慧结晶

中国特色社会主义建设的伟大实践及其所取得的显著成果一方面依赖于中国社会主义国家的制度、政治和经济社会体制的优越性，另一方面也与中国数千年的传统文化密切相关，特别是中国传统文化中的集体主义价值模式和文化伦理模式在中国特色社会主义建设中发挥着极其重要的思想引导、行为指引作用（王立胜、郭冠清，2016）。中国传统文化中人们对集体主义和国家意志的信任与服从使得中国特色社会主义建设中很多重大问题的解决能够体现出及时、高效的特征，从而深深地影响了中国改革和发展的进程。尤其是中国传统文化中人们对于集体主义和国家政府的情结为中国社会主义经济的建立和发展提供了良好的思想准备，使得中国“集中力量办大事”的改革和发展特征在全世界独树一帜。因此，在中国特色社会主义建设和中国特色社会主义政治经济学的形成和发展进程中，充分发挥并融合了中国传统文化的民族智慧结晶。

一方面，中国传统文化中对集体主义价值模式的强调与中国社会主义制度的优越性具有统一性。与西方信仰的宗教文化中所强调的个人主义价值观念不同，中国传统的儒家文化注重人们对家庭、社会和国家的责任，并将个人行为融入整个国家意识中。再加上“三纲五常”的教义约束，个人的行为难以超越家庭和集体的约束，从而表现出对家庭、集体的爱，形成了集体主义的价值模式（郭冠清，2006）[①]。集体主义的价值模式与中国社会主义制度的优越性是相辅相成的，这一特征使得中国特色社会主义建设中能够快速汇集广大人民群众的力量，在一些影响经济社会长期发展的重大问题上，个人总能与集体、国家意志保持一致，推动了一系列政策改革和制度变革的快速执行和推广。以中国改革和发展过程中的家庭联产承包责任制的快速推行和乡镇企业的迅速发展为例，它们均在中国特色社会主义建设中发挥过重要作用，是具有中国特色的经济转型的产物。在家庭联产承包责任制、乡镇企业的产生和发展中，都体现了集体主义价值理念与生产组织形式的有效结合，成为新的生产组织关系。因此，总结中国特色社会主义建设取得的伟大成效时，不能够忽视中国传统文化中的集体主义价值理念对中国经济社会转型的影响，将这种源于传统文化的集体主义价值纳入中国特色社会主义政治经济学的理论体系中，可以更加清楚地分析总结中国特色社会主义建设的经验。

另一方面，中国特色社会主义建设取得的巨大经济成就与中国传统文化中的伦理模式和文化观念密切相关。中国传统儒家文化中对节俭、积累、勤劳的重视使得中国长期以来存在消费不足，居民形成了轻消费、重储蓄的行为模式（叶德珠等，2012）[②]。改革开放以来，中国特色社会主义建设和经济增长的奇迹在于，中国在技术水平落后、居民收入水平较低的背景下，实现了经济的持续快速增长。理解这一“增长奇迹”的重要视角是长期增长的投资水平，而这种长期投资的背后则依赖于中国高储蓄率的支撑。可见，从中国改革开放以来社会主义建设和经济发展的实践来看，中国传统文化中的伦理模式和文化观念都发挥着重要作用。即使在社会主义建设初期，在中国经济条件落后的背景下，中国的知识分子和科技人员依靠对共产主义理想信念和对国家振兴的民族情怀，将个人得失放在国家利益之后，从而推动了中国社会主义事业的快速起步与发展。传统文化以

① 郭冠清．文化因素对企业经营绩效影响的研究[J]．中国工业经济，2006(10)：91－97.

② 叶德珠，等．消费文化、认知偏差与消费行为偏差[J]．经济研究，2012(2)：80－92.

一种潜移默化的形式影响着人们的经济决策和生产、消费行为，并通过市场经济的媒介作用影响到整个经济发展和社会主义建设。因此，立足于中国社会主义建设伟大实践的中国特色社会主义政治经济学在理论形成过程中也必然充分吸收了中国传统文化的精髓，展现了中华民族的集体智慧结晶。只有这样，才能够使中国特色社会主义政治经济学既符合马克思主义经济学的基本原理，同时又能够体现中国特色社会主义建设的民族性，使其成为立足于中国，同时又对世界发展中国家具有借鉴意义的经验总结和理论学说。

(四) 借鉴于西方主流经济学理论的创新成果

马克思主义经济学的一个鲜明特征就是其对待其他理论的兼容并包性，特别是对西方主流经济学的包容和借鉴是其能够在全世界长期存在并不断发展的重要原因。首先，在理论的基本假设上，针对古典经济学的经济人假设，马克思主义政治经济学进行了批判地继承，并与新古典主义经济学分别继承了亚当·斯密的经济人假设的不同侧面（孟捷，2007）①。只不过，与新古典经济学所强调的一般经济人假设不同，马克思主义经济学在强调个体经济人的基础上，通过引入“许多资本”的相互关系进一步试图将其扩大到个人与阶级之间（Foley，2004）②。在继承了马克思主义经济学对经济人假设的基本认识外，结合经济学发展的趋势与中国经济改革的实践，中国特色社会主义政治经济学在研究方法和研究对象上也对西方主流经济学进行了必要的借鉴吸收。

在研究方法上。中国特色社会主义经济学吸收借鉴西方主流经济学的分析工具，推进中国马克思主义政治经济学研究的规范化与研究方法多元化。程恩富强调，在中国马克思主义经济学研究创新中要坚持“马学为体，西学为用”，将西方经济学的研究方法纳入中国马克思主义政治经济

① 孟捷．经济人假设与马克思主义经济学[J]．中国社会科学，2007(1)：30－42.

② D. K. Foley. The Strange History of Economic Agent[J]. *The New School Economic Review*, 2004(1)：1－13.

学的话语体系中（程恩富，2005）[①]，从而充实和完善中国马克思主义政治经济学的分析方法和研究视角，提高理论的科学性和对现实问题的解释力。在经济全球化发展的整体趋势下，马克思主义政治经济学将较多地吸收西方主流经济学特别是定量分析与实证分析的工具，从而促进马克思主义政治经济学与中国经济发展的具体实践相结合（徐梅、保健云，2010）[②]。可见，中国特色社会主义政治经济学作为马克思主义经济学中国化的最新成果，其形成和发展中必然会充分吸收借鉴西方主流经济学在研究方法上的优点。

在研究对象上。以《资本论》为核心的马克思主义经济学注重对资本主义生产方式和生产关系的研究，而西方经济学则重视研究在既定的资源约束下如何实现资源最优配置和利润最大化的问题，其研究对象更为具体，特别是马克思主义经济学以劳动价值论为基础，而西方经济学则以要素价值论为核心（余斌，2007）[③]。中国特色社会主义政治经济学在坚持马克思主义经济学劳动价值论的基础上，加强了对生产要素的研究，特别是将社会主义市场经济条件下的生产要素纳入生产力与生产关系的研究中。而且，随着科技发展和经济形式的深化，生产要素的复杂性和多样性不断加大，也使得马克思主义政治经济学的研究对象更加丰富，理论解释力和现实指导力不断提升。

通过吸收借鉴西方主流经济学的相关理论成果，结合中国特色社会主义建设的伟大实践，中国特色社会主义政治经济学将理论发展与实践演进相结合，使得马克思主义经济学在中国的发展呈现出崭新的境界，也为在世界范围内推动马克思主义经济学的发展贡献了中国智慧。

① 程恩富．“马学为体，西学为用”：重建中国主流经济学范式[J]．华南师范大学学报(社会科学版)，2005(4)：15－22.

② 徐梅，保健云．论当代马克思主义经济学与西方主流经济学的相互借鉴与演化趋势[J]．经济纵横，2010(3)：19－25.

③ 余斌．马克思主义政治经济学与西方经济学在科学逻辑上的区别[J]．马克思主义研究，2007(6)：25－30.

参考文献

[1]王立胜,郭冠清.论中国特色社会主义政治经济学的理论来源[J].经济学动态,2016(5):4-13.

[2]洪远朋.正确认识马克思主义政治经济学[J].马克思主义研究,2009(7):22-28.

[3]胡钧.资本论在马克思主义理论体系中的核心地位——兼论从《1844年经济学哲学手稿》到《资本论》[J].政治经济学评论,2011(3):4-24.

[4]葛扬.理论逻辑、实践逻辑与中国特色社会主义政治经济学[J].改革,2016(3):137-140.

[5]刘灿.揭示生产关系规律是中国特色社会主义政治经济学研究的重大课题[J].经济学家,2016(3):9-11.

[6]中共中央马克思恩格斯列宁斯大林著作编译局,编译.马克思恩格斯全集:第46卷[M].北京:人民出版社1979:42.

[7]于金富.马克思主义经济学的价值取向[J].经济经纬,2009(4):1-4.

[8]中共中央马克思恩格斯列宁斯大林著作编译局,编译.列宁论新经济政策[M].北京:人民出版社,2001:6-7.

[9][俄]布哈林.过渡时期经济学[M].上海:上海三联出版社,1981:7-8.

[10]宋胜洲.理解西方新政治经济学[J].经济评论,2005(5):56-59.

[11]毛泽东.毛泽东文集:第8卷[M].北京:人民出版社,1999:130-140.

[12]吴易风.毛泽东论中国社会主义政治经济学[J].政治经济学评论,2013(4):3-32.

[13]何自力.历史感与马克思主义政治经济学的生命力[J].高校马克思主义理论研究,2015(1):19-24.

[14]郭冠清.文化因素对企业经营绩效影响的研究[J].中国工业经济,2006(10):91-97.

[15]叶德珠,等.消费文化、认知偏差与消费行为偏差[J].经济研究,2012(2):80-92.

[16]孟捷.经济人假设与马克思主义经济学[J].中国社会科学,2007

(1):30 -42.

[17] D. K. Foley. The Strange History of Economic Agent [J]. *The New School Economic Review*, 2004(1):1 -13.

[18]程恩富."马学为体,西学为用":重建中国主流经济学范式[J].华南师范大学学报(社会科学版),2005(4):15 -22.

[19]徐梅,保健云.论当代马克思主义经济学与西方主流经济学的相互借鉴与演化趋势[J].经济纵横,2010(3):19 -25.

新时代中国特色社会主义政治经济学话语体系构建的基本路径

何爱平　邓金钱[①]

中国特色社会主义政治经济学的发展与中国改革开放和现代化建设紧密联系，它既是对中国改革开放和现代化建设实践经验的理论总结和概括，又必须对中国经济改革和经济发展的一系列重大问题作出解答，用中国理论解释和指导中国改革开放和现代化建设的实践。因此，打造具有中国特色的学术话语体系是中国特色社会主义政治经济学研究的重要任务，也是重大而紧迫的时代课题。

一、新时代构建中国特色社会主义政治经济学话语体系的基本原则

中国特色社会主义政治经济学是马克思主义政治经济学在中国的发展和创新，是中国共产党基于中国经济社会改革和发展实践，对中国经济发展新特点和新规律的科学概括与总结，其本质是马克思主义政治经济学的中国化。中国特色社会主义政治经济学的发展和创新需要构建自己的话语体系，构建中国特色社会主义政治经济学话语体系应该遵循中国特色社会主义政治经济学的基本原则，保障其源于中国经济社会实践又能更好地指导中国经济社会改革发展。

① 何爱平，女，西北大学经济管理学院教授，博士生导师，研究方向为政治经济学；邓金钱，男，兰州大学经济学院讲师，研究方向为政治经济学。

（一）坚持马克思主义政治经济学的指导思想

经济学产生之后基本沿着两条路径发展演化：一条是在西方主要资本主义国家占支配地位的西方经济学，形成了西方经济学的范式和话语体系；另一条是以马克思为代表，对古典经济学进行扬弃而形成马克思主义经济学。马克思主义经济学与西方经济学都关注并研究基本经济问题，西方经济学偏于对经济现象的描述，分析研究资源配置、各种经济变量之间的关系；而马克思主义经济学偏于经济现象的本质分析和制度分析，研究人与人之间在生产、交换、分配和消费中形成的社会关系。两种分析范式各有侧重，不能简单地进行替代和排斥。马克思主义经济学的话语体系具有鲜明的阶级立场，是阶级性、实践性、历史性和价值导向性的有机统一，这些独特的品质决定了马克思主义经济学是科学的经济分析体系。政治经济学话语体系体现特定的意识形态，马克思主义经济学追求在生产力高度发展的基础上，实现人们的自由、协调和全面发展，中国人民在历史的实践中选择马克思主义的根本原因就在于此。

中国特色社会主义政治经济学首先是政治经济学，由生产力水平决定的处于社会主义初级阶段的生产关系和分配关系是其研究的基本内容，其核心任务是解放生产力、发展生产力以及保护生产力，完善中国社会主义的基本经济制度，指导中国经济改革实践。涉及的是经济的本质层次、制度层次的分析，由此决定了中国特色社会主义政治经济学话语体系要以马克思主义经济学范式为基础（邓纯东，2014）。中国特色社会主义政治经济学话语体系的构建和发展必须巩固马克思主义的指导地位，坚持为中国特色社会主义政治经济发展服务，运用马克思主义的立场、观点、方法观察和解决问题。构建中国特色社会主义政治经济学话语体系必须坚持马克思主义的指导，并不是排斥其他经济学甚至其他哲学社会科学乃至自然科学的话语体系，而是要在马克思主义经济学指导的基础上吸收借鉴古今中外优秀的话语体系，形成中国特色社会主义话语体系。

（二）坚持以人为本的价值取向

经济学是具有价值导向型的科学，注重合理性和应然性的判断及评价是经济学方法论的本质特征，突出人文关怀是经济学的本质要求。经济学研究人类经济活动的规律性和制度安排，必须对事关人的物质利益和社会经济地位的诸多重大问题表现出高度关切，离开了对人的关注，离开了对人与人关系的研究，就背离了经济学研究的初衷。以斯密为代表的古典经济学作为经济学的源泉，存在对人经济利益考量和人文关怀的价值理性，但西方经济学更多的是为资本家利益的辩护，采用数学分析方法对经济社会现象作出客观描述，而缺乏对广大劳动者的考量和人文关怀。纵观马克思的思想轨迹，不难发现，谋求人的自由、平等、公正、解放一直以来都是其理论体系的基本价值追求。马克思主义经济学从一开始就把人类经济社会发展变迁和历史命运作为核心研究内容，在马克思的早期理论研究中，无论是《青年在选择职业时的考虑》、博士论文《德谟克利特的自然哲学和伊壁鸠鲁的自然哲学的差别》，还是《1844 年经济学哲学手稿》和《德意志意识形态》，都包含着关于人的价值、尊严和自由等哲学思想，在马克思后期比较成熟的著作《资本论》和《共产党宣言》等理论体系中蕴含的浓郁的人文情结和服务于无产阶级的立场，无不体现着马克思、恩格斯人道主义的价值取向。因此，马克思主义在其整个经济学体系中都强调人文关怀的价值导向，揭示经济社会发展过程的内在规律和矛盾，把全人类的共同富裕作为崇高目标，马克思主义经济学认为人文关怀的最高层次是实现人的自由和全面发展。

马克思主义理论体系所体现的人道主义，不仅是理解马克思主义科学体系的基点，而且是中国特色社会主义理论和实践的指导思想。马克思、恩格斯尽量避免对未来社会的特征作更多主观或具体的描述，他们根据生产力和生产关系发展程度的差异性，把未来社会划分为共产主义社会的第一阶段和高级阶段；并反复强调社会主义社会不是一成不变的，而是需要在实践中不断发展的，并认为一切划时代的体系的真正内容都是由于产生这些体系的那个时期的需要而形成起来的。进入21世纪，中国社会经济进入快速发展时期，是全面建设小康社会重要的物质积累阶段和决胜阶段，也是“中等收入陷阱”问题在我国引起普遍关注的特殊时期，在全面建设小康社会的评价体系中，经济发展、社会和谐、生活质量、民主法制、文化教育和资源环境等指标均隐含着明确的价值取向，即促进人与社会的全面进步，从我国在这一特定发展时期重要的理论和实践的创新路径可以清晰地看到实现人与社会的协调发展已成为我国特色社会主义理论系统化时代化的核心要义，“以人为本”的发展理念是对马克思主义理论体系所蕴含的价值取向以中国式的语言进行的最合适的理解与表达。

中国共产党作为中国特色社会主义的建设者和领导核心，始终代表着最广大人民群众的根本利益，因此，中国经济社会实践的终极目标是满足人民群众日益增长的美好生活需要。中国特色社会主义政治经济学不管是从本源的马克思主义政治经济学，还是从中国经济社会实践的历史过程来看，都有大量对人民群众利益的考量和充分的人文关怀。构建中国特色社会主义政治经济学话语体系，必须坚持以人为本的价值取向，给予更多的人文关怀，实现好、维护好、发展好最广大人民群众的根本利益，巩固和发扬中国特色社会主义政治经济学的价值判断和批评功能。

（三）坚持发扬中国优秀传统文化

经济学的发展必须要有经济社会文化的支撑，基于自身优秀文化和经济实践发展的经济学各流派，不管是古典经济学、凯恩斯主义经济学、新古典经济学、新兴古典经济学、货币学派、德国历史学派，还是马克思主义经济学，都具有自己的文化印记，传承并发扬着自己的文化与学说。经济学的发展不仅要关注时代问题，总结经济发展实践经验，更需要发扬本土文化。中国经济学的研究始于20世纪对西方经济学和马克思主义经济学的引进，初始的简单拿来主义过分推崇国外的理论，排斥中国文化和中国元素，具有严重的教条主义思想，中国经济学未能扎根于中国的传统文化，这不仅导致了中国经济理论研究的缺失，更使中国经济学未能构建自己的精神家园。经济学“中国化”的实践主要侧重于用西方经济学理论阐释中国故事，强调中国国情和经济理论的运用，弱于理论本身的中国化创新。西方经济学理论和中国经济社会实践的结合仅仅是西方经济学理论的中国运用，创造不出属于中国的经济学。中国经济学的构建必须扎根于中国优秀文化，源远流长的中华文明中有很多优秀的文化，具有包容性、开放性、广泛性、现代性和持续性，这样的文化对中国经济学未来走向有重要的支撑作用，中国经济学提炼出的理论一定是具有世界意义的。

中国特色社会主义政治经济学首先是中国经济学，其话语体系的构建必须立足于中国传统优秀文化，经济学人应树立对中国优秀文化的科学态度，改变对中国文化的认识，进行传统文化的深入学习和研究。中华民族五千年孕育和创造的中华文化包含着中华民族最根本的基因，是中华民族独特的精神标识，是中华民族最深厚的文化软实力，中国特色社会主义根植于中华文化沃土。中国特色社会主义政治经济学话语体系的构建必须改善对西方经济理论的过分推崇，扎根并发扬中华优秀传统文化，反映中国人民意愿和智慧结晶，适应中国发展和时代进步的现实要求，树立民族文化自信。构建中国特色社会主义政治经济学话语体系要以优秀中国传统文化为根基，并非是要单纯回到传统、还原传统，而是要基于传统、实现时代与传统的有机融合。

二、新时代构建中国特色社会主义政治经济学话语体系面临的问题

中国特色社会主义经济社会发展由于受到话语体系建设滞后性的影响，与中国经济体制转轨的特征事实、价值逻辑等相适应的中国特色社会主义政治经济学话语体系并没有有效地架构起来，“还处于有理说不出、说了传不开的境地”，从而导致了中国特色社会主义政治经济学成为在现代西方经济学话语的裹挟下的一种边缘性存在，陷入了话语权“消解”乃至“失语”的窘境。构建中国特色社会主义政治经济学话语权所面临的问题主要有以下几点：

第一，中国特色社会主义政治经济学话语体系的构建缺乏合理的事实层次。中国特色社会主义政治经济学话语体系的事实层次是对“中国实践”与“中国理论”之间相互耦合交互作用的客观反映，是构建话语体系架构的基础。改革开放以来，中国特色社会主义政治经济学实际发挥的巨大作用与其应有的社会声誉和学科地位之间存在着巨大的落差，不但没有赢得人们的广泛赞誉和认同，反而遭遇到多方面的质疑和诘难。造成这种“落差”的原因在于，中国特色社会主义政治经济学缺乏学术话语体系的创新意识，没有及时地把“中国实践”上升为“中国理论”，从而导致现代西方经济学话语体系大行其道，对合理阐释中国特色社会主义政治经济学话语体系的事实图景带来了严峻挑战。一方面，有人主张中国经济领域“去意识形态化”，完全否定了中国特色社会主义政治经济学的指导地位。许多人认为中国既然搞市场经济，只有现代西方经济学才具有“普适性”“科学性”，从而导致了中国特色社会主义政治经济学的指导地位被淡化和边缘化、学科地位被严重弱化和虚化，“言必称西经”的迷信盛行。另一方面，有人主张中国应该“全盘私有化”，完全违背了生产资料公有制是社会主义的根本经济特征。许多人信奉“市场万能论”，把市场作用“偶像化”“迷信化”，而导致对市场顶礼膜拜的中国新自由主义者们打着“改革”和“创新”的旗号，极力吹捧私有化的学说和理论，进而沦为国内某些利益集团的代言人，甚至沦为西方反华势力对我国进行和平演变的“急先锋”。

第二，中国特色社会主义政治经济学话语体系构建缺少理性的价值层次。中国特色社会主义政治经济学话语体系的价值层次是对“中国道路”价值观念的凝练与升华，是构建话语体系架构的精髓。东欧剧变以来，以美国为首的西方发达国家凭借其信息技术与语言文化的优势形成了以西方“普世价值”为核心的西方话语霸权，导致了中国特色社会主义政治经济学既无法占据理论的制高点，又无法为实践提供道义诉说。相关资料显示，在整个互联网的信息输入和输出流量中，美国所占的比例都超过了85%，互联网上90%的信息是英文。这种西方所主导的话语体系掌控话语垄断权的影响，必将对我国重构中国特色社会主义政治经济学话语体系的核心价值观带来巨大冲击。一方面，导致现代西方经济学“原子化”的极端个人主义价值观的盛行，整个社会价值层面呈现出纷繁复杂的多元化格局。我国在推进经济体制转轨的过程中，由于各种主流和非主流、先进和落后的价值观念纷纭激荡，学术价值评判标准上的“崇洋媚外”严重地侵蚀着“以人民为中心”的正确价值取向。另一方面，现代西方经济学倡导追求自由、权利、理性与私欲正当性的“普世价值”观念，导致部分青年陷入了信仰缺失、思想迷茫的困境。在改革开放和市场经济大环境下成长起来的当代青年，由于深受西方“普世价值”观念是颠扑不破的真理的误导，进而对“为人民服务”的价值取向产生了排斥和逆反心理，导致部分青年仰慕虚荣、崇拜西方，最终陷入信仰缺失、思想迷茫的困境。

第三，中国特色社会主义话语体系的构建缺乏深刻解读中国特色社会主义经济社会发展的逻辑层次。中国特色社会主义政治经济学话语体系的逻辑层次是对“中国道路”历史发展规律和客观实际的理论浓缩与凝练，是构建话语体系架构的核心。面对“中国奇迹”的诞生，客观上需要我们在坚持理论联系实际的基础上，运用历史与逻辑相结合的方法，通过对解读“中国道路”理论的逻辑表达，最终形成与之相适应的经济范畴和经济学范式。然而，历史上“左”倾思想的延续以及“西强我弱”话语权格局的影响，导致从理论上系统性地诠释、阐发和建构中国特色社会主义政治经济学话语体系陷入了保守主义与历史虚无主义的泥潭，遭到了“中国不会生产思想”的质疑。一方面，有人仍然将计划经济时代产生的“苏联教科书”视为典范，没有走出“苏联范式”的阴影。由于“苏联范式”多流于对问题的描述、政策的解读，缺少对具体问题的聚焦，一般采取纯粹“经济哲学”思辨的研究形式，加上缺乏实证支撑而逐步陷入自我封闭与萎缩的状态，最终导致发展空间受阻、理论说服能力减弱。另一方面，有人站在历史虚无主义的立场，把西方经济学话语当成“圣经”，奉为圭臬。当前有一种观念或视角上的误区，就是认为现代西方经济学才是发展社会主义市场经济的主流经济学，从而采取简单套用西方经济学的经济范畴、经济学范式来解释“中国奇迹”，分析“中国道路”，概括“中国经验”，其结果非但不能找到解决之道，反而会南辕北辙。

第四，中国特色社会主义政治经济学话语体系的构建缺少充分体现中国特色的表达层次。中国特色社会主义政治经济学话语体系的表达层次是“中国道路”从理论表达向现实图景的转化，是构建话语体系架构的载体。自20世纪90年代初我国提出经济体制改革的目标以来，西方经济学理论就开始大规模地被引进并成为不少学者分析和解释中国经济问题的权威，“中国道路”的解释权与评价权几乎完全由现代西方经济学话语体系所主导和控制。面对现代西方经济学话语霸权咄咄逼人的态势，我国话语领域却丧失了独立的创新精神和特有的表达风格，必然会沿袭西方经济学理论的逻辑和思路，进而落入“西方话语陷阱”，成为一柄悬在中国人心头的“达摩克利斯之剑”。一方面，西方经济学话语体系形成了一整套结构完善、机制合理、运行有序的组织载体，牢牢控制着国际学术话语权。长期以来，中国的经济学教材、课堂、刊物大量充斥着“西式”的理论表达、数学模型、分析框架、研究范式，使得经济学话语体系的规则由西方制定，内容由西方提供，裁判由西方主导，西方经济学俨然成为话语标准、话语权威的代名词。另一方面，中国经济学领域“本土化”“规范化”“国际化”程度不高，在国际话语体系格局中还处于“话语劣势”。当前中国在世界上的话语表达领域还存在着不少短板。例如，有些概念范畴让人不知所云；有人空谈炒作论证概念；有人脱离中国元素而不加甄别地舶来西方理论。这些既缺乏传统依托，又缺乏国际契合，也缺乏现实支撑的做法，不可能使“话语体系”更具吸引力和说服力。

三、新时代构建中国特色社会主义政治经济学话语体系的路径选择

随着经济社会实践的发展，经济学的话语体系也在不断发展、突破、创新和重构。中国经济实践需要中国理论阐释，中国经济学必须立足于中国经济实践进行升华，因此，中国特色社会主义政治经济学话语体系必须

产生于中国实践，体现经济学理论的中国创新和发展。中国经济实践是由马克思主义指导的，而依据中国实践的中国特色社会主义政治经济学必然属于马克思主义政治经济学范畴体系，其话语体系的构建是马克思主义经济学话语体系的中国化和时代化，是在对已有经济学话语体系有破有立中构建的。

（一）明晰中国特色社会主义政治经济学的研究目的、对象和方法

中国近代以来的经济社会发展实践让中国人民认识到了“只有社会主义才能救中国”的科学道理，因此，中国特色社会主义政治经济学在国际上的话语体系的建构首先取决于它在国内的话语体系能否建立，为了建构中国特色社会主义政治经济学的话语体系，需要从中国特色社会主义政治经济学的研究目的、研究对象、研究方法等方面厘清中国特色社会主义政治经济学的特点。

第一，关于中国特色社会主义政治经济学的研究目的，只有明确“满足人民群众日益增长的美好生活需要”是中国特色社会主义政治经济学的研究目的，而不是单纯的经济增长的需要，中国特色社会主义政治经济学的话语体系才具有道德感召力。在改革开放之初，邓小平就确立了三个“有利于”标准，这就同新老自由主义经济学划清了界限。习近平总书记也强调必须坚持以人民为中心的研究导向，为谁著书、为谁立说，是为少数人服务还是为绝大多数人服务，是必须搞清楚的问题，从而进一步明确了中国特色社会主义政治经济学的研究立场和研究目的，不是为了研究如何让少数人获得更多的财富，而是为了研究如何让多数人获得最大的幸福；不是为了研究如何生产出更多的剩余价值或利润，而是为了研究如何生产出更多更好的物质产品、精神产品、文化产品，实现人民对美好生活的向往。

第二，关于中国特色社会主义政治经济学的研究对象。中国特色社会主义政治经济学的研究对象必须根据研究目的来确定，只有明确中国特色

社会主义政治经济学的研究对象是改革开放以来的中国特色社会主义经济社会发展建设实践，才能使中国特色社会主义政治经济学的话语体系具有说服力。中国经济的成功给了中国经济学底气，从前的底气不足不在于实践方面，而在于理论上的教条主义，这就要求在话语权建构中摆脱教条主义，把正确的政策实践上升为系统性理论学说。中国特色社会主义政治经济学必须从现实出发，它的研究对象不是传统的马克思主义经济学教条，不能拿共产主义第一阶段的标准去剪裁处于社会主义初级阶段的中国；也不是西方的主流经济学教条，不能生吞活剥、照搬照抄地指导中国的市场经济；而是从改革开放之初的“生产力经济学”，到“社会主义市场经济”理论，再到关于正确处理“政府与市场关系”的决议，直到“经济新常态”的提出、“中国特色社会主义新时代”的划分、中国社会主要矛盾转化的判断，这一系列理论围绕解决社会主义初级阶段主要矛盾及其变化问题展开现实经济实践的研究。

第三，关于中国特色社会主义政治经济学的研究方法。研究目的和研究对象上的话语特点决定了中国特色社会主义政治经济学在研究方法上也具有自己的话语优势。中国改革开放以来的经济发展努力吸收了人类文明创造的一切优秀成果，创造了包容发展的奇迹，中国之所以能够做到这一点，是由于遵循了唯物辩证法和辩证逻辑思维。马克思主义经济学是建立在辩证逻辑的基础上的，它遵循的不是形式逻辑的同一律、不矛盾律和排中律，而是辩证逻辑的对立统一规律、质量互变规律和否定之否定规律。习近平总书记反复强调辩证思维和战略思维，就是因为它有助于我们抓住经济发展的全局和动态。

（二）凝练中国实践经验，为马克思主义政治经济学发展贡献中国智慧

马克思主义政治经济学认为，经济学研究应当“从当前的国民经济的事实出发”，经济发展史中的经典名著和理论文献如亚当·斯密的《国民财富的性质和原因的研究》、马尔萨斯的《人口原理》、凯恩斯的《就业、

利息和货币通论》、熊彼特的《经济发展理论》、萨缪尔森的《经济学》、弗里德曼的《资本主义与自由》、库兹涅茨的《各国的经济增长》等著作都是时代的产物，都是对当时所在地区经济社会发展和社会矛盾问题的思考和实践的升华。改革开放以来，中国经济持续高速增长是20世纪下半期以来世界的重大事件，被誉为经济增长史中的“中国奇迹”，其根本原因在于选择了一条适合中国国情的改革开放道路和经济发展道路，构建了中国特色社会主义市场经济体制，这些都为中国特色社会主义政治经济学话语体系的形成提供了丰富的营养和坚实的基础。基于中国特色社会主义经济发展的伟大实践，中国经济学的发展既要对传统政治经济学进行系统反思，也要对西方经济学进行系统检视，消除其中不合理不科学的概念、分析范式和意识形态或制度偏见，提出新的分析概念和框架，将其上升到经济学理论的高度，形成新的经济学思维和经济政策思维，为中国特色社会主义政治经济学话语体系的构建创造理论逻辑和现实基础。

马克思主义政治经济学作为科学的世界观和方法论，中国的革命、改革和社会主义建设在其指导下取得的成就举世瞩目。在中国经济步入新时代、经济社会双重转型和经济发展动力转换的关键时期，社会主义市场经济的发展和完善需要结合新中国成立以来中国社会主义建设和改革开放以来经济理论和实践的新发展，创新和发展当代马克思主义政治经济学。中共中央总书记习近平的一系列讲话明确指出，马克思主义政治经济学的创新发展必须立足中国国情和发展实践，要为马克思主义经济学创新发展贡献中国智慧。中国特色社会主义政治经济学的本质就是中国化的马克思主义政治经济学、创新发展的马克思主义政治经济学，因而中国特色社会主义政治经济学话语体系的构建也必须立足于中国经济社会发展实践，从中国实践中提炼中国话语、构建中国话语体系，为马克思主义政治经济学的创新发展贡献中国智慧。

政治经济学本质上是一门历史的科学，是在占有充分的历史和现实的材料的基础上，运用科学抽象法，透过经济现象而探讨其内在联系的科学。政治经济学的发展变迁中具有历史分析的优秀传统，但是当前中国政治经济学的发展研究出现了教条化倾向，缺乏历史分析，在概念分析中未能体现中国元素，导致政治经济学对中国经济现实缺乏解释力。中国特色社会主义政治经济学话语体系的构建必须在坚持马克思主义政治经济学基本原理与方法的基础上，重视马克思主义历史分析的优秀传统，基于中国经济社会发展的历史实践资料，运用历史和逻辑相结合的科学抽象法，总结提炼经济学的中国话语，构建中国特色社会主义政治经济学话语体系，总结提炼经济学的中国规律，以历史观的分析传统给中国特色社会主义政治经济学话语体系的构建融入中国元素，贡献中国智慧。

改革开放以来，中国经济社会实践在马克思主义政治经济学的指导下，形成了当代中国马克思主义政治经济学的许多重要理论成果，如关于社会主义本质的理论，关于社会主义初级阶段基本经济制度的理论，关于树立和落实创新、协调、绿色、开放、共享的发展理念的理论，关于发展社会主义市场经济、使市场在资源配置中起决定性作用和更好发挥政府作用的理论，关于中国经济发展进入新常态的理论，关于推动新型工业化、信息化、城镇化、农业现代化相互协调的理论，关于用好国际国内两个市场、两种资源的理论，关于促进社会公平正义、逐步实现全体人民共同富裕的理论，关于中国特色社会主义进入新时代的理论，关于我国社会主要矛盾转化的理论等。中国经济社会建设在这些理论的指导下走出了一条具有中国特色的社会主义发展道路，而这些理论构成了中国特色社会主义政治经济学理论体系的基础，是中国故事的中国表达，但是这些理论和学说显得非常零碎，并没有形成一套系统的、完整的、具有严密逻辑的中国经济学说。同时，这些理论话语也没有形成一套能够系统表述中国经济社会建设时间的话语体系，即中国特色社会主义政治经济学话语体系，因此，只有基于中国经济社会发展实践，全面、系统总结中国社会主义经济建设中的经验教训，深入研究世界经济和我国经济面临的新情况、新问题，创新中国表达话语，构建和完善具有中国特色、中国风格、中国气派的现代政治经济学学科体系和话语体系，用中国特色社会主义政治经济学话语体系把中国经验凝练为系统化的理论学说，才能为马克思主义经济学的创新发展贡献中国智慧。

（三）推进经济学理论的中国创新，逐步提升政治经济学的中国话语权

构建中国特色社会主义政治经济学话语体系，不断升华中国经济社会建设的实践成果，基于中国实践推动经济学理论的中国创新，要求中国话语体系必须更加鲜明地展现中国思想，更加响亮地提出中国主张。经济学话语体系的创新发展一直以来都笼罩在“西方中心论”的话语强权下，中国特色社会主义政治经济学话语体系构建所面临的任务就是解构西方经济学中心论，推进经济学理论的中国创新。改革开放以来，中国经济增长创造的“中国奇迹”及其奇迹背后的故事引起了国际社会的广泛关注和讨论，在经济学领域，中国应该建立自己的经济学理论体系和话语体系，即中国特色社会主义政治经济学理论体系和话语体系。用中国话语体系解读中国发展道路、讲好中国故事、传播好中国声音、阐释好中国特色，不断增强中国成就、中国理念、中国道路的说服力和认可度，逐步提升经济学的中国国际话语权和影响力。

构建中国特色社会主义政治经济学话语体系，必须系统提炼、归纳改革开放以来中国共产党关于政治经济问题科学表述的重要理论文献，结合中国经济学界提出的一系列重大理论创新，形成基本理论命题。实践创新推动着理论创新，理论创新又引导着实践创新，实践创新和理论创新的互动是中国特色社会主义发展的一个重要特点，其结晶是中国特色社会主义理论体系的形成和发展。中国改革开放和社会主义经济建设伟大实践的升华所创造的中国特色社会主义市场经济理论等一系列理论创新已成为中国特色社会主义政治经济学话语体系的核心内核。一个学科或者一个民族的思想、认识是通过这个学科和这个民族所特有的概念、范畴来凝结的。一个学科没有比较成熟的核心范畴、逻辑体系和思想体系，就很难有成熟的话语体系。中国特色社会主义政治经济学的发展和建设需要建立具有中国特色、中国印记的政治经济学基本概念、范畴、逻辑体系和基本理论命

题，这是一个从具体到抽象的发展过程，也是中国特色社会主义政治经济学获得国际影响力和世界经济话语权的前提条件。

中国特色社会主义政治经济学话语体系的构建也要基于中国经济社会发展实践形成一系列重要的概念、范畴和基本理论假设，这些基本概念和范畴可以是新提出的，也可以是依据经济社会实践的发展对其他经济学科、社会学科甚至是自然学科基本概念范畴和内涵的重新界定或者表述而形成的可以讲述中国特色社会主义经济发展建设时间的概念范畴。具体而言，中国特色社会主义政治经济学体系概念重要范畴的形成有以下 3 种途径：一是对马克思主义政治经济学中重要范畴的内涵进行丰富和发展，这就需要中国经济学者回归马克思主义经典著作，把马克思主义政治经济学话语体系中如劳动、剩余价值、资本、所有制、按劳分配、价值规律等概念和范畴经过丰富和发展，并基于中国实践加以创新表述，马克思主义政治经济学话语体系中核心概念范畴经过中国化，完全可以用来分析中国特色社会主义市场经济的建设和实践。二是基于中国经济社会发展实践提出新的概念范畴，或对已使用的概念范畴进行规范化和科学化，如混合所有制经济、公有制实现形式、公平和效率、共同富裕等这些概念的形成、发展和范畴的界定与中国特色社会主义经济发展实践密切相关，这些概念范畴对中国经济社会发展的现实具有很强的解释力，也是中国特色社会主义话语体系建设的重要基础。三是从西方经济学中借鉴一些概念范畴，西方经济学已经发展成为比较成熟的学科，也具有自己的概念范畴和话语体系，虽然西方经济学以资本主义市场经济为解释对象，但其中一些概念范畴可以反映现代市场经济的一般规律，这些概念范畴可以被中国特色社会主义政治经济学借鉴和利用。

中国特色社会主义政治经济学话语体系首先是以马克思主义为指导的，马克思主义科学揭示了人类社会历史变迁的客观规律，是关于人类社会发展的普遍真理，马克思主义不是教条，而是正确认识世界的科学方法论，与时俱进是马克思主义的独特品质。中国特色社会主义政治经济学话语体系的构建必须坚持马克思主义的理论自觉，并与时俱进地推动经济学理论的中国创新和中国经济学的发展，系统归纳、升华中国改革开放以来党对经济理论的科学论断和中国经济学界提出的一系列重大理论创新，形成基本理论命题，推动中国特色社会主义政治经济学话语体系构建的进程，胡家勇（2016）认为改革开放以来的四大理论创新（社会主义市场经济理论、社会主义基本经济制度理论、科学发展理论和对外开放理论）构成了中国特色社会主义政治经济学的内核。中国特色社会主义政治经济学话语体系的构建要以经济学理论的中国创新为基础，用国际社会能够听得懂的“普通话”把客观真实地中国经济社会介绍给世界，让国际社会更加全面、客观、真实地认识中国经济。

推进经济学理论的中国创新，更需要国际学术界和国际社会了解、认识、认同中国经济学，因此，必须重视中国特色社会主义政治经济学话语体系的构建，用中国话语体系宣传中国经济学。中国特色社会主义政治经济学话语体系不仅独具中国特色，而且必须能够与国际对话和交流，易于被国际学术理论界和国际社会理解和接受，拓展中国经济学对外交流和传播的载体和平台，不仅要鼓励中国学者以多种方式参与国际学术交流，在国际学术理论界和国际社会发出坚强的中国声音，同时鼓励外国的中国问题研究专家和研究机构真实地宣传中国特色社会主义市场经济和中国经济学。中国政治经济学人应该对中国经济经验进行系统升华，形成科学、准确反映中国经济奇迹的理论观点与学说向外传播，提升中国经济和中国特色社会主义政治经济学及其话语体系对西方、对全世界的影响力。

（四）借鉴不同经济学理论成果，积极推进比较马克思主义研究

中国特色社会主义政治经济学话语体系的构建需要处理好两个重要问题：一是创新发展马克思主义政治经济学，推动马克思主义政治经济学的中国化和时代化，基于中国经济社会发展实践和当代资本主义经济社会发展新特征，对马克思主义政治经济学中的一些话语体系和理论论断进行创新和发展，实践马克思主义政治经济学与时俱进的优良品质；二是吸收借鉴现代经济学以及其他社会科学中话语体系科学的范畴、概念和分析范

式。中共中央总书记习近平总指出，对人类创造的有益的理论观点和学术成果，我们应该吸收借鉴；国外哲学社会科学的资源，包括世界所有国家哲学社会科学取得的积极成果，这可以成为中国特色哲学社会科学的有益滋养。经济社会发展规律是政治经济学研究的基本内容，根据经济规律发展的内涵可以把经济规律分为两大类：一是在所有社会形态或几个社会形态中起作用的共有经济规律，这类经济规律不管是在资本主义还是社会主义经济发展中均发挥作用；二是在某一特定社会形态中起作用的特有经济规律，这一类经济规律发挥其效应要受到市场经济特征的约束。现代经济学对现代市场经济运行规律作了比较系统的分析，提出了一系列的概念、分析范式和理论观点，其中的科学和有益成分可以被中国特色社会主义政治经济学借鉴和利用，这是因为社会主义市场经济也是现代市场经济，在市场经济中起作用的共有经济规律在社会主义市场经济中也会发挥作用。同时，中国特色社会主义政治经济学要发展成为世界性的经济学说，必须要讲国际社会能够听懂的普通话，这也是借鉴西方经济学话语体系的基本概念范畴、研究分析范式以及理论观点的价值之所在。

话语体系的构建需要专家学者具有深厚扎实的学术理论功底，以问题意识和学术研究为基础。另外，话语体系作为一种学说表述方式是国家文化软实力的重要组成部分，必须实践于国际沟通和交流。中国特色社会主义政治经济学话语体系的构建必须以博大胸怀借鉴古今中外的话语体系，不仅对经典马克思主义政治经济学话语体系要继承和创新，更要熟悉西方经济学话语体系，甚至是其他学科的话语体系，将古今中外话语体系融会贯通，基于中国经济实际和现实国情进行扬弃和创新，这样才能使得中国特色社会主义政治经济学话语体系在世界范围内广泛对话。西方经济学话语体系以强有力的资本主义经济为依托，在演进和变迁过程中所体现的是资本主义社会的人文精神和社会价值，形成了一系列核心范畴，提出了基本理论观点，并依据一定假设构建理论模型分析经济主体行为和现实经济运行，并基于此分析提出自身的学术观点和政策启示。中国特色社会主义政治经济学话语体系的构建以马克思主义经济学为指导，也需要形成自身的核心范畴和理论假说，中国特色社会主义政治经济学的核心范畴既可以是原有经济学范畴的中国创新，也可以是基于中国经济社会实践的理论升华。因此，构建中国特色社会主义政治经济学话语体系，一方面，需要推进和发展马克思主义政治经济学，促进其中国化和时代化，这要求中国政治经济学人依据中国经济社会实践和现当代资本主义的新发展、新特征，对马克思主义政治经济学的经典理论进行发展和创新，寻找其现代观点和现代意义，以便更好地解释现代社会生产方式与生产关系的现实特征，更好地指导建设中国特色社会主义的伟大实践；另一方面，也必须正视和吸收现代主流经济学中的科学成分和合理成分，包括研究范式、概念范畴和分析方法等，中国特色社会主义政治经济学话语体系的构建需要对人类创造的有益的理论观点和学术成果进行科学的吸收和借鉴，“国外哲学社会科学的资源，包括世界所有国家哲学社会科学取得的积极成果，这可以成为中国特色哲学社会科学的有益滋养”。

中国特色社会主义政治经济学话语体系是在比较融合、兼容并包、创新发展中构建的，比较马克思主义研究无疑是一种新的创新探索。中国经济学的发展走过了从马克思主义政治经济学一家独大到西方经济学引入后各位经济学流派的理论学说争鸣的特殊过程，马克思主义经济学在中国的实践发展取得了一系列重要理论成果，但是经过时间的检验其自身也存在理论的局限性；而西方经济学由于侧重经济现象和现实经济变量的关系研究，其理论体系以及研究方法的固有缺陷让其理论学说陷入了现实困境。随着经济全球化和马克思主义经济学在全球的发展，马克思主义的本土化和民族化成为必然发展趋势，比较马克思主义研究应运而生。比较马克思主义不同于马克思主义理论的其他学科，不仅仅专注于马克思主义形态，而是在马克思主义全球化视野的参照下，以中国化的马克思主义为参照系，寻求中国经济学从分立到均衡转化的逻辑基础，对现实经济运行进行深刻的理论分析，是不断创新和完善中国特色社会主义经济学体系、推动马克思主义经济学理论创新的一条重要途径，在比较中研究马克思主义的多样性与统一性。随着经济学理论在中国的发展、融合与创新，推进比较马克思主义研究向纵深发展，必将促进中国特色社会主义政治经济学的发展，为中国特色社会主义政治经济学话语体系的构建提供更多的理论参考和实践经验借鉴。

（五）遵循学科发展规律，重视政治经济学学科建设和人才培养

政治经济学学科建设和发展是构建中国特色社会主义政治经济学话语体系的基础，政治经济学的概念范畴、主要研究内容、研究方法、理论体系均需要话语来表达说明，这些话语的有机统一构成了政治经济学的话语体系。中国经济学随着中国经济社会实践的发展取得了长足进步，新中国成立以来马克思主义政治经济学的发展大体可分为两个阶段：第一阶段为改革开放前社会主义计划经济时期的马克思主义经济学研究和探索；第二阶段是改革开放后马克思主义经济学的研究和创新。随着改革开放的深入和社会主义市场经济体制的确立，西方经济学的理论学说大量涌入，打破了中国经济学中政治经济学“一枝独秀”的境况，并越来越成为经济学专业课程的重中之重，而作为基础指导地位的马克思主义经济学却被严重地边缘化了。中国特色社会主义政治经济学话语体系要以科学的态度和方法正确认识政治经济学学科发展规律，推进政治经济学学科建设，重塑马克思主义政治经济学的主流地位。

政治经济学学科建设是一项经济学教学和科研中的基本任务，目前中国政治经济学学科建设主要包括理论体系创新、研究方法和阐述方法创新、强化政治经济学的科学性、进一步创新和发展政治经济学、提升政治经济学学科地位。首先，在大学经济学教学中提升政治经济学的地位，激励更多优秀的中青年经济学家投身政治经济学学科建设，加快扭转政治经济学被边缘化的倾向。其次，坚持运用马克思主义经济学的立场、观点和方法，进一步推进政治经济学中国化的创新和发展，结合社会主义市场经济发展实践，重构中国特色社会主义政治经济学的理论体系和话语体系。再次，教材建设是政治经济学学科建设的基本点之一，现行政治经济学教材种类多、理论体系五花八门，各个大学在教材选择上倾向于自编教材，

这虽然有利于因材施教、丰富政治经济学理论体系，但是缺乏统一权威的理论体系和教材，各个高校政治经济学毕业生理论差异明显，无法在同一个理论平台上进行学术沟通和交流。因此，应该集齐全社会核心力量和权威人士编写一本权威的政治经济学教材，并使其用于各个大学经济学专业人才的培养。最后，给予政治经济学学科建设更多的人文关怀，让政治经济学学科发展立足于最广大人民群众的需要，保障中国特色社会主义政治经济学话语体系构建的正确方向。

政治经济学人是中国特色社会主义政治经济学话语体系构建和发展的主体，中国特色社会主义政治经济学话语需要中国政治经济学人来表达，因此，政治经济学专业人才培养是话语体系建设的关键。中国特色社会主义政治经济学话语体系构建中必须关注专业人才队伍建设，不仅要提升现有政治经济学教学和科研人员的业务水平，更需要注重青年经济学人对政治经济学学习和研究的热情，为未来政治经济学教学和科研打好强有力的人才基础。首先，设定科学的激励机制，提升政治经济学人教学和科研的积极性，并吸引更多的经济学人参与到政治经济学的教学和研究中来。其次，在政治经济学专业人才队伍建设上要注重知识结构的优化，中国特色社会主义政治经济学的人才不仅需要具备扎实的马克思主义政治经济学的理论素养和知识结构，而且也需要对西方经济学理论有较高的科学认知，提升学术权威。最后，中国特色社会主义政治经济学话语体系的构建一定要关注未来政治经济学专业人才队伍建设，让政治经济学专业学生“有利可图、有业可就”，逐步扭转政治经济学人才流失状况，使更多的青年投身中国特色社会主义政治经济学发展建设中来。

参考文献

[1]洪银兴.《资本论》和中国特色社会主义经济学的话语体系[J]. 经济学家,2016(1):5-15.

[2]何自力,等. 高级政治经济学—马克思主义经济学的发展与创新探索[M]. 北京:经济管理出版社,2010:7.

[3]万华炜. 基于政治发展的中国特色社会主义政治学话语体系的构建[J]. 社会主义研究,2015(1):106-110.

[4]西部论坛. 中国经济学的创建及其话语体系——本刊主编专访孟捷、周文、任保平教授[J]. 西部论坛,2016(3):1-8.

[5]冯建军. 构建教育学的中国话语体系[J]. 高等教育研究,2015(8):1-8.

[6][德]黑格尔. 哲学史讲演录:第4卷[M]. 贺麟,等,译. 北京:商务印书馆,1978:187.

[7]甘路有,潘祥超. 关于构建中国特色社会主义政治经济学话语体系的思考[J]. 南京政治学院学报,2016(6):59-64,151.

[8]沈斐. 关于中国经济学研究的话语权思考——19世纪美国学派"失踪"的启示[J]. 南京社会科学,2016(10):11-16.

[9]卫兴华. 怎样理解和把握"发展当代中国马克思主义政治经济学"[J]. 政治经济学评论,2016(1):3-8,33-34.

[10]任保平,段雨晨. 为马克思主义政治经济学的创新发展贡献中国智慧[J]. 陕西师范大学学报(哲学社会科学版),2016(1):109-115.

[11]程恩富. 为马克思主义政治经济学创新发展贡献中国智慧[N]. 光明日报,2015-12-02.

[12]华明. 为马克思主义政治经济学创新发展贡献中国智慧[J]. 红旗文稿,2016(2):39.

[13]毛莉. 建构中国特色社会主义政治经济学体系[N]. 中国社会科学报,2016-04-11.

[14]邓纯东. 努力构建以马克思主义为指导的哲学社会科学话语体系[J]. 马克思主义研,2014(6):9-14,159.

[15]胡家勇. 建设中国特色社会主义政治经济学话语体系[J]. 学习与探索,2016(7):1-4.

[16]习近平. 在哲学社会科学工作座谈会上的讲话[N]. 人民日报,2016-05-19.

[17]赵康太. 比较马克思主义研究:开辟马克思主义理论学科的新领域

[J]. 南海学刊,2015(1):10－15.

[18]何爱平,任保平. 新中国60年来马克思主义政治经济学研究的回顾与前瞻[J]. 马克思主义研究,2009(7):29－35.

[19]白永秀. 新时期政治经济学学科建设:背景、内容与途径[J]. 贵州社会科学,2007(9):78－81.

中国特色社会主义政治经济学的研究对象

付　振　宋　宇[①]

一、中国特色社会主义政治经济学研究对象的界定

政治经济学是一门社会科学，分析的是社会现象，揭示的是社会规律，研究的对象是生产关系，即社会经济现象及其内部的运动规律，同时，这一研究要联系生产力和上层建筑。[②] 生产力的发展决定着生产关系，与生产力水平相适应的生产关系会促进生产力的发展，二者是紧密相连的。从这一认识出发，可以推论得知中国特色社会主义政治经济学的研究对象是中国特色社会主义的生产关系，它关注生产关系变革和经济发展，同时还需要与中国特色社会主义社会的生产力和上层建筑加以联系。

中国特色社会主义经济在生产关系方面，主要包括基本经济和分配制度、社会主义市场经济体制、对外开放、维护社会公平，以及实现共同富裕等。另外，从生产力来看，主要包括中国特色社会主义经济的基本发展战略和道路、把握经济发展规律、实现现代化、以创新驱动经济增长，促进可持续发展等。生产力与生产关系的矛盾运动是社会主义政治经济学研究的主线。生产力与生产关系的有机结合，构成了中国特色社会主义经济的完整过程，在此基础上形成了诸如市场体系、政府职能、企业制度、财

---

① 付振，男，西北大学经济管理学院 2016 级硕士研究生，研究方向为西方经济学；宋宇，男，西北大学经济管理学院教授，研究方向为理论经济学。

② 张宇．中国特色社会主义政治经济学[M]．北京：中国人民大学出版社，2016：40－41．

政、贸易、金融、投资、经济增长等复杂多样的经济现象①。

新中国成立以来，中国经历了传统的高度集中的计划经济体制，通过不断地艰辛探索，才确立并趋于成熟定型目前的中国特色社会主义经济制度。经过近40年的改革开放，初步构建了社会主义市场经济体系，取得了中国特色社会主义的伟大成绩，走出了一条中国道路，坚持了中国制度，创造了中国理论②。中国经济的高速增长证明了中国特色社会主义生产关系的存在，并构成了相对稳定的经济形态和特殊的运动规律，这符合我国的国情，并在此基础上，中国形成了具有自身特色的发展理念、政策和道路，丰富和完善了中国特色社会主义政治经济学。

社会主义的根本任务是发展生产力，中国特色社会主义政治经济学深入研究当代中国经济中的一切现象，这些经济现象归根结底涉及人与人之间的经济关系。在研究对象上，则要求更加突出生产力的发展，并从发展生产力的角度研究生产关系，在生产力与生产关系的统一中把握经济发展的规律，为社会主义经济发展服务③。

二、我国对社会主义政治经济学研究对象的探索

经济学理论作为一种社会科学，有别于自然科学，具有理论的多元化，存在着不同的理论和流派。那么，任何一门学科都应该有自己独特的研究对象，这也是一门学科成熟的标志。研究对象是对某一学科研究内容、范围的高度概括和理论抽象，是学科研究的起点，只有确立了研究对象，才能建立起学科体系。

在我国，经济学界对社会主义政治经济学的研究对象的大讨论共有5次：

---

① 张宇，谢地，任保平，蒋永穆，等．中国特色社会主义政治经济学［M］．北京：高等教育出版社，2017：22－23.

② 王立胜，裴长洪．中国特色社会主义政治经济学探索［M］．北京：中国社会科学出版社，2016：12－13.

③ 张宇，谢地，任保平，蒋永穆，等．中国特色社会主义政治经济学［M］．北京：高等教育出版社，2017：22－23.

第一次讨论是在20世纪50—60年代。新中国成立以后，学术界普遍认同政治经济学的研究对象是人们的生产关系。伴随着“三大改造”基本完成后，出现了脱离生产力来研究生产关系甚至变革生产关系的错误倾向。在这种时代背景下，理论界展开了围绕生产力是不是政治经济学的研究对象和如何理解作为政治经济学研究对象的生产关系这两个问题的讨论，其目的在于解决政治经济学对象的科学规定，以促进政治经济学更好地为社会主义建设服务①。

第二次讨论是从改革开放到20世纪80年代初期。1978年，邓小平同志在党的十一届三中全会上作出了改革开放的伟大决策，提出将党和国家的工作重心转移到经济建设上来，纠正了我们国家自“大跃进”、人民公社化运动和“文化大革命”以来所犯的严重错误。理论界以中国特色社会主义的实践为基础，认真总结我国社会主义实践的经验和教训，展开了大讨论。虽然这次讨论与第一次大讨论的议题一致，但本次讨论克服了传统政治经济学在研究对象范围上的缺陷，开拓了政治经济学研究对象的新境界，具有十分重要的意义。

第三次讨论是20世纪80年代中后期。1984年10月20日，《中共中央关于经济体制改革的决定》这一纲领性文件公布以后，我国开始了以经济体制改革和市场经济为导向的新的探索。与此同时，随着我国市场化改革的不断深入，西方经济学派被广泛引入，有一些学者认为基于马克思主义的中国特色社会主义经济学空洞乏力，不能解释当时中国社会遇到的诸多问题。而西方经济学以其对前提条件和研究对象的严密定义和规范，一时成为当时学界研究的热点。“经济体制论”和“经济管理体制论”是当时主流的观点，这反映了当时的社会主义经济理论迫切需要丰富，需要更加贴近实际。

第四次讨论是20世纪90年代中后期。1992年，党的十四大明确提出

① 石淑华．我国对社会主义政治经济学研究对象的探索、反思与创新[J]．福建师范大学学报(哲学社会科学版)，2007(5)：7.

了要建立社会主义市场经济体制，在这种新的时代背景要求下，必须加强社会主义经济学理论体系建设。樊纲的《“苏联范式”批判》一文引发了一场“中国经济学向何处去”的大讨论，并将这场讨论推向高潮。这场大讨论关于政治经济学的研究对象主要包括生产关系说和以“生产关系”为基础进行拓展的多种观点、“物质利益”说、“经济关系”说、“全面发展”说等。

第五次讨论是自21世纪以来，马克思主义政治经济学在经济学中的主流地位不断面临来自西方的挑战，如何保持对中国改革和发展的指导思想的理论基础地位，是一个急需解决的问题。2004年3月24日，中共中央发出《关于进一步繁荣发展哲学社会科学的意见》，指出加强马克思主义基本原理研究是繁荣发展哲学社会科学的一项极为重要的工作，强调了政治经济学的创新问题。在这一背景下，理论界引发了对于政治经济学研究对象的研究探索的新高潮，其中较为突出的观点有洪远朋的“经济利益论”、潘石的“双重论”和周冰的“三方面论”等。

三、中国特色社会主义政治经济学研究对象的创新

我们发现，作为一门研究社会经济运动规律的学科——政治经济学的研究，其基本因素必须要随着社会经济的发展而不断开拓和创新，这是保持它青春常在的基础，研究对象也必定是从当时所处社会经济发展的要求出发，这样才有利于揭示特定的社会经济运动规律[①]。我国拥有世界上最多的人口，如何解决好众多人口的居住、就业、医疗、教育等问题是摆在党和国家眼前的头等大事。而且，到目前为止，中国仍是世界上最大的发展中国家，我们仍处在“Developing”，仍然面临诸多困难和挑战。另外，与世界上其他国家相比，我国拥有着独特的制度背景、深厚的文化底蕴，正是因为特殊的国情，我们遇到了许多以前没有遇到过的问题。因此，简

① 杨慧玲．从政治经济学研究对象到中国政治经济学的创新[J]．当代经济研究，2005(2)：31.

单地复制马克思主义教条，难以适应当今日新月异的中国，无法解决中国发展面临的实际问题，经济学在中国面临着创新和发展的问题。面对新时代下新的历史使命，我们必须进行理论创新，建立适合我国国情的社会主义政治经济学理论体系。

马克思主义需要不断发展、与时偕行，同样，马克思主义经济学的研究对象也需要创新。随着中国经济发展已到了一个新的阶段，需要创新性的理论，尤其是把实践经验上升为理论武器的马克思主义经济学说加以讲解和叙说。中国的实践发展不断创新与理论的与时俱进良性互动，这提供了构建适应当代中国国情和时代特点的中国特色社会主义政治经济学的源头活水。

以江泽民同志为核心的党的第三代领导集体，在党的十六大报告中明确提出要在20世纪头20年实现全面建设惠及十几亿人口的更高水平的小康社会的奋斗目标。为了实现这个目标，我们国家应该继续大力推进经济建设和经济体制改革，从本质上看，这都属于对社会主义初级阶段经济关系和社会关系的调整，是从发展社会主义初级阶段生产力出发提出的对社会主义市场经济条件下生产关系及其具体体制的调整①。

胡锦涛同志在中国共产党第十七次全国代表大会上，指出当今世界格局风云莫测，面对国内外复杂的经济形势，我们必须顺应国内外发展局势，解放思想，坚持科学发展，坚持改革开放，不断完善社会主义市场经济体制，为全面建设小康社会做出新贡献。他所提出的科学发展观，拓展了中国特色社会主义政治经济学的研究对象，是马克思主义政治经济学中国化的又一成果，并将中国特色社会主义理论体系推向了新的理论高度。

党的十八大以来，以习近平同志为核心的党中央立足我国经济发展实际，深入研究经济发展的新特点、新规律，强调“学好用好政治经济学，认识和遵循经济发展规律”的重要性，提炼和总结我国经济发展实践的规

① 张存刚，王廷科．论社会主义政治经济学的研究对象——兼谈十六大以来社会主义政治经济学研究对象的新发展[J]．兰州商学院学报，2005(6)：16.

律性成果，把实践经验上升为系统化的经济学说，不断开拓当代中国马克思主义政治经济学新境界，这为我国社会主义经济理论和实践的创新指明了方向。因此，当前要发展和创新中国社会主义政治经济学，“绝不能脱离马克思主义政治经济学的指导地位，这既是党的性质和宗旨的内在要求，也是在当前我国经济建设中树立理论和道路自信的根本保障”①。

2015 年 12 月，习近平总书记在中央经济工作会议中首次提出了中国特色社会主义政治经济学，它的提出，是基于中国改革发展的实践，对丰富中国特色社会主义政治经济学理论体系具有重要的时代意义，彰显出中国自信和中国特色。2016 年 7 月，习近平总书记在主持召开经济形势专家座谈会时，认为坚持和发展中国特色社会主义政治经济学要以马克思主义政治经济学为指导，总结和提炼我国改革开放和社会主义现代化建设的伟大实践经验，同时借鉴西方经济学的有益成分②。我们需要在实践中不断探索、深入调研、加强规律研究，不断完善中国特色社会主义政治经济学的理论体系。

习近平总书记在党的十九大报告中论述了坚持新发展理念和以供给侧结构性改革为主线的发展思想。发展是解决我国一切问题的基础和关键，必须坚定不移地贯彻创新、协调、绿色、开放、共享的五大发展理念，这是保持我国社会生产力可持续发展的关键，是关于中国发展实践对中国特色社会主义政治经济学的经济发展理论的重要贡献。在深入认识和把握我国经济发展规律之后，习近平总书记不回避问题和矛盾，直指病根，提出了一系列关于怎样更好更快地发展生产力的指导思想，包括“强化创新驱动，实现经济持续健康发展”“增长是实实在在和没有水分的增长，是有效益、有质量、可持续的增长”等。上述关于党和国家领导人阐述的关于发展生产力的指导思想，都应该成为中国特色社会主义政治经济学的研究对象，这些理论都为中国怎样实现经济又快又好发展指明了道路。

---

① 张宇．中国特色社会主义政治经济学[M]. 北京：中国人民大学出版社，2016：26.

② 习近平．习近平主持召开经济形势专家座谈会[N]. 人民日报，2016－07－9(1).

中国特色社会主义经济建设的伟大实践取得了成功，其中包括经济制度、经济运行和经济发展等领域的一系列重大理论创新，将这些成功实践和创新理论系统化就构成中国特色社会主义政治经济学的理论体系。中国特色社会主义政治经济学为我国的经济建设提供了理论基础和科学指导，反过来说，中国的经济发展特别是改革开放以来的伟大成就，也同样为中国特色社会主义政治经济学的丰富和完善提供了典型材料和经验素材。

中国特色社会主义政治经济学是马克思主义的中国化，主要讲述的是马克思主义在中国的运用和发展，更具有实际的指导意义。于是，中国特色社会主义政治经济学也就成为马克思主义中国化最核心、最本质的内容。中国特色社会主义政治经济学从研究封闭半封闭经济体到研究开放型经济体，从研究稳态经济体到研究转型经济体，从研究计划经济到研究社会主义市场经济的华丽转身，在具体到抽象的研究路径中逐步形成以社会主义市场经济理论和中国特色对外开放理论为标志的中国特色社会主义经济学，正在世界马克思主义经济学和全部经济学发展格局中占据更重要的地位。

坚持以人民为中心、以人民的利益为出发点、坚持深化和发展对于马克思主义政治经济学阶级性的认识，是中国马克思主义经济学发展永恒不变的政治信念，坚持马克思主义经济学的中国人文精神，并对资本主义经济腐朽精神加以批判，是发展中国特色社会主义政治经济学的伦理基础和历史使命。根据经典作家和中国马克思主义经济学家一再论述与实践的一般与个别、共性与个性的逻辑演变和理论发展规律，中国特色社会主义政治经济学不仅是马克思主义政治经济学中国化的过程和中国马克思主义经济学的形成过程，更是中国马克思主义经济学体系化、国际化、世界化的过程。中国特色社会主义政治经济学需要更加面对学术国际化、全球化这一新背景，在各种历史渊源的思想潮流不断融合和冲突的今天，对各种思想融会贯通，综理综达，创新突破，并在经济学、社会学、政治学、历史学等社会科学一体化的时代呼唤中，把马克思主义经济学的新发展推进到新的境界。

四、中国特色社会主义政治经济学研究对象创新的依据

（一）理论依据：中国特色社会主义政治经济学研究对象的比较分析

（1）马克思主义政治经济学的研究对象

政治经济学的研究对象是人们的生产、分配、交换和消费的关系及其发展的规律性，换言之，就是研究在一定生产力发展基础上的特定社会制度中的社会生产关系，即经济利益关系，揭示社会历史发展的经济规律①。生产关系是人类社会最基本的关系，社会关系指的是人与人之间的关系，包括亲情关系、朋友关系、经济关系、文化关系、军事关系等，都受生产关系的影响和制约。马克思关于生产关系曾论述道："人们在自己生活的社会生产中发生一定的、必然的、不以他们意志为转移的关系，即同他们的物质生产力的一定发展阶段相适应的生产关系。这些生产关系的总和构成社会的经济结构，即有法律的和政治的上层建筑竖立其上并有一定的社会意识形式与之相适应的现实基础。"那么，政治经济学所研究的生产关系，就是人们在生产过程中的面临的各种经济利益关系的总和。马克思为揭示资本主义的阶级对抗性与内部矛盾所在，揭示出资本主义最终被社会主义所取代的历史必然性，着重研究了资本主义生产关系体系，为工人阶级的社会主义运动和取代资本主义提供了理论武器。

（2）社会主义政治经济学的研究对象

马克思主义政治经济学分为社会主义部分与资本主义部分，二者相比较来说，其研究对象既有联系，又有差别。其共同性质在于它们都要研究社会生产关系及其运动规律，不同点在于，马克思在研究资本主义社会时，意图是揭露资本主义的弊端和批判资本主义，说明资本主义社会存在一定的历史和阶级局限性，并不需要为其发展出谋划策。而研究社会主义

① 卫兴华．政治经济学概论［M］．北京：经济科学出版社，2010：7.

政治经济学则不同，重在研究怎样调整生产关系，促进生产力更好、更快地发展；怎样巩固、发展和完善社会主义经济制度，实现全体社会成员共同富裕①。因此，社会主义政治经济学需要着重研究如何解决经济社会中存在的问题，怎样实现可持续发展，怎样完善经济制度，怎样消灭剥削、消除两极分化，最终实现共同富裕。

当然，社会主义政治经济学从来不是孤立地、抽象地研究生产关系，而是要在生产关系与生产力、经济基础与上层建筑的相互作用和辩证运动中研究生产关系及其运动规律，研究基于生产力发展的社会制度变迁，研究如何通过生产关系的变革与调整来促进经济发展和社会进步②。

（3）中国特色社会主义政治经济学的研究对象

邱海平在《关于中国特色社会主义政治经济学的研究对象》一文中，提到对“中国特色社会主义政治经济学”存在着两种不同的解读：一种是“中国特色的社会主义政治经济学”强调具有“中国特色”；另一种是“中国特色社会主义的政治经济学”，其中“中国特色社会主义”被理解或界定为政治经济学的研究对象③。我们这里认同第一种观点，这也是现在学术界大多数人的观点。毋庸置疑的是，中国特色社会主义政治经济学从本质上来说仍然属于社会主义政治经济学理论，与传统的社会主义政治经济学具有相同的理论属性。但是仅仅这样看待中国特色社会主义政治经济学是不够的，我们更应该关注到其“中国特色”所在。“中国特色”就是要推陈出新，革除原来的弊端，坚持创新发展，坚持对外开放，借鉴吸收人类优秀成果，表达中国声音，反映中国智慧，坚定地走中国特色社会主义道路。

中国特色社会主义政治经济学的研究对象，与一般意义上的社会主义政治经济学研究对象相比，两者都是在社会主义的框架下进行研究，探索

---

① 卫兴华．政治经济学概论［M］．北京：经济科学出版社，2010：7－8.

② 张存刚，王廷科．论社会主义政治经济学的研究对象——兼谈十六大以来社会主义政治经济学研究对象的新发展［J］．兰州商学院学报，2005（6）：16.

③ 邱海平．关于中国特色社会主义政治经济学的研究对象［J］．社会科学辑刊，2017（3）：6.

研究对象。马克思在《资本论》中曾阐述过，政治经济学的研究对象是“一定历史发展形态的生产方式以及与之相适应的社会生产关系和人们之间的交往关系”，那么在社会主义社会中，二者共同的研究对象就是社会主义生产方式以及与之相适应的社会生产关系和交换关系。对于不同点来说，是不言而喻的。中国特色社会主义政治经济学所研究的着重点是强调有“中国特色”的社会主义政治经济学，即具有独创性，它有着巨大的创新价值和理论意义，这与一般意义上的社会主义政治经济学有着本质差别，我们应该重视两者的差异性，重视差异性研究。

中国特色社会主义政治经济学的研究对象是处于社会主义初级阶段的具有中国特色的多种生产方式以及和它们相适应的生产关系和交换关系，为的是说明中国特色社会主义市场经济的产生、发展和向中国特色社会主义更高阶段升级，以及超越社会主义初级阶段的规律。[①]

在研究对象的确定上，当前多数学者认为，仅仅联系生产力来讨论生产关系是不够的，而是要把生产力—生产关系作为生产方式的辩证统一来研究。具体来说，要研究社会主义初级阶段的社会生产力和由生产、分配、交换、消费诸环节构成的生产关系，包括经济制度、经济体制、经济运行、经济改革、经济发展和对外经济关系等，研究它们的相互关系及其在社会再生产中表现的规律性。[②] 从中国特色社会主义政治经济学的要求看，在研究这些问题的时候，我们要明确上层建筑不是马克思主义政治经济学的研究对象本身，而是要在这一过程中联系政治、思想、文化等上层建筑，加以展开。我们进一步认为，考虑到经济学创新的阶段性，作为社会科学的国别性，以及中国事实、中国经验、中国方案日益凸显的重要性，中国特色社会主义政治经济学不仅要研究生产方式，而且要把研究发展方式作为一个基本要求加以贯穿，把生产方式与发展方式作为一个集合体来确定研究对象，要动态研究发展能力提升与发展过程中的社会关系的

---

① 余斌.《资本论》的研究对象与中国特色社会主义政治经济学的研究对象[J].政治经济学评论,2017,8(3):40－41.

② 逄锦聚.中国特色社会主义政治经济学论纲[J].政治经济学评论,2016(5):95.

辩证统一。这要求纳入创新问题和人的全面发展因素，联系社会形态的运动，动态分析资源创造和配置方式的效率改进；纳入发展方式问题，动态分析生产方式的矛盾运动规律，动态分析中国长期历史中的发展道路、发展思想和制度演进与西方相关方面的联系和区别；动态分析中国道路与历史上资本主义国家经济起飞的本质差别和联系；动态分析中国经济体制转型的道路对传统社会主义理论和西方转型经济学的超越；基于个人发展方式而不仅是生产方式和生活方式的重要性这一时代转变，动态分析人的全面自由发展在今后中国经济新常态中的实现方式和类型；动态分析中国特色社会主义对外开放理论在21世纪全球化新阶段的创新问题；动态分析中国道路和中国经济新常态下社会主义基本经济规律的展开和表现；动态分析中国经济新常态与资本主义中高收入国家发展方式的辩证关系等。

对于中国特色社会主义政治经济学的研究对象，它强调的出发点是中国社会主义初级阶段，同时又独具特点，彰显中国特色。认真研究中国特色社会主义政治经济学是十分正确和必要的。我们在研究、探索中国特色社会主义经济学的过程中，需要不断发现发展中的问题，不断丰富自身理论，结合实际，在实践中检验和发展真理，这将为中国的经济社会发展提供重要的智力支持，继而充分显示出中国特色社会主义制度的优越性。

（二）实践依据：中国特色社会主义政治经济学的出发点是社会主义初级阶段

（1）社会主义初级阶段的含义

与同期发达国家相比，我国经济发展水平已明显落后，我们迫切需要一套符合中国实际的理论指导，用于解决中国的实际问题。首先，需要明确的是，我国目前处于社会主义初级阶段，并将在未来很长时间处于社会主义初级阶段，这是建设中国特色社会主义需要首先明确的问题。

社会主义初级阶段，不是所有社会主义国家必然经历的过程，而是特指我国生产力落后、商品经济不发达条件下建设社会主义必然要经历的特定阶段，即从我国进入社会主义到基本实现现代化的整个历史阶段①。它具体包含两层意思：一是表明我国已经进入社会主义社会。从社会性质上看，我们已经属于社会主义社会，这与资本主义社会、过渡时期社会具有本质的差别，我们必须坚持而且不能离开社会主义。二是当前我国的社会主义社会属于不发达的阶段。这就是说，我们虽然处于社会主义社会，但生产力水平仍然较低，还没有从根本上脱离贫穷的不发达状态，这是对于我国国情的基本判断。社会主义初级阶段是不可逾越的，这是因为生产力的发展过程是不可逾越的。我们要正确理解社会主义初级阶段的两层含义，不能分裂来看，而是要当作紧密相连、有机统一的整体，明确我们属于社会主义社会的同时，还必须要牢记我们属于社会主义初级阶段这一重要事实。我们必须从实际出发，必须经过初级阶段的发展，才能最终摆脱过去的落后、贫穷的面貌与发展不均衡的状态。社会主义初级阶段是当代中国最重要的也是最基本的经济形式和经济事实，是中国特色社会主义经济学研究的对象和出发点②。

（2）社会主义初级阶段的长期性

邓小平同志曾指出："巩固和发展社会主义制度，还需要一个很长的历史阶段，需要我们几代人、十几代人，甚至几十代人坚持不懈地努力奋斗，决不能掉以轻心。"我国社会主义初级阶段需要经历一个较长时期的发展阶段，这是中国社会主义发展的历史过程，具有客观必然性。

首先是由我国社会主义建立的历史前提和条件决定的。我国没有经历过资本主义充分发展的阶段，是在半殖民地半封建的基础上建设和发展社会主义的，这种特殊的历史情况决定了我们国家需要用一段相当长的时间来发展生产力，去实现别的国家在资本主义条件下已经实现了的工业化和现代化。这是不可逾越的历史阶段。

其次是由我国的现实国情和经济发展状况决定的。经过几十年的艰苦

① 卫兴华．政治经济学概论[M]．北京：经济科学出版社，2010：190－191．

② 顾海良．马克思经济学的对象与中国特色社会主义经济学的创新[J]．当代经济研究，2013(6)：3－5．

努力，我国社会主义建设取得了巨大成就，初步积累了一定的社会主义物质基础，但总体而言，仍然存在许多亟待解决的问题，比如东西部地区发展不均衡、贫富差距较大、生态环境恶化、教育科技水平仍然落后、人口老龄化问题严重、社会主义制度还不完善、经济体制还不成熟、民主法治还不够健全等。生产力不发达的状态仍然没有从根本上转变，社会主义所要求的物质基础还远远没有建立起来，落后的生产力制约了生产关系与上层建筑的发展。因此，社会主义初级阶段需要经历较长的时期①。

最后是由我国社会主义建设所处的国际环境决定的。当今世界科技进步日新月异，我国面临着发达国家在科技、技术等方面占优的压力，综合国力竞争处于不利地位。这就要求我们铆足干劲，花费更长的时间，以更好、更快地发展，来实现社会主义现代化。这样的现实状况，决定了我们将长期处于社会主义初级阶段。

（3）社会主义初级阶段的基本经济特征

建设中国特色社会主义社会，需要相当长的历史阶段，社会主义初级阶段就是这漫长过程的开端。中国特色社会主义政治经济学就是对马克思主义政治经济学研究对象的拓展，它是以发展中的社会主义关系为对象的，是以中国社会主义道路为实践路径和中国特色社会主义经济制度为基本特征的。

第一，生产力水平低和多层次、不平衡性。总体来讲，我国生产力水平虽较新中国成立时期、改革开放初期已有较大提升，但生产力水平较资本主义发达国家仍然落后，仍处于不发达的状态。就地域而言，地区之间、城乡之间发展很不平衡，行业之间、部门之间也存在较大差异，这表现出多层次的特点。

第二，经济制度的特殊性。由于我国仍然处于社会主义初级阶段，总体来讲，生产力发展水平仍然很低，且发展不均衡，存在着多层次性。因此，鉴于我国的真实国情，只能实行以公有制为主体、多种所有制经济共

---

① 柳欣，林木西．政治经济学（社会主义部分）（2009 年版）[M]．西安：陕西人民出版社，2009：8－9.

同发展的基本经济制度，这是我国的一项基本经济制度。在分配结构与方式上，与我国目前的生产力水平相适应，实行以按劳分配为主体、多种分配方式并存的分配制度，使按劳分配与按生产要素分配结合起来，这是我国现阶段需要坚持的分配制度。

第三，社会主义初级阶段是社会主义的不发达阶段，同时也是从根本上改变不发达状态的阶段和过程，因此，社会主义初级阶段是中国逐渐摆脱不发达状态、基本实现社会主义现代化的历史阶段①。另外，社会主义初级阶段，也是努力建设精神文明的历史阶段，也是带领全国各族人民实现共同富裕的历史阶段，也是探索建设社会主义市场经济体制的历史阶段，也是实现“两个一百年”奋斗目标和实现中华民族伟大复兴的中国梦的历史阶段。

（4）社会主义初级阶段的主要矛盾

1956年，随着我国对农业、手工业、资本主义工商业的社会主义改造（即“三大改造”）基本完成，剥削阶级被消灭以后，无产阶级与资本主义的矛盾已经不再是国家的主要矛盾。在社会主义初级阶段，人民日益增长的物质文化需要同落后的社会生产之间的矛盾成为社会的主要矛盾，这个矛盾关系到人民群众的切身利益，关系到国家的生产和发展，自始至终存在于社会主义初级阶段。正确认识和解决这一主要矛盾，是我们党制定基本路线的主要依据，指引我们取得一个又一个伟大成就。新中国成立68年来，中国共产党带领各族人民，锐意进取，开拓进展，大力发展经济建设，我国生产力水平显著提高，诸多方面社会生产能力达到世界先进水平。人民群众开始追求美好生活，对于物质生活则提出了更高的要求，在民主法制、公平正义、文化娱乐等方面的需要日益广泛。所以，现在更加突出的问题是发展不平衡、不充分，这已经成为满足人民日益增长的美好生活需要的主要制约因素。2017年10月18日，习近平总书记在党的十九大报告中明确指出，我国社会主要矛盾已经转化为人民日益增长的美好生

① 卫兴华．政治经济学概论[M]．北京：经济科学出版社，2010：191－192.

活需要和不平衡、不充分的发展之间的矛盾。社会主要矛盾的改变，关系全局，影响长远，对党和国家的工作提出了新的要求。这就要求我们从这一新的矛盾出发，制定好符合今天中国的大政方针，提高工作能力，转变发展思路，贯彻新的发展理念，着力解决好眼下发展不平衡、不充分这一突出问题，以适应新时代的要求，为全面建成小康社会再添新功。

(5) 社会主义初级阶段的根本任务

邓小平指出："马克思主义最注重发展生产力。我们讲社会主义是共产主义的初级阶段，共产主义要实行各尽所能、按需分配，这就要求社会生产力高度发展，社会物质财富极大丰富。所以社会主义最根本的任务就是发展生产力。"社会主义初级阶段的根本任务是解放和发展社会生产力，不断改善人民生活。只有不断解放和发展生产力，才能从本质上摆脱过去贫穷落后的局面，才能实现国家的富强，才能充分显示出社会主义制度的优越性。社会主义作为一种先进的社会制度，具体表现在社会主义制度为解放和发展生产力提供了有利条件，使得生产力在发展速度和发展水平上更胜一筹，可以将发展成果更多地用于改善和提高人民群众的物质文化生活。

我国社会主义初级阶段理论，是在总结中国过去社会主义建设中正反两方面的经验和教训的基础上逐渐形成的，这是立足于我国基本国情和经济社会发展现状的准确判断和科学总结。社会主义初级阶段理论有助于克服急于求成的弊病，使得我们对于社会主义建设始终保持清醒的认识，即我国社会主义建设存在长期性和艰巨性①。我们必须坚持"实事求是"的思想路线，高举中国特色社会主义伟大旗帜，增强信心，加快发展，为全面建成小康社会做出更大的贡献。

参考文献

[1]张宇.中国特色社会主义政治经济学[M].北京:中国人民大学出版社,2016:(26)40－41.

① 叶祥松.政治经济学(社会主义部分)[M].大连:东北财经大学出版社,2009:13－15.

[2]张宇,谢地,任保平,蒋永穆,等.中国特色社会主义政治经济学[M].北京:高等教育出版,2017:22－23.

[3]王立胜,裴长洪.中国特色社会主义政治经济学探索[M].北京:中国社会科学出版社,2016:12－13.

[4]石淑华.我国对社会主义政治经济学研究对象的探索、反思与创新[J].福建师范大学学报(哲学社会科学版),2007(5):7.

[5]杨慧玲.从政治经济学研究对象到中国政治经济学的创新[J].当代经济研究,2005(2):31.

[6]张存刚,王廷科.论社会主义政治经济学的研究对象——兼谈十六大以来社会主义政治经济学研究对象的新发展[J].兰州商学院学报,2005(6):16.

[7]习近平.习近平主持召开经济形势专家座谈会[N].人民日报,2016－07－9(1).

[8]卫兴华.政治经济学概论[M].北京:经济科学出版社,2010(7):190－192.

[9]邱海平.关于中国特色社会主义政治经济学的研究对象[J].社会科学辑刊,2017(3):6.

[10]余斌.《资本论》的研究对象与中国特色社会主义政治经济学的研究对象[J].政治经济学评论,2017,8(3):40－41.

[11]逄锦聚.中国特色社会主义政治经济学论纲[J].政治经济学评论,2016(5):95.

[12]顾海良.马克思经济学的对象与中国特色社会主义经济学的创新[J].当代经济研究,2013(6):3－5.

[13]柳欣,林木西.政治经济学(社会主义部分)(2009年版)[M].西安:陕西人民出版社,2009:8－9.

[14]叶祥松.政治经济学(社会主义部分)[M].大连:东北财经大学出版社,2009:13－15.

改革开放40年来对中国特色社会主义政治经济学的探索

马小勇　孙逸戈　王亚静[①]

一、引　言

中国特色社会主义政治经济学是一门年轻的学科，是马克思主义政治经济学与中国特色社会主义实践相结合的伟大创造，是马克思主义政治经济学中国化的最新成果。它不仅是中国特色社会主义理论体系的重要组成部分，而且，在中国特色社会主义的新时代，它也将成为中国特色社会主义理论体系的核心与基石，对于新时代全面建成小康社会、实现中华民族伟大复兴中国梦具有重大意义。

改革开放以来，随着中国特色社会主义建设事业的蓬勃发展，国内理论界结合中国国情和中国实际，对中国特色的政治经济学理论进行了持续和深入的探索，并取得了丰硕的成果。当前，我国已经基本形成了符合新时代发展要求的中国特色社会主义政治经济学的理论体系。但是，目前对这一重要的理论演化过程还缺乏系统的梳理。在改革开放40年之际，党中央确立了习近平新时代中国特色社会主义思想，这标志着中国特色社会主义政治经济学产生了新的历史飞跃，更加需要我们从新时代中国特色社会主义的视角对这门学科的演进历程进行一个系统而全面的梳理。

本文将我国的市场化改革过程分为初步展开（1978—1992年）、全面

① 马小勇，西北大学经济管理学院副教授，研究方向为理论经济学；孙逸戈，西北大学经济管理学院2017级硕士研究生；王亚静，西北大学经济管理学院2017级硕士研究生。

推进（1992—2002年）、渐趋完善（2002—2012年）和改革深化（2012年至今）4个阶段，从研究内容与体系和社会主义经济制度两个角度对中国特色社会主义政治经济学40年来的探索历程进行梳理，揭示其随着中国改革开放的进程而演化的过程。

二、市场化改革40年以来对中国特色社会主义政治经济学的研究内容与体系的探索

中国特色社会主义政治经济学是在我国社会主义建设的伟大实践中产生的，它根源于经典的科学社会主义理论，并在改革开放40年的进程中不断得到发展与深化。纵观市场化改革40年历程，理论界对于中国特色社会主义政治经济学的研究内容与体系的探索具有鲜明的时代特征，并取得了丰硕的成果。

（一）市场化改革初步展开时期（1978—1992年）

从20世纪70年代末开始，国内理论界对社会主义政治经济学的研究对象如何界定展开了广泛而深入的讨论，主要形成了4种观点：第一，生产关系论。例如，孙冶方（1979）认为政治经济学的研究对象是同生产力的一定发展阶段相联系的生产关系，可将生产力置于其研究范围之内。[①]第二，生产力论。熊映梧（1980）提出："政治经济学要把生产力的研究放在首位。"[②] 第三，生产方式论。例如，马家驹、蔺子荣（1980）主张政治经济学所要研究的是历史发展各个阶段上特定的生产方式及其相应的生产关系。对于社会主义政治经济学的研究任务，这一时期学术界基本达成了共识：在研究社会主义政治经济学经济规律的基础上探讨如何为社会主义建设事业服务。例如，蒋家俊、吴宣恭（1988）指出研究社会主义政治经济学就是"研究社会主义革命和建设实践中的新情况，解决新问题，保证

① 孙冶方．论作为政治经济学对象的生产关系[J]．经济研究，1979(8)．

② 熊映梧．经济科学要把生产力的研究放在首位——兼评单独创立"生产力经济学的"主张[J]．经济科学，1980(2)．

社会主义事业沿着正确的道路发展”[①]。

这一时期社会主义政治经济学的研究方法仍以经典的马克思主义政治经济学为基本遵循。随着改革进程的深入，学术界开始考虑引入新的研究方法。例如，曾璧钧（1985）指出政治经济学最根本的研究方法是马克思主义的唯物辩证法和矛盾分析法，不能动摇。但同时也指出，随着中国社会主义事业的推进，可以尝试学习外国经济学研究的部分经验。[②] 崔焕青等（1991）指出，中国社会主义政治经济学的研究方法可归纳为建立在唯物辩证法基础上的规范方法与实证方法、定性分析与定量分析、系统方法以及纯经济分析法。[③]

这一时期国内对于社会主义政治经济学的理论体系提出了许多新的观点。例如，蒋家俊、吴宣恭（1988）借鉴传统的“四分法”将社会主义政治经济学体系划分为生产过程、流通过程、分配过程、消费过程以及社会主义经济运动总过程。[④] 厉以宁（1986）则适当借鉴西方经济学理论体系，将其分为社会主义经济、社会主义企业、个人经济行为、微观经济与宏观经济协调、社会规范与个人行为协调以及发展目标及战略几大部分。[⑤] 可见，在市场化改革初期，经济学界开始在社会主义政治经济学中增加了对社会主义市场化改革和社会主义经济规律的探索。

（二）市场化改革全面推进时期（1992—2002 年）

这一时期我国改革的最重要成果是建立了社会主义市场经济体制。对于这一时期中国特色社会主义政治经济学研究对象的界定问题，学者们进行了进一步的探索，主要形成了以下主要观点：第一，生产关系论。蒋学模（1997）认为当前阶段的研究对象应是现代政治经济条件下的生产关

① 蒋家俊，吴宣恭．政治经济学（社会主义部分）[M]．成都：四川人民出版社，1988：7.
② 曾璧钧，主编．政治经济学[M]．北京：北京工业学院出版社，1985.
③ 崔焕青，等，主编．政治经济学（社会主义部分）[M]．北京：中国经济出版社，1991.
④ 蒋家俊，吴宣恭．政治经济学（社会主义部分）[M]．成都：四川人民出版社，1988.
⑤ 厉以宁．社会主义政治经济学[M]．北京：商务印书馆，1986.

系。[①] 第二，利益关系论。任保平（1998）指出物质利益关系各种经济关系的核心，社会的生产、交换、分配和消费都是通过物质利益关系表现出来的。[②] 第三，全面发展论。尹世杰（1999）认为政治经济学的研究对象应该从物到人，研究人与社会的全面发展。[③] 第四，财富增进论。胡家勇（1998）认为现今政治经济学应在不忽视精神文明的前提下，着重研究物质财富的增加。[④] 对于这一时期的研究任务，经济学家强调了与当前阶段经济体制改革相结合，强调研究任务主要是服务于当前经济体制改革的需要和社会主义市场经济体制建设。正如吴树青等（1993）所指出的，社会主义政治经济学的研究任务就是“对我国改革和开放中出现的一系列新问题作出理论上的概括，着眼于巩固和发展社会主义经济制度，建立和完善社会主义市场经济体制，最终实现共同富裕”[⑤]。

这一时期经济学界对于政治经济学的研究方法展开了新一轮的讨论，形成了如下主要观点。例如，钱津（1997）指出劳动范畴是政治经济学的基本范畴，故政治经济学的研究方法应是本学科的基础方法，即劳动分析法。柳欣（1996）则认为政治经济学的唯一研究方法就是逻辑批判法。

随着市场化改革的全面推进，这一时期对中国社会主义政治经济学理论体系的探索最显著的变化就是从社会主义市场经济的视角重新构造中国特色的政治经济学理论体系。例如，吴树青等（1993）指出现阶段的社会主义政治经济学在理论结构上“不按照传统的生产、流通、再生产的分析方法，而是从社会主义基本经济制度、社会主义市场经济体制、社会主义经济条件下的宏观经济运行和微观经济运行四个方面展开论述”[⑥]。程启智（2002）指出，社会主义政治经济学的基本理论结构包括社会主义基本经济制度、社会主义市场经济体制、社会主义微观经济运行和社会主义宏观

① 蒋学模．关于社会主义政治经济学的几个问题[J]．经济学家，1997(2).
② 任保平．关于市场经济条件下政治经济学研究对象的思考[J]．学术月刊，1998(10).
③ 尹世杰．从知识经济看经济学的研究对象和方法[J]．经济学家，1999(3).
④ 胡家勇．传统社会主义政治经济学必须改造[J]．经济学动态，1998(2).
⑤ 吴树青，主编．政治经济学 社会主义部分[M]．北京：中国经济出版社，1993：3－4.
⑥ 吴树青，主编．政治经济学(社会主义部分)[M]．北京：中国经济出版社，1993：5－6.

经济运行四大部分。①

（三）市场化改革渐趋完善时期（2002—2012 年）

这一时期中国的市场化改革持续深入，中国的社会主义市场经济开始正式与世界接轨。在研究对象方面，这一时期学者们对社会主义政治经济学研究对象的探索主要形成了如下观点：第一，研究对象不仅包括社会主义社会的生产关系，还应该包括其他方面。例如，张维达（2004）认为研究对象还应包括经济运行与经济发展；② 白永秀、任保平（2008）提出了“生产关系和经济运行说”，认为要从物质资料生产总过程的生产、分配、交换、消费四大环节全面考虑，研究生产关系和经济运行。③ 第二，经济制度论。朱晓平（2003）认为社会主义政治经济学的研究对象是社会主义经济制度，对于社会生产的各个环节的研究最终都要落实到具体的社会制度上。对于此阶段的研究任务，学者们的主要观点如下。张秀生、曾国安（2007）指出，研究社会主义政治经济学，就是要“立足于中国当前实际，增强对中国现实经济问题的敏感性，以便提供与中国经济发展相关的政策建议，为中国制定合理的经济政策”④。朱巧玲、梅金平（2004）认为，政治经济学的任务是揭示社会的经济运行规律，中国社会主义政治经济学的研究任务则是认识并揭示中国现阶段社会经济运行的总体规律。⑤

对于社会主义政治经济学的研究方法，这一时期的主要观点是在传统政治经济学方法的基础上，合理借鉴现代西方主流经济学的分析方法。例如，白永秀、任保平（2008）指出，除了唯物辩证法、科学抽象法等经典方法外，政治经济学的研究方法还可以吸收当代经济学各流派的思想方法，主要是当代制度经济学、演化经济学和新政治经济学的研究方法。⑥

---

① 程启智，主编．政治经济学（社会主义部分）[M]．北京：中国财政经济出版社，2002.

② 张维达，主编．政治经济学[M]．北京：高等教育出版社，2004.

③ 白永秀，任保平．《现代政治经济学》论纲[J]．经济学家，2008(5).

④ 张秀生，曾国安，主编．政治经济学（社会主义部分）[M]．武汉：武汉大学出版社，2007:10－11.

⑤ 朱巧玲，梅金平，主编．政治经济学[M]．北京：中国财政经济出版社，2004.

⑥ 白永秀，任保平，主编．现代政治经济学[M]．北京：高等教育出版社，2008.

在此期间，我国市场化改革进程进一步加快，学术界进一步解放思想，发展了社会主义政治经济学的理论体系。白永秀、任保平（2008）从政治经济学的内在逻辑结构出发，不拘泥于传统政治经济学著作将理论体系划分为资本主义和社会主义两部分的“两分法”，而是创造性地在每篇内容上按照一般到特殊的思想逻辑，分为一般理论、资本主义理论和社会主义理论。这一时期，在社会主义政治经济学理论体系进展中的另一个重要方面是增加了经济全球化理论和社会主义的对外开放理论。例如，朱巧玲、梅金平（2014）指出，社会主义政治经济学的理论结构可分为社会主义所有制理论、社会主义市场经济理论、社会主义分配理论、社会主义的企业制度、社会主义经济增长与发展以及经济全球化与对外开放理论。张秀生、曾国安（2007）将社会主义政治经济学的理论结构概括为社会主义基本经济制度、微观经济分析、宏观经济分析以及社会主义经济的对外开放。①

（四）市场化改革深化时期（2012 年至今）

习近平总书记在 2015 年的中央经济工作会议上明确提出要构建“中国特色社会主义政治经济学”。要使其成为一门植根于中国实践、凝聚中国智慧的重要科学，并指明了中国特色社会主义政治经济学的理论基础、发展方向和基本遵循。

对于在新时期如何界定中国特色社会主义政治经济学的研究对象，学者们进行了讨论，主要观点如下：①生产力与生产关系的矛盾运动说。例如，乔榛（2017）指出中国特色社会主义政治经济学是研究现阶段我国生产力发展规律的学科。② 逄锦聚（2016）认为中国特色社会主义政治经济学的研究对象相较马克思主义政治经济学更为广泛，不仅要研究社会主义初级阶段的生产方式，还要研究包括经济体制、经济运行等在社会再生产

---

① 张秀生，曾国安，主编．政治经济学（社会主义部分）[M]．武汉：武汉大学出版社，2007.

② 乔榛．中国特色社会主义政治经济学的理论体系构想[J]．学习与探索，2017(2).

中体现的规律性。[①] ②经济形态和经济运行说。例如，张宇（2016）指出，中国特色社会主义政治经济学的研究是中国特色社会主义的经济形态和体制。[②] ③社会主义经济制度说。例如，顾海良（2016）认为，中国的“系统化经济学说”，就是以社会主义初级阶段的经济关系及其相联系的经济制度和经济体制为研究对象的。[③] 高帆（2016）也指出，本学科的研究涉及社会主义初级阶段的生产力及生产关系，包括经济制度、经济体制、经济运行、经济发展、国际经济关系等，并研究其相互作用的规律。[④] 对于现阶段建立中国特色社会主义政治经济学的首要任务，学者们也提出了自己的看法。例如，洪银兴（2016）指出其根本任务是实现三方面的理论创新：建立以发展生产力为目标的政治经济学理论、建立以共同富裕为目标的政治经济学理论、建立以人的全面发展为目标的政治经济学理论。[⑤] 逄锦聚（2016）将其研究任务概括为：“揭示社会主义经济运动规律，为完善社会主义经济制度、促进生产力发展、满足人民日益增长的物质文化需要、实现人的全面发展、实现共同富裕提供理论指导。所以，中国特色社会主义政治经济学是改革的经济学、建设的经济学、发展的经济学。”[⑥]

中国特色社会主义政治经济学是中国化的政治经济学，应有中国特色的研究方法，学者们对此讨论如下：第一，坚持辩证唯物主义和历史唯物主义的方法。蔡继明、靳卫萍（2016）认为中国特色社会主义政治经济学根源于马克思主义政治经济学。因此，其最根本的方法论应是马克思主义的辩证唯物主义方法和历史唯物主义方法，具体包括矛盾分析法、科学抽象法等。[⑦] 第二，西方主流经济学分析方法。杨承训（2016）认为方法论应突出历史分析、实证分析、比较研究、定性与定量相结合等多种方式。

---

① 逄锦聚．中国特色社会主义政治经济学论纲[J]．政治经济学评论,2016(5).

② 张宇．努力探索和完善中国特色社会主义政治经济学理论体系[J]．政治经济学评论,2017(2).

③ 顾海良．开拓当代中国马克思主义政治经济学的新境界[J]．经济研究,2016(1).

④ 高帆．中国特色社会主义政治经济学的理论与实践逻辑[J]．探索与争鸣,2016(3).

⑤ 洪银兴．中国特色社会主义政治经济学的创新发展[J]．红旗文稿,2016(7).

⑥ 逄锦聚．中国特色社会主义政治经济学论纲[J]．政治经济学评论,2016(5):95-96.

⑦ 蔡继明,靳卫萍．中国特色社会主义政治经济学“三问”[J]．金融评论,2016(1).

逄锦聚（2016）则指出，西方主流经济学分析方法固然有其可取之处，可以适当借鉴，但仍应坚持马克思主义的根本方法论，不可将西方主流经济学分析方法奉为圭臬。[①]

对于现阶段中国特色社会主义政治经济学的理论体系应如何安排，学者们进行了充分的讨论。李旭章（2016）认为其理论结构包含三大方面：一是基本理论和基本制度，包括基本经济制度、分配制度、市场经济制度等；二是社会主义经济运行，包括宏观调控、微观体制、财政税收制度、城乡发展一体化理论等；三是新政治经济学理论，包括五大发展理念、供给侧结构性改革等。[②] 张占斌、周跃辉（2016）将中国特色社会主义政治经济学的理论体系概括为“十论”：本质论、制度论、发展论、市场论、改革论、新常态论、“四化同步”论、开放论、民生论和扶贫论。[③] 可见，新时期以来对中国特色社会主义政治经济学理论体系的探索更加强调从中国特色社会主义经济建设与改革的实际需要来对其理论体系进行重新编排，而不是拘泥于传统政治经济学的“四分法”。同时，这一时期的理论体系也加入了以习近平同志为核心的党中央领导集体对于新时期中国特色社会主义建设的新思想和新论断。

（五）总结与评论

市场化改革40年以来，中国逐渐形成并完善了中国特色社会主义，与此同时，在理论方面对其起重要支撑作用的中国特色社会主义政治经济学这门新兴学科，也开始蓬勃发展起来。

这一时期国内经济学界对其研究内容和理论体系的探索是渐进式的，体现在研究的广度和深度上。在研究的广度方面，改革初期学者们对中国特色社会主义政治经济学研究对象的研究还主要遵循传统马克思主义政治经济学，随着改革进程的推进，对研究对象的讨论开始具有“百花齐放、

① 杨承训．中国特色社会主义政治经济学的理论溯源和生成背景[J]．毛泽东邓小平理论研究,2016(2).

② 李旭章．中国特色社会主义政治经济学[M]．北京:人民出版社,2016.

③ 张占斌,周跃辉．中国特色社会主义政治经济学[M]．武汉:湖北教育出版社,2016.

百家争鸣”的特点。与此同时，学者们对于中国特色社会主义政治经济学的研究方法的讨论也经历了一个从最初严格遵循传统马克思主义基本方法，对西方主流经济学分析方法持谨慎态度，到合理借鉴西方经济学分析方法的过程。另外，在研究的深度上，主要体现在理论体系的研究上，改革初期理论界对其理论体系的探索还未完全摆脱对传统马克思主义政治经济学理论体系的教条使用，随着改革的不断深入，学者们开始将中国特色社会主义的理论与实践纳入研究范围，并在理论上不断对其进行丰富和完善，做到既体现科学性又体现时代性。

综上所述，通过梳理市场化改革40年以来国内经济学界对中国特色社会主义政治经济学内容与体系探索的脉络，我们可以清楚地看到，学者们对其内容与体系的探索是符合改革各时期的实际需要，具有与时俱进的精神的。在学者们对这门中国特色的新兴学科进行不断探索的过程中，中国特色社会主义政治经济学开始展现出其旺盛的生命力。

三、市场化改革40年以来对中国特色社会主义经济制度的探索

改革开放40年以来，我国的经济建设取得了辉煌的成就，中国特色社会主义建设事业蓬勃发展，中国特色社会主义经济制度的探索也取得了重要成就。中国特色社会主义经济制度，主要包括中国特色社会主义的生产资料所有制结构、收入分配方式和资源配置方式。生产资料所有制结构是指各种所有制经济成分在一定社会经济关系总体中各自所占的比重、所处的地位以及它们之间的相互关系。改革开放40年来，随着所有制格局的持续调整，收入分配制度也在不断地改革和完善，逐步形成了“按劳分配与按生产要素相结合”的社会主义分配制度；同时，改革开放40年来，我国实现了资源配置方式从以计划为主向以市场为主的历史性转变。在这一历史进程中，学术界结合改革开放的进程，对所有制结构、收入分配方式和资源配置问题进行了长期的探索。

（一）市场化改革初步展开时期（1978—1992年）

从1978年改革开放到1992年党的十四大提出社会主义经济体制改革目标，是我国市场化改革的初步展开阶段。这一时期，学术界对于中国社会主义经济制度的讨论非常活跃，取得了丰富的理论成果。

在所有制结构层面，学术界突破了社会主义经济必须以单一公有制为基础的理论认识，认为发挥市场机制的调节作用需要在公有制占主体地位的前提下适度发展非公有制经济形式。如董辅礽（1988）认为，发挥市场机制的调节作用需要建立以公有制为主体、多种经济形式并存的所有制结构。[①] 关于国有企业改革，学术界指出国有企业活力不足的原因在于企业经营机制不适应商品经济发展的要求，必须通过深化国有企业所有制实现形式的改革来解决。华生等（1988）讨论了具体的改革方式，主要形成了两种思路：一种是从产权关系入手，主张用股份制重组国有企业；另一种是从财产关系入手，解决所有权与经营权的分离问题，主张实行经营责任制。[②] 关于非国有经济的发展，大多数研究着眼于非国有经济对国民经济发展的推动作用。如张中华（1988）主张积极推动非国有经济的发展。[③]

在收入分配方面，随着经济体制改革的深入，我国分配领域发生了很大变化，学术界对"按劳分配"以及其他新的分配形式进行了深入讨论。如谷书堂（1989）对所有制关系进行了论证，认为正是以公有制为主体的多种所有制形式和经济利益主体的多元化，决定了社会主义初级阶段的收入分配要采取工资、利息和股息等多种形式。[④] 对于利息、股息、红利等"按资分配"的性质，金喜在和刘春林（1987）则深刻指出这类收入本质上仍然符合"按劳分配"的原则。[⑤] 对于经济体制转轨过程中出现的收入分配不公等现象，学术界提出了自己的解释。如赵履宽（1988）等认为收

① 董辅礽．经济运行机制的改革和所有制的改革[J]．经济研究,1988（7）.
② 华生,等．中国改革十年:回顾、反思和前景[J]．经济研究,1988（9）.
③ 张中华．国有经济的改革:从绝对优势转向相对优势[J]．经济研究,1988（4）.
④ 谷书堂,蔡继明．按劳分配是社会主义初级阶段的分配原则［J］．经济学家,1989(2).
⑤ 金喜在,刘春林．关于按资分配的讨论[J]．经济研究,1987(8).

入分配不合理的根源是市场机制尚不健全。[①] 赵人伟（1992）认为这种差别与我国经济改革先在农村起步然后转入城市的改革步骤的选择有关。[②]

在资源配置方面，学术界对市场调节在计划经济体制中的作用进行了探索，就计划经济离不开市场调节达成了一致意见。刘国光（1979）、孙尚清（1979）等认为应当将计划与市场相结合作为经济改革的基本指导思想。[③] 这一时期，有计划的商品经济思想被提出，如骆耕漠（1979）[④]、马洪（1981）[⑤] 等关于社会主义经济是“有计划商品经济”的理论判断，后来被决策层采纳，直接推动了中国的市场化进程。对于计划经济与市场调节相结合的具体问题，学者们突破了“板块式”结合的认识，认为两者之间是相互渗透、有机结合的。如白永秀（1989）明确提出了“计划—市场一体论”的观点。[⑥] 这一时期，在对计划经济体制进行反思的基础上，经济理论界已经初步认识到市场在资源配置中的作用，对市场调节的作用的认识已经比较深入，但是总体上市场经济在资源配置中仅为辅助或补充作用。

总之，改革开放初期，学术界打破了计划经济时期的教条主义思维，在社会主义政治经济学领域的研究将马克思主义原理与中国改革开放的实践相结合，借鉴国外经济学研究的有益成分，提出了诸多开创性观点。

（二）市场化改革全面推进时期（1992—2002 年）

从 1992 年党的十四大召开到 2002 年党的十六大召开前夕，是我国市场化改革全面推进的时期。这一时期市场化改革方面最重要的成就是基本建立了社会主义市场经济体制，学术界在这一背景下对中国特色社会主义经济制度进行了更深入的讨论与研究。

---

① 赵履宽，等．解决个人收入分配不公问题的新设想[J]．经济研究，1988(7)．

② 赵人伟．我国转型期中收入分配的一些特殊现象[J]．经济研究，1992(1)．

③ 孙尚清，陈吉元，张耳．社会主义经济的计划性与市场性相结合的几个理论问题[J]．经济研究，1979(5)．

④ 骆耕漠．关于计划经济、市场经济及其他[J]．经济研究，1979(12)．

⑤ 马洪．关于经济管理体制改革的几个问题[J]．经济研究，1981(7)．

⑥ 白永秀．计划市场经济论[J]．人文杂志，1989(1)．

在所有制结构方面，学术界主要探讨了所有制结构、公有制经济的实现形式、国有企业改革、非公有制经济发展等问题。在所有制结构层面，经济学家突破传统的国有经济在数量上占主体地位的看法，提出了多种所有制共同发展的改革模式。如白永秀（1997）提出应当“建立以国有经济为主导，集团经济为主体，允许大量私人经济存在的所有制结构新格局”①。经济学家们还就国有企业改革问题进行了深入讨论。张维迎（1995）认为产权制度改革是国企改制的核心问题。② 林毅夫等（1995）则认为，国有企业改革的核心应该是为企业创造一个硬预算约束的公平竞争环境。③ 对于这一时期的非公有制经济，经济学界普遍肯定非公有经济在社会主义市场经济体制中的积极作用，主张大力推动非公有制经济的发展。例如，吴易风（1999）认为，我们必须坚持以生产资料的社会主义公有制为主体，同时允许和鼓励个体、私营、外资等非公有制经济的适当发展。④

在收入分配方面，结合社会主义市场经济的目标模式，理论界对分配问题进行了广泛而热烈的讨论。对于按劳分配与按生产要素分配的关系，理论界提出了“等同”说、“相互转化”说、“涵盖”说、“统一贡献”说等多种观点（邓春，1999）。⑤ 这一时期，经济学家们对收入差距扩大的原因进行了较为全面的解释，形成了以下几种观点：一是市场化改革本身的原因，如王学力（2000）认为，分配制度改革的主要目的就是打破平均主义，调动人们的生产积极性。⑥ 二是法制不健全所导致的不法经营与权力寻租，如李如鹏（2001）认为，按非生产要素的反效率分配是不公正的分配方式，主要有不法经营和权力寻租两种情形，由此导致的收入差距是不

---

① 白永秀．重新划分所有制结构，促进非公有制经济发展[J]．经济问题，1997(6)．

② 张维迎．从现代企业理论看国有企业改革[J]．改革，1995(1)．

③ 林毅夫，蔡昉，李周．国有企业改革的核心是创造竞争的环境[J]．改革，1995(3)．

④ 吴易风．坚持社会主义的基本经济制度[J]．内部文稿，1999(6)．

⑤ 邓春．按劳分配与按生产要素分配相结合问题综述 [J]．高校社科信息，1999(5)．

⑥ 王学力．个人收入差距的现状、问题和对策[J]．改革，2000(6)．

合理的。[①] 三是收入分配调节机制的不完善，如江秀平（2001）认为，相关政策在初次分配领域的缺失是造成收入差距的主要原因。[②] 四是垄断，如熊若愚（2000）认为，行业垄断扭曲收入分配，形成不合理高收入，造成收入差距。[③] 五是城乡收入差距，如蔡昉、杨涛（2000）认为，对生产要素市场的各种干预和政府实施的有利于城市的直接转移项目都会造成城乡收入差距。[④⑤]

在资源配置方面，通过对社会主义市场经济体制的目标模式进行理论阐释，经济学界普遍认为在社会主义初级阶段，更应当加快确立社会主义市场经济体制。如刘国光（1992）指出，虽然计划和市场都是资源配置的手段，但市场经济是更为有效的经济运行机制。[⑥] 学术界还对市场在资源配置中的基础性作用进行了深入分析，如胡清玉（1996）认为，建立社会主义市场经济体制，一方面必须以市场为基础，充分发挥市场对资源配置的基础性作用；另一方面又必须加强国家的宏观调控，克服市场自身的弱点和消极方面，保证市场对资源配置的基础性作用的正常发挥。[⑦] 这一时期，经济学界还对政府与市场之间的关系进行了讨论，认为市场失灵问题或者市场经济的局限性必然要求政府对市场经济进行适当的干预，但是，政府的干预也存在局限性和“失灵”问题，应当将政府干预限制在适当的范围内（胡家勇，1994）。[⑧] 郭树清（1999）对市场经济条件下政府干预的原则进行了讨论，认为政府干预的基本原则是完善市场，而不能扭曲或削弱市场。[⑨]

由于社会主义市场经济体制的正式确立，这一时期中国特色社会主义

① 李如鹏．居民收入差距与两种分配方式[J]．理论前沿，2001(9)．

② 江秀平．我国收入分配政策问题的分析[J]．管理世界，2001(2)．

③ 熊若愚．调节贫富差距　坚持共同富裕[J]．党政干部论坛，2000(9)．

④ 蔡昉，杨涛．城乡收入差距的政治经济学[J]．中国社会科学，2000(4)．

⑤ 孟季．居民收入差距问题讨论综述经济理论与经济管理[J]．中国社会科学，2001(9)．

⑥ 刘国光．关于社会主义市场经济的几个问题[J]．经济研究，1992(10)．

⑦ 胡清玉．深层次探讨市场对资源配置的基础性作用 [J]．经济评论，1996(4)．

⑧ 胡家勇．市场缺陷与政府干预[J]．经济纵横，1994(1)．

⑨ 郭树清．中国市场经济中政府的作用[J]．改革，1999(3)．

基本经济制度的研究得到了进一步的深化，更多的现代经济学分析方法被我国经济学者所应用，这一时期的主要研究成果是形成了较为系统的社会主义市场经济理论。

（三）市场化改革渐趋完善时期（2002—2012年）

从2002年党的十六大到2012年党的十八大召开前夕，是我国改革开放渐趋完善的阶段。在此期间，以胡锦涛为代表的党中央领导集体提出了科学发展观的重要理论，丰富了中国特色社会主义基本经济制度的理论体系。

在所有制结构方面，党的十六大以后，经济学家们对国有经济的布局调整进行了广泛的讨论。如常修泽（2003）指出，国有企业改革应当分类进行：极少数实行国有独资，关键领域实行国家控股，一般产业实现产权主体多元化，国有资本从中小企业退出。[①] 对于国有企业退出的改革，经济学家内部出现了不同意见，进行了激烈的争论，一种观点主张国有企业退出竞争性领域。如温怀德等（2006）认为，在一般竞争性领域，应放弃对企业的经营权，或参股或退出，由专业投资公司独立经营国有资本。另一种则认为这一主张不可行。[②] 如张宇（2011）从基本经济制度、社会主义市场性质、国有经济战略调整方向等方面进行了分析，认为国有经济退出竞争领域的观点在理论和事实上都是不可行的。[③] 经济学家还对混合所有制经济进行了广泛的讨论，总体上肯定了混合所有制经济存在的必要性，如晓亮（2003）认为，混合所有制有利于经营权和所有权的分离，提高企业和资本的运作效率，有利于协调不同主体之间的利益关系，实现优势互补。[④]

在收入分配方面，学术界对收入分配方式和收入分配差距问题进行了

---

① 常修泽．关于新阶段经济体制改革若干问题的思考[J]．经济学动态,2003(9).

② 温怀德,温怀玉,刘渝琳．国有企业退出一般竞争性领域 独立经营国有资本[J]．特区经济,2006:7.

③ 张宇．国有企业退出竞争性领域的主张不可行[N]．中国社会科学报,2011－01－18.

④ 晓亮．论混合所有制与股份制[J]．现代经济探讨，2003(10).

持续的探索。如董栓成（2002）认为，按劳分配与按生产要素分配不仅是应当结合的，而且也是能够结合的。[①] 钱震杰（2008）从劳动价值学说的角度解释了按劳分配和按生产要素分配之间的关系。[②] 随着市场化改革的深入发展，我国的收入差距呈现出不断扩大的趋势，对此经济学家们提出了不同的解释。有的学者将收入差距扩大的原因归结为市场经济本身，认为市场经济中，在竞争机制的作用下不可避免地会出现优胜劣汰，结果表现为收入差距扩大（顾钰民，2008）。[③] 一部分学者则认为收入差距扩大的原因在于市场化改革不彻底。如吴敬琏（2006）认为，我国现阶段收入差距扩大的原因主要在于机会不均等，而机会不均等的原因在于腐败和垄断。[④] 张维迎（2008）的实证考察发现，市场化程度越高的地区，收入差距反而越小。这说明，收入差距扩大的重要原因是政府干预所引起的市场化程度不足。[⑤] 这些探讨说明造成我国现阶段收入差距扩大的原因是复杂的，应当采取综合措施来缩小收入差距。

在资源配置方面，学术界对于市场在社会主义资源配置中发挥基础性作用的一些具体问题进行了深入分析，如学术界对医疗教育领域的过度市场化问题进行了讨论。李玲（2005）主张中国应当采取政府主导而非市场主导的医疗模式。[⑥] 顾昕（2005）却认为应探寻将国家介入与市场竞争有效结合的新路。[⑦] 理论界还对中国的市场化程度问题进行了理论与实证研究。白永秀和任保平（1996）从四个角度概括了我国市场经济的发展程度。[⑧] 北京师范大学经济与管理研究院（2003）也出版了系列报告，对中

---

① 董栓成．全国分配理论与收入差距问题研讨会观点综述［J］．经济学动态，2002(7)．

② 钱震杰．收入分配理论研究综述及其拓展［J］．改革，2008(10)．

③ 顾钰民．社会主义市场经济与和谐社会建设［J］．经济纵横，2008(1)．

④ 吴敬琏．收入差距拉大的原因究竟在哪里［N］．北京日报，2006－07－31．

⑤ 张维迎．市场化与收入分配［J］．资本市场，2008(3)．

⑥ 李玲．中国应采取政府主导型的医疗体制［J］．中国与世界观察，2005(1)．

⑦ 顾昕．走向有管理的市场化：中国医疗体制改革的战略选择［J］．经济社会体制比较，2005(6)．

⑧ 白永秀，任保平．中国市场经济理论与实践［M］．北京：高等教育出版社，54．

国总体的市场化程度进行分析，结论是中国市场经济程度处于中等偏好状态。[①] 樊纲和王小鲁（2004）编制了中国各地区的市场化指数，从定量的角度考察了中国的市场化程度。[②]

总体来说，在这一时期市场经济体制已经全面确立，经济学家们已经能够较为娴熟地使用现代经济学的规范方法来分析中国的经济问题。经济学家们的研究工作趋于具体化、微观化、数理化，对市场经济体制建设过程中的各种现实问题与理论问题进行了大量的理论与实证分析，促进了中国市场经济体制的完善。

（四）市场化改革深化时期（2012 年至今）

自 2012 年党的十八大召开至今，是我国改革开放的全面深化阶段。以习近平同志为核心的党中央在此期间提出了一系列新理念、新思想和新论断，极大地丰富了中国特色社会主义基本经济制度。

在所有制结构方面，一方面，部分学者对经典的马克思主义政治经济学的所有制结构理论进行了重新解读，并结合中国当前改革进入新时期的实际提出了如何继续完善和发展现阶段的生产资料所有制结构。周新城（2014）认为，混合所有制是基本经济制度的实现形式，应该在坚持“公有制为主体、多种所有制经济共同发展”这一基本经济制度的前提下，大力发展社会主义公有制经济控股的混合所有制经济，把发展混合所有制经济当作扩大国有资本支配范围、巩固公有制的主体地位、加强国有经济主导作用、引导非公有制经济发展的一种形式和手段。[③] 另一方面，部分学者针对现阶段如何发展中国特色现代国有企业制度给出了自己的建议。如程恩富、方兴起（2012）和林岗、张晨（2013）等达成了如下共识：国有企业也可以具有良好的经济效益和社会效益；产权明晰并不等同于私有

---

① 北京师范大学经济与资源管理研究院课题组 . 2003 中国市场经济发展报告[M]. 北京：对外经济贸易出版社，2003：3 – 24.

② 樊纲，王小鲁 . 中国市场化指数[M]. 北京：经济科学出版社，2004：3 – 5.

③ 周新城 . 关于巩固和完善基本经济制度的若干问题——兼论如何正确认识“发展混合所有制经济”[J]. 学习论坛，2014：8.

化；国有企业和民营企业对于国民经济发展是“车之两轮”“鸟之双翼”的关系，二者并不是零和博弈。①② 雪明（2012）还探讨了当前中国特色现代国有企业制度建设存在的问题，认为主要是国有股“一家独大”以及国企党建工作与现代企业建设不符等。③ 学术界在这些问题上基本达成了共识。

在收入分配方面，学术界结合经济新常态对收入分配问题进行了更加深入的探索。如李波（2017）认为，生产决定分配，生产资料所有制的性质决定了社会分配的性质。现行的按劳分配和按生产要素结合的分配方式，充分调动了社会中“人”和“物”两方面的积极性，适合我国社会生产力的发展要求，符合我国初级阶段经济发展的现状。④ 通过对社会主义初级阶段分配方式的深入讨论，学术界对进一步完善和健全按劳分配为主体、多种分配方式并存的分配制度达成了共识。同时，对收入分配差距扩大问题和国民收入分配格局进行了讨论。如程恩富（2013）认为，当前居民财富和收入分配差距较大的根源和首因，在于非公经济及由此决定的按资分配比重较大。⑤ 洪银兴（2016）认为，要想缩小收入差距，需要在初次分配阶段就要根据社会主义要求处理好公平和效率的关系。⑥ 孙三百（2017）对这一时期国民收入分配的总体格局进行了分析，认为我国的基尼系数和劳动者报酬占 GDP 比重的变化趋势与中等收入国家基本一致，与世界主要经济大国变化方向大体一致，但是我国收入分配差距扩大的程度更显著、劳动者报酬比重偏低的情况更明显。⑦

---

① 程恩富，方兴起. 国企与民企要同舟共进[N]. 光明日报，2012-06-10.

② 林岗，张晨. 关于进一步推进国有经济改革发展的一些意见[J]. 经济理论与经济管理，2013(2).

③ 雪明. 构建中国特色现代国有企业制度[N]. 学习时报，2012-04-10.

④ 李波. 按劳分配与按生产要素分配的政策探析[J]. 知与行，2017(4).

⑤ 程恩富. 加快完善社会主义市场经济体制的“四个关键词”[J]. 经济研究，2013(2).

⑥ 洪银兴. 十八大以来需要进一步研究的几个政治经济学重大理论问题[J]. 南京大学学报，2016(2).

⑦ 孙三百. 收入分配格局与再分配政策——中国收入分配论坛(2017)会议综述[J]. 经济学动态，2017(6).

在资源配置方面，学术界对经济新常态下的资源配置问题进行了深入讨论。党的十八届三中全会提出“让市场在资源配置中起决定性作用”，学者们讨论了“决定性”作用的重要意义。夏小依（2013）强调，“决定性”的意思是，其他力量可以影响和引导资源配置，但决定者只有市场。① 胡家勇（2016）认为，市场的“决定性作用”体现在，绝大多数经济资源都需要经由市场机制配置到最有效率的领域和环节上去，但是，市场不是万能的，更不能将市场的决定性作用和市场原则无限制地扩大到公共产品领域、社会领域、政治领域和道德领域。② 关于在深化改革时期政府和市场的关系，经济学界进行了探索。徐伟（2013）认为，政府与市场的关系，一直是中国改革面临的核心问题。今后的成功将在很大程度上取决于从政府主导的市场经济迈向基于法治的市场经济的改革。③ 林毅夫（2014）根据战后发展的经验总结出少数成功的经济体的共同点：在经济发展和转型中既有“有效的市场”，也有“有为的政府”，对于转型中国家，有为的政府尤其重要。④ 这些理论探索深化了人们对新时期下政府和市场的关系的理解。

步入改革开放新时期，经济学界对于中国社会主义经济制度进行了反映时代特色、符合时代需要的有益探索，如将当前的政策导向和社会热点问题纳入讨论等，这些都反映了中国特色社会主义经济制度内容与体系的进一步深化和完善。

（五）总结与评论

改革开放以来，在中国共产党的领导下，我国学术界对于基本经济制度的探索取得了杰出成就，是推动我国经济持续高速增长的基本原因之一。这40年里，学术界立足中国实际，逐步形成了“以公有制为主体，

---

① 夏小依.“决定性地位”重新定位市场作用[J].中国金融家，2013(12).

② 胡家勇.试论社会主义市场经济理论的创新和发展[J].经济研究，2016(7).

③ 徐伟.再谈政府与市场的关系——访国务院发展研究中心研究员、经济学家吴敬琏[N].中国经济时报，2013-11-06.

④ 林毅夫.政府与市场的关系[J].中国高校社会科学，2014(1).

多种所有制经济共同发展”的所有制结构、“以按劳分配为主体，多种分配方式并存”的分配方式、“市场在资源配置中起决定性作用”的资源配置方式，推动了具有中国特色的社会主义经济制度的建立。

在对所有制结构探索的过程中，经济学界突破了单一所有制结构的理论认识，探索多种所有制结构并存的格局，最终发展到现阶段比较完善的所有制理论。其基本逻辑是在不改变公有制主导地位的前提下，逐步加大非公有制的比重，实现多种所有制经济共同发展。同时，经济学界围绕产权理论，探索如何合理界定产权，建立现代企业制度，使国有企业真正成为自主经营、自负盈亏的市场经济主体，并实现其保值增值、做大做强，最终与现代社会主义市场经济兼容。这些探索对深化社会主义市场经济体制改革具有重要意义。

改革开放40年以来，随着所有制格局的多元化，我国的分配方式也呈现出多元化的趋势。学术界主要探讨了“按劳分配”与“按生产要素分配”之间的关系，最终基本形成了“以按劳分配为主体，多种分配方式并存，劳动、资本、技术、管理等生产要素按贡献参与分配”的分配方式。此外，学术界对市场化改革中出现的收入差距扩大的问题进行了探索，指出这些问题既有市场化本身的原因，也有市场化改革不彻底方面的原因。这些研究工作结合中国特色社会主义的基本特征，探索了适应社会主义经济发展的合理分配方式，对于劳动者权益保护、要素投入激励、维持社会稳定，以及完善和深化社会主义市场经济体制具有重要的积极影响。

在对资源配置方式的探索过程中，学术界对市场在资源配置中的作用经历了从“辅助补充作用”到“基础性作用”，再到“决定性作用”的过程，对市场在社会主义资源配置方式中的重要作用的理解越来越深入。同时，学术界也注意到了“市场失灵”的问题。总体来说，学术界越来越深刻地认识到：在中国特色社会主义国家的经济发展过程中，市场应该在资源配置中起决定性作用，但是也存在自己发挥作用的边界。要根据中国特色社会主义经济发展的实际情况不断调整市场与政府的关系，完善有中国特色的社会主义市场经济体制，发挥社会主义制度的优越性。

四、结论与启示

通过对改革开放40年以来中国特色社会主义政治经济学探索历程的梳理，我们可以发现，中国特色社会主义政治经济学的发展是在坚持社会主义基本经济制度的前提下，以中国不变的社会主义初级阶段的基本国情为出发点，通过借鉴中外各类经济理论，在不断试错与争鸣的过程中逐步发展和完善的。这一探索历程对于我们进一步发展具有中国特色的社会主义政治经济学有以下几点启示。

第一，中国特色社会主义政治经济学的发展必须坚持社会主义制度。中国走上社会主义制度是历史的选择，是符合社会发展规律和生产力发展要求，以及最广大人民群众根本利益的。中国特色社会主义政治经济学的发展，必须牢牢把握社会主义制度的基本方向。

第二，中国特色社会主义政治经济学的发展必须符合中国国情。实事求是是中国共产党自革命战争时期以来保留的优良传统，也是中国共产党在革命战争时期和经济建设时期取得一系列举世瞩目成就的基础。从过去40年社会主义政治经济学的探索过程来看，正是基于中国社会主义初级阶段的实际国情，学术界进行了一系列与国情相符合的理论创新，提出了符合中国国情的政策建议，最终形成了独特的中国特色社会主义理论思想和理论体系。

第三，中国特色社会主义政治经济学的发展应当充分展开学术争鸣。中国特色社会主义政治经济学的发展是一个各种观点不断争鸣的过程。无论是社会主义经济制度方面还是社会主义政治经济学本身的研究对象和研究内容方面，符合经济规律和经济实践的正确观点都是在不断争鸣的过程中成为被普遍接受的主流观点。应该对新的观点采取宽容态度，允许在社会主义制度的大框架内进行大胆探索，才能不断推动理论创新和理论进步。

第四，中国特色社会主义政治经济学的发展应该大胆借鉴经济学说史上和现代经济学的各种理论与方法。各国和各个历史时期的经济规律有共通之处，经济学史上和当代其他国家经济学家对经济规律的探索，对于我们探索中国特色社会主义政治经济学具有借鉴和启发意义，应该积极大胆地学习借鉴、消化吸收，最终为我所用。

参考文献

[1] 孙冶方. 论作为政治经济学对象的生产关系[J]. 经济研究,1979(8).

[2] 曾璧钧,主编. 政治经济学[M]. 北京:北京工业学院出版社,1985.

[3] 崔焕青,等,主编. 政治经济学(社会主义部分)[M]. 北京:中国经济出版社,1991.

[4] 蒋家俊,吴宣恭. 政治经济学(社会主义部分)[M]. 成都:四川人民出版社,1988.

[5] 厉以宁. 社会主义政治经济学[M]. 北京:商务印书馆,1986.

[6] 蒋学模. 关于社会主义政治经济学的几个问题[J]. 经济学家,1997(2).

[7] 任保平. 关于市场经济条件下政治经济学研究对象的思考[J]. 学术月刊,1998(10).

[8] 尹世杰. 从知识经济看经济学的研究对象和方法[J]. 经济学家,1999(3).

[9] 胡家勇. 传统社会主义政治经济学必须改造[J]. 经济学动态,1998(2).

[10] 钟培华. 政治经济学研究方法讨论会纪要[J]. 经济学动态,1996(11).

[11] 程启智,主编. 政治经济学(社会主义部分)[M]. 北京:中国财政经济出版社,2002.

[12] 张维达,主编. 政治经济学[M]. 北京:高等教育出版社,2004.

[13] 白永秀,任保平.《现代政治经济学》论纲[J]. 经济学家,2008(5).

[14] 朱巧玲,梅金平,主编. 政治经济学[M]. 北京:中国财政经济出版社,2004.

[15] 白永秀,任保平,主编. 现代政治经济学[M]. 北京:高等教育出版社,2008.

[16] 张秀生,曾国安,主编. 政治经济学(社会主义部分)[M]. 武汉:武汉大学出版社,2007.

[17] 乔榛. 中国特色社会主义政治经济学的理论体系构想[J]. 学习与探索,2017(2).

[18] 逄锦聚. 中国特色社会主义政治经济学论纲[J]. 政治经济学评论,2016(5).

[19] 张宇. 努力探索和完善中国特色社会主义政治经济学理论体系[J]. 政治经济学评论,2017(2).

[20] 顾海良. 开拓当代中国马克思主义政治经济学的新境界[J]. 经济研究,2016(1).

[21] 高帆. 中国特色社会主义政治经济学的理论与实践逻辑[J]. 探索与争鸣,2016(3).

[22] 洪银兴. 中国特色社会主义政治经济学的创新发展[J]. 红旗文稿,2016(7).

[23] 蔡继明,靳卫萍. 特色社会主义政治经济学三问[J]. 金融评论,2016(1).

[24] 杨承训. 中国特色社会主义政治经济学的理论溯源和生成背景[J]. 毛泽东邓小平理论研究,2016(2).

[25] 李旭章. 中国特色社会主义政治经济学[M]. 北京:人民出版社,2016.

[26] 张占斌,周跃辉. 中国特色社会主义政治经济学[M]. 武汉:湖北教育出版社,2016 .

[27] 董辅礽. 经济运行机制的改革和所有制的改革[J]. 经济研究,1988 (7).

[28] 华生,等. 中国改革十年:回顾、反思和前景[J]. 经济研究,1988(9).

[29] 张中华. 国有经济的改革:从绝对优势转向相对优势[J]. 经济研究,1988 (4).

[30]谷书堂,蔡继明.按劳分配是社会主义初级阶段的分配原则 [J].经济学家,1989(2).

[31]金喜在,刘春林.关于按资分配的讨论[J].经济研究,1987(8)

[32]赵履宽,等.解决个人收入分配不公问题的新设想[J].经济研究,1988(7).

[33]赵人伟.我国转型期中收入分配的一些特殊现象[J].经济研究,1992(1).

[34]孙尚清,陈吉元,张耳.社会主义经济的计划性与市场性相结合的几个理论问题[J].经济研究,1979(5).

[35]骆耕漠.关于计划经济、市场经济及其它[J].经济研究,1979(12).

[36]马洪.关于经济管理体制改革的几个问题[J].经济研究,1981(7).

[37]白永秀.计划市场经济论[J].人文杂志,1989(1).

[38]张维迎.从现代企业理论看国有企业改革[J].改革,1995(1).

[39]林毅夫, 蔡昉, 李周. 国有企业改革的核心是创造竞争的环境[J].改革,1995(3).

[40]吴易风. 坚持社会主义的基本经济制度[J].内部文稿,1999(6).

[41]邓春.按劳分配与按生产要素分配相结合问题综述 [J].高校社科信息,1999(5).

[42]王学力.个人收入差距的现状、问题和对策[J].改革,2000(6).

[43]李如鹏.居民收入差距与两种分配方式[J].理论前沿,2001(9).

[44]江秀平.我国收入分配政策问题的分析[J].管理世界,2001(2).

[45]熊若愚.调节贫富差距 坚持共同富裕[J].党政干部论坛,2000(9).

[46]蔡昉,杨涛.城乡收入差距的政治经济学[J].中国社会科学,2000

(4).

[47]孟季.居民收入差距问题讨论综述.经济理论与经济管理[J].中国社会科学,2001(9).

[48]刘国光.关于社会主义市场经济的几个问题[J].经济研究,1992(10).

[49]胡清玉.深层次探讨市场对资源配置的基础性作用[J].经济评论,1996(4).

[50]胡家勇.市场缺陷与政府干预[J].经济纵横,1994(1).

[51]郭树清.中国市场经济中政府的作用[J].改革.1999(3).

[52]常修泽.关于新阶段经济体制改革若干问题的思考[J]经济学动态,2003(9).

[53]温怀德,温怀玉,刘渝琳.国有企业退出一般竞争性领域 独立经营国有资本[J].特区经济,2006(7).

[54]张宇.国有企业退出竞争性领域的主张不可行[N].中国社会科学报,2011-01-18.

[55]晓亮.论混合所有制与股份制[J].现代经济探讨,2003(10).

[56]董栓成.全国分配理论与收入差距问题研讨会观点综述[J].经济学动态,2002(7).

[57]钱震杰.收入分配理论研究综述及其拓展[J].改革,2008(10).

[58]顾钰民.社会主义市场经济与和谐社会建设[J].经济纵横,2008(1).

[59]吴敬琏.收入差距拉大的原因究竟在哪里[J].北京日报,2006-7-31.

[60]张维迎.市场化与收入分配[J].资本市场,2008(3).

[61]李玲.中国应采取政府主导型的医疗体制[J].中国与世界观察,2005(1).

[62]顾昕.走向有管理的市场化:中国医疗体制改革的战略选择[J].经济社会体制比较,2005(6).

[63]白永秀,任保平.中国市场经济理论与实践[M].北京:高等教育出

版社,2007:54.

[64]北京师范大学经济与资源管理研究院课题组.:2003 中国市场经济发展报告[M].北京:对外经济贸易出版社,2003:3 – 24.

[65]樊纲,王小鲁.中国市场化指数[M].北京:经济科学出版社,2004:3 – 5.

[66]周新城.关于巩固和完善基本经济制度的若干问题——兼论如何正确认识“发展混合所有制经济”[J].学习论坛,2014(8).

[67] 程恩富,方兴起.国企与民企要同舟共进[N].光明日报,2012 – 06 – 10.

[68] 林岗,张晨,关于进一步推进国有经济改革发展的一些意见[J].经济理论与经济管理,2013(2).

[69]雪明.构建中国特色现代国有企业制度[N].学习时报,2012 – 04 – 10.

[70]李波.按劳分配与按生产要素分配的政策探析 [J].知与行,2017(4).

[71]程恩富.加快完善社会主义市场经济体制的“四个关键词”[J].经济研究,2013(2).

[72]洪银兴.十八大以来需要进一步研究的几个政治经济学重大理论问题 [J].南京大学学报,2016(2).

[73]孙三百.收入分配格局与再分配政策——中国收入分配论坛(2017)会议综述[J].经济学动态,2017(6).

[74]夏小依.“决定性地位”重新定位市场作用[J].中国金融家,2013(12).

[75]胡家勇.试论社会主义市场经济理论的创新和发展 [J].经济研究,2016(7).

[76]徐伟.再谈政府与市场的关系——访国务院发展研究中心研究员、经济学家吴敬琏[N].中国经济时报,2013 – 11 – 06.

[77]林毅夫.政府与市场的关系[J].中国高校社会科学,2014(1).

中国特色社会主义政治经济学的中国智慧[①]

赵麦茹[②]

民族性与历史性是中国特色社会主义政治经济学的特色之一，中国特色社会主义政治经济学本身就是马克思主义与中国特殊的国情与道路相结合的智慧结晶，是马克思主义政治经济学在当代中国发展历程中的理性思维产物。中国特色社会主义政治经济学的这种特点，注定了在其形成和发展的过程中对中国传统的具有强烈民族特点的特质文化基因的借鉴和吸收。

对中国特色社会主义政治经济学进行细致考察和剖析，不难看出蕴藏其中的中国智慧。得益于文化基因中的同质性因素，中国智慧不仅滋养了中国特色社会主义政治经济学，还有机融合于其中，成就了中国特色社会主义政治经济学的民族性与历史性特色。总体而言，中国智慧全方位且密集地体现于中国特色社会主义政治经济学的政治、经济、生态、外交、价值观等众多领域。

一、政治智慧："民惟邦本"的民本智慧——以人民为中心的政治立场

在几千年的发展过程中，中华民族形成了朴素而又睿智的"民本"政治思想。这种思想一经产生，便以其强大的向心力影响着一代又一代的政治生态，并影响着中华民族的历史走向。

---

① 项目基金:2017 年国家社科基金项目,项目名称:"中国传统经济思想的政治经济学智慧及其现代价值研究"(项目编号:17BJL027)。

② 赵麦茹,女,西北大学经济管理学院副教授,主要研究方向为经济思想史。

“民本”思想滥觞于夏商周时期，《尚书·五子之歌》就有大禹的训诫记载：“民惟邦本，本固邦宁”，这可视为民本思想的萌芽。西周创建时期，民本思想应时而生，成为政治生态的重要影响因素。当时，武王伐纣面临着一个伦理上的难题，即在信奉“祖先—元神”的伦理背景下，武王的讨伐行为缺乏伦理上的正当性，是典型的以下犯上，是大不敬的弑君之罪。如何师出有名呢？中国历史上第一次伦理变革由此产生。西周改造了殷商的天命观，给天命加入了民意，“天视自我民视，天听自我民听”（《尚书·泰誓》），以民意为核心、以“敬德保民”“以德配天”为主要内容的民本思想由此形成，更重要的是，自此以后，民心民意成为衡量政治是否清明、政权能否继续存在的重要依据。“民本”的政治合理性由此也成为中华民族传统文化中不容置疑的内容，孔子的“节用而爱民，使民以时”[①]（《学而》）、孟子的“民为贵，社稷次之，君为轻”[②]（《尽心下》）、荀子的“君者，舟也，庶人者，水也。水则载舟，水则覆舟”[③]（《王制》）、管子的“政之所兴在顺民心，政之所废在逆民心”[④]（《牧民》）、郦食其的“王者以民为天，而民以食为天”[⑤]、贾谊的“闻之于政也，民无不为本也”（《新书·大政上》）[⑥]等思想就是对这种合理性的呼应。

此后，“民本”思想在中华民族绵长的演进过程中从未缺席，且以绝对的政治正确性与合理性影响着历史的走向。事实证明，凡是关注民生、能意识到民本重要性的政权，皆能创造中国历史上的盛世，并在中国历史上留下浓墨重彩的一笔。春秋战国之际的田氏之所以能够“代齐”，就是因为其以大斗出货、小斗收进的方式“得齐众心，宗族益强，民思田

---

① 杨伯峻，今译，刘殿爵，英译．论语：中英文对照[M]．北京：中华书局，2008.
② （清）焦循，撰．孟子正义[M]．北京：中华书局，1987.
③ （战国）荀况，著，方达，评注．荀子[M]．北京：商务印书馆，2016.
④ 姜涛．管子新注[M]．济南：齐鲁书社，2006.
⑤ （汉）司马迁．史记·郦生陆贾列传[M]．长沙：岳麓书社，1988，第712页．
⑥ （汉）贾谊，著，余智荣，译注．贾谊新书译注[M]．哈尔滨：黑龙江人民出版社，2003.

氏”①，从而使得齐国政权更迭、封地易主。“专务以德化民”② 的汉文帝成就了汉初的“文景之治”，意识到“天子有道，则人推而为主；无道，则人弃而不用。诚可畏也”（《全唐文·民可畏论》）的唐太宗李世民亦成就了“贞观之治”。类似的“历史舞台剧”在中华民族的“大舞台”上交替上演，并一次次彰显着“民本”的力量。

中国特色社会主义政治经济学的政治立场就是“以人民为中心”，这种立场也是中国共产党能够领导最广大民众取得新民主主义革命的成功并带领人民群众迈向小康的根本原因。革命进程中，意识到新民主主义革命反帝、反封、反官僚资本主义的性质，中国共产党顺应时代的呼应，以工农为核心，团结一切可以团结的进步力量，取得了革命的胜利。新中国成立和发展过程中，意识到中国主要矛盾体现为人民群众日益增长的物质文化需要同落后的生产力之间的矛盾，中国共产党又领导最广大的人民群众砥砺前行，努力实现“四个现代化”，这才有了现在世界第二的中国 GDP 体量。毛泽东在多个场合肯定了人民立场的贡献，1939 年 10 月，毛泽东在《〈共产党人〉发刊词》中将“统一战线”视为革命的“三大法宝”之一，1945 年 4 月在党的第七次代表大会上，他又将“密切联系群众”视为党的三大作风之一。也正因为如此，在 1981 年党的十一届六中全会通过的《历史决议》中，“群众路线”被概括成为毛泽东思想“三个活的灵魂”之一。不难看出，以人民为中心、急群众之所急、团结一切民众的民本意识在新民主主义革命和新中国建设中起到了事半功倍的作用。

这个政治立场在新时期新时代显得更为重要。习近平强调：“我们的党是全心全意为人民服务的党，我们的国家是人民当家作主的国家，党和国家一切工作的出发点和落脚点是实现好、维护好、发展好最广大人民根本利益。”③ 2017 年 10 月，党的十九大召开，在《决胜全面建成小康社

① （汉）司马迁．史记·田敬仲完世家[M]．长沙：岳麓书社，1988：398.
② （汉）司马迁．史记·孝文本纪[M]．长沙：岳麓书社，1988：126.
③ 习近平．在哲学社会科学工作座谈会上的讲话[M]．北京：人民出版社，2016：12.

会，夺取新时代中国特色社会主义伟大胜利》的报告中（以下简称十九大报告），“坚持以人民为中心”“坚持人民当家作主”再次被强调。对新时代主要矛盾的认识也得以发展：“中国特色社会主义进入新时代，我国社会主要矛盾已经转化为人民日益增长的美好生活需要和不平衡不充分的发展之间的矛盾，”① 这意味着，在新时代，以人民为中心的一场攻坚克难的战役又将打响。基于历史经验，我们相信，只要秉承中国古代的“民本”智慧、坚持中国共产党一直坚守的以人民为中心的立场、为人民服务的宗旨，这场战役一定会取得伟大的胜利。

二、方法论、思维范式与历史观智慧

“工欲善其事，必先利其器”，上乘的工具的确可以起到事半功倍的作用。在构建中国特色社会主义政治经济学的过程中，方法论、思维范式和历史观的工具理性意义自然尤其重要，而中国传统文化中这三方面的智慧也积淀颇丰，且因为文化的同质性因素，与中国特色社会主义政治经济学这三方面的内容形成了一定的呼应。

（一）“反者道之动”的辩证智慧——辩证唯物主义方法论

中国传统文化中不乏朴素的辩证思想，这一点得到了学界众多同人的肯定。如祝和军认为：“民族文化的独特性和优越性……在很大程度上得益于中国人思考问题的方式和解决问题的路径，得益于我们这个民族独特的方法论和辩证法原则。”②

先秦道家的经典文本《道德经》最能体现中国传统文化的这种辩证智慧。对立统一与量变质变规律在短短五千文字中得到了充分体现。老子认为万事万物以对立统一的方式存在，如“祸兮，福之所倚；福兮，祸之所

① 习近平．决胜全面建成小康社会，夺取新时代中国特色社会主义伟大胜利——在中国共产党第十九次全国代表大会上的报告[EB/OL]．新华网，http://news.xinhuanet.com/2017-10/27/c_1121867529.htm，2017.10.27.

② 祝和军．中国传统文化中的辩证思维[N]．北京：光明日报，2014-04-26(05).

伏”“有无相生，难易相成，长短相较，高下相倾，音声想和，前后相随”等。除此之外，充斥在整本书中的对立统一思想体现在众多同时论及的概念中：有无、难易、长短、虚实、强弱、曲直、大小、兴废、取与、雌雄、黑白等。老子不仅看到矛盾两个维度的相辅相成、对立统一，还看到了其运动规律，“合抱之木，生于毫末；九层之台，起于垒土；千里之行，始于足下”，这里，老子论述的实际上就是一个量变到质变的运动过程。“万物并作，吾以观复。夫物芸芸各复归其根”（《十六章》）；“反者道之动。”（《四十章》），这里，老子论述的是运动的形式，万物的两极不断往返，不断转化，阳极而阴、盛极而衰，“反”是一种必然。理解了这些，就能理解老子何以认为“大成若缺”“大盈若冲”“大直若屈，大巧若拙，大辩若讷”（《四十五章》）了，这些认识中蕴含着丰富的辩证智慧。

以《道德经》为代表的传统文化深刻影响了中国人认识世界的方式，我们习惯于一分为二地看到事物的两个面向，并看到其量化转变不断往复的趋势。这种辩证智慧充分地体现在“塞翁失马，焉知非福”的质疑中，体现在“不积跬步，无以至千里”（《劝学》）的思考中，体现在“山近月远觉月小，便道此山大于月。若人有眼大如天，当见山高月更阔”（《蔽月山房》）① 的哲学思辨中。类似的思索在中华民族文化演变的历程中不绝于缕。

历史唯物主义、辩证唯物主义是马克思主义的基本方法，这自然也是马克思主义中国化成果的中国特色社会主义政治经济学的方法论工具。从学术渊源来看，马克思主义的研究方法无疑深刻影响了中国特色社会主义政治经济学的形成和构建，但毋庸置疑的是，中国传统文化中的辩证智慧使得中国人在接受辩证唯物主义方法论时有着天然的优势，我们可以更容易地理解这种方法并将之运用在中国的革命实践中。

---

① （明）王守仁，撰，吴光，等，编校．王阳明全集［M］．上海：上海古籍出版社，2015.

（二）“恒产恒心论”的义利观智慧——经济基础与上层建筑互动的思维范式

义利观是中国经济思想史领域一个非常重要的命题，体现了中国人对经济发展动力机制的深入思考，凝结了中国人对经济基础与上层建筑关系的理性智慧。总体而言，中国古代先哲大多注意到人民对物质利益追逐是一种自发趋势，因而主张因顺、满足百姓的物质利益，在此基础上，才能更好地巩固统治政权。孔子的“因民之所利而利之”（《尧曰》）、“富而后教”思想，管子的“仓廪实而知礼节，衣食足而知荣辱”（《牧民》）、“故欲来民者，先起其利，虽不召而民自至”（《形势解》）等论述，皆体现了这一点。

但是，不得不说，中国古代义利观思想中，最有代表性的当属孟子的“恒产恒心论”：“民之为道也，有恒产者有恒心，无恒产者无恒心”（《滕文公上》），孟子认为让百姓拥有稳定的物质财富是保证百姓保有恒心的重要前提。为此，他专门提出了“五亩之宅……百亩之田”（《梁惠王上》）的一个量化标准。在田制方面，他比较认可的是井田制：“方里而井，井九百亩，其中为公田，八家皆私百亩”（《滕文公上》），他认为这种制度可以从根本上保证每家拥有土地 100 亩，是一种非常理想的土地制度。只有如此，方能保证百姓拥有充足的物质财富，而一旦百姓解决了最基本的物质束缚，天下大治、民心归一也就指日可待了：“菽粟如水火，而民焉有不仁者乎”（《尽心上》）。不难看出，对于普通百姓，孟子认为“恒产”是维持其“恒心”的基础，换言之，经济基础决定上层建筑。孟子的恒产恒心论是其仁政思想体系的有机构成，使民拥有“恒产”成为衡量君王是否实施“仁政”的标准之一。同时，孟子还意识到，一旦实施了仁政，就必然会促进经济的发展：“市，廛而不征，法而不廛，则天下之商，皆悦而愿藏于其市矣。关，讥而不征，则天下之旅，皆悦而愿出于其路矣”（《公孙丑上》），市场的繁荣是国家实施轻税免税的制度带来的，这里，制度层面的上层建筑又积极反作用于经济基础。

经济基础与上层建筑的互动是马克思主义政治经济学最为典型的剖析社会发展运行的思维范式，其内容是大家熟知的：经济基础决定上层建筑，上层建筑又积极能动地反作用于经济基础。中国特色社会主义政治经济学也继承了这种思维范式，这和孟子在义利观方面的思维范式何其相似，两者异曲同工、殊途同归。

（三）“世异则事异”的历史观智慧——改革动力论

吴承明认为“任何世界观或历史观都可视作为思维方法，视为方法论”①，笔者对此深为赞同。历史观的确给我们提供了一种观察世界万象演变的工具，持有的工具如若不同，看到的世界必然迥异。任保平、段雨辰结合政治经济学的创新发展也肯定了历史观的作用：“为政治经济学的创新发展贡献中国智慧需要在坚持马克思主义政治经济学基本理论与方法的基础上……以历史观的重构为马克思主义政治经济学的创新发展贡献中国智慧。”②

值得庆幸的是，在中国传统文化中，我们向来不缺乏理性的历史观，这种理性体现在对历史演变规律的总结中。先哲们既看到了演变中的继承和发展，也看到了发展中的变化。如孔子观察到了朝代更替中的沿袭与变化：“殷因于夏礼，所损益可知也；周因于殷礼，所损益可知也”（《学而》），韩非从“圣人不期修古，不法常可，论世之事，因为之备”中看到了“世异则事异”（《五蠹》）③的必然性与合理性，《吕氏春秋》亦有“时移世易，变法宜矣”（《察今》）④的记载，贾谊更是认为：“是以君子为国，观之上古，验之当世，参之人事，察盛衰之理，审权势之宜，去就有序，变化因时，故旷日长久而社稷安矣”（《过秦论》）⑤，刘知几也坚持

---

① 吴承明．经济史：历史观与方法论[M]．北京：商务印书馆，2014：16.

② 任保平，段雨辰．为马克思主义政治经济学的创新发展贡献中国智慧[J]．陕西师范大学学报，2016：109.

③ （战国）韩非，著．韩非子译注[M]．张觉，等，译注．上海：上海古籍出版社，2016.

④ （秦）吕不韦，编著．吕氏春秋[M]．张双棣，等，译注．北京：北京大学出版社，2011.

⑤ （汉）贾谊，著．贾谊新书译注[M]．余智荣，译注．哈尔滨：黑龙江人民出版社，2003.

“世异则事异，事异则治异”（《模拟》）[①] 的观点。以上论述虽表述各异，但其观点是一致的，即随着时代的改变，万事万物也在不断演化，如此，治国之法自然必须改变，否则，就必然会产生刻舟求剑那样的闹剧。

尤其需要强调的是，历史观一旦与政治权利结合，就有可能对历史的走向产生巨大的影响。商鞅的“治世不一道，便国不必法古”“当时而立法，因事而制礼”（《更法》）[②] 的历史观和其变革者的身份结合起来，就立刻改变了中国历史的走向。以赋税制度变革为例，中国历史上的租庸调制度、两税法、一条鞭法、摊丁入亩等变革无一不是崇尚变革的历史观与当时财政危机相结合的产物。也正是因为这些不断对生产关系进行调整的变革，中国古代社会才会一次次在危机的消解中不断前行。

历史唯物主义既是中国特色社会主义政治经济学的方法论，又是其历史观。这种历史观也深刻影响了现当代中国历史的走向。在中国共产党的领导下，从第一个五年计划到家庭联产承包责任制、国有企业改革、“一带一路”建设，中国政府不断适应着变化着的历史环境，不断调整着治国理政的思路和战略，不断对不适应生产力的生产关系进行调整，这才有了今天要迈入小康社会的当代中国。从这个意义来说，不断改革才是经济发展的动力，毕竟，“世异则事异”，而认同不断改革必要性的历史唯物主义历史观和方法论又尤为重要，因为，变革制度是由人制定的，而制定制度的人一定会受其认可的某种理念和历史观的影响，进而推出自己认为合理的变革制度。中国古代的变革实践和当代的改革开放实践充分说明了这一点。

三、经济思想智慧

中国传统文化中契合中国特色社会主义政治经济学理论的经济思想系统且完整，覆盖于包括生产、分配、交换与消费思想在内的微观层面与包括善因论、轻重论在内的宏观层面。

---

① （唐）刘知几，著．史通［M］．上海：上海古籍出版社，2015.

② （战国）商鞅，著．商君书注译［M］．高亨，注译．北京：清华大学出版社，2011.

（一）微观层面的生产、分配、交换与消费智慧

（1）“尽地力之教”的生产智慧——解放生产力与发展生产力

1840年前的中国长期处于一种较为封闭的环境中，自给自足的小农经济是其主要特征。中国多子多福的传统观念使得中国的人地比一直较高，加之中国历来是一个灾害频发的民族，再考虑到战争等其他因素，凡此种种，皆考验着中国历代当政者的执政能力。而安抚民心、能迅速稳定社会秩序的根本之策是发展生产，毕竟，“有恒产者有恒心”，这促使中国历代统治者都在想尽各种办法提高单位面积产量。

在提高生产效率的各种生产思想中，“尽地力之教”是较有代表性的一种，首倡者为战国时期在魏国变法的李悝，“魏有李悝，尽地力之教”①。在中国古代小农经济体系中，土地和劳动力是最主要的两种生产要素，要想提高单位面积产量，最有效的做法是使两者紧密结合，并采取各种措施提高这两种要素的使用效率，李悝的“尽地力之教”就是围绕以上内容展开的。李悝一方面把荒地分给无地农民耕种，促使两种生产要素结合；另一方面还要求劳动者“必杂五种，以备灾害……力耕数耘，收获如寇盗之至”（《太平御览·卷八二一》），即劳动者在种植时应充分使用地力，同时种植多种作物，以防单一种植遇到灾害时所引发的严重后果，收获时加紧抢收，如同防止强盗来抢劫那样急迫，以防风雨对庄稼的损害。还应“治田勤谨”，这是非常典型的精耕细作类型的生产思想。为了保证劳动者的生产积极性，李悝还采用了“取有余而补不足”的平籴政策，力保“使民毋伤而农益劝”②，即采取丰年收购灾年抛售的政策稳定粮价，保证生产者的利益不受伤害，促进农民生产的积极性。

李悝的“尽地力之教”为魏国的富强做出了重要贡献，其集约式、精耕细作式的土地经营思想和农业管理思想也对后世产生了重要影响。轮作倒茬、间作套种、多熟种植、把喜阴与喜阳植物搭配种植、开发农桑鱼畜

---

① （汉）司马迁．史记·孟子荀卿列传[M]．长沙：岳麓书社，1988：570.

② （汉）班固，著．汉书·食货志[M]．北京：中华书局，2000.

的生态种植等技术层出不穷，中国人用绣花式的精神不断解放和发展生产力，从而使中国古代农业单产远远高出西方，以粮食收获量和播种量之比为例，西欧是4至5倍，而中国“公元6世纪粟的收获量为播种量的24至200倍；麦类则为44至200倍”①，从共时性的比较视角来看，这种成绩是相当令人瞩目的。

“解放生产力、发展生产力”是社会主义本质的内容之一，也是中国特色社会主义政治经济学的重要内容之一，从新民主主义革命伊始，我们就围绕这一点不断奋斗。从我们的实践来看，也只有做到这一点，才能保证发展，才能在不断创建社会主义物质文明的基础上，解决我们所面临的各种矛盾。中国古人在小农社会较低的生产力水平下，利用一切可以利用的生产要素和管理方法，就能不断解放和发展生产力并取得那么辉煌的成就，从中，值得我们深思的东西的确非常多。

(2)“不患寡而患不均”的分配智慧——共同富裕与均衡、充分发展

中国古代思想中的分配智慧充分体现在“不患寡而患不均”（《季氏》）、“损有余而补不足”（《七十七章》）的分配理念中。但要指出的一点是，强调等级性是中国古代主流分配思想的本质属性，孔子的“不患寡而患不均”绝非要求将全社会的财产平均分配，而是要求财富分配在每个阶层内部大致做到均匀，即每个阶层的人能够依据各自的身份等级合法地拥有属于自己的财产，荀子的“维齐非齐”（《王制》）最能体现儒家的这种思想。

但是，即便如此，“不患寡而患不均”的分配思想中仍折射出了对小共同体内部财富均平的渴望与追求，在小共同体中，大家身份等级相同、起点相同，但缘何在财富的拥有程度方面大家差异如此之大？孔子由此提出了“均无贫，和无寡，安无倾”（《季氏》）的主张。孔子反对聚敛，这是他在其弟子冉求帮季氏聚敛财富时大为生气，并号召弟子们“鸣鼓而攻

① 何炼成，王一成，韦苇. 中国历代经济管理与发展思想新论[M]. 西安：陕西人民出版社，2001：43.

之”（《先进》）的根本原因，同时，这也是孔子对拥有“三归”的管仲加以批评的主要原因。孔子隐含着公平追求（虽然仅仅局限在小共同体内）的这种分配思想对后代产生了重大影响，孟子的“庖有肥肉，厩有肥马，民有饥色，野有饿莩，此率兽而食人也”（《梁惠王上》）、杜甫的“朱门酒肉臭，路有冻死骨”、唐甄的“天地之道故平，平则万物各得其所”①、历代农民起义所打出的“均田免粮”等口号，凡此种种，皆是对财富分配失衡的现实社会的一种声讨。

中国古代的分配智慧不仅局限于阶层和个体之间，还体现在国家和百姓之间，在论及国家与百姓之间的财富分配时，主流分配思想倾向于“藏富于民”。代表性思想有：有若的“百姓足，君孰与不足？百姓不足，君孰与足?”（《颜渊》）、孟子的“与百姓同之”（《梁惠王下》）、荀子的“上下俱富”（《富国》）、管子的“凡治国之道，必先富民”（《治国》）、唐甄的“富在编户、不在府库”②等，以上思想都集中探讨了民富的重要性，国家财政来源于民，只有民富，才能保证赋税之源永不枯竭，才能实现国富。太过强调积累而轻消费、太过注重狭义的“国富”的政权，看似一派欣欣向荣，但其实底子是虚的，经不起一点点外部因素的随机扰动，随时可能国将不国。这里，先哲们探讨的是财富在国与民之间的均衡分配问题，凝结的也是他们的理性智慧。

“共同富裕”是社会主义本质的内容之一，也是中国特色社会主义政治经济学要实现的目标。邓小平在论及社会主义本质时强调，社会主义就是要通过解放和发展生产力，达到“消灭剥削、消除两极分化，最终达到共同富裕”③ 的目的。党的十九大报告中，我国的主要矛盾已被重新界定：“中国特色社会主义进入新时代，我国社会主要矛盾已经转化为人民日益增长的美好生活需要和不平衡不充分的发展之间的矛盾”，这意味着物质财富的分布也是不平衡不充分的，未来我们工作的重点也要围绕着消除这

① （清）唐甄．潜书·大命[M]．北京:中华书局,1963:96.
② （清)唐甄．潜书·存言[M]．北京:中华书局,1963:114.
③ 邓小平:邓小平文选:第3卷[M]．北京:人民出版社,1993:373.

种矛盾展开。从这一点来说，中国古人对“不患寡而患不均”的追求和现阶段我们要实现的共同富裕、均衡和充分发展是一致的。

(3)“治生之学”的交换与流通智慧——商品经济的一般规律

中国古代的“治生之学”是古人对如何经营管理从而积聚财富的经验总结，最早体现于商业领域，其中最有代表性的是“计然之策”。《史记·货殖列传》中记载的：计然观察到“贵上极则反贱，贱下极则反贵”的价格变动趋势，所以在商品的流通方面，他采取了“贵出如粪土，贱取如珠玉”“旱则资舟，水则资车”的“不同常理”的操作手段。在商品的流通方面，他注重加快速度，“无息币”“无敢居贵”“财币欲其行如流水”。在采购商品时，他又非常注重商品的品质，“务完物”“腐败而食之货勿留”。以上策略的效果非常明显，“修之十年，国富”。范蠡用计然之策，“十九年之中三致千金”。白圭的“人弃我取，人取我与”做法与计然的“旱则资舟，水则资车”原理相类似，但白圭又较为注重迎合消费市场，“欲长钱，取下谷，长石斗，取上种”，同时，还强调要善于捕捉商机，一旦机会成熟，要当机立断，“趋势若猛兽鸷鸟之发”。也正是基于这一点，白圭认为“智、勇、仁、强”是学习其致富之术所必备的四种品质。

不难看出，中国古人通过对自然规律和社会生产现象的审慎观察，已敏锐地发现了存在于自然商品的生产和流通领域的一些普遍规律，如市场供求对价格的影响规律，价格的演变规律、商品品质和需求之间的互动规律等，他们利用这些规律，理性地采取了相应的商业行为，并收获颇丰。

我国目前还处在社会主义的初级阶段，从当前中国的发展现状来看，虽然我国现在已经迈入了新时代，但正如党的十九大报告中所指出的一样，“我国仍处于并将长期处于社会主义初级阶段的基本国情没有变”，这意味着我国的社会主义市场经济建设在相当长的时间内仍会不断向前推进。既然社会主义也存在商品经济，商品经济的一般规律仍在发挥作用，也就是说，价值规律、供求规律与竞争规律仍然显著地存在于我国的市场经济体制中，这也是中国特色社会主义政治经济学的主要内容之一。稍加比较，不难发现，中国古人的“治生之学”与社会主义市场经济中所存在的商品经济的一般规律有异曲同工之妙，虽然两者发生的背景有别，规模、本质差异也较大，但在价格规律、供求规律和竞争规律方面，中国古人的智慧一点也不逊色。

（4）“不侈，本事不得立”的消费智慧——消费对经济的基础性作用

黜奢崇俭的节俭消费观一直是中国古代经济消费思想的主基调，这种消费思想符合中国小农经济的基本要求，在生产力水平较低、自给自足的生产规模和水平之下，节俭成为一种必然要求，勤俭节约也成为中华民族的传统美德之一。孔子的“与其奢也，宁俭”（《八佾》）、荀子的“足国之道，节用裕民而善臧其余”（《富国》）就是这种思想的典型代表。

但是，中国古代消费思想领域还存在着另外一种声音，与黜奢崇俭相反，另有一批思想家主张奢侈消费，当然，这是有前提的——在灾荒年景，也是有特定消费人群的——富人、国家。《管子》的《侈靡》和《乘马数》等篇所体现的消费主张是其中的典型代表。在正常年景下，管子主张节俭消费，“适身行义、俭约恭敬”（《禁藏》）。但一旦经济发展处于非均衡时期或非正常环境，如生产不振“兴时化”、产品积压“积者立余日”（《侈靡》）、发生灾荒、民不聊生，“岁凶水泆，民失本”（《乘马数》）时，富人和以“君臣”为代表的上层统治者就应该抛弃节俭消费论，而进行奢侈消费。管子认为，此时他们的奢侈消费可以产生一系列的积极作用：首先，可以为穷人提供更多的工作机会，在荒年还能起到赈济灾荒的作用。富人对厚葬观念的认可、对华衣美食的追求可以为工匠、女工、木工等下层民众提供谋生途径，使其能够在社会上立足，“故上侈而下靡，而君臣相得，上下相亲，则君臣之财不私藏，然则贫动肢而得食矣”；“巨瘗培，所以使贫民也。美垄墓，所以使文萌也。巨棺椁，所以起木工也。多衣衾，所以起女工也”。灾荒之年，宫室台榭的修建更是能起到以工代赈的作用，“若岁凶水泆，民失本，则修宫室台榭，以前无狗后无彘者为庸”（《乘马数》）。其次，可以刺激农业经济的发展。管子认为奢侈消费可对农业产生积极的反作用，“不侈，本事不得立”，这里，管子是将消费置于生产活动的一个环节去考察的，这在古代比较少见。

管子之后，主张侈靡论的思想家也不少。北宋的范仲淹和沈括皆认为奢侈消费可刺激生产、增加就业。明代的陆楫明确反对禁奢，他认为节俭消费只能有利于个人和家庭，使其免于贫困，但对社会无益，而富人的奢侈消费可为穷人提供谋生途径，“所谓奢者，不过富商大贾、豪家巨族自侈其宫室、车马、饮食、衣服之奉而已。彼以粱肉奢，则耕者、庖者分其利。彼以纨绮奢，则鬻者、织者分其利”，富人的奢侈消费起到了“均天下而富之”（《蒹葭堂杂著摘抄》）的作用，有利于整个社会的生产与发展。鸦片战争前夕，魏源对传统的“禁奢崇俭”论进行了修正，他认为节俭只适用于统治者和贫民，“可以励上，不可以律下，可以训贫，不可以规富”（《古微堂内集》），对于富民，应该鼓励他们奢侈消费。

消费意味着需求端的满足，需求和供给是市场均衡价格和均衡产量的两大影响因素，旺盛的消费会对供给形成一个积极的反馈作用，促使供给端根据消费端的消费情况来积极地调整优化，从而适应消费的需求。管子的“不侈，本事不得立”就是基于这一点而言的。目前，我国的中国特色社会主义政治经济学已发展至新时代，随着中国人民由站起来到富起来再到强起来，中国人民的消费结构和消费水平也发生了非常大的变化，这就是我们现在强调“供给侧结构性改革”的原因，我们的供给侧应该迎合消费的变化，中央已经注意到了消费对于经济的重要意义，在党的十九大报告中，有两处论及消费的意义：“在中高端消费……等领域培育新增长点”“完善促进消费的体制机制，增强消费对经济发展的基础性作用”，很明显，中央也看到了消费的结构性变化，并看到了消费的积极意义，并强调发挥消费对经济发展的“基础性作用”，这和中国古人对消费积极作用的论述机理是一致的。

（二）宏观层面的调控智慧

司马迁的“善因论”和管子的轻重理论，桑弘羊、刘晏等的轻重实践，共同构成了中国经济思想史的宏观调控智慧。

(1)“善者因之”的因顺智慧——市场机制理论

善因思想是我国经济思想史的两大宏观调控理论之一，该理论主张采取因顺的调控之法，不对商品市场和社会经济进行过多的干预，让市场按照其内在的秩序自行演进。

善因思想源自道家，如老子就主张：“治大国若烹小鲜”（《六十章》）、“我无为而民自化，我好静而民自正，我无事而民自富，我无欲而民自朴。”（《五十七章》）。管子也有类似的论述：“不推而往，不引而来，不烦不扰而民自富”（《禁藏》）。汉初，黄老之学盛行，“治道贵清静而民自定”① 的理念盛行，休养生息成为执政宗旨。西汉中期的司马迁在以上思想的基础上提出了善因论：“善者因之，其次利道之，其次教诲之，其次整齐之，最下者与之争”②，这里，司马迁实际上已将老庄和黄老思想与国家的宏观调控相结合，提出了五种国家干预的模式，从其排序来看，他无疑认为因顺市场规律的做法最为明智。司马迁的这种观点与其对社会规律的观察不无关系：“人各任其能，竭其力，以得所欲。故物贱之征贵，贵之征贱，各劝其业，乐其事，若水之趋下，日夜无休时，不召而自来，不求而民出之。岂非道之所符，而自然之验邪？”③ 司马迁观察到：市场上的人们皆竭尽全力地追逐自己的私利，并没有人对这种行为进行引导，但人们的逐利行为就像水不断向下流动一样，按照自己的节奏和规律演进。市场上的价格也有自己的演变规律，取决于自身的某种内在秩序。司马迁将之称为“自然之验”，这和亚当·斯密的“看不见的手”的比喻是契合的，两者都看到了不受人类干预的某种内在力量。

司马迁之后，明朝的丘浚和清朝的唐甄也有类似的放任市场演化的思想。丘浚在谈到土地田宅的交易买卖时，提出了“听民自为”“听民自便”（《大学衍义补·论制民之产》）的主张，唐甄亦提出了不扰民、听任民间经济自行发展的观点：“海内之财，无土不产，无人不生。岁月不计而自

① （汉）班固（著）. 汉书·萧何曹参传第九[M]. 北京：中华书局，2000.

② （汉）司马迁. 史记·货殖列传[M]. 长沙：岳麓书社，1988：931.

③ （汉）司马迁. 史记·货殖列传[M]. 长沙：岳麓书社，1988：931－932.

足，贫富不谋而相资。是故圣人无生财之术，因其自然之利而无以扰之，而财不可胜用矣”①。由此可见，我国历史上向来不乏重视经济自行发展、认可经济自然演化的声音。

市场机制理论也是中国特色社会主义政治经济学的一大内容。囿于意识形态之争，很长一段时间，我们不自觉地把计划等同于社会主义，把市场等同于资本主义，这大大束缚了中国经济的发展。后来，市场机制以渐进的方式进入我们的视野：1980 年 1 月，邓小平在中央干部工作会议上提出了“计划调节和市场调节相结合”的主张，1982 年党的十二大报告采纳了这一观点。1984 年 10 月党的十二届三中全会提出了“社会主义经济是建立在公有制基础上的有计划的商品经济的理论”，党的十三大报告进一步确定这种体制应是“计划与市场的内在统一”。1992 年的十四大报告则正式确定中国要建立“社会主义市场经济体制”。党的十九大报告再次强调“使市场在资源配置中起决定性作用”“坚持社会主义市场经济改革方向”。从宏观管理的角度而言，让市场在资源配置中起决定性作用，这类似于中国古人的善因论，承认的是市场的内在规律。这种因顺市场规律的做法，应该是事半功倍的高效管理了。

（2）“轻重之术”——国家调控理论

轻重论是中国经济思想史的另一大宏观调控理论，该理论注重用行政、法律、经济等各种手段对流通领域的商品和价格加以管理，强调调控主体的作用。“轻重之术”内容非常丰富，胡寄窗这样总结：“轻重之术包括掌握物资，充实财政，调剂盈虚，平衡物价，阻止兼并，防止物资外流，吸收外国物资，进行国际垄断贸易，以致借它破坏敌国的经济秩序……等方面不一而足”②。

管子是轻重理论的典型代表，胡寄窗对《管子》的轻重理论评价颇高：“如果价值论是政治经济学的基础理论，则轻重论就是《管子》全部

---

① （清）唐甄．潜书·富民[M]．北京：中华书局，1963：106.

② 胡寄窗．中国经济思想史上[M]．上海：上海财经大学出版社，1998：333－334.

经济学说的基石”①。管子观察到影响市场物价的因素有很多，如商品的聚敛程度，“聚则重，散则轻”“藏则重，发则轻”（《揆度》）；年景收成情况，“岁有凶穰，故谷有贵贱”（《国蓄》）；政令的缓急程度，“令疾则重，令徐则轻”（《地数》）等。进而，管子还注意到伴随着市场价格的变迁，人民的消费行为也呈现出一定的规律性：“彼物轻则见泄，重则见射”（《乘马数》），物价降低，人们都争相抛售，物价上升，人们又开始争相购买，这是一般规律。但高明的商人或者国家完全可以利用这种规律反向而行，“轻重之大利，以重射轻，以贱泄平”（《国蓄》），在东西比较便宜的时候，用重币购买轻物，在市场因为匮乏而物价上涨时，以低于市场的价格向市场供给商品，一方面大赚一笔，另一方面平抑了市场物价。一旦这一原理和国家政权结合，市场上万物的轻重就皆可被调控了。“夫民有余则轻之，故人君敛之以轻。民不足则重之，故人君散之以重”（《国蓄》），轻重敛散成为君主影响市场物价的重要手段，不仅平抑物价、稳定市场秩序，还能获得一笔非常丰厚的收入，甚至在国与国之间，轻重原则亦可发挥作用，“天下轻，我重”（《轻重乙》），通过有意识的操作，使得重要物资不仅不外流，还吸引别国的为我所用。

除此而外，管子还主张对生活必需品进行专卖以增加国家的财政收入。专卖商品一般为盐铁，具体方法是采用给生活必需品加价的方式，“寓税于价”，取民于无形之中，让百姓感觉不到税负的痛苦，还增加了国家的财政收入，这就是所谓的“见予之形，不见夺之理”（《国蓄》），这条财政收入准则被后来多数政权所接受，成为敛财的重要原则。

在“山至数”“国蓄”“轻重甲”“轻重丁”等章节中，《管子》还探讨了国家直接经营商品、国家赈济、国家借贷等问题。可见，《管子》的确是先秦时期一部非常重要的经济类文献，叶世昌对其非常认可，“《管子·轻重》所涉及的流通领域的经济理论，范围之广，在中国封建社会中既是空前的，也是绝后的，它总结了商品、货币流通的一些规律，分析了

① 胡寄窗．中国经济思想史上［M］．上海：上海财经大学出版社，1998：319.

国家利用政权力量来控制商品和市场的意义和作用”①。

《管子》的轻重理论对后世影响非常大，桑弘羊、刘晏等人的轻重实践所取得的理财成绩也有目共睹。以桑弘羊为例，他用盐铁酒官营专卖、均输平准、算缗告缗、移民屯边、币制改革、假民公田等轻重之术为国敛财，取得了“民不益赋而天下用饶”② 的效果。

轻重理论虽然是中国封建时期所产生的一种经济理论，但是，这种理论是基于对市场的观察而产生的，非常强调以强大的资本运作力量、以市场方式调节万物的盈虚，进而影响价格，控制市场。这与我国现阶段对国家的定位比较契合，我国的所有制结构以公有制为主体、多种所有制为补充，涉及起点公平问题，这使得政府的调控变得非常重要，但我们的调控也是基于市场对资源配置起基础性作用上的调控，是尊重市场规律的调控，在此基础上，正如党的十九大报告中所强调的那样：“更好发挥政府作用，推动新型工业化、信息化、城镇化、农业现代化同步发展，主动参与和推动经济全球化进程，发展更高层次的开放型经济，不断壮大我国经济实力和综合国力”，这和《管子》轻重论重视市场规律的立场是一致的，不同的是，在中央集权制的封建时代，政府以参与者身份直接进入了竞争，而我们现在较为重视政府的引导作用，市场能解决的一定交给市场解决。虽有差异，但几千年前的《管子》已有如此全面而客观的调控智慧，这是值得我们反思并合理借鉴的。

四、生态智慧：“天人合一”、敬畏自然的生态智慧——生态文明的构建

西方人思维方式的特点是天人两分，在西方文化中，自然成为人类认知、利用和征服的对象。不同于西方文化，中国古人崇尚“天人合一”的整体思维方式，这种思维方式将人视为自然的一个有机组成部分，对生养

---

① 叶世昌．古代中国经济思想史[M]．上海：复旦大学出版社，2003：136－137.

② （汉）司马迁．史记·平准书[M]．长沙：岳麓书社，1988：236.

万物的自然充满了敬畏。这种具有浓郁东方特色的朴素生态伦理被视为西方生态伦理学的一大渊源。

中国古人的天人合一思想体现在对人与自然的和谐相处向往之中。孔子与学生坐而论道时，对曾点的理想非常肯定，而曾点所描述的正是一幅人与自然水乳交融、和谐共存的画面："莫春者，春服既成，冠者五六人，童子六七人，浴乎沂，风乎舞雩，咏而归"（《先进》）。孔子本人也热衷于寄情于山水，从其"知者乐水，仁者乐山"（《雍也》）的论述中不难看出这一点。

古人的天人合一思想还体现在对于人与自然的合理定位之中。荀子将君子视为天地之参赞、万物之总管："故天地生君子，君子理天地；君子者，天地之参也，万物之摠也，民之父母也"（《王制》）。老子将人视为四大之一："故道大，天大，地大，人亦大。域中有四大，而人居其一焉"（《二十五章》），并认为自然万物共生共存、和谐一体："道生一，一生二，二生三，三生万物。万物负阴而抱阳，冲气以为和"（《四十二章》）。庄子则认为万物不分彼此，其本质是互通的，"天地与我并生，而万物与我为一"（《齐物论》），所以主张"泛爱万物，天地一体也"（《天下》）。综上所述，可见，不管是儒家还是道家，都没有狂妄地把人凌驾于自然之上，而是认为人是自然的一个有机组成，儒家认为人与天地是积极互动的，而道家认为人与自然万物是一体的。

中国古人对自然是由衷敬畏的。孔子对自然于无声无息中生养万物的神奇能力充满了敬畏："天何言哉。四时行焉，百物生焉。天何言哉！"（《阳货》），荀子看到了自然运行的内在规律："天行有常：不为尧存，不为桀亡"（《天论》），庄子也观察到了自然万物的内在秩序与运行规律："天地固有常矣，日月固有明矣，星辰固有列矣，禽兽固有群矣，树木固有立矣"（《天道》）。管子也有类似的论述："天不变其常，地不易其则，春秋冬夏不更其节，古今一也"（《形势》）。一旦意识到这种规律不因任何外在力量而有所改变，中国古人就非常理性地把他们对自然内在秩序的敬畏体现于因顺行动之中。荀子在《天论》篇反复告诫人类顺应自然：

“应之以治则吉，应之以乱则凶”“倍道而妄行，则天不能使之吉”。老子更是突出了自然法则的终极地位：“人法地，地法天，天法道，道法自然”（《二十五章》），庄子也认为只有因顺这种自然规律和力量，方能实现大治：“天有六极五常，帝王顺之则治，逆之则凶”（《天运》）。

先秦学者朴素的生态伦理深深地影响了历代中国人的自然观，崇尚“和为贵”的中国人也热衷于追求人与自然的和谐。中国文化的整体思维模式使得中国人习惯于把人置于自然之中去思考，人是自然的赤子，自然是人生存不可缺失的环境依托，两者水乳交融。这一点甚至影响了中国人的审美倾向，中国人追求物我两忘的境界，庄周梦蝶是较有名的典故，中国古诗词中的这种境界更是俯拾皆是，如“我看青山多妩媚，料青山见我应如是”“采菊东篱下，悠然见南山”“人闲桂花落，夜静春山空。月出惊山鸟，时鸣春涧中”等，这些古诗词中反映的人与自然和谐共处的美感至今仍感动着我们，而一代代中国人也通过不断吟诵这些名篇传达着这份感动。

如今，我国已进入新时代。需要指出的一点是，工业革命带给人类发达的物质文明的同时，也带来了生态问题。我国在大力推进工业化、城镇化的过程中，同样遭遇了较为严重的环境问题，雾霾、沙尘暴、水污染、土壤污染、温室效应等问题叠加，这和中国特色社会主义的发展观是相悖的，我们要构建的是一个“五位一体”的文明社会，生态文明是不可或缺的一个有机组成。党的十九大报告中，“生态”是出现频率相对较高的词汇。“坚持人与自然和谐共生”被确定为“新时代中国特色社会主义思想和基本方略”之一。另外，党的十九大报告还专门开辟了一个章节讨论“加快生态文明体制改革，建设美丽中国”，并指出未来要加强以下方面的工作：推进绿色发展、着力解决突出环境问题、加大生态系统保护力度、改革生态环境监管体制。这部分内容是党的十九大报告13个专题之一，由此不难看出我们整治环境问题、构建生态文明的决心有多么大了。以这样的态度直面我们所面临的生态问题，秉承中国传统的生态智慧，人与自然和谐共生的可持续发展、绿色发展将指日可待。

五、价值观智慧:“修齐治平”的价值取向智慧——民族复兴与中国梦

从文化源头来看，与西方的城邦制度相比，中国建构在血缘基础上的分封制度使得中国人很容易产生“修齐治平”的家国情怀。既然整个天下皆是按照血缘层层分封的，血缘成为维系小家和大家的纽带，那么，小家即大家，个体因此也对集体有着强烈的归属感，这使得个体为了大共同体的利益而进行忘我的奉献成为可能。再者，亚细亚土地所有制的特点是“普天之下，莫非王土”，依附于土地的百姓连同土地被层层分封，个体的价值因集体的存在而存在，这也使得中华民族形成了重视集体利益的价值取向。

“修齐治平”的价值取向在先秦时期的儒家文化中体现得最为淋漓尽致。“修齐治平”实际是一个由小到大，由内圣到外王，由自身、小家到国家再到天下的渐进过程，也是一个小我与大我交融的过程，也是一个升华个体利益到集体利益的过程，这个过程最能体现中国古人不断升华的道德境界。儒家的创始人孔子，生逢乱世、一心推行仁政，可惜仕途屡屡受挫，后在五十五岁左右离开鲁国，辗转于各个诸侯国之间，不断宣传其思想，历时前后达 14 年之久，可惜收获寥寥，后终于还是回到鲁国，潜心教育。虽说孔子本人在政治方面的建树一般，但他通过教育的方式把“人能弘道，非道弘人”（《卫灵公》）的入世精神深深地植入了中国读书人的心田里，这就是心系天下苍生的精神。战国时期的孟子就由衷地感慨自己生不逢时，无法拥有平治天下的机遇，“夫天未欲平治天下也；如欲平治天下，当今之世，舍我其谁也?”（《公孙丑下》），这种“舍我其谁”的精神也深深地影响了中国一代代追求大境界的有志之士。在中华民族绵长的发展过程中，这种价值取向一直如缕不绝：张载的“为天地立心、为生民立命，为往圣继绝学，为万世开太平”，范仲淹的“居庙堂之高则忧其民，处江湖之远则忧其君……先天下之忧而忧，后天下之乐而乐”，陆游的“僵卧孤村不自哀，尚思为国戍轮台”及“位卑未敢忘忧国”，林则徐的

"苟利国家生死以，岂因祸福避趋之"，顾炎武的"天下兴亡，匹夫有责"等，这种超越个人利益的高远追求激励着一代代优秀的中华儿女为了国家的利益而奋斗，并使我们这个民族绵延至今，中华民族也因而成为四大文明中唯一将文化传承至今的民族，这就是流淌在我们血液中的家国情怀的力量。

1840年，当鸦片战争以我们的妥协告终时，中华民族就开始了一段非常艰难的发展期。也是从那时开始，实现中华民族的伟大复兴就成为我们这个民族最大的梦想。当时，内忧外患背景下，不管是洋务运动、戊戌变法还是清末新政，皆未能阻止中华民族在世界文明发展潮流中的颓势。辛亥革命结束了两千多年的帝制，之后又有北洋军阀混战、抗日战争、解放战争等，直到新中国成立，我们才总算拥有了较为稳定的生产环境。但囿于意识形态之争，我国又浪费了十几年宝贵的建设时间。改革开放至今，中华民族开始从富到强，民族复兴的前景越发光明："经过鸦片战争以来170多年的持续奋斗，中华民族伟大复兴展现出光明的前景。现在，我们比历史上任何时期都更接近中华民族伟大复兴的目标，比历史上任何时期都更有信心、有能力实现这个目标"①。步入新时代，我们的这个梦想和几千年来任何时代中华民族优秀儿女的梦想是契合的，是一致的，只要把我们"修齐治平"的价值取向与超越小我的家国情怀结合起来，民族复兴就一定会指日可待。

六、外交智慧："和而不同"与"天下大同"的外交智慧——"共商、共建、共享"与"人类命运共同体"

"君子和而不同，小人同而不同"（《子路》），孔子这句话一语道出了中国古人人际交往的准则，真正的君子坦诚相待，不一定要有相同的观点，即使秉持不一样的观点也能和谐共处、求同存异。只有小人才会表面

① 习近平．承前启后 继往开来 继续朝着中华民族伟大复兴目标奋勇前进[EB/OL]．求是理论网，http://www.qstheory.cn/yw/201211/t20121130_197494.htm，2012－11－30.

上附和别人的观点，但私下却不断对之腹议贬损，这不是君子所为。可见，儒家追求一种坚持个人独立性思考基础上的和谐共处，儒家学者尊重每一种声音，并注重营造开诚布公的讨论环境。这是先秦儒家的个体交往智慧。

这种肯定多样性统一、认可求同存异的交往智慧与中华文明中推己及人的思维模式不无关系。“己欲立而立人，己欲达而达人”（《雍也》）、“己所不欲，勿施于人”（《颜渊》），中国传统文化中的这种换位思考模式屡见不鲜。的确，世界上不存在完全相同的两片树叶，何况人呢？要求所有人都认同某一种理念是一种非常疯狂的想法，这相当于大家都用同一个大脑思考，或者每个人成为一个信息的输入终端，别人输入什么信息，你就接收什么信息，这是非理性的想法。先秦学者看到每个人的不同并尊重这种不同，这反倒是值得我们尊重的。用这种思路去构建人际关系，“天下大同”的盛世也就很有希望实现了：“大道之行也，天下为公。选贤与能，讲信修睦，故人不独亲其亲，不独子其子，使老有所终，壮有所用，幼有所长，鳏寡孤独废疾者，皆有所养”（《礼记·礼运》）[①]，这是孔子所认可的温情脉脉的充满着人文关怀的社会模式，孟子的“老吾老以及人之老，幼吾幼以及人之幼”（《梁惠王上》）所描述的和谐人际关系亦是如此。

人际关系如此，邦国关系也是如此。尚“和”的中华民族追求各个邦国之间求同存异的和谐共处，《尚书·尧典》记载了帝尧以德治国所取得的成绩：“九族既睦，平章百姓，百姓昭明，协和万邦，黎民于变时雍”，《史记·五帝本纪》也有类似的记载：“九族既睦，便章百姓。百姓昭明，合和万邦”。从这两处肯定式记载可见中华民族对邦国和谐共处准则的认可。在中华民族的对外交往史上，中华民族以诚信、友善的姿态与其他文明对话，书写了浓墨重彩的华章。汉代张骞通西域，从此，丝绸之路成为连接亚欧的桥梁。唐朝，各国遣唐使来华学习，中华民族的建筑、饮食、先进技术等随之扩散，对其他文明的发展也做出了贡献。更值得称道的

① 丁鼎，撰．礼记解读[M]．北京：中国人民大学出版社，2010.

是，明朝的郑和七下西洋，他当时率领着全球最强大的海上移动部队，但他并没有像西方被鼓吹为探险英雄们的航海家那样，随意伤害原著居民的利益，将所到之处定性为其所代言的某种权力所有，恰恰相反，他以非常和平的方式与沿途所到之国交往，创造了和平外交的典范。这不正是对“协和万邦”精神的精确诠释吗？

如今，随着中国的发展，“中国威胁论”“中国称霸论”此起彼伏，不绝于耳。中国政府提出的“一带一路”倡议也被质疑为别有用心的西进运动。但是，中国在这一方面的态度是明晰的，那就是以“共商、共建、共享”的精神构建“人类命运共同体”。不难看出，与中国古代“和而不同”、求同存异的外交智慧相比，“共商、共建、共享”的外交理念既有理性继承，又有全球共同参与背景下的新发展，与中国古代“天下大同”理想社会追求相比，“人类命运共同体”也是当代中国政府对这个世界发出的共建邀请函，两者的精神是契合的。傅守祥认为：“融汇了传统的‘大同’思想和当代的全球化思潮，中国倡导的人类命运共同体意识超越种族、文化、国家与意识形态的界限，为思考人类未来提供了全新的视角”①，这个评价是一点也不为过的。

综上所述，不难看出，来自中国传统文化基因中的智慧丰富、多元而全面，更难得的是，这种智慧深刻地影响了中国特色社会主义政治经济学形成和发展，王立胜、郭冠清就将“中国传统文化的‘基因’”视为“中国特色社会主义政治经济学理”② 的五大来源之一。因中国特色社会主义政治经济学本身就是正在形成的发展的当代马克思主义政治经济学，可以肯定的是，随着中国在新时代的不断实践，基于文化的内生性和同质性等特点，中国智慧将会在中国特色社会主义政治经济学的不断发展中继续做出贡献。

① 傅守祥. 人类命运共同体的中国智慧与文明自觉[J]. 求索,2017(3):14.

② 王立胜,郭冠清. 论中国特色社会主义政治经济学理论来源[J]. 经济学动态,2016(5):4－5.

参考文献

[1]杨伯峻,今译. 刘殿爵,英译. 论语:中英文对照[M]. 北京:中华书局,2008.

[2](清)焦循,撰. 孟子正义[M]. 北京:中华书局,1987.

[3](战国)荀况,著. 方达,评注. 荀子[M]. 北京:商务印书馆,2016.

[4]姜涛. 管子新注[M]. 济宁:齐鲁书社,2006.

[5](汉)司马迁. 史记·郦生陆贾列传[M]. 长沙:岳麓书社,1988:712.

[6](汉)贾谊,著. 余智荣,译注. 贾谊新书译注[M]. 哈尔滨:黑龙江人民出版社,2003.

[7](汉)司马迁. 史记·田敬仲完世家[M]. 长沙:岳麓书社,1988:398.

[8](汉)司马迁. 史记·孝文本纪 [M]. 长沙:岳麓书社,1988:126.

[9]习近平. 在哲学社会科学工作座谈会上的讲话[M]. 北京:人民出版社,2016:12.

[10]习近平. 决胜全面建成小康社会,夺取新时代中国特色社会主义伟大胜利——在中国共产党第十九次全国代表大会上的报告[EB/OL]. 新华网,http://news.xinhuanet.com/2017-10/27/c_1121867529.htm,2017.10.27.

[11]祝和军. 中国传统文化中的辩证思维[N]. 光明日报,2014-04-26(5).

[12](明)王守仁,撰. 吴光,等,编校. 王阳明全集[M]. 上海:上海古籍出版社,2015.

[13]吴承明. 经济史:历史观与方法论[M]. 北京:商务印书馆,2014:16.

[14] 任保平,段雨辰. 为马克思主义政治经济学的创新发展贡献中国智慧[J]. 陕西师范大学学报,2016(1):109.

[15](战国)韩非,著. 张觉,等,译注. 韩非子译注[M]. 上海:上海古籍出版社,2016.

[16](秦)吕不韦,编著. 张双棣,等,译注. 吕氏春秋[M]. 北京:北京

大学出版社,2011.

[17](汉)贾谊,著. 余智荣,译注. 贾谊新书译注[M]. 哈尔滨:黑龙江人民出版社,2003.

[18](唐)刘知几,著. 史通 [M]. 上海:上海古籍出版社,2015.

[19](战国)商鞅,著. 高亨,注译. 商君书注译[M]. 北京:清华大学出版社,2011.

[20](汉)司马迁. 史记·孟子荀卿列传[M]. 长沙:岳麓书社,1988:570.

[21](汉)班固,著. 汉书·食货志[M]. 北京:中华书局,2000.

[22]何炼成,王一成,韦苇. 中国历代经济管理与发展思想新论[M]. 西安:陕西人民出版社,2001:43.

[23](清)唐甄. 潜书·大命[M]. 北京:中华书局,1963:96.

[24](清)唐甄. 潜书·存言 [M]. 北京:中华书局,1963:114.

[25]中共中央文献编辑委员会,编. 邓小平文选:第 3 卷[M]. 北京:人民出版社,1993:373.

[26](汉)班固,著. 汉书·萧何曹参传第九[M]. 北京:中华书局,2000.

[27](汉)司马迁. 史记·货殖列传[M]. 长沙:岳麓书社,1988:931-932.

[28](清)唐甄. 潜书·富民[M]. 北京:中华书局,1963:106.

[29]胡寄窗. 中国经济思想史:上[M]. 上海:上海财经大学出版社,1998:319,333-334.

[30]叶世昌. 古代中国经济思想史[M]. 上海:复旦大学出版社,2003:136-137.

[31](汉)司马迁. 史记·平准书[M]. 长沙:岳麓书社,1988:236.

[32]习近平. 承前启后 继往开来 继续朝着中华民族伟大复兴目标奋勇前进[EB/OL]. 求是理论网, http://www.qstheory.cn/yw/201211/t20121130_197494.htm,2012-11-30

[33]丁鼎,撰. 礼记解[M]. 北京:中国人民大学出版社,2010.

以人民为中心的中国特色社会主义政治经济学研究

岳利萍　毕冬一①

一、以人民为中心的思想渊源

（一）马克思主义下的人本思想

1. 背景及时代特征

马克思主义下的人本思想的诞生和发展，是在资本主义快速发展的时期。19 世纪中叶，资本主义社会制度在西方主要的发达国家已经基本建立起来，同时，产业革命也在这些国家陆续展开。在这个过程中，资本主义的生产力得到了飞速提高。与此同时，欧洲资本主义国家中生产力与生产关系的矛盾也日趋加剧，资本主义生产的社会化与生产资料私人占有的矛盾日益突出。尽管在本时期资本主义浪潮高涨，资本主义也得到了前所未有的发展，但是，此时的资本主义生产关系的弊端已经开始显现，资本主义生产关系作为促进资本主义生产力发展的动力已经不足，甚至逐渐成为约束资本主义生产力发展的桎梏。最突出的表现就是，19 世纪 40 年代，在资本主义国家爆发了以工人阶级为代表的大规模罢工和游行示威，工人阶级的诉求就是要获取属于自己的权利和利益。如 1831 年和 1834 年爆发的法国里昂工人起义、1836 年爆发的英国宪章运动，该运动的时间甚至长

①　岳利萍，女，西北大学经济管理学院副教授，硕士生导师，研究方向为人口资源与环境经济学；毕冬一，男，西北大学经济管理学院 2016 级硕士研究生。

达10年，还有1844年德国西里西亚纺织工人起义等。

使资本主义社会生产资料私人占有制与生产社会化之间的矛盾变得更不可调和的是资本主义频繁爆发且难以恢复的周期性经济危机。要解决资本主义社会的这一矛盾只有从工人阶级入手，但此时的工人阶级备受资本家的压榨，这种压榨不仅体现在肉体上，精神上的压榨更为严重。正是在这样的时代背景下，工人们通过罢工、游行、示威、起义要求夺回本该属于自己的权利和利益。工人运动需要科学理论指导，此时理论研究聚焦于人的共存、人的地位、人的价值和作用，提出了诸如如何恢复人的主体性、实现人的自由和幸福等问题，这些问题的提出和深入研究都为马克思的人本思想理论提供了客观基础。

2. 马克思人本思想

马克思人本思想从人的立场出发，不仅关注人的生存和全面自由发展，还关注人的价值。马克思人本思想具有丰富的内涵，但主要内容可以大致分为人的存在与本质思想、人的交往思想以及人的自由与全面发展思想[①]。

（1）人的存在与本质

马克思认为人是三种属性的统一体，即人的自然属性、社会属性和精神属性。人是具有能动性的自然之物，但其自然存在并不是绝对的。马克思认为在人的三种属性中，最基本的是人的自然属性，但其同时也受到其他两种属性，即社会属性和精神属性的制约。他指出，从需要和生产角度来说人与动物最大的区别在于精神属性不同，人的精神属性是由多种元素组成的，如情感、思维、理性等，也同样受社会属性的影响。马克思认为人的三种属性是人存在与自然界的重要体现，三种属性相互联系、相互影响、相互制约、相互依存。人的存在是形式化的，按照马克思的观点，可以分为人的类存在、人的社会存在以及人的个体存在，人是这三种存在形

① ［德］马克思，恩格斯. 马克思恩格斯选集：第1卷［M］. 中共中央马克思恩格斯列宁斯大林著作编译局，编. 北京：人民出版社，1995.

式的统一体。人最现实的存在形式则是社会存在。社会形式存在的人是社会实践的产物，诞生于错综复杂的社会关系网中。个体存在也是马克思同样关注的，他认为每个个体的人都具有不同的潜能，如果悉心发掘，都能够发挥出自己的个人能力，从而为社会和他人做出贡献。

关于人的本质，马克思将其归纳为三种，即人的类本质、人的社会本质以及人的个体本质。马克思指出，人的类本质与个体的人有本质区别，人的类本质不是单个人所固有的抽象物。人的社会本质囊括了一切社会关系，是所有社会关系的总和。人的社会本质是人最重要的本质，因为他可以体现人的社会属性。人是在社会中生存的，人的生存难以离开社会，人的社会关系可以看作是人和人之间各种往来关系的总和。在所有社会中，个体的人所具有的个体性是唯一的且无法替代的。马克思不仅提出了人的本质，还开创性地阐释了人的本质，他回答了人的本质从何而来、存在于哪的问题，即他认为社会实践活动塑造了人的本质，社会关系的具体劳动提供了人的本质的存在空间。

（2）人的交往思想

马克思将人的交往归纳为四类，即个人交往、社会集体交往、国家之间的物质交往和精神交往。他认为，一方面，交往是人类特有的生产和生活实践方式，它不仅能够促进人和人之间的联系，还可以形成较为复杂的社会关系；另一方面，交往是人类区别与动物的特有的存在方式。社会若要发展，离不开人和人之间的交往。马克思指出，社会关系的总和构成了人的本质，而社会关系必须通过人的交往才能形成，因此，交往体现在社会关系中，社会关系又体现了人的本质。交往具有鲜明的社会性，任何个人想要生存在社会中，都难以避免与别人接触，发生各种各样的往来关系。交往对社会的发展具有重要推动作用，交往不仅加强了人们之间的联系，而且在交往中会产生创造性的关系，其中一部分作为新的生产关系对生产力起到促进作用。人类的劳动实践主要是为了生产满足人们生存的物质资料，而交往又存在于社会实践中。一方面，生产力的发展离不开人的交往，人的交往通过提高劳动生产率促进生产力的发展；另一方面，物质生产的发展和扩大进一步深化了人的交往。因此，交往和物质生产相互促进，密不可分。

(3) 人的自由与全面发展思想

在回答什么是“自由”这一问题时，马克思认为，自由的本质是一种客观历史的存在，因社会关系和人存在的现实基础，尤其是物质基础的不同而不同。自由不是绝对的，而是在改造客观物质世界过程中的实践活动基础上的人的自由，具有客观性和实践性。在回答怎样获得“自由”这一问题时，马克思认为，劳动是人的自由存在的载体，因为只有人的劳动可以对自然产生能动力，从而为自由创造物质条件。实现人的自由和全面发展，只有在生产力极其发达、人民物质资料极其丰富的共产主义社会里才具有可能性。社会由千千万万的人组成，社会的发展就是人的发展，因此，个体人的全面发展才能构成全社会所有人的全面发展。

3. 马克思人本思想的初步实践

人本思想是马克思主义的根本性思想，建立在人本思想之上，无产阶级实践家在全世界范围内勇敢地进行了丰富的开拓性实践活动。

马克思本人在早年提出了共产主义社会的构想，并在《共产党宣言》中进行了详细的阐述。在《共产党宣言》中，马克思认为全世界的无产阶级应该团结一致，与反人性的剥削与压迫进行对抗，进而彻底消灭剥削，创造一个人人能够自由发展、人性实现充分回归的美好世界。

列宁是最具有代表性的马克思人本思想实践家之一。领导俄国十月革命之后，列宁曾大胆尝试全国范围内施行由工人直接对国家进行管理、人人参与管理、人人皆为官员的直接民主制度。虽然这一尝试很快就被证明不具有可行性，但列宁的这一尝试为苏联后来的“无产阶级先锋队”代替广大劳动群众对国家进行管理的方案提供了重要经验参考。我国在新中国成立之后的民主制度建设也在一定程度上参考了列宁为民主制度实践的经验。除此之外，列宁在其领导的苏维埃成立之初，还曾想方设法提高人民的生活质量，例如，废除地主土地所有制的《土地法令》，保障工人阶级权益的《工人监督条例草案》，维护农民利益的粮食税，等等。

除了苏联和中国的实践，东欧各国、北美的古巴以及东亚的越南、朝鲜、老挝等国家均进行了唤醒人民力量、解放人的本质的革命实践。据此容易发现，纵观全球历史，无论是各国为实现人的解放而进行的新民主主义革命，还是为建立社会主义而进行了社会主义革命，还是各国为实现人的全面发展而进行的一切国际社会实践，均是马克思人本思想的体现。马克思人本思想是人的全面解放和发展的实践指南。

（二）毛泽东思想中的人民思想

1. 背景及时代特征

毛泽东人民思想的诞生是划时代的。鸦片战争以后，帝国主义和封建主义成为中国人民难以逾越的两大敌对堡垒。处在水深火热中的中国人民有强烈的意愿团结起来推翻帝国主义和封建主义。

第一次世界大战的爆发，使积贫积弱的旧中国陷入前所未有的危机之中。在此之前，建立资本主义社会本来是中国先进分子孜孜以求的理想目标。但是一战成为一个重要的契机，使得西方资本主义以真实姿态暴露出自己的缺陷。为中国前途命运焦头烂额的实践家在看清了资本主义本质之后，逐渐将目光转向了指导俄国十月革命胜利的马克思主义路线。经过一系列努力，中国很快加入了世界无产阶级革命的大家庭。中国的李大钊等先进分子率先举起马克思主义的大旗，使马克思思想以前所未有的态势渗透到中国革命的各个领域。

2. 毛泽东人民思想

毛泽东继承和发扬了马克思的人本思想。他指出，中国共产党的诞生就是为了人民，是中国最先进最有资格担任革命和建设的领导重任的先锋。一切为了人民，是中国共产党继承马克思人本思想的体现，是一切行动的准则。

（1）全心全意为人民服务

1944 年，在延安举行了为纪念共产主义战士张思德的大会，毛泽东在会上指出："我们的共产党和共产党所领导的八路军、新四军，是革命的队伍。我们这个队伍完全是为着解放人民的，是彻底地为人民的利益工作的。我们是为人民服务的，所以，我们如果有缺点，就不怕别人批评指出。不管是什么人，谁向我们指出都行。只要你说得对，我们就改正。你说的办法对人民有好处，我们就照你的办①"。这就是在全党全国人民之中影响深远的毛泽东的演讲《为人民服务》。

(2) 只有人民才是创造历史的动力

人民群众的力量是中国近代史上最辉煌伟大的力量。中国革命分为两个方面，一方面代表正义，是由包括工人阶级、农民、城市小资产阶级和民族资产阶级在内的广泛的人民群众组成的统一战线；而另一方面是强大的反革命力量，包括拥有强大军事力量的帝国主义，还包括消极的和虚伪的封建主义傀儡。这种特殊的历史条件，使我们的革命思路必须是依靠群众，必须是广大人民共同参与，必须是采取周边包围核心，即农村包围城市的斗争方针。历史在不断发展，一代又一代人前赴后继。毛泽东在其著作中，反复论证了人民群众是历史的创造者的观点，即"人民，只有人民，才是创造世界历史的动力②。"

(3) 密切联系群众

毛泽东对无产阶级的领导有着深刻的见解。在他看来，没有谁天生就是领导，无非是在历史中被人民赋予了领导的权力。领导者不是一个权力的标签，而是在相应的客观条件下，为了达成革命或建设等为人民的需要而产生的功能。中国人民除了无产阶级还有广大的农民阶级，尤其是占比百分之九十以上的贫下中农，他们是党的权力真正的支持者。除此之外，党能否长期获得领导者的荣誉，关键在于是不是存在良好的党民关系。中国共产党必须和人民紧紧地团聚在一起，必须深入地与群众结合。同时，党还要自觉接受人民群众包括民主党派的监督。在军队与人民的关系上，毛泽东要求：军队

① 庄福龄. 毛泽东思想概论[M]. 北京：中国人民大学出版社，2010.

② 中共中央文献研究室. 毛泽东文集：第七卷(1956 年 1 月—1958 年 12 月)[M]. 北京：人民出版社，1999.

不能离开人民，也离不开人民，就像“鱼离不开水一样”。

（4）向人民学习

毛泽东对人民群众中的智慧十分肯定，他指出：“智慧都是从群众那里来的。知识来源于群众。人民文化作为人民群众智慧的结果，也是来源于人民本身，民众就是革命文化无限丰富的源泉”。毛泽东还指出，人民群众的社会实践是正确认识的来源，他们丰富的实践经验是我们制定正确的路线、方针、政策的基础，也是我们了解问题、解决问题的基础。他说：“你如果对某件事不了解，没有解决办法的话，那么，就请迈开你的双腿，走到人民群众中去，拜他们为师①”。

3. 毛泽东人民思想的实践

毛泽东的人民思想在我国历史上具有举足轻重的地位，在长期的革命实践中也得到了充分的体现。

（1）建立民主政权

在人民思想指导下，毛泽东几乎在革命和建设的每个时期都格外重视人民的主体地位和基本权利。这充分体现在党领导下的我国新民主主义革命中，我党在每个关键时期都果断地发动最广大的人民群众，获得了伟大人民力量的青睐，以人民为中心建立了人民政权。1949 年新中国成立以后，为了保障人民充分享有民主权利，党在全国范围内建立了人民民主专政的各级人民政权。

（2）提高人民物质生活水平

在民主革命时期，中国共产党在毛泽东的领导下，将土地问题作为提高农民生活水平的突破口。土地改革是近代党作出的重要决策之一，既保持了人民群众的团结性，又巧妙地解决了不利于人民利益的土地难题。新中国成立后的一段时间内，中国共产党制定了过渡时期总路线，为了兑现真正使人民当家作主的承诺，党领导人民进行了轰轰烈烈的社会主义革

① 中共中央文献研究室. 毛泽东文集：第七卷（1956 年 1 月—1958 年 12 月）[M]. 北京：人民出版社，1999.

命。这也充分体现了毛泽东的人民思想，社会制度的建立极大地优化了我国近代的社会生产和社会分配体制，在相当大的程度上使人民的生活水平得到提高。

(3) 廉政建设，打击腐败

毛泽东对党风党建十分重视，尤其是对被权利和物质冲昏头脑的党员干部格外严苛。因为时刻将人民的利益放在心里，将人民置于革命和建设的关键地位，他在日常工作中反复强调了廉政建设搞不好，就会失去人民的信任。

在毛泽东时代中国共产党就已经十分重视廉政反腐工作了。1951 年，在新中国成立之后党内部分高级干部不能克服以权谋私的倾向，使人民遭受了利益损失。因此，毛泽东发动群众在全国范围内开展了轰轰烈烈的反贪污、反浪费、反官僚主义的“三反运动”，并果断地处决了刘青山、张子善两名典型，遏制了腐败在党内的发展，捍卫了人民的利益。

(4) 践行贯彻群众工作路线

在长期的革命实践中，毛泽东形成了系统的以人民为中心的工作思想。党的一切工作都与人民息息相关，党的工作正确与否，就要看是否符合人民的利益、人民是否支持。毛泽东领导下的中国共产党，一向坚持和贯彻群众工作路线，坚持一切工作为了群众、依靠群众。反过来看，正是由于毛泽东善于发动群众，善于将工作与人民群众契合，才使得党成功领导了我国新民主主义革命，才收获了一个个伟大的革命果实。

(5) 建立统一战线

统一战线是毛泽东人民思想的一个具体实践，是毛泽东在人民思想指导下的伟大创造，在革命的严峻时期发挥了重大作用，将广大人民团结到了共产党的周围，壮大了革命的力量。

在抗战时期，我国正义一方的革命力量曾受到重创，但无论情况如何严峻，毛泽东都始终秉持了人民的思想，坚持和维护着抗日民族统一战线。当然，因为人民的范畴具有相对性，其内涵依具体的历史条件不同而存在差别。这就进而使统一战线的内涵也存在时间上的差异性。例如，广泛团结爱国力量的抗日民族统一战线，为了社会主义革命胜利建立的人民民主统一战线，以及在社会主义建设新时期的爱国统一战线等。虽然含义有差异，但都是在毛泽东人民思想的指导下作出的伟大的革命实践。

（三）中国特色社会主义理论中的人民思想

1. 背景及时代特征

中国特色社会主义理论中蕴含着深刻而广泛的人民思想。中国特色社会主义理论发端于20世纪70年代，全球政治经济发生着前所未有的变化，和平与发展越来越成为全世界人民的共同诉求，经济的全球化日益深入，各国国力的角逐也逐渐白热化。

20世纪70年代末，中国在邓小平的领导下打开国门，进行了轰轰烈烈的改革开放，使中国开始融入世界经济格局当中。90年代“冷战”结束后，全球势力分化显著，大国间关系持续调整，广大发展中国家总体实力增强，国际形势总体趋向缓和，在和平的国际环境中进行合作发展逐渐成为广大和平人士的共识。经济全球化使国际间要素流动更加频繁，各个国家相互学习、相互竞争。科学对生产力的促进作用被广大国家充分认识，在科技创新的引领下，世界人民的生活方式不断变化，创造了许多积极的因素。

2. 邓小平理论中的人民主体思想

邓小平是马克思人本思想的继承者，也是毛泽东人民思想的发扬者，同时还是人本思想与时俱进的开拓者。邓小平也认为，一切为了人民，一切也要依靠人民。人民是历史前进的主体。不仅改革和建设要依靠人民，其他工作如反贪污、腐败等，归根结底，只有相信群众、依靠群众、充分走群众路线，才能够得到解决。党的历史证明：什么时候依靠群众，什么时候就能顺利完成任务；什么时候脱离群众，失去群众的支持，党的事业就必然遭受损失。

一切为了人民的利益是邓小平人民主体思想的精髓所在。一般地，邓小平的人民思想可以分为人民共同富裕思想、人民民主思想、人民利益思想、人民安全思想等。

（1）人民共同富裕思想

人民共同富裕思想是邓小平的伟大思想创造。“什么是社会主义”是一个长期困扰各界领导人的问题，在建设社会主义过程中由于没有搞清楚这个问题，我国的经济社会走了很多弯路。邓小平虽然强调了发展生产力是我国处在社会主义初级阶段的根本任务，但并不否认提高人民生活水平的重要性。事实上，邓小平坚定地认为人民生活富裕才是社会主义的体现。他在1978年曾指出：“在经济政策上，我认为要允许一部分地区、一部分企业、一部分工人农民，由于辛勤努力成绩大而收入先多一些，生活先好起来。[①]”根据这样的逻辑构想，先富带动后富的人民共同富裕思想便成熟了。

（2）人民民主思想

邓小平人民民主思想认为，人民是一切权力的归属，是所有者。他强调，社会主义的本质要求是人民当家作主，因此，中国特色社会主义要充分发扬民主，保证人民切实享有人民民主权力。要想做到这些，就必须依靠制度方法和法制方法。中国特色社会主义伟大事业的领导核心是共产党，共产党的一切工作都是为了实现和维护全体人民的根本利益，这是根本性的规定和原则，也是不允许跨越的底线。邓小平反复强调，中国共产党绝不允许腐败，必须要约束权力，改进党的领导方式。

依据邓小平的人民民主思想，社会主义从两个方面体现出它的优越性。在经济上，发展生产力是社会主义下满足人民多样化需要的唯一路径；在政治上，社会主义要确保实现真正的人民民主，保证我国的人民切实有权真正参与到管理国家和治理社会的过程中去，还要保证应当享有的公民权利得到充分实现。为此，邓小平一再强调民主是我们的目标。

（3）人民利益思想

邓小平认为，共产党从人民中来，是人民利益的天然代表。而要做到这些，就必须将人民的利益看作自己一切工作和行为的生命线。无论表现

---

① 邓小平. 邓小平文选：第2卷[M]. 北京：人民出版社，1994.

出多么辉煌的工作成绩，如果不是为了人民的利益，都将丧失生命和存在意义。改革和建设的相关实践一定要围绕着人民进行，要充分尊重和相信群众，工作和决策要广泛吸收民意。人民不高兴、人民不答应、人民不拥护的工作内容，一定要喊停，一定要反思。是否实现人民的利益是党的工作的唯一检验标准。人民的利益高于一切是邓小平思想中最富有现实意义的精髓所在，不仅印证了党与人民的天然联系，还将党的工作宗旨、全心全意为人民服务，作为当代我党领导下进行的改革发展全部工作的根本出发点和最终落脚点。

（4）人民安全思想

邓小平人民安全思想认为，为了人民的安居乐业，中国的问题，压倒一切是需要稳定。人民不会在一个动荡的社会中感到幸福，更谈不上实现人的自由和发展。个人成长发展需要一个安全和谐的环境，同样的逻辑，整个社会如果想要平稳快速的发展，没有一个安定有序的环境是万万不能的。只有创造并维持一个稳定的发展环境，才能实现我国的发展目标，才能让人民过上好日子。

高效的国防与坚强的军队力量是保障经济社会稳定发展的最后堡垒。邓小平认为，我们的军队是在党的领导下服务于人民和国家安全稳定的钢铁长城。所以，必须积极将我国的人民军队建设成一支可靠的现代化部队，我们的军队必须足够强大以承担维护和平的正义力量，保障人民所需的安定环境。可以说，军队的建设和军队的性质也处处渗透着邓小平的人民安全思想。

3. “三个代表”重要思想中的人民思想①

（1）代表中国先进生产力的发展要求，是为了满足人民群众日益增长的物质生活需求

江泽民首先认为，为人民谋利是一个实践要求，而不是一句空话套

① 孙宏典，李义凡. 人民利益：“三个代表”重要思想的逻辑起点[J]. 毛泽东邓小平理论研究，2003(2)：21－24.

话。我们首先要满足人民群众的物质需求，这是最基础的也是最根本的。必须利用一切有利的因素解放和发展生产力，自始至终地坚持经济建设，这样才能提高对人民所需物质资料的供给。与此巧妙对应的是，三个代表重要思想中首先将“代表先进生产力的发展要求”列为第一位。中国共产党代表先进生产力的发展要求，就是要始终坚持以经济建设为中心，发展社会主义市场经济，发展有利于生产力又快又健康地发展的生产关系。

（2）代表中国先进文化的前进方向，是满足人民群众日益增长的文化需求

中国的先进文化的发展方向，与中国共产党担当“无产阶级先锋队”所体现的先进性是异曲同工的。发展文化的目的在于满足人民群众更高层次的精神文化需求，这不仅是对我国人民而言，而且对全世界人民来说也是一样的。全面建设小康，不仅是经济上、物质上的小康，也是文化上、精神上的小康。因此，在大力建设物质经济生产的同时，也要抓紧提高文化和精神生产能力。物质文明和精神文明是建设小康社会的两面，不可厚此薄彼。精神文明建设对于满足人民日益增长的精神需要十分重要，要大力促进精神产品的供给，建立有利于人民文化发展的体制机制，不断丰富广大人民的精神生活。

（3）代表中国最广大人民的根本利益，是我党立党为公、执政为民的集中体现

中国共产党代表广大人民的根本利益，换句话说，如果有什么是党所追求的，那指的就是人民的利益。中国共产党天然就是为了实现人民利益而存在的。人民的根本利益，是发展生产力的方向，也是发展先进文化的方向，是党一切工作的出发点和落脚点。立党为公、执政为民，其实就是党的存在以及党的发展都是建立在广大人民群众的立场上。代表最广大人民的根本利益，还表现为必须加强党的纯正廉洁，以及持续进行维护党风的实践。

4. 科学发展观中的人民思想

科学发展观中的人民思想，是马克思主义人本思想在毛泽东人民思

想、邓小平人民主体思想和“三个代表”重要思想中的人民思想之后，又一次传承和发展。因此，科学发展观中的人民思想，继承了马克思辩证唯物主义思想和历史唯物主义思想的精髓，继续坚持了人本位思想和人民历史主体思想①。

（1）突出人的主体地位

胡锦涛认为，马克思主义中的社会发展所一贯坚持的以人为本，就是要强烈地突出人的主体地位。这在之前我国发展的几十年中是不够重视的，也是亟待提高的领域。无论是物质文明建设、政治文明建设还是精神文明建设，都是为了人民、依靠人民。所谓“以人为本”的“人”，不是指一部分人和少数的社会精英，而是指以劳动者为主体的广大人民群众。科学发展观是站在广大人民群众的立场上提出来的，就是要正确对待以往在盲目追求短而快的局部发展中所出现的对人的本质不够重视的现象。因为只有对人的主体地位足够重视，才能促进人民积极参与到社会主义建设当中来，才能保证中国特色社会主义的繁荣发展。

胡锦涛还强调，党在制定方针政策时，要将人民的根本利益作为出发点和落脚点。对于不同地区、不同部门等差异性，要采取科学平衡的方针统筹兼顾。要在建设中着力维护最广大人民的根本利益。在改革发展的方向上，要比以往更加注重公平，要依靠法律保障人民的社会生活的公平参与，从而使全国广大人民群众充分参与到中国特色社会主义建设中，充分享受到改革发展的成果，惠及全体人民。

（2）注重人文关怀

根据胡锦涛的思想，要坚持以人为本，就要体现对人的关怀，要让人民在社会主义中感到温暖，这也是注重人的主体地位的重要体现。所谓人文关怀，就是将社会治理的重心倾向于对人的爱护和关注，要爱护人的生命、人的尊严，要重视人的价值，还要重视人的权益以及人的其他发展需要。人的本质不是只有生产劳动和物质积累，人的价值也不是只在生产场

① 章道云，等. 科学发展观与“五个统筹”研究[M]. 成都：西南财经大学出版社，2009.

所才有体现。人的尊严、个性差异、价值诉求都是人需要被关注的方面，而曾经对这些的重视程度是不足的。

当今市场经济的发展中追求利润是没错的，市场经济天然是为了促进效率而产生的。但社会主义的市场经济中，如果像资本主义那样，只是单纯地将人作为生产工具生产利润，忽视人的主体性，忽略了对人的基本关怀，那就远离了我们当初为了实现社会主义艰苦革命的初衷。社会主义的市场经济，与资本主义市场经济是有明显区别的。社会主义的一切都是要服务于人民的，发展生产力是为了人民，市场经济不过是发展生产力的手段而已。因此，要更加注重对人的关注，要尊重人、理解人、满足人，也就是以人为本。强调以人为本，注重人文关怀是首先应该做到的。胡锦涛认为社会主义下的市场经济，在提高发展效率的同时，必须使人民感到幸福，使人民能够热情参与，要改变传统的见物不见人的落后观念。

（3）推进人的全面发展

人是要发展的，因此坚持以人为本的关键，就是帮助人实现自我的全面发展。人的全面发展是指人的劳动能力、价值追求、品行道德等多维度的发展。科学发展观把以人为本的理念建立在客观规律的基础上，充分认识并利用社会主义发展的规律实现以人为本的发展目标。人的全面发展是以生产力的发展为前提的，而当人的全面发展能够普遍实现时，社会生产力也将极大地被促进。显然，人的发展与生产力的发展二者是存在密切关联的，两者相互促进、相互制约。

科学发展观的提出和最终的目标就是要以人为本，要实现人的全面发展。这就要求在社会范围内创造适合人民个体发展的客观环境，要将促进人发展的职业教育、通识教育等方面进行优化，不断提高人的基本素质、劳动技能以及价值追求。要开展多样的社会活动，丰富人们的实践领域，加强人与人之间的交往，为人的全面发展创造机遇和丰富的优良环境。

5. 中国特色社会主义理论中人民思想指导下的部分实践

（1）修订宪法保障人民利益

社会主义民主是全体人民享有的民主，要从本质上确保人民群众切实享有当家作主的权力和地位。人民的党，当然就要为人民的当家作主创造条件。1954 年，我国颁布了第一部社会主义宪法，其中明确规定了国家的一切权力属于人民，规定了中华人民共和国的公民所享有的广泛的民主权利和自由。1982 年，我国颁布了第四部宪法，也与民主权力息息相关。其明确规定：在人民与国家的关系上，国家的一切权力属于人民，包括全国人民代表大会和地方各级人民代表大会是人民行使国家权力的机关。人民代表大会由民主选举产生，对人民负责，受人民监督。2004 年 3 月 14 日第十届全国人大第二次会议通过《中华人民共和国宪法修正案》，其中第二十四条规定：宪法第三十三条增加一款，作为第三款：国家尊重和保障人权。第三款相应地改为第四款。宪法作为中华人民共和国的根本大法，从根本上对人民的利益进行了保障，这是中国特色社会主义理论中人民思想的核心体现。

（2）以人为本发展生产力

自 1978 年改革开放，到 2012 年以习近平同志为核心的新一代国家领导人上任，我国政治经济社会发生了举世瞩目的积极变化。这其中最为突出的就是生产力的极大解放和发展，人民生活水平得到极大提高。改革开放就是在邓小平人民主体思想指导下的伟大实践，是对社会主义的重新诠释和发展，也是对真正的以人为本的重新定义和解答。社会主义的本质不是穷，而是人民共同富裕，这就要求以人民为中心大力发展生产力，以经济建设为中心搞好人民的生活条件。马克思基本理论告诉我们，经济基础决定上层建筑，唯有生产力的提高才能从根本上解决其他社会矛盾。

（3）建立中国特有的社会主义政治文明体系

中国的政治文明体系不是一朝一夕建立起来的，是历届党和国家领导人结合群众智慧，在以人民为中心思想的指导下长期探索出来的。从中国共产党成立到新中国成立是我国社会主义政治文明的探索期。从中华人民共和国中央人民政府的建立到十一届三中全会前是我国社会主义政治文明的建立与曲折发展时期。从改革开放至今是我国社会主义政治文明的继续发展期。

胡锦涛认为，推进政治文明建设，最根本的是要坚持党的领导、人民当家作主和依法治国的有机统一。党的领导、人民当家作主和依法治国，是社会主义政治文明建设的三个主要方面。

党的领导方面，中国确立了共产党领导的多党合作和政治协商制度。人民当家作主方面，中国建立并完善了人民代表大会制度，人民代表大会制度是全体人民通过选出代表并委托其行使自己当家作主权力的一项民主制度，它既指人民代表大会本身的产生、组织、职权和行使职权的一整套规则，又指人民代表大会与公民及其他国家机关相互关系的一套规定和制度。人民代表大会制度是人民当家作主最集中的体现。除此之外，中国还建立了民族区域自治制度、基层民主自治制度和“一国两制”制度。依法治国方面，依法治国已经成为建设社会主义政治文明的基本方略。除此之外，还建立了中国特色社会主义法律体系。

二、习近平总书记以人民为中心的发展思想

以习近平同志为核心的党中央领导全国各族人民开拓进取，在中国特色社会主义建设的新时期深入贯彻以人民为中心的发展思想。截至党的十九大召开之际，我国人民在社会发展中的主体地位得到了显著增强，体现在脱贫、教育、就业、收入以及社会保障等方面。近年来，我国开展了史无前例的精准扶贫工作，6000多万贫困人口已经稳定脱离贫困线。公共教育得到重点支持，尤其是偏远地区的基础教育水平相比10年前已经明显提高。就业水平也保持着良好的发展态势，年均城镇新增就业1300万以上。居民收入增速远超GDP增速，人民幸福感显著增强。全面覆盖的居民社保体系基本完善，看病难的问题得到显著解决，住房问题、社会安全问题等均得到一定程度的改善。可以说，在新时期下我党的诸多工作相较于以前显著地将人民的地位提高了①。

① 习近平. 决胜全面建成小康社会夺取新时代中国特色社会主义伟大胜利——在中国共产党第十九次全国代表大会上的报告[M]. 北京：人民出版社，2017：2.

笔者认为，在习近平的以人民为中心的发展思想中，以人民为中心是作为核心思想贯穿于各项政治经济社会建设和发展中的。无论是四个全面战略布局，还是创新、协调、绿色、开放、共享五大发展理念，还是与马克思主义人本思想一脉相承的无产阶级执政思想，出发点和落脚点都是以人民为中心，可以说，马克思主义的人本思想、毛泽东人民思想，邓小平人民主体思想在习近平以人民为中心的发展思想中得到了全新继承和伟大创新。

（一）以人民为中心的四个全面战略布局

1. 以人民为中心全面建成小康社会

1984 年，邓小平在与日本首相中曾根康弘的谈话中提出了小康社会，将小康的含义与国民经济发展紧密联系进行阐释。后来，邓小平又在党的第十六届全国代表大会上鲜明地提出党要领导人民全面建设小康社会。经过 15 年艰苦卓绝的奋斗，我们的小康社会建设目标已经获得了卓有成效的发展，人民生活水平大大提高。在此之上，我党又通过十八大更加深刻地重新定义了什么是“小康社会”，同时还提出建设小康社会必须要覆盖全体人民，即要全面建成小康社会。但是全面建成小康社会并不是一蹴而就的，需要结合各方面的活力和优势，去除贫困的同时提高广大人民的收入水平。全面建成小康社会的成功与否，就是要看在建设小康社会的过程中，人民群众是不是受益人，能不能真真切切地得到利益。

全面建成小康社会不仅受益主体是人民，其实践主体也是人民。人民应广泛参与到全面建成小康社会的过程中去，得到人民的普遍支持，是建成小康社会最终能否成功的关键所在。马克思主义认为社会实践活动是人们为改造世界而进行的物质活动，既然是改造世界的物质活动，就必然存在主体向客体发挥作用、客体反作用于主体的辩证运动。全面建成小康社会，应有效激发广大人民群众的热情，号召人民、动员人民，要与人民保持密切联系。通过以上分析得知，对于全面建成小康社会这一新时期的奋斗目标，党要将以人民为中心的理念深入贯穿在政治、经济、文化、社会、生态文明建设的各个方面，应该更加凸显出人民群众在历史发展中的作用，促进人的全面发展取得新成效。

2. **以人民为中心全面深化改革**

马克思的经典论述："人们为了能够创造历史，必须能够生活。但是为了生活，首先就需要吃喝住穿以及其他一些东西。因此第一个历史活动就是生产满足这些需要的资料，即生产物质生活本身[①]"表明，维护和追求自身利益是人的社会实践动力之一。从根本上说，利益的实现要求主观和客观相符合，客观的现实满足人主观上的期待，如果利益实现的主体和客体数量多而杂就会导致利益实现必然具有长期性的特点。我国目前正处于促改革、调结构的关键时期，正处在经济增速换挡期，利益及其实现问题更为复杂。因为过去我国社会主义的生产关系还不够完善，使得局部由于各种疏漏产生既得利益，在市场上扭曲价格，破坏市场机制；在人民交往关系上，扭曲社会格局，破坏社会公正。要想使国家强大、社会发展、人民幸福，就必须痛下决心"刮骨疗伤"，从根本上冲破束缚人民实现利益的桎梏。纵观古今中外，往往只有改革才能撬动人民利益和小部分既得利益之争的"跷跷板"，使利益的天平倒向广大劳动人民。这个过程是艰难的，但却是必须的，因为不进行深刻的改革，就无法将原有阻碍人民利益实现的壁垒破除，就无法带领社会向前进。诚如习近平所说："改革开放是当代中国发展进步的活力之源，是党和人民事业大踏步赶上时代的重要法宝，是大势所趋、人心所向，停顿和倒退没有出路[②]。"

全面深化改革的动力来自于人民的利益，那么如何推动改革？又依靠谁来推动改革呢？回望历史或许可以找到答案。从农村家庭联产承包责任制到股份制企业，从农业规模化经营到混合所有制经济，从抓阄选举村庄当家人到基层民主逐渐稳步向前发展，每一次改革的推进都是依靠人民大

---

① 习近平在武汉召开部分省市负责人座谈会时强调加强对改革重大问题调查研究，提高全面深化改革决策科学性[N]. 人民日报，2013－07－25.

② 中共中央文献研究室. 习近平关于全面深化改革论述摘编[M]. 北京：中央文献出版社，2014.

众的勤劳和智慧。历史已经证明并将继续证明，人民群众是全面推进改革的中心力量和根本动力，任何政策措施，如果没有人民的拥护和参与，就不可能成功落实。以人民为中心全面深化改革，就必须要站在人民立场上分析和把握国内外重大问题，就要将人民的利益置于改革思路的核心。只要是改革，都会触及既得利益的存在，但是只要是对人民有利、符合大多数人的利益，就应该随着时代不同对利益格局进行重构。民意为天，只要牢牢把握以人民为中心的思想，就能够不断取得改革的实效。

3. 以人民为中心全面依法治国

中国特色社会主义的法治建设，一直都没有脱离以人民为中心的原则。党的十一届三中全会提出，“为了保障人民民主，必须加强社会主义法制，使民主制度化、法律化，使这种制度和法律具有稳定性、连续性和极大的权威，做到有法可依、有法必依、执法必严、违法必究①”。在此之后，人民的地位在党的十五大、十六大报告中依次不断提高。党的十六大报告中指出：“必须增强法制观念，善于把坚持党的领导、人民当家作主和依法治国统一起来，不断提高依法执政的能力②。”党、人民、法制这三个因素的有机结合中，人民的地位自始至终都是根本性的，是不可动摇的。党的十八大再次强调，“更加注重发挥法治在国家治理和社会管理中的重要作用，维护国家法制统一、尊严、权威，保证人民依法享有广泛权利和自由③”。为了更加深入地强化人民与法治的关系，党的十八届四中全会通过的《中共中央关于全面推进依法治国若干重大问题的决定》指出：“要坚持人民主体地位，人民是依法治国的主体和力量源泉，必须坚持法治建设为了人民、依靠人民、造福人民、保护人民，以保障人民根本权益为出发点和落脚点。要把体现人民利益、反映人民愿望、维护人民权益、

---

① 人民出版社，编. 改革开放以来历届三中全会文件汇编[M]. 北京：人民出版社，2013.

② 人民出版社，编. 中国共产党第十六次全国代表大会文件汇编[M]. 北京：人民出版社，2002.

③ 人民出版社，编. 中国共产党第十八次全国代表大会文件汇编[M]. 北京：人民出版社，2012.

增进人民福祉落实到依法治国全过程，使法律及其实现充分体现人民意志[①]”。这充分体现了我党在新时期在法制建设上的以人民为中心的新智慧。

对于依法治国的人民主体地位，习近平曾说道：“我国社会主义制度保证了人民当家作主的主体地位，也保证了人民在全面推进依法治国中的主体地位。这是我们的制度优势，也是中国特色社会主义法治区别于资本主义法治的根本所在[②]”。习总书记的这番表态，充分说明了中国特色社会主义法治建设对人民主体地位的高度重视。根据历史经验以及现实工作实践来看，以人民为中心的中国特色社会主义法治建设可以大体归为三个方面：第一方面，法为谁而立？为人民。正如法学家哈罗德·伯尔曼的说法：“如果法律是一种不可能唤起民众对其忠诚的东西，怎么可能又有能力使民众普遍愿意遵从与它[③]？”如此可见，法治建设中必须充分将人民群众的根本利益、价值观念等有机结合，即法治建设所遵循的原则并不是别的，就是将以人民为重心作为一切工作的出发点和落脚点，就是要坚持立法执法基于人民、依靠人民、为了人民。第二方面，谁来立法？是人民。社会规则不可避免地带有群体的价值观，人民的法律在这一点上也是同样的。人民是制定法律的主体，就从根本上决定了法律发展的方向。我国是人民当家做主的民主国家，因此，法律建设也要遵循人民主体的原则，就是要让法律通过人民群众，在党的指导下进行确立及完善。第三方面，法律的作用如何？维护人民权益。人的利益和自由是通过法律维护的。法律的作用不是限制人民的行为，尽管常表现如此，而是为了维护人的利益。这就必须要让人民拥护和信仰法律。如何做到？就要求制定出的法律是维护广大人民的合法权益，而不是保护少数人的利益。总而言之，法律由人民制定，为人民制定并且保护人民利益。

---

① 中共中央关于全面推进依法治国若干重大问题的决定[J]. 中国法学,2014(6):5-19.

② 习近平. 加快建设社会主义法治国家[J]. 求是,2015(1):35.

③ [美]哈罗德·J. 伯尔曼. 法律与宗教[M]. 梁治平,译. 北京:中国政法大学出版社,1991.

4. 以人民为中心全面从严治党

在中国共产党领导的社会主义中国，政党的先进性对人民的领导作用十分重要。在革命战争时期，我党带领人民实现了民族的独立和解放；在建设时期，同样是我党团结广大人民，取得了举世瞩目的优异成绩；当前，正值各项改革措施稳健推进的关键时期，一个坚定的政党领导是必不可少的。

然而，一个政党的天然先进性是有可能随着时间的流逝而失去光辉的，尤其是在和平发展年代，人人缺乏居安思危的意识，政党保持自身的先进性越来越困难，需要不断地自我审视和自我改进。当前，中国共产党肩负的责任是艰巨的，不仅要带领全体人民实现强国梦，还要在各种冲击和外部风险中生存，可谓面临重重考验。在这种情形下，不是每个党员都能强韧自我的初心、经受住考验的。例如，一些党员干部完全背离了党全心全意为人民服务的宗旨，贪污腐化、能力退化、纪律松化。对于党自身的这些问题，毫无疑问需要坚决根除，关键时刻要有“刮骨疗伤”的勇气。因此，全面从严治党在当前就显得十分重要而且紧迫。正所谓“历史使命越光荣，奋斗目标越宏伟，执政环境越复杂，我们就越要增强忧患意识，越要从严治党，做到‘为之于未有，治之于未乱’，使我们党永远立于不败之地①”。习近平总书记几番指出，有效推动党的建设，最重要的就是要求从严治党。历史已经证实，在革命年代的旧中国，就是中国共产党依靠人民群众的支持，才能夺取了政权，实现民族的振兴。而现在，无论多么宏伟的构想都更加需要人民的拥护和支持，而人民之所以会支持、会拥护，前提就是共产党依然先进如初，依然与群众保持着血肉联系。对于人民群众反映强烈的党内突出问题，党要积极、妥善地改正，这样才不会被历史淘汰。党是改革和建设的领导者，领导者如果存在不公与腐败，直接受害的就是人民群众。惩治腐败问题是加强党的建设的重要一环，这一

① 习近平. 习近平在党的群众路线教育实践活动总结大会上的讲话[N]. 人民日报,2014-10-09(2).

环如果可以得到很好的解决，人民群众就会显著受益。在近年来从严治党的工作推进下，可以说效果是显著的。人民群众能够感受到我们执政党的积极变化以及对未来的信心。执政党的前途取决于人心向背，如果没有人民的拥护和支持，脱离了群众的基础，就一定会失败①。以人民为中心全面从严治党，才能够使我党永葆青春。

（二）以人民为中心的五大发展理念

在党的十八届五中全会上，习近平总书记系统阐述了“创新、协调、绿色、开放、共享”的五大发展理念。理念是行动的先导，理念不符合现实就可能会直接导致发展的错位甚至承受失败。这五大发展理念，从根本上来说，都是为了提高经济发展的质量，使人民群众的利益得到更好的保障和维护。因此，五大发展理念中体现出了鲜明的以人民为中心发展的思想。

1. 以人民为中心的创新发展

创新是民族进步的灵魂，是国家兴旺发达的不竭动力。坚持创新发展，必须以人民为中心开展，创新的成果也由全体人民共享。坚持以人民为中心的创新发展，就要将人民置于创新的主体，要因地制宜地改进机制设计思路，全面激发人民群众的创造力。要让创新成为劳动大众的新氛围，在各个领域，诸如科研、产业、体制设计等都应体现出创新的要素，将创新变为一种正向的外部性。能否将创新真正确立为各项社会实践的驱动力，核心就是能否成功激发人民的创造热情。在政策引导和支持的领域，应优先施力于保障创新性生产要素的流动和活性，要维护引领未来经济发展的战略性产业，要大力培育新技术、新业态、新产业。

人民是社会主义建设事业的主体，当然也是实施创新驱动战略的主力军。全面建成小康社会是党的事业，也是亿万人民自己的事业。为此，必须充分发挥人民群众的积极性、主动性和创造性，动员和组织人民群众积

① 习近平. 习近平紧紧围绕坚持和发展中国特色社会主义学习宣传贯彻党的十八大精神[M]. 北京：人民出版社，2012(12)：4－9.

极投身社会主义现代化建设中，激发大众创业、万众创新的活力和热情，使创新获得源源不竭的动力，并使创新成果惠及广大人民群众。

2. 以人民为中心的协调发展

协调发展旨在缩小人民收入差距，保障人民整体利益。坚持协调发展，必须将人民的整体利益放在首要位置，以人民为中心深入理解中国特色社会主义的核心内涵，更加注重公平问题，注重对不协调、不平衡、不充分的发展痼疾的治理，最终突破现代化发展的瓶颈，实现可持续发展。

协调发展是人民的诉求，也是以人民为中心发展思想的体现。协调发展意味着将协调的理念渗透到社会发展的各个方面。与以往相比，更加注重整体性，注重平衡性。在我国经济快速发展的过程中，不能顾此失彼，只注重优势区域大发展快发展，而忽视其他广大地区的发展，不能只注重大城市的快速发展，而忽略大面积的落后农村的发展；不能只注重物质生产力的发展，而忽略越来越被人民需要的精神生产力的发展；不能只重视国家硬实力的发展，而轻视国家软实力的发展。坚持以人民为中心的协调发展，就要从宏观的顶层设计入手，改进落后的发展理念，扩大发展的视野维度，多管齐下才能真正使广大人民群众充分享受到新时期改革发展的果实。

3. 以人民为中心的绿色发展

绿色既是可持续发展的必要条件，也是人民对美好生活向往的一个重要方面。坚持以人民为中心的绿色发展是创造并维护人民赖以生存的美丽家园的必然要求。过去一段时间，发展经济和保护生态环境并未得到良好的协调，大部分地区和领域为 GDP 马首是瞻，可是人民的美好家园——青山绿水却被破坏得满目疮痍。资源被滥用，自然环境被破坏，依靠消耗生态资源换取的经济增长虽然短期内丰富了社会的物质资料，却牺牲了可持续发展的自然基础。我党凝结全党全国人民的智慧，在对待经济发展和生态环境关系的态度上，不断取得新的积极变化。近年来，我党的环境政策持续深入，其中，习近平总书记在党的十八届五中全会上提出：“坚持绿色发展，必须坚持节约资源和保护环境的基本国策，坚持可持续发展，坚定走生产发展、生活富裕、生态良好的文明发展道路，加快建设资源节约型、环境友好型社会，形成人与自然和谐发展现代化建设新格局，推进美丽中国建设，为全球生态安全做出新贡献”。这一表态，说明了在新时期推进我国社会主义现代化发展的策略上，已经将绿色发展作为新的理念和原则。要坚持以人民为中心的绿色发展，就要将人民对干净的空气、清洁的水源、卫生的环境的诉求置于发展的重要位置，要推动低碳经济、循环经济、生态经济的持续发展，要建立严格的环境保护制度，深入实施污染防治计划。要引导社会资源节约的生产消费习惯，推动形成勤俭节约的社会风尚。

4. 以人民为中心的开放发展

开放发展是以人民为中心发展中国特色社会主义的必然要求，不仅是中国人民权益得以实现的正确途径，也符合世界人民的利益。邓小平曾经指出：历史体现得很明白，闭门造车搞建设一定会失败，中国想要发展必须融入世界。开放发展是顺应世界经济发展趋势的正确选择。历史无数次雄辩地证明了，打开国门、秉持开放，是一个国家走向富强的必然道路。事实上，要选择开放还是封闭早已不再是一个需要争论的话题了。关键问题是如何深入贯彻开放发展的理念，更好地将以人民为中心的发展理念渗透到开放发展的过程中去。

开放发展既是理念也是行动方针，为了彰显开放的发展姿态，我国提出了“一带一路”倡议，引领了前所未有的合作共赢发展潮流。开放发展的潮流使得“一带一路”沿线各国都积极热情地参与到新时代的发展中来。中国与这些国家一道，使历史上成就卓著的丝绸之路再次充满活力，为各国的持续快速发展补充了新的能量。

5. 以人民为中心的共享发展

共享发展理念反映了中国特色社会主义的本质要求，是习近平总书记在邓小平理论基础上的再创新。共享发展与共同富裕，在理念内核上具有相似性。共享发展，实际上就是要使发展的成果更多更好地惠及最广大的人民群众。习近平总书记曾说过：“生活在我们伟大祖国和伟大时代的中国人民，共同享有人生出彩的机会，共同享有梦想成真的机会，共同享有同祖国和时代一起成长与进步的机会。共享共富是千百年来中国人民孜孜以求的梦想，今天，中国人民比历史上任何时候都更接近这一梦想①。”

坚持以人民为中心的共享发展，无非是将推进经济发展的方针、策略规划以及发展的效益，从根本上都归到人民所需、人民所依、人民所求之处。以人民为中心的共享发展，需要从国家社会治理的高度把握人民在参与共建共享改革发展中所遇到的瓶颈，要使人民能够自发地参与到社会发展的大潮中去。在人人参与、人人尽力、人人享有的共享发展之中，实现全体人民全面进入小康生活的宏伟目标。在推进共享发展中，要增加公共服务供给，从解决人民最关心、最直接、最现实的利益问题入手，强化公共产品的生产能力和服务水平，优化公共产品的共享性，使财政在公共领域的支持得到更好的效果。以人民为中心的共享发展，必须将人民放在中心位置，尤其是贫穷、老、幼等弱势人群，要加大对弱势人群的帮扶力度。例如，对贫困人口实行资产收益扶持制度，加大对偏远、贫困地区的转移支付，积极推进基础教育的硬件和师资投入，完善落后地区的创业扶持政策，等等。

（三）以人民为中心的执政思想

“人民对美好生活的向往，就是我们的奋斗目标。”习近平总书记在新一届中央领导集体在中外记者见面会上如是说。中国共产党立党为公、执政为民，建党98年来，始终坚持将人民置于一切党和国家统筹布局的中心地位。中国共产党没有自己的利益，只有人民的利益。或者说，人民的利益就是党唯一追求的目标，实现和发展人民群众的利益是党长期以来孜孜以求的唯一动机。过去是这样，将来也是这样。中国共产党要做到长期执

---

① 习近平. 习近平谈治国理政[M]. 北京：外文出版社，2014.

政，必须高扬以人民为中心的执政大旗。

1. **以人民为中心的民主执政思想**

民主执政思想是我党不断完善领导方式和执政方式的重要思想，也是党在新时期发展民主政治的指导思想。中国是由工人阶级领导的国家，中国的宪法规定了国家的一切权力属于人民，这就意味着，中国的民主从国家的根本大法上已经规定为最广泛、最深刻的民主。中国的民主制度，是在中国独特的历史发展中逐步形成的，是最符合中国实际情况的民主。中国特色的民主政治，就是最能体现全体国民意志、保障人民根本利益的制度方略。换句话说，建立、发展和完善中国特色的民主政治，就是利用制度保证人民当家作主。

中国的民主政治道路是中国共产党带领全国人民经历漫长的艰苦岁月探索出来的，是合乎历史逻辑及理论逻辑的。坚持以人民为中心的民主执政，就是要坚持发展我国的社会主义民主政治体制，加快推进民主政治规范化。优化人民参与各种形式的国家管理事务的途径，优化参与渠道，激活参与热情，始终将人民置于民主政治的中心地位。

2. **以人民为中心的依宪执政思想**

习近平总书记多次强调，中国共产党执政的依据是人民参与制定的、反映全体人民价值诉求的法律。谈科学执政，谈依法治国，首先就要做到依法执政。宪法是中华人民共和国的根本大法，因此，依法执政首先就要依宪执政。习近平总书记对依宪执政的强调，是马克思主义中国化的最新成果。在党的十八届四中全会上，习近平总书记对党依法执政和依宪执政的关系进行了重要论述，并将依宪执政的论断写入了党的中央委员会全体会议决定①。党中央的这一重要举措，深入拓展了执政党的科学执政依据。

依宪执政是中国共产党完善和改进执政方式的充分体现，也是以人民为中心的执政理念的具体化。改进中国共产党的执政方式，重点在于三个

① 中国共产党中央委员会. 中共中央关于全面推进依法治国若干重大问题的决定[N]. 人民日报,2014-10-28.

方向上的把握：第一，代表人民根本利益的党，要将正确的主张转化成为国家的意志、民族的意志。第二，党组织在坚持任人唯贤、德才兼备、以德优先的基础上，将优秀干部培养成为国家领导人员。第三，党对国家和社会的领导，要科学地充分利用各级党政机关。以人民为中心的依宪执政，是中国共产党正确把握马克思主义的辩证唯物主义哲学的体现。对客观世界的规律进行深刻把握，才能改进各方面条件，使历史朝有利于人民利益的方向上发展。执政党在执政的过程中，必须要在瞬息万变的历史潮流中，不断重新认识规律，不断在理论和实践上进行创新，才能保持执政的青春活力，才能将人民持久地紧密团结在自身的周围。

人民需要党的领导，而党的领导必须依照宪法。关于党的领导和法治的关系，是我党执政方式的重要方面，也是推进依法治国无法回避的一环。习近平总书记之所以不断强调要依宪治国、依宪执政，是有着极其深刻内涵的。2015 年 2 月，习近平总书记在省部级主要领导干部全面推进依法治国专题研讨班开班式上明确指出，社会主义法治必须坚持党的领导，党的领导必须依靠社会主义法治①。人民当家做主是社会主义民主政治的本质和核心。为了巩固这个核心，依靠什么？不是别的，就是依宪执政。做到依宪执政，就要将人民置于各方面的中心地位，围绕着人民不断完善民主体制，扩展民主渠道，多样化民主实现形式。党和人民追求的民主必须是最广泛、最充分、最健全的民主，只有这样，才能增强人民对我党的信任感，才能增强人民大众对中华民族伟大复兴这一宏伟蓝图实现的信心和决心。

3. 以人民为中心的执政安全思想

执政安全是确保民主执政、确保执政党长期执政、确保国家社会安定团结的重要思想。习近平总书记在继承前人的执政安全思想的基础上，从党的十八大以来若干年中国的执政实践出发，形成了独具特色的执政安全思想。为什么要提出执政安全？回答这个问题，需要首先认清当今世界的

---

① 习近平. 在省部级主要领导干部学习贯彻十八届四中全会精神全面推进依法治国专题研讨班开班式上的讲话[N]. 人民日报,2015－02－03.

新形势和新状况，以及党和国家对中国特色社会主义的未来构想。针对这些问题，以习近平同志为核心的党中央划时代地提出了中国梦的伟大理想，深刻地对上述问题作出了解答。中国梦这一中华儿女梦寐以求的理想，没有中国共产党的领带，是不可能实现的。实现中国梦，必须坚持党的领导，要求党必须经受住时代的考验，必须在不断变化的世界中稳定自身的执政地位。需要指出的是，党在十八届三中全会上一致决定成立的国家安全委员会的目的，就是为了将执政安全的思想用于实践。执政安全，是国家现代化建设的迫切要求，是顺利实现全面建成小康社会目标的重要举措，也是最终实现中华民族伟大复兴的中国梦的重要保障①。

以人民为中心的执政安全思想，归根结底是让党更好地为人民服务。这就涉及两个问题：一个是执政主体的建设；另一个是执政客体的建设。执政主体是执政安全的责任主体，党在执政的过程中，必须不断提高自身的执政能力。提高执政能力，要从三个方面着手：第一，要强调执政手段的科学性。党的领导干部要有一颗好学的心，时刻学习有利于工作的文化和实践知识，要善于总结，善于倾听，善于从人民群众中获得新的智慧。第二，要关注人民的需要。要杜绝“当一天和尚撞一天钟”的消极思维，必须坚持积极根据人民群众的需要进行服务，要时时刻刻准备为人民服务。第三，要强调党的廉洁，坚决惩治腐败。执政党的权力是人民赋予的，在权力之下个别领导干部抵挡不住外界诱惑，出现损害党的执政形象的腐败行为。习近平总书记曾指出：“打铁还需自身硬”是我们党的庄严承诺，全面从严治党是我们立下的军令状②。广大人民群众是执政客体，是在与执政主体的互动当中占据中心地位的。以人民为中心的安全执政思想，要求不断加强执政的客体建设，依据习近平总书记的表述，就是“让老百姓过上好日子是我们一切工作的出发点和落脚点③”。

习近平总书记还强调，维护执政安全要选择科学有效的执政方式。党

---

① 中央国家安全委员会第一次会议召开习近平发表重要讲话[N]. 光明日报,2014-04-16.

② 习近平在十八届中央纪委六次全会上发表重要讲话[N]. 人民日报,2016-01-13.

③ 习近平在辽宁考察时强调:深入实施创新驱动发展战略[N]. 光明日报,2013-09-02.

的执政水平高低将明显地影响执政安全的状态。执政的科学方式，是在建设法治政府、坚持依法执政依宪执政，是在全心全意为人民服务的民主执政过程中形成的。对此，习近平总书记曾指出："选择科学有效的执政方式，就是要坚持依法治国、依法执政、依法行政共同推进，坚持法治国家、法治政府、法治社会一体建设，不断开创依法治国新局面。①"坚持依法治国、依法执政、依法行政这三者是辩证统一的，彼此之间相互依存、相互影响、相互制约。依法治国是大前提，没有依法治国难言依法执政。依法执政是科学执政的重要手段，执政的科学性首先体现在是否依照法律进行执政。依法行政是党内部工作的基本方式，服务于依法治国和依法执政。除此之外，建立一支强大的人民军队也是以人民为中心安全执政的必然要求。习近平总书记强调："维护执政安全必须依靠强有力的坚固后盾，这个强有力的坚固后盾就是人民军队。只有建设一支听党指挥、能打胜仗、作风优良的人民军队，才能维护执政安全建设，才能为国家安全②保驾护航。"

三、以人民为中心的中国特色社会主义政治经济学

以人民为中心的中国特色社会主义政治经济学，是在马克思主义政治经济学基础上，继承了原有的中国特色社会主义政治经济学的基本内容和精髓，将人民在政治经济学研究中的地位放在中心位置。马克思主义政治经济学的研究对象是生产关系，生产关系是由生产力决定的同时又影响生产力的发展，两者是辩证统一关系。这一辩证统一的关系在以人民为中心的中国特色社会主义政治经济学中也不例外，在此情景下从生产力开始着手，进而以人民为中心进行生产关系的分析是合理的。

---

① 习近平在中共中央政治局第四次集体学习时强调：依法治国依法执政依法行政共同推进法治国家法治政府法治社会一体建设［EB/OL］. http://news.12371.cn/2013/02/25/ARTI1361741349400185.shtml.

② 习近平出席十二届全国人大四次会议解放军代表团全体会议并发表重要讲话［N］. 人民日报，2016－03－14.

以人民为中心的中国特色社会主义的特色所在，就是在民主政治的基础上，将社会主义和市场经济有机结合，利用资本发展社会主义，使广大人民在公平正义的社会氛围中达到共同富裕。它具有五个基本特征：以民为本、市场经济、共同富裕、公平公正、民主政治。在发展以人民为中心的中国特色社会主义过程中，出发点是为了人民，实践主体是人民，最终的落脚点和归宿也是人民。因此，下文将分别就以人民为中心的生产力、人民为中心的生产关系、以人民为中心利用资本发展社会主义和以人民为中心更好地结合社会主义制度和市场经济四个方面进行阐述。

（一）以人民为中心的社会主义生产力

1. 我国社会主义初级阶段的生产力

邓小平曾提出我国已经是社会主义，是社会主义初级阶段的著名论断。我国已经是社会主义，这是一个重要的定性判断，意味着当今我国的社会生产关系早已经是社会主义的生产关系。我们还处在社会主义初级阶段，这是一个定量的判断，意味着我国的社会生产力还比较落后，从根本上没有摆脱社会各方面的不发达状态。相较于西方资本主义发达国家，我国在经济、科技等方面还存在较大差距。我们可以直接逾越资本主义社会形态，直接从新民主主义社会跨越到社会主义社会，并不意味着可以直接越过发展生产力和商品经济直接进入社会主义的高级阶段，甚至进入共产主义。发展社会主义，首当其冲就是发展社会主义的生产力，只有积攒成熟的物质技术基础，才能为持久的发展、快速的发展提供能量。这个过程是漫长的，也是无法逃避的。

社会主义初级阶段的生产力具有特殊性，表现在生产力的三要素上，分别是劳动力、劳动工具和劳动对象。具体说来，就是劳动人口、科技水平和自然物质资源。我国处在劳动人口主要由农业人口组成、劳动方式主要依靠为手工劳动的农业国，逐步转变为非农业人口占多数、包含现代农业和现代服务业的工业化国家的历史阶段；是由自然经济和半自然经济占很大比重，逐步转变为经济市场化程度较高的历史阶段；是由文盲半文盲占很大比重、科技教育文化落后，逐步转变为科技教育文化比较发达的历史阶段；是由贫困人口占很大比重、人民生活水平比较低，逐步转变为全体人民经济文化不很平衡，通过先后差异的发展，逐步缩小差距的历史阶段；

以人民为中心的中国特色社会主义生产的目的是让中国特色社会主义社会中的每一个个人的生存和发展都得到好的保障。要使这个目的得以实现，就必须不断强化人民在经济建设中的主体地位，任何时候都不能松懈。这里，比较紧迫的是适应经济发展新常态下的社会主义生产关系，即完善的社会主义制度持续促进生产力的发展。

2. 以人民为中心继续解放和发展生产力

自1956年我国完成社会主义改造以来，经济社会的生产力持续发展，获得喜人成绩。这些都与党和国家的生产力发展理念不断进步和创新有正向关联。以人民为中心继续解放和发展生产力，就要求根据不同时期的国情调整和完善生产力的发展策略，就要求跳出单纯的经济增长的短视视野，进入多维度生产力发展的境界，即同步提高劳动力素质、完善科技创新体系、保护生态环境，从而建立可持续发展的机制。只有生产力可持续地稳健发展，才是真正意义上以人民为中心的生产力发展。

20世纪50年代，为促进生产力的发展，“四个现代化”的提法首次出现在中央重要文件中。为工业、农业、国防和科学技术现代化这四个现代化而奋斗，曾经是中国的最强音。

改革开放刚刚被提出的时候，中国亟须解决物质匮乏、提升人民物质生活质量等问题，由于四个现代化侧重于物质层面，1982年十二大报告中首次提出除四个现代化以外，还要把我们的社会主义建成高度文明和高度民主的社会主义。高度文明和高度民主，虽然不是对生产力发展的本身提出的要求，却是突出了生产力的发展要围绕人民、生产力的发展是在民主的前提下进行的。

1987年十三大报告再次提出，为把我国建设成为富强、民主、文明的社会主义现代化国家而奋斗。更加深刻地丰富建立现代化的社会主义这一目标，除了经济建设外，还提到了政治建设和文化建设等方面。这体现出对于生产力的发展，从纯粹对物质生产的关注，深入到对政治生产、精神生产方面的关注。

在此之后，我党又相继在十七大和十八大上，将社会主义生产力发展的含义进行了多维度的延展，这些新认识和新举措无疑将有利于社会主义生产力的进一步发展。其中，2012 年十八大报告提出，全面落实经济建设、政治建设、文化建设、社会建设、生态文明建设“五位一体”总体布局，促进现代化建设各方面相协调。

2017 年，党的十九大报告进一步明确提出，为把我国建设成为富强、民主、文明、和谐、美丽的社会主义现代化强国而奋斗。社会主义现代化奋斗目标从富强、民主、文明、和谐进一步拓展为富强、民主、文明、和谐、美丽。可以看到，我党对生产力发展的认识，从最早的单一物质层面，经过多年的改革实践最终确立为将人民置于中心地位的生产力发展观，从唯经济建设的发展视度到经济、政治、文化等高层次、多维度的发展视度。

（二）以人民为中心的社会主义生产关系

1. 我国社会主义初级阶段的生产关系

社会主义初级阶段的生产关系，其本质就是社会主义的生产关系，即以生产资料公有制为主体多种所有制共同发展的生产关系。生产资料公有制规定了在社会大生产中人民的地位是平等的，这是较为先进的所有制带来的政治权利上的平等。但是，平等不是平均。每个人的劳动能力有差别，参与劳动的时间也具有明显差异，因此，得到的收入也有多有少。因此，在社会主义初级阶段的生产关系的分配领域，按劳分配是最合理的，也是最符合国情的。

我国较长时期处于社会主义初级阶段，具有与资本主义国家显著有别的生产关系。相较于较发达的社会主义，处在初级阶段的社会主义国家在相当多的制度安排方面还存在很大的发展空间。虽然社会主义初级阶段的生产关系继承了社会主义天然的优越性，但毕竟生产关系对生产力只有影响力而没有决定力，因此，只能在历史条件的约束下最大限度地促进生产力的发展。然而，我国在积贫积弱的半殖民地半封建社会这一历史条件下发展起来的社会主义，注定是先天不足的，正如邓小平曾说，底子薄、人口多、生产力落后，这是历史带来的现实问题。

2. 以人民为中心继续完善和调节生产关系

由于中国特色社会主义是以人民为中心发展的，让人的生存和发展得到好的保障就是中国特色社会主义生产的目的。因而中国特色社会主义的生产关系就是以人民为中心的社会生产关系。

当前，我国的生产关系还存在很多问题，不平衡、不充分的问题较多。习近平总书记在中国共产党第十九次全国代表大会上指出："中国特色社会主义进入新时代，我国社会主要矛盾已经转化为人民日益增长的美好生活需要和不平衡、不充分发展之间的矛盾。"不平衡、不充分体现在生产关系上，就是指在社会生产的过程中所形成的劳动关系、交换关系、消费关系和分配关系等方面存在滞后于生产力水平的情况。尽管温饱问题已经不再成为主要困扰国家的问题，党带领全体人民早已在整体上实现了建设小康社会的目标。但是，人民所追求的美好生活需要是随着时代变迁而日益提高的。人民多样化的需要，从物质方面和精神文化方面提出了更高要求，也在实现民主、参与国际社会治理、美好的生态环境、优良的社会人文环境、社会公平正义等方面不断提出更高更细化的要求。因此，不平衡、不充分的生产关系将会制约着社会生产力的可持续发展，应当以人民为中心继续完善和调节生产关系。

截至 2017 年，中国的经济体制改革已经接近 40 年了。这 40 年的改革经验是我党和全国人民面对接下来改革和建设目标的宝贵财富和有力武器。经验证明，在中国特色社会主义伟大事业发展过程中，最主要是回答如何不断完善和优化社会主义生产关系。社会主义生产关系如果长期存在调整空间而不去完善，那么生产中的不平等会导致收入分化拉大、社会发展不平衡。具体就会表现为百姓生活保障程度低，出现上学难、就业难、看病难、住房难、养老难等社会现象。这些现象的本质就是因为当前仍有一些生产关系滞后于生产力的发展。当然，容易理解的是，社会生产关系的优化、完善也并非一蹴而就的事，它的完善也需要一个历史过程。必须坚持以人民为中心继续完善和调节生产关系，使人民群众能够真正地平等参与到生产和分配当中，实现人的生存和发展的目标。以人民为中心继续完善和调节生产关系，需要选择使人民的生存和发展得到保障的社会生产资料所有制形式，在当前就是公有制为基础，多种所有制并存；坚持对人民生存和发展权利的保障方面持续投入，建立并完善供人民安居乐业的基础体制，不仅在生产领域要建立公平的劳动关系，也要在消费、分配等领域建立平等公正的关系。

以人民为中心继续完善和调节生产关系的实践的内容，主要就是经济体制改革。习近平总书记对此指出："经济体制改革必须以完善产权制度和要素市场化配置为重点，实现产权有效激励、要素自由流动、价格反应灵活、竞争公平有序、企业优胜劣汰。"除此之外，还需要在发展中不断关注民生问题、加强社会的公平正义。在义务教育、劳动分配、医疗保障、养老体制、住房问题、帮贫扶弱上继续取得突破。

（三）以人民为中心更好地利用资本发展社会主义

1. 社会主义的发展需要发挥资本的作用

从马克思政治经济学视角下，资本的作用首先是作为货币形式在生产的最初阶段产生购买。资本的所有者利用这种购买能力，完成生产的准备阶段，如厂房、生产机械、劳动力、原材料等。资本的大笔购买一旦形成常态化和大规模，就会使社会生产力突飞猛进。其次，资本对生产力提升的作用，还表现在资本天然的增殖能力。资本为了扩大自身的规模，就必须不断实现生产和售卖，想方设法追求利润。在市场经济中，这种追求利润的一系列努力，往往可以使资本的使用效率大大提高，进而对社会生产力做出贡献。最后，资本对生产的促进作用，还表现在资本在一定程度上可以加快社会劳动生产率的提高，表现为科技进步、商品质量的提高等，这都能够对发展生产力起到促进作用。

马克思认为，随着生产力的不断发展，社会主义持续发展的最终，将产生社会形态上的质变，就是共产主义。届时生产力将极端发达，物质及精神产出极端丰裕。在达到这个生产力水平之前，将是一个相当漫长的历史过程。我国处在社会主义初级阶段，定性来说已经是社会主义，而且是“不发达的社会主义”。在发展不发达的社会主义过程中，由于生产力距离“极端发达”还有非常遥远的距离，因此，就需要并且应允许非社会主义因素如资本共同参与发展经济，需要借鉴和利用历史上对生产力有促进作用的工具，如借鉴曾经帮助资本主义快速发展的商品经济生产关系以及市场配置资源的能力，来帮助社会主义初级阶段的国家加快发展效率，实现国家理想。

过去我国的生产力十分落后，因此在改革开放以后尝试在社会主义的建设中适当地利用资本。事实证明，这个策略是正确的①。社会主义初级阶段，经济基础层次较低、质量较差。因此，此时资本对于物质生产扩大化的促进作用十分显著。2017 年，我国的改革开放已经进行了近 40 年。从这一段时期的经验来看，虽然资本的引入在一个生产关系不够完善的社会主义社会中催生了一些问题，但总体来说，我国取得的快速发展的成就，难以避开资本的作用，中国几十年的快速发展的确在一定程度上受益于资本，这是不得不承认的。在利用资本发展而来的丰富的社会资源基础上，中国才有物质能力去坚持走我们自己的路，即中国特色的社会主义道路。当前，我国作为社会主义国家，公有制经济能够占据主导地位，资本在这个过程中也发挥了作用。但需要强调的是，私人资本的对人性的“腐蚀性”也对社会主义带来了一些负面的作用，并且由于社会主义生产关系的不完善导致在一定程度上失去了对私人资本的管控而使得私人资本的发展过于迅速。因此，对资本的利用是一把“双刃剑”，换句话说，在中国

① 胡钧，寿思华，巫文强. 社会主义初级阶段需要利用好资本主义生产关系推动生产力的发展[J]. 改革与战略，2012(7)：19－27.

这样一个“不发达的”社会主义国家，利用资本发展经济，将始终面临着怎样利用资本和以哪种形式使资本主义的生产关系得以存在的问题。

2. 利用资本发展经济时要求以人民为中心

资本之所以被称为资本，原因是资本是为了追求剩余价值而存在的，这就天然地偏离了以人民为中心的原则。资本主义对剩余价值的狂热追求，迫使人民为了生产而生产。大生产创造了丰富的物质条件，无疑发展了社会生产力。社会生产力的发展，一方面，使社会物质条件更加充裕，使人民在一定程度上受益；另一方面，加剧的竞争将使资本不断扩大规模，提高生产率。这背后的动机来源，就是资本主义生产关系的核心——资本主义生产资料的私人所有制。正是生产资料的私有制，让资本的所有者能大胆放心地通过对资源的排他性独占掠夺剩余价值，并且不断升级获得剩余价值的方式，利用“合法”的外衣使资本的运作更加隐蔽。

我国是社会主义国家，人民是国家的主人，公有制是主导力量。这些社会主义条件并不能为资本主义生产关系提供温床。资本作用的发挥在社会主义环境下是必然受到限制的。但是我国处在社会主义初级阶段，这个问题也是绕不开的。初级阶段的经济发展，如上述所说，是需要资本作用的发挥的。为使资本发挥促进生产力发展的作用，社会主义初级阶段的生产关系中，在一定范畴下应相对允许非社会主义因素的存在，如一些在资本主义条件下产生，但仍可以为我所用的生产关系。举例来说，非银金融借贷关系、劳资雇佣关系、地役承包关系等这些非社会主义的生产关系与资本结合可以使资本更好地发挥作用，促进社会主义生产力发展。但是这些生产关系，由于不是在社会主义条件下出现的，因而在兼容性方面往往容易“水土不服”，频繁出现与社会主义的生产关系发生摩擦的情况[①]。

然而，在处理这些非社会主义生产关系与社会主义生产关系的矛盾时，从理论上说应该是社会主义因素更占优势。但客观事实却相反，结果往往是

① 胡钧．马克思主义政治经济学与现代西方经济学——几个带根本性的理论分歧[M]．北京：光明日报出版社，2009(1)：74－75.

忽视人民的利益而对资本妥协，对资本主义生产关系妥协，出现资本利用社会主义使人民造成更大损失的现象。习近平总书记在《对发展社会主义市场经济的再认识》一文中提到的现象，“用很少的抵押金将数十倍的国有资产攫为己有，用金蝉脱壳的手法搞假破产、真逃债，利用种种手段低价购买破产企业，随即又以数十倍的高价转手卖出，社会保障制度尚未完全建立，一些企业已迫使工人提前退休，趁机将企业的富余人员甚至在岗人员也推给社会[①]”，习近平总书记描述的这种现象，正是在实践中往往忽视了人民，使资本钻了社会主义生产关系的漏洞，获取了不良利益。

破解资本与社会主义的矛盾问题，精髓就在于是否将人民置于中心地位。社会主义较于资本主义，其先进性主要体现在生产资料的所有制方面，生产资料必须为人民服务。在中国特色社会主义的条件下，生产资料在法律层面上的所有者在追求利益的过程中，必须将人民放在首位，任何情况下都不允许越过人民利益追求个人的或者小团体的利益最大化。在不伤害人民利益的前提下，发展中的社会主义允许非社会主义的因素存在，允许并需要利用资本在局部加快物质财富的生产。但利用资本加快生产使小部分人先富起来并不是社会主义追求的目标，最佳的策略是既利用资本最终使全体人民达到共同富裕，又使资本在控制之中，才满足以人民为中心的中国特色社会主义发展要求。

（四）以人民为中心将社会主义制度与市场经济更好地结合

1. 社会主义制度与市场经济的相容性

商品、货币、市场均为普通的历史概念，随着社会的发展，这些事物都是必然出现的，最终也必然会消失。商品交换和市场经济是中性的，根本就不是资本主义社会所特有的概念，社会主义作为更高级的社会形态，自然也应有交换和市场。不仅如此，社会主义由于其制度的先进性，能够更好地保证交换的公平性，能够更好地利用市场为人民服务。

---

① 习近平. 对发展社会主义市场经济的再认识[J]. 东南学术，2001(4)：26－38.

邓小平曾作出过伟大论断，社会主义和市场经济是兼容的，它们之间不存在任何矛盾。我们在生产实践中所遇到的最棘手的问题，不是它们两者能不能放在一起，而是用什么方式结合社会主义和市场经济，从而促进生产力的发展。我们的方向是没问题的，那就是在计划经济中发展市场经济，通过经济体制改革，逐渐结合市场经济和社会主义。邓小平还认识到，我们在搞社会主义市场经济时，因为坚持了公有制和走共同富裕道路的信条，因此，市场经济不会使我们走偏走错，我们的发展之路只会越走越宽。

1992 年邓小平南方谈话时，对我国的经济体制进行过深入的分析，提出了很多划时代的论述。其中，最为深刻的是计划和市场的关系。邓小平认为，计划和市场不过是普通的经济手段而已，它们之间与姓“资”姓“社”没有什么必然联系。社会主义中可以有计划也可以有市场，资本主义社会中也是如此。在中国这样初步发展起来的社会主义中搞市场经济，是有利于我们的。因为社会主义不是贫穷，它的本质是解放和发展生产力，消灭剥削，消除两极分化，最终达到共同富裕。不发展生产力怎么富裕呢？所以要利用好计划和市场这两个经济手段。他还认为，社会主义的市场经济功能与资本主义的市场经济类同，但它们之间的差异也是必须要认识到的，那就是所有制的差别。我们是在公有制基础上发展市场经济的，归根结底是为人民服务的。

邓小平对社会主义市场经济理论的贡献无疑是巨大的。深刻把握好邓小平的市场经济理论，我们就会很清楚，社会主义市场经济与资本主义市场经济的区别在于它们是不同的社会制度与市场经济的结合，所体现出的制度特点是有巨大差异的，绝不可混淆。社会主义市场经济是为人民服务的，是为了更好地实现人民的利益，而不是为了发展资本，这是与资本主义截然不同的。我们还认识到，社会主义的市场经济不但是可行的，而且应有其特殊优势。因为社会主义制度下，人的交往是受到法律保护的，包括商品的交换和要素的流通。个人的产权也广泛受到社会主义法律的保护，包括收益权。这就使得社会主义条件下，人们为了实现个人的发展和价值，更有动力进行生产劳动。因此，在社会主义条件下，市场机制是完全可以更好地发挥作用的。

2. 发展市场经济要求以人民为中心

在现实的国情下，发展中国特色社会主义经济，可以简要总结为一句话，就是发展社会主义市场经济。将市场经济与社会主义相结合，这是一个绝妙的“特色”。

人民是建设中国特色社会主义事业一切布局的中心点。市场经济无非是为了人民利益而存在的经济体制而已，当然也要遵循以人民为中心的要求，这是毫无疑问的。在社会主义初级阶段，以人民为中心发展社会主义市场经济，就要结合我国社会发展的阶段性、目的性和决策性。初级阶段，要求必须动用一切有利因素发展生产力，推动初级阶段发展到中高级阶段。以人民为中心，要求一切工作和举措都应围绕着人民来进行，必须得到人民的拥护和支持，这是由社会主义国家的性质所决定的。利用市场机制调配社会大生产中的资源，提高经济发展的效率，是依照当前的世情、国情作出的正确选择。值得强调的是，将中国特色社会主义与市场经济相结合中，必须以人民为中心进行，各方面都不许触碰到损害人民利益的红线。

四、以人民为中心的中国特色社会主义发展理念

（一）以人民的根本利益为核心的发展

1. 当代人民的根本利益

人民的根本利益是一个历史的概念，在不同时期，人民的根本利益具有差异性。在当代，我国处于社会主义初级阶段，社会生产力还比较低，社会主义的生产关系固然有进步的因素，但毕竟还不够完善。不发达的生产力导致了生活资料的缺乏，现有的生活资料不足以满足人民发展着的物质需要，进而由于基本生活资料的不充分，致使文化产业发展不足，也就无法满足人民的精神需要。生产关系的不完善导致社会公平公正程度不

高，损害人民利益的事时有发生。这尤其体现在利用资本发展经济时，过于注重账面利润的最大化，而不是人民大众的利益最大化，频繁出现“只认钱，不认人”的过激发展。

生活资料和生产资料共同组成人民的物质需要，是人民根本利益的基础部分。当代人民的根本利益，首先可以借鉴马克思的说法，即人民创造历史的前提是能够生活，首当其冲就是衣食住行，所以人类历史上最先的实践活动就是生活物料的生产。毛泽东也曾指出，离开了经济建设这个中心，就有丧失物质基础的危险。显然，满足人民的生产资料和生活资料需求是人民根本利益的基础。其中，生活资料是为了人民的生存，没有生活资料，人的生存受限，自然难言更高层次的需求，更别说人的全面和自由的发展了。而在生产社会化的今天，生活资料的取得必须依靠既有的社会分工进行，也就是社会生产，这就使生产资料也成为人民根本利益的基础之一。

在满足了人民物质需要的基础上，精神需要就是人民根本利益的灵魂部分。可以说，是否将人民的精神需要归入人民根本利益，是充分把握人民的根本利益全部内涵的关键。精神需要包括什么呢？参考马克思的意见：“对科学的向往、对知识的渴望、他们的道德力量和他们对自己发展的不倦的要求①”，“包括为自身利益进行宣传鼓动，订阅报纸，听课，教育子女，发展爱好等等的需要。②”从这里可以发现，人们的精神需要是在物质生产的实践中衍生出来的。有物质生产，人就必然会产生精神需要。只有精神需要得到满足，人才能够在不断发展的社会生产中感到自由和幸福，否则就不是一个完整意义上的人，而是一部生产机器。

2. 维护和发展人民的根本利益

当前，我国正处在经济社会的转型时期，社会的物质基础和人民赖以生存的精神条件正在日益发生剧变。在这种现实情况下，如何维护和发展

---

① ［德］马克思，恩格斯. 马克思恩格斯全集(2)［M］. 北京：人民出版社，1957：107.

② ［德］马克思，恩格斯. 马克思恩格斯全集(30)［M］. 北京：人民出版社，1972：247.

人民的根本利益，即物质利益和精神利益，则是亟待解决的问题。

结构调整时期的中国社会，生产方式不断发展，生产力不断提高，市场经济不断完善。市场经济之所以能够对生产力有促进作用，和市场机制、竞争机制是分不开的。市场经济中，人们要实现个人劳动的意义，就必须遵循等价交换的原则。由于市场经济是高级的商品经济，上述的交换要建立在货币制度形成之后，有了货币，人们可以最大化自身的需求，将个人需要与货币进行等值计算。这个过程无疑会使效率提高，但也将人的价值和物的价值联系在了一起，使人们陷入对物质的狂热追求中难以明辨自我，产生拜物主义、享乐主义等道德危机。这与以人民为中心发展市场经济的初衷是矛盾的。

因此，谈发展市场经济的同时，一定要做好维护人民根本利益的准备。关键在于坚持发展生产力的同时，实现社会的多维发展。

首先，发展生产力，夯实经济基础。维护人民的根本利益，首当其冲就是满足人民的物质需要，即生活资料和生产资料。生产力的发展是社会发展的根本体现，也是人民幸福的基础。

其次，实现社会多维发展。正如习近平总书记在党的十九大报告中指出的，我国社会主要矛盾已经转化为人民日益增长的美好生活需要和不平衡、不充分的发展之间的矛盾。发展不可停止，但同时不能只求速度。实现平衡发展对于人民来说是当前最为紧迫的要求。经济、政治、文化、生态都是人民越来越关注的方面，所以在规划发展的时候必须将经济之外的内容进行详细考量，万不可“只见物不见人”，时刻需要注意人民在发展中的地位问题。我国曾经十分贫穷落后，其主要矛盾是人民大众日益增长的物质文化需要与落后的生产力之间的矛盾，因此，在一定时期内追求数量的经济增长是无可厚非的。但是新时期，我国生产力已经大大增强，很多领域甚至处于世界前列，社会的主要矛盾已经悄然发生了变化。主要矛盾变了，人民的根本利益中的基础部分（即物质需要）已经得到了基本满足，维护人民根本利益的重心也应与时俱进，着重保障和提高人民的精神生产能力，从而满足人民丰富的精神需要。而保障和提高人民的精神生产能力，则需要营造平衡充分的社会发展氛围，这就要求完善社会主义生产关系，深化经济体制改革，推进依法治国。

最后，创造安全稳定的发展环境。邓小平认为，为了人民的安居乐业，中国的问题，压倒一切的是稳定。没有稳定，人民不会幸福，更谈不上实现人的自由和发展。稳定分为内部稳定和外部稳定，内部稳定要求在国内创造安定团结的发展环境，这就要求党和人民群众保持血肉联系、区域之间发展要平衡、民族相处要融洽等。外部稳定要求国际上维护区域内的和平稳定，正如中国外交部部长王毅在接见外宾时说到，不允许在中国家门口生事。

（二）以人民的物质、精神多维发展为原则的发展

1. 人民日益增长的对美好生活的期望

马克思认为，人进行社会实践的前提是生存得到保障，即满足生活资料的补充进而满足生产资料的补充。在满足了人的基本生活物质需要之后，随着人的发展和社会总体的发展，人们对精神需要的需求越来越高。

在改革开放刚刚起步的时期，我国广大人民还处于温饱之下，因此在那样一种“饥一顿，饱一顿”的生活中，人民对物质需要的要求是最迫切的。因此，为了快速扩大社会生产，扩大满足人民生活需要的生活资料和生产资料生产，在一定程度上允许减少对人民精神需要的供给，在发展上出现了一些不平衡、不公平的现象。

在当代中国，我们已经进入了全面建成小康社会的关键时期，过去几十年的建设成果显著。但当前的发展不平衡问题已经成为人民实现美好生活期望的绊脚石。在这种现实情况下，单纯的物质需要已经不是人民迫切需要提高和改善的了。精神需要对人民来说更是供不应求的产品。在环境污染、资源紧缺、法制不全、社会公正得不到广泛体现的情况下，人民对美好生活的期望更强了。因此，破除损害人民整体利益，尤其是精神利益的桎梏体现得尤为显著。

2. 社会的发展本质是人的发展

人和人的活动共同形成社会，也就是说，社会包括两方面：人和人的

活动。由社会的构成可以看出，社会想要发展，就必须同时满足两个条件，那就是人的发展和人类活动的发展。借鉴马克思的说法，人类历史发展的本质是全部人类活动和全部人类关系的本质、基础。

以人民为中心发展中国特色社会主义，其实质就是利用市场经济的手段实现全社会发展。在这个过程中，需要格外注意三方面的问题：第一，要充分将市场机制的作用发挥出来。无论是理论和实践都可以证明，市场机制在微观领域对社会资源的配置是具有效率性的，应将市场机制作为经济社会最基础、最重要的经济交往方式。第二，要在发展市场经济的过程中，坚决杜绝唯物质主义，要防止资本在社会不受控地发展。第三，要大力发展文化事业和文化产业。物质发展充裕了，精神世界不能落后，否则就容易发生人的异化现象，即在实践中盲目追求物质名利而丧失自我。处理好上述三个问题，才能保障人民在社会快速发展变迁过程中利益不受损害，才能保障社会中人的自由发展。

（三）以人民的幸福为目标的发展

1. 人民幸福是发展之本

每个人都渴望幸福，幸福是人的普遍追求。国家是人民意志的象征，人民追求的幸福，就是国家发展所应追求的东西。中国共产党作为带领人民走向实现美好未来的领路人和探索者，当然也是为了追求和实现人民的幸福。我们所说的一切发展如果不能落实到人民的幸福上就会立即失去全部意义。

人民幸福是发展之本①。发展的目标就是让人民感到幸福，这是以人民为中心的发展思想的价值旨归，也是社会主义国家发展的根本意义所在。要探寻怎样使人民在发展中感到幸福，就必须深刻理解何处为人的幸福的来源。借鉴马克思人与社会关系的观点，人的幸福必须在社会中实现。社会提供给人追求幸福过程中所需的环境和条件，人的本质是社会

① 何振华，宋延平. 人民幸福是发展之本[J]. 中共山西省委党校学报，2011，34(2)：27－29.

人，人的全部实践活动也是在社会之中。同时，社会是由人组成的，人是社会的细胞，社会的发展就是人的发展。如果社会的发展符合人的幸福所需，人就会在发展中感到幸福。如果社会发展只是带来物的丰裕，而没有满足人的全面需要，人就不会感到幸福。马克思主义关于人的全面发展的理论，其实就可以理解为如何使人民获得幸福的理论。社会发展的最终归处，就是促进和实现人的发展，就是满足人民全面发展的需要，任何发展都可以归为实现人民幸福的过程。

2. 人民幸福是中国梦的最高价值尺度

人民幸福是中国梦的最高价值尺度。“中国梦”就是中华民族的伟大复兴，就是使包含56个民族在内的广大人民群众享受美好、幸福的生活，就是使千千万万的同胞所依恋的国度实现繁荣和富强。人民的幸福，包含了深刻的含义。首先，人民的幸福在国家层面上表现为国家的综合实力增强、国际地位上升。国家繁荣，人民实现个人的自由发展才有充足的空间，国家强大，人民才有追求幸福的现实可能。其次，人民的幸福在社会层面上表现为社会和谐稳定、法制健全、公平公正。社会的和谐、平等、法治是人民幸福的客观保障。最后，人民的幸福在个人层面上，表现为人的生理和精神健康、自由充分的发展、理想和价值的实现。健康是人幸福的前提，没有一个健康的身体就不可能追求个人价值在社会中的实现，自然就不可能实现幸福的目标。

人民的幸福是中国梦的最高价值尺度，当然也是我党执政所应该承担的责任。要使人民幸福能够充分实现，就必须从国家治理、社会治理、生态治理入手，使国家繁荣昌盛、使社会安定有序平等法治、使人与自然和谐发展。因此，就要继续解放和发展生产力，继续以人民为中心完善和调节社会主义生产关系。就要认真贯彻落实新“五大发展理念”，就要继续推进“四个全面”的战略布局，要将以人民为中心的发展思想渗透到党领导的一切改革和发展的事业当中去。

参考文献

[1][德]马克思,恩格斯. 马克思恩格斯选集:第1卷[M]. 中共中央马克思恩格斯列宁斯大林著作编译局,编. 北京:人民出版社,1995.

[2]庄福龄. 毛泽东思想概论[M]. 北京:中国人民大学出版社,2010.

[3]中共中央文献研究室. 毛泽东文集:第七卷(1956年1月—1958年12月)[M]. 北京:人民出版社,1999.

[4]邓小平. 邓小平文选:第2卷[M]. 北京:人民出版社,1994.

[5]孙宏典,李义凡. 人民利益:"三个代表"重要思想的逻辑起点[J]. 毛泽东邓小平理论研究,2003(2):21-24.

[6]章道云,等. 科学发展观与"五个统筹"研究[M]. 成都:西南财经大学出版社,2009.

[7]习近平. 决胜全面建成小康社会夺取新时代中国特色社会主义伟大胜利——在中国共产党第十九次全国代表大会上的报告[M]. 北京:人民出版社,2017:2.

[8]习近平在武汉召开部分省市负责人座谈会时强调加强对改革重大问题调查研究,提高全面深化改革决策科学性[N]. 人民日报,2013-07-25.

[9]中共中央文献研究室. 习近平关于全面深化改革论述摘编[M]. 北京:中央文献出版社,2014.

[10]人民出版社,编. 改革开放以来历届三中全会文件汇编[M]. 北京:人民出版社,2013.

[11]人民出版社,编. 中国共产党第十六次全国代表大会文件汇编[M]. 北京:人民出版社,2002.

[12]人民出版社,编. 中国共产党第十八次全国代表大会文件汇编[M]. 北京:人民出版社,2012.

[13]. 中共中央关于全面推进依法治国若干重大问题的决定[J]. 中国法学,2014(6):5-19.

[14]习近平. 加快建设社会主义法治国家[J]. 求是,2015(1):35.

[15][美]哈罗德·J. 伯尔曼. 法律与宗教[M]. 梁治平,译. 北京:中

国政法大学出版社,1991.

[16]习近平. 习近平在党的群众路线教育实践活动总结大会上的讲话[N]. 人民日报,2014-10-09(2).

[17]习近平. 习近平紧紧围绕坚持和发展中国特色社会主义学习宣传贯彻党的十八大精神[M]. 北京:人民出版社,2012:4-9.

[18]习近平. 习近平谈治国理政[M]. 北京:外文出版社,2014.

[19]中国共产党中央委员会. 中共中央关于全面推进依法治国若干重大问题的决定[N]. 人民日报,2014-10-28.

[20]习近平. 在省部级主要领导干部学习贯彻十八届四中全会精神全面推进依法治国专题研讨班开班式上的讲话[N]. 人民日报,2015-02-03.

[21]中央国家安全委员会第一次会议召开习近平发表重要讲话[N]. 光明日报,2014-04-16.

[22]习近平在十八届中央纪委六次全会上发表重要讲话[N]. 人民日报,2016-01-13.

[23]习近平在辽宁考察时强调:深入实施创新驱动发展战略[N]. 光明日报,2013-09-02.

[24]习近平在中共中央政治局第四次集体学习时强调:依法治国依法执政依法行政共同推进法治国家法治政府法治社会一体建设[EB/OL]. http://news.12371.cn/2013/02/25/ARTI1361741349400185.shtml.

[25]习近平出席十二届全国人大四次会议解放军代表团全体会议并发表重要讲话[N]. 人民日报,2016-03-14.

[26]胡钧,寿思华,巫文强. 社会主义初级阶段需要利用好资本主义生产关系推动生产力的发展[J]. 改革与战略,2012(7):19-27.

[27]胡钧. 马克思主义政治经济学与现代西方经济学——几个带根本性的理论分歧[M]. 北京:光明日报出版社,2009:74-75.

[28]习近平. 对发展社会主义市场经济的再认识[J]. 东南学术,2001(4):26-38.

[29][德]马克思,恩格斯. 马克思恩格斯全集(2)[M]. 北京:人民出版

社,1957:107.

[30][德]马克思,恩格斯. 马克思恩格斯全集(30)[M]. 北京:人民出版社,1972:247.

[31]何振华,宋延平. 人民幸福是发展之本[J]. 中共山西省委党校学报,2011,34(2):27-29.

[32]中共中央宣传部. 习近平总书记系列重要讲话读本[M]. 北京:人民出版社,2016.

[33]陈朋. "四个全面"战略布局中以人民为中心的思想意蕴[J]. 河海大学学报(哲学社会科学版),2016,18(4):27-31,90.

[34]王子骄. 五大发展理念是以人民为中心思想的集中体现[J]. 世纪桥,2017(2):28-30.

[35]巫文强. 中国特色社会主义经济是在社会主义初级阶段有资本参与发展的经济——以人民为中心的中国特色社会主义政治经济学研究系列之三[J]. 改革与战略,2017,33(8):17-25.

[36]顾钰民. 社会主义与市场经济结合的再研究[J]. 学习与探索,2011(1):128-131.

中国社会主要矛盾的新判断：认识演变、时代意蕴与政策方向

吴丰华　崔浩博[①]

社会主要矛盾是中国特色社会主义发展中的重大理论与现实问题，也是世界一切国家和其执政党必须清醒认识和准确回答的问题。97 年来，中国共产党从小到大、由弱及强、从胜利走向胜利的发展历史，正是一部不断认清并解决社会主要矛盾的历史。能否科学判断与准确把握社会主要矛盾及其发展变化，是我国制定经济社会发展方针政策的理论依据，也是化解矛盾、实现经济社会全面发展的理论前提，事关中国特色社会主义的前途和命运。习近平总书记在党的十九大上作出了“中国特色社会主义进入了新时代，这是我国发展新的历史方位”的重大判断，并进一步提出了“中国特色社会主义进入新时代，我国社会主要矛盾已经转化为人民日益增长的美好生活需要和不平衡不充分的发展之间的矛盾”的新论断，这与改革开放后党的十一届六中全会通过的《历史决议》作出“人民日益增长的物质文化需要同落后的社会生产之间的矛盾”的表述相比，变化明显。

我们党对中国社会主要矛盾的认识发生了哪些变化？当前提出社会主要矛盾的新判断，又是基于何种理论与现实必然？直面新矛盾，我们又该拿出什么样的新措施？本文将初步回答这些问题。

---

① 吴丰华，男，西北大学经济管理学院副教授，硕士生导师，研究方向为政治经济学；崔浩博，男，西北大学经济管理学院 2015 级经济学（基地班）学生。

一、党对我国社会主要矛盾认识的演变轨迹

中国共产党诞生后，以马克思主义为思想源泉，运用历史唯物主义和辩证唯物主义思想方法，分析当时中国国情、内外矛盾和阶级关系，认清了人民大众与帝国主义、封建主义和官僚资本主义之间的矛盾是当时中国社会的主要矛盾①。我党紧紧围绕解决这个主要矛盾的时代命题，紧密联系工农、不断发展壮大，最终领导中华民族夺取了新民主主义革命的胜利。

新中国成立后，社会主要矛盾已不再是人民大众与“三座大山”的矛盾。在过渡时期，党把无产阶级与资产阶级的矛盾作为社会主要矛盾②，在此指导下开展社会主义改造，巩固了社会主义制度和政权，恢复并发展了国民经济。在社会主义建设全面展开时期，随着社会主义革命和改造的基本完成，毛泽东首创了社会主义社会的矛盾理论，提出中国共产党应着力解决先进社会制度同落后生产力之间的矛盾。围绕破解这一矛盾，我党带领全国人民开始建设社会主义，取得了骄人的成果。但受制于当时国内外斗争形势的极端复杂性、新生政权的脆弱性，我们的认识出现偏误，对人民内部利益冲突、意识形态分歧等问题越发重视，并将这些冲突和分歧定性为阶级矛盾，而列为社会主要矛盾，工作重心也从发展生产力转为阶级斗争。

“文革”结束后，中国共产党以解放思想、实事求是的历史担当，勇于自我否定，重新分析了社会主要矛盾。在党的十一届三中全会上作出了把党和国家的工作重心转移到经济建设上来的伟大决策，并在党的十一届六中全会通过的《历史决议》中对我国社会主要矛盾作了规范表述：“在社会主义改造基本完成以后，我国所要解决的主要矛盾，是人民日益增长的物质文化需要同落后的社会生产之间的矛盾”。重新明确了“人民日益

① 刘少奇. 中国共产党第八次代表大会政治报告[R]. 1956-09-15.
② 刘少奇. 中国共产党第八次代表大会政治报告[R]. 1956-09-15.

增长的物质文化需要与落后的社会生产之间的矛盾”为社会主要矛盾。[①] 1992 年，党的十四大将我国社会主要矛盾的论断写入党章，成为我们一切工作的基本出发点。以后党的历次代表大会，包括党的十五大、十六大、十七大、十八大都沿用了这一对社会主要矛盾的判断。

党的十八大之后，以习近平同志为核心的党中央高度重视社会主要矛盾问题，强调了矛盾理论的重要性，在多个场合分析了主要矛盾问题，提出要把握好社会主义的主要矛盾。2015 年 1 月 23 日，习近平总书记在中央政治局第二十次集体学习时强调：“要学习掌握事物矛盾运动的基本原理，不断强化问题意识，积极面对和化解前进中遇到的矛盾。”[②] 2016 年 7 月 1 日，习近平总书记在庆祝中国共产党成立 95 周年大会上指出：“我国仍处于并将长期处于社会主义初级阶段的基本国情没有变，人民日益增长的物质文化需要同落后的社会生产之间的矛盾这一社会主要矛盾没有变，我国是世界上最大发展中国家的国际地位没有变。这是我们谋划发展的基本依据。”[③] 习近平总书记同时强调在实际工作中要注意化解社会主要矛盾，“面对复杂形势和繁重任务，首先要有全局观，对各种矛盾做到心中有数，同时又要优先解决主要矛盾和矛盾的主要方面，以此带动其他矛盾的解决。这就要求党员领导干部努力培养全局观，注重整体谋划，善于抓住和化解主要矛盾”[④]。

二、我国社会主要矛盾新判断提出的时代意蕴

党的十八大以来的 5 年，中国共产党带领全国人民“统筹推进‘五位

① 中国共产党第十一届中央委员会第三次全体会议公报[N]. 人民日报，1978－12－22.

② 习近平. 习近平在中共中央政治局第二十次集体学习时强调 坚持运用辩证唯物主义世界观方法论 提高解决我国改革发展基本问题本领[EB/OL]. 新华网，2015－01－24.

③ 习近平. 习近平在庆祝中国共产党成立 95 周年大会上的讲话[EB/OL]. 新华网，2016－07－01.

④ 习近平. 坚持运用辩证唯物主义世界观方法论，习近平在中共中央政治局第二十次集体学习时强调坚持运用辩证唯物主义世界观方法论 提高解决我国改革发展基本问题本领[EB/OL]. 新华网，2015－01－24.

一体’总体布局、协调推进‘四个全面’战略布局，‘十二五’规划胜利完成，‘十三五’规划顺利实施，党和国家事业全面开创新局面”①。经济建设取得重大成就，全面深化改革取得重大突破，民主法治建设迈出重大步伐，思想文化建设取得重大进展，人民生活不断改善，生态文明建设成效显著，强军兴军开创新局面，港澳台工作取得新进展，全方位外交布局深入展开，全面从严治党成效卓著。正是这些新变化和新成就，引领我们进入“中国特色社会主义进入新时代”。

新时代产生新矛盾。以习近平同志为核心的党中央高屋建瓴、统揽全局，准确把脉发展变化了的时代阶段和现实条件，清醒认识我们在发展中的优势与短板、长处与不足，积极回应百姓变化了的急迫需要，作出了“中国特色社会主义进入新时代，我国社会主要矛盾已经转化为人民日益增长的美好生活需要和不平衡不充分的发展之间的矛盾”② 的重大新判断。“美好生活需要”内容更广泛，不仅包括既有的“日益增长的物质文化需要”这些客观“硬需求”，更包括在此基础上衍生出来的获得感、幸福感、安全感，以及尊严、权利、当家作主等“软需求”。要特别注意的是，原来的“硬需求”并没有消失，而是呈现出升级态势，人们期盼有更能体现个人价值的工作、更满意的收入、更好更均等化的公共服务、更可靠的社会保障、更舒适的居住条件、更优美的生态环境。新生的“软需求”则呈现出多样化、多层次、多方面的特点，从精神文化到公平正义、从心理预期到价值认同、从共同富裕到全面发展等各方面，人民都提出了更高的要求。这一新判断的提出，既是对现实的回应，也是对理论的延展；既是呼应人民心声，更是顺应发展大势。

呼应现实，社会主要矛盾新判断集中反映了我国进入新时代后的新变化。通过改革开放近40年，特别是十八大以来5年的发展，我国解决了基

---

① 习近平.决胜全面建成小康社会 夺取新时代中国特色社会主义伟大胜利[EB/OL].新华网,2017-10-18.

② 习近平.决胜全面建成小康社会 夺取新时代中国特色社会主义伟大胜利[EB/OL].新华网,2017-10-18.

本民生问题——“我国稳定解决了十几亿人的温饱问题，总体上实现小康，不久将全面建成小康社会”[①]；我国的生产力也获得了极大的发展——“社会生产力水平总体上显著提高，社会生产能力在很多方面进入世界前列”[②]。但是，我们在需求侧和供给侧的问题并未完全解决，矛盾以新的形态呈现出来。在需求侧，需求的充分满足和不能满足并存：一方面是百姓对生存资料的需求被大大满足，另一方面是人民对部分发展资料、享受资料的需求难以满足；一方面是内需启动缓慢，另一方面是消费潜力在海外大量释放。在供给侧，供给过剩与供给不足并存：一方面是低技术门槛的资源能源产业、房地产业、简单制造业、低端服务业出现大规模产能过剩；另一方面是战略性新兴产业、现代制造业、高端生产生活服务业供给不足，甚至在一些领域严重匮乏。简言之，告别短缺经济时代，我们面对的是结构性问题，“人民美好生活需要日益广泛，不仅对物质文化生活提出了更高要求，而且在民主、法治、公平、正义、安全、环境等方面的要求日益增长”[③]，面对这些变化了的不断增长的新需求，我们的供给能力还不能完全满足，供给结构还难以准确匹配；我们的民主法制建设、公平正义建构、生态环境保护还有很多问题亟待解决，发展还很不充分，“更加突出的问题是发展不平衡不充分，这已经成为满足人民日益增长的美好生活需要的主要制约因素”[④]。

契合理论，社会主要矛盾新判断契合了社会主义生产目的理论的新变化。社会生产目的的表述最早出现在马克思对资本主义社会生产目的的批判中：“资本主义的生产的始终不变的目的，是用最低限度的预付资本生

① 习近平.决胜全面建成小康社会 夺取新时代中国特色社会主义伟大胜利[EB/OL].新华网,2017-10-18.

② 习近平.决胜全面建成小康社会 夺取新时代中国特色社会主义伟大胜利[EB/OL].新华网,2017-10-18.

③ 习近平.决胜全面建成小康社会 夺取新时代中国特色社会主义伟大胜利[EB/OL].新华网,2017-10-18.

④ 习近平.决胜全面建成小康社会 夺取新时代中国特色社会主义伟大胜利[EB/OL].新华网,2017-10-18.

产最大限度的剩余价值或剩余产品。”[①] 马克思和恩格斯对资本主义社会生产目的批判反过来表明了对未来社会主义生产目的预想，“通过社会生产，不仅可能保证一切社会成员有富足的和一天比一天充裕的物质生活，而且还可能保证他们的体力和智力获得充分的自由的发展和运用”。[②] 在探索和总结苏联社会主义革命和建设实践的基础上，列宁指出：“……推行和真正支配根据科学原则进行的产品的社会生产和分配，以便使所有劳动者过最美好、最幸福的生活。”[③] 斯大林继承并发展了以上认识，正式提出了社会主义生产目的：“社会主义生产的目的不是利润，而是人及其需要，即满足人的物质和文化需要……保证最大限度地满足整个社会经常增长的物质和文化需要。”[④] 视野回归中国，毛泽东同志对社会主义建设规律和生产目的的探索集中体现在《论十大关系》中，他强调借鉴苏联的经验教训，着重解决好产业结构、区域协调、群众生活等问题。党的十一届三中全会后，我国理论界掀起了一场关于社会主义生产目的的大讨论，站在改革开放的时代关口，邓小平指出：“贫穷不是社会主义”[⑤] “社会主义的本质是解放生产力、发展生产力，消除两极分化，最终达到共同富裕”[⑥]。党在十三大上提出“为了解决现阶段的主要矛盾，就必须大力发展商品经济，提高劳动生产率，逐步实现工业、农业、国防和科学技术的现代化”“社会主义社会的根本任务是发展生产力”。[⑦] 马克思主义经典作家和我党领导人都在其所处的历史阶段，深入思考过社会主义生产目的问题，并进行了理论创新。当前，进入中国特色社会主义新时代，新时代呼唤中国特色社会

① [德]马克思，恩格斯. 马克思恩格斯全集（第 26 卷）：第 2 册[M]. 北京：人民出版社，1973：625.

② [德]马克思，恩格斯. 马克思恩格斯选集：第 3 卷[M]. 北京：人民出版社，2012：670.

③ [苏]列宁. 列宁选集：第 3 卷[M]. 北京：人民出版社，2012：546.

④ [苏]斯大林. 苏联社会主义经济问题[M]北京：人民出版社，1953：95.

⑤ 邓小平. 邓小平文选：第 3 卷[M]. 北京：人民出版社，1993：63－64.

⑥ 邓小平. 邓小平文选：第 3 卷[M]. 北京：人民出版社，1993：373.

⑦ 沿着有中国共特色的社会主义道路前进——赵紫阳在中国共产党第十三次全国代表大会上的报告[EB/OL]. 中国共产党历次全国代表大会数据库，http://cpc. people. com. cn/GB/64162/64168/64566/65447/4526368. html。

主义生产目的理论的创新，代表性的理论有洪银兴的“解放、发展、保护生产力”理论①、白永秀的“满足全方位需求”理论②等。无论何种理论创新，都是对新时代发展变化了的中国社会主要矛盾正确认识并深入分析的结果。

关照人民，社会主要矛盾新判断集中体现了以人民为中心的发展思想。习近平总书记指出：“要坚持以人民为中心的发展思想，这是马克思主义政治经济学的根本立场。要坚持把增进人民福祉、促进人的全面发展、朝着共同富裕方向稳步前进作为经济发展的出发点和落脚点。”③ 正是基于这种发展理念，党的十八大以来，以习近平同志为核心的党中央“深入贯彻以人民为中心的发展思想，一大批惠民举措落地实施，人民获得感显著增强”④，从脱贫攻坚到教育事业发展，从改善就业到提高城乡居民收入增速，从建立覆盖城乡的社保体系到推进保障房建设，无不贯彻着“以人民为中心的发展思想”。习近平总书记直面新时代与百姓生活最密切、感受最深切的对美好生活的需要问题，关心他们在经济、政治、文化、社会、生态等方面日益增长的需要能否满足，并提出这些需求之所以没有被很好地满足，主要制约因素是“发展不平衡不充分”。⑤ 党对社会主要矛盾的新判断，正是关心人的全面发展、回应百姓关切和提升人民福祉的理论创新，是以人民为中心的发展思想的集中体现。

展望未来，社会主要矛盾新判断顺应了两个“一百年”奋斗目标和“两步走”战略的必然要求。改革开放之初，我们党作出了“三步走”的战略安排，在化解“人民日益增长的物质文化需要与落后的社会生产之间的矛盾”的过程中，提前实现了前两步走的目标，即解决了人民温饱问

---

① 洪银兴.构建解放、发展和保护生产力的系统性经济学说[J].经济学家,2016(3):7－9.

② 白永秀.创新当代中国社会主义生产目的理论及其实现途径[J].经济研究,2016(3):35－37.

③ 习近平.立足我国国情和我国发展实践 发展当代中国马克思主义政治经济学[N].人民日报,2015－11－25.

④ 习近平.决胜全面建成小康社会 夺取新时代中国特色社会主义伟大胜利[EB/OL].新华网,2017－10－18.

⑤ 习近平.决胜全面建成小康社会 夺取新时代中国特色社会主义伟大胜利[EB/OL].新华网,2017－10－18.

题，实现了人民生活总体上达到小康水平。从当前到2020年，即在第一个“一百年”来临之际，是全面建成小康社会的决胜期，总书记提出要“紧扣我国社会主要矛盾变化，统筹推进经济建设、政治建设、文化建设、社会建设、生态文明建设，坚定实施科教兴国战略、人才强国战略、创新驱动发展战略、乡村振兴战略、区域协调发展战略、可持续发展战略、军民融合发展战略，突出抓重点、补短板、强弱项，特别是要坚决打好防范化解重大风险、精准脱贫、污染防治的攻坚战，使全面建成小康社会得到人民认可、经得起历史检验”。① 在此基础上，从2020年到2050年，即在第二个“一百年”来临之际，通过两个“十五年”的战略安排，第一步“基本实现社会主义现代化”②，第二步“把我国建成富强民主文明和谐美丽的社会主义现代化强国”③。可以看到，百姓对美好生活的各方面需要已经融入两个“一百年”的奋斗目标之中；从2020年到21世纪中叶“两步走”的战略安排，都是紧扣我国社会主要矛盾的变化提出的，都需要在“两步走”的过程中不断化解。

三、新时代我国社会主要矛盾的现实表现

对我国社会主要矛盾判断的改变，反映了我国经济社会发展变化的实际。“进入新时代，我国已经在总体上解决了十几亿人民的温饱问题，总体上实现了小康，不久将要全面建成小康社会”。同时，以习近平同志为核心的党中央清醒地认识到了我们的发展还存在很多不足，特别是“发展不平衡不充分的一些突出问题尚未解决”。不平衡不充分发展是对我国社会生产力发展水平和社会发展阶段的准确判断，更会导致在新时代尚不能满足人民群众美好生活的需要。

---

① 习近平. 决胜全面建成小康社会 夺取新时代中国特色社会主义伟大胜利[EB/OL]. 新华网,2017-10-18.

② 习近平. 决胜全面建成小康社会 夺取新时代中国特色社会主义伟大胜利[EB/OL]. 新华网,2017-10-18.

③ 习近平. 决胜全面建成小康社会 夺取新时代中国特色社会主义伟大胜利[EB/OL]. 新华网,2017-10-18.

（一）我国存在多维发展“不平衡”

第一，我国区域间发展不平衡。主要包括东中西部之间发展不平衡、城市与农村之间发展不平衡、发达地区与欠发达地区之间发展不平衡，甚至城市内部、发达地区内部、一些农村内部也存在发展不平衡现象。根据2016年国家统计局公布的数据计算，西部12个省份的GDP总量为156461.13亿元，占到除港澳台之外31个省份总量的20.32%；中部6个省份为159113.21亿元，占比为20.67%；东部地区GDP总量则为456044.16亿元，占比高达59.26%，处在绝对的领先地位①。在中国最发达的3个城市北京、上海、广州的内部，根据2017年三市地方统计年鉴数据计算，北京市共16个区GDP总量为24899亿元，其中海淀区、朝阳区、西城区3个区GDP总量为13570亿元，占全市GDP总量的54.5%②；上海市内部排名第三的闵行区的GDP总量不到浦东新区的24%，浦西主城和浦东新区两个区的GDP加总就占了拥有16个区的上海市GDP总量的68.2%③；在拥有11个区的广州市，GDP排名前3位的区，其GDP总量占广州市GDP总量的近一半④。

第二，我国不同群体间收入不平衡。“不患寡而患不均”，在经济高速发展中，确实很难处理好“做大蛋糕”和“分好蛋糕”之间的关系，一个突出表现就是居民收入差距较大，2016年全国居民收入基尼系数为0.465⑤，仍然超过国际公认的“0.4”这一贫富差距警戒值。具体表现为：其一，不同地区间收入不平衡，尤其是东部及东南沿海发达地区城市和中西部城市之间、特大城市和一线城市与三四线城市之间的收入差距逐渐拉

---

① 根据国家统计局《2016年中国统计年鉴》数据计算，http://www.stats.gov.cn/tjsj/ndsj/2016/indexch.htm.

② 根据北京市统计局《北京市2016年国民经济和社会发展统计公报》数据计算，http://www.bjstats.gov.cn/tjsj/tjgb/ndgb/201702/t20170227_369467.html.

③ 根据上海市统计局公布的数据计算，http://www.stats-sh.gov.cn/html/sjfb/

④ 根据广州市统计局公布的数据计算，http://210.72.4.52/gzStat1/chaxun/ndsj.jsp

⑤ 国家统计局.国家统计局局长就2016年全年国民经济运行情况答记者问[EB/OL]. http://www.stats.gov.cn/tjsj/sjjd/201701/t20170120_1456268.html.

大：根据国家统计局公布的数据，2016 年东部地区居民人均可支配收入达到 28223 元，中部地区为 18442 元，西部地区仅为 16868 元[①]。其二，城乡居民收入差距仍存鸿沟。2015 年全国城镇居民人均可支配收入 33616 元，农村居民人均可支配收入 12363 元，差距达到 2.72 倍。而且，我国农村仍有大量贫困人口，到 2016 年年底，我国农村尚有 4335 万人待脱贫[②]。其三，行业间、行业内部收入不平衡。2016 年全国城镇非私营单位就业人员年平均工资为 67569 元，城镇私营单位就业人员年平均工资为 42833 元，前者相当于后者的 1.57 倍。具体分行业看，金融业与 IT 业[③]就业人员平均工资均突破 11 万元，分别为 117418 元和 122478 元，而农、林、牧、渔业就业人员平均工资最低，仅为 33612 元，最高平均工资是最低平均工资的 3.64 倍。

第三，我国科技教育水平和创新发展之间不平衡。科技教育从总体上还不适应建设创新型国家的需要。历史地看，每一轮技术革命都将带来经济潜在增速的大幅提升，而对科研教育的重视和激励，则是科技进步的催化剂；现实地看，供给侧结构性改革的核心任务之一也是推进产业转型升级、培育新兴产业，并寻找新的经济增长点。然而，目前我国的科技教育体制与经济社会发展不相适应，科技成果转化为生产力的渠道仍不通畅，创新型人才培养机制缺失，不能满足国家创新战略的需要；国家对教育的投入结构不合理，而且部分学者的研究显示受地方政府自利性影响，地方政府有压缩教育财政占比的动机。[④]

第四，生态文明和物质文明之间不平衡。改革开放 40 年来，我国经济得到快速发展，物质文明获得极大进步。然而，长期相对粗放的发展方式

---

① 中国经济社会大数据研究平台. 2017 中国统计年鉴[EB/OL]. http://data.cnki.net/yearbook/Single/N2017100312.

② 2016 年全国农村贫困人口减少 1240 万人[EB/OL]. 新华网, 2017-02-28, http://www.xinhuanet.com/politics/2017-02/28/c_1120543533.htm.

③ 此处为简称，在《中国统计年鉴》中的统计条目全称是"信息传输、软件和信息技术服务业"。

④ 丁冬，郑风田. 撤点并校：整合教育资源还是减少教育投入？—— 基于 1996—2009 年的省级面板数据分析[J]. 经济学(季刊), 2015(1): 603-622.

造成了我国严重的环境污染。美国耶鲁大学发布的《2016年环境绩效指数报告》对180个国家和地区做了一个排名，我国环境绩位居第109①。世界银行和国家环保总局联合部分的一份研究报告显示，中国是目前世界上最大的二氧化硫和二氧化碳排放国，全球污染最严重的20个城市中，我国就占了16个；中国58%的城市大气年均PM10浓度超过100微克/立方米，只有1%的中国城市人口生活在年均PM10浓度低于40微克/立方米的地区，而美国年均PM10量仅为50微克/立方米；中国7大水系中，超过54%的水已经不适合人类使用②。可喜的是，党的十八大以来，生态文明建设和环境保护被提升到了前所未有的高度，在经济发展方式的转变上狠下功夫，“生态环境状况明显好转，推进生态文明建设决心之大、力度之大、成效之大前所未有，大气、水、土壤污染防治行动成效明显”③。

（二）我国存在多维发展不充分

第一，我国经济发展质量有待进一步提高。我国经济发展质量尚不高的集中表现之一是增长动能有待转换。根据房汉国（2016）的测算，1953—2012年，全要素生产率（TFP）对经济增长的贡献从19.01%下降到4.94%，资本对经济增长的贡献从63.11%上升到90.65%，而劳动下降到仅能解释经济增长的4.42%④。表现之二是工业大而不强。我国工业总体上处在世界价值链的中低端，创新能力还不强，在核心技术、关键技术上对外依存度高达50%，高端产品开发70%的技术要靠外援技术，重要的零部件80%需要进口，一些关键的芯片甚至是100%进口。⑤ 表现之三是

---

① 耶鲁大学. 2016年环境绩效指数[EB/OL]. http://epi.yale.edu/sites/default/files/Yale%20EPI%202016_Report_0.pdf.

② World Bank and State Environmental Protection Administration of P. R China. *Cost of Pollution in China: Economic Estimates of Physical Damages*, 2007.

③ 习近平. 决胜全面建成小康社会 夺取新时代中国特色社会主义伟大胜利[EB/OL]. 新华网, 2017-10-18.

④ 房汉国. 中国全要素生产率测度：1952—2014年[J]. 现代管理科学, 2016(6): 79-82.

⑤ 中华人民共和国国家知识产权局. 我国核心关键技术对外依存度高达50%, http://www.sipo.gov.cn/wqyz/dsj/201602/t20160217_1240265.html.

服务业的潜力没有充分发挥。我国服务业增加值占 GDP 的比重只有 51% 左右，远远低于发达经济体 60% ~70% 的水平①。科、教、文、卫等现代服务业的潜力还没有得到充分发挥，这导致服务业的劳动生产率一直低于制造业，服务业还需向高端化迈进。党的十八大以来，在五大发展理念的指引下，我国经济增长正在从传统的拼土地、拼资源、拼劳动力，向拼科技、拼质量、拼效益转变，但提升发展质量是个长期过程，任重道远。

第二，我国现代化经济体系有待进一步构建和完善。党的十九大上，习近平总书记提出“我国经济已由高速增长阶段转向高质量发展阶段，正处在转变发展方式、优化经济结构、转换增长动力的攻关期，建设现代化经济体系是跨越关口的迫切要求和我国发展的战略目标”，具体面临深化供给侧结构性改革、加快建设创新型国家、实施乡村振兴战略、实施区域协调发展战略、加快完善社会主义市场经济体制和推动形成全面开放新格局等任务。这六方面，既是我国当前经济体系建设中的发展不充分之处，也指明了我国未来现代化经济体系建设的着力方向。

第三，高质高端个性化的产品和服务供给不充分。改革开放以来，我国社会生产力迅猛发展，供不应求的局面得到根本改变，甚至有些领域出现了严重的产能过剩。但是，供给端结构性问题却被凸显出来，整体来看，还无法满足人民日益增长的对产品更高品质和多样化、个性化的需求。例如，在国内消费市场不旺盛的同时，我国出境游人数却呈现爆发式增长，2016 年我国出境游达到 1.22 亿人次，旅游花费高达 1098 亿美元②，相当一部分消费者赴海外扫货成为一种生活常态。虽然海外旅游和扫货带有一定的盲目性、从众性和非理智性，但在很大程度上说明了我们的社会生产力不是在量上，而是在质上无法满足人民对美好生活的需要，其实质是供给明显不适应需求结构的变化：一是无效和低端供给过多，一些传统

① 殷剑峰. 未来经济发展要解决不平衡不充分的问题[EB/OL]. 新浪财经，2017－10－18. http://finance.sina.com.cn/money/bank/bank_hydt/2017－10－18/doc－ifymvuyt4212695.shtml.

② 中国旅游研究院，携程旅行网. 向中国游客致敬——2016 年中国出境旅游者大数据[EB/OL]. http://www.ctaweb.org/html/2017－1/2017－1－22－10－41－66902.html.

产业产能严重过剩，产能利用率偏低；二是有效和中高端供给不足，供给结构升级明显滞后于需求结构升级。

第四，呼应百姓民生诉求的公共产品供给不充分。群众在就业、教育、医疗、居住、养老等方面面临不少难题，这里仅举三例。在公共医疗资源供给方面，一是高效均等的医疗体制建设不充分，基本医疗卫生制度仍需健全，医药卫生改革发展仍需深入推进，绝大部分药品政府定价，以药补医、药价虚高的现象仍然突出。二是医疗资源城乡分布不均衡，农村、乡镇和社区医疗资源严重短缺，医疗设施落后，医务人员水平低下，无法提供患者所需的医疗服务。在住房供给方面，近年来，我国城镇房价普遍高涨，部分城市的高房价已远远超出居民的可承受能力，中国社科院财经战略研究院和城市与竞争力研究中心所提供的大数据房价指数（Big Data Housing Prices Index，BHPI）显示，北京房价近 5 年总体上涨 188.46%；上海房价近 7 个季度总体上涨 97.95%；深圳 7 年上涨 279.63%①。可以说，这种房价上涨已经严重背离了中央提出的“房子是用来住的、不是用来炒的”的定位。在公共养老事业发展方面，我国已进入老龄化社会，养老需求十分旺盛和迫切，养老产业成为未来的“朝阳产业”。但目前我国的养老产业还存在很多问题，养老政策体系尚未形成，医养结合发展缓慢。以北京为例，北京目前共有养老机构 340 家左右，其中民办的养老机构约有 100 家。这些机构中，公立养老院进入难度大，北京市第一、第四、第五养老院的入住率常年为 100%，目前有 1600 多人在排队等候入住，城八区的公立养老院入住率也都在 98% 左右，而民办养老院的床位已有近 12000 张，但平均入住率只有 2/3。② 可见，优质可靠的养老供给并不充分。

---

① 中国社科院城市与竞争力研究中心住房大数据联合实验室[EB/OL]. http://www.zfdsj.org.

② 中商产业研究院. 2017 年中国养老产业市场前景研究报告[EB/OL]. http://www.askci.com/news/chanye/20171122/143514112453_2.shtml.

四、新时代破解我国社会主要矛盾的政策方向

总结上文分析我国在改革开放几十年增长和发展的结果，不平衡和不充分可以简述为：在物质和非物质之间，我国物质生产发展较快，非物质生产（精神文化、绿色生态等）发展相对滞后；在数量和质量之间，以往更加重视增加数量，而忽视提升质量；在总量和结构之间，我国发展总量规模很大，但结构明显失衡；在不同区域和群体之间，差距巨大、差异明显；在效率和公平之间，过往更强调发展的效率，而忽视在公平和正义的前提下谋求发展；在过程和结果之间，我国生产发展重结果、轻过程。基于以上分析，在中国特色社会主义新时代，化解我国社会主要矛盾，需要寻求新的政策发力方向，集中破解以上五方面发展中的不平衡、不充分问题。

第一，发展非物质生产，满足人民的高层次非物质需求。一是以社会主义核心价值观为指导，“繁荣发展社会主义文艺”。坚持正能量、高品位、多层次的文化生产力发展原则，以市场和社会资本为主体，加快发展能够反映中国格局、中国气派和当代气息的文学、影视、图书、动漫、游戏等产业。二是“推动文化事业和文化产业发展”。打造一批能够展示中华文明和“中国梦”、富于国际影响力的舞台艺术、文化旅游、休闲度假文化产品。满足中国人民日益提高的文化产品消费需求和世界人民了解历史中国、感受当代中国的需求。三是提高协同效率，满足人民对良好生态环境和可持续发展的需求。提高资源在经济、政治、文化、社会、生态不同领域之间，以及各领域内部配置的协同效率；发展绿色环保产业、建设循环经济，破解人口、资源、环境之间的矛盾。最终满足人民绿色健康发展、国家可持续发展、社会主义永续发展的需要。

第二，提升发展质量，满足人民对高质量产品和高品质生活的需要。一是持续提升科技水平，重点发展以人工智能、航空航天、生物技术、光电芯片、信息技术、新材料、新能源、智能制造等为代表的硬科技，将我国核心创新力和生产力再提升一个台阶，为我国到 2035 年“跻身创新型

国家前列”奠定坚实基础。在提升我国核心科技能力的同时，为广大人民提供更高品质、更智能、更安全、更绿色的产品和生活。二是双管齐下，提高私人产品和公共产品的供给质量，重点在提高公共产品供给。一方面，继续推广并规范管理“互联网 +”“物联网”、共享经济等新经济形态，提高私人产品质量，满足人民在衣食住行、休闲娱乐等方面日益丰富的多元、个性、便捷的需求。另一方面，通过包括 PPP 在内的多种模式，“加强水利、铁路、公路、水运、航空、管道、电网、信息、物流等基础设施网络建设”，提高公共产品的覆盖度和质量，满足人民在公共基础设施和公共服务等方面高品质、广覆盖、均等化的迫切需求。

第三，推进供给侧结构性改革，满足人民对供给结构不断升级的需求。按照十九大的要求，“把提高供给体系质量作为主攻方向”。一是推动硬科技、黑科技和移动互联技术、虚拟技术深度融合；以实体经济为主导，推动实体经济和虚拟经济融合。二是“支持传统产业优化升级，加快发展现代服务业，瞄准国际标准提高水平”，同时“促进我国产业迈向全球价值链中高端，培育若干世界级先进制造业集群”。三是“坚持去产能、去库存、去杠杆、降成本、补短板，优化存量资源配置，扩大优质增量供给，实现供需动态平衡”。通过实施供给侧结构性改革，提高供给质量、升级供给结构、弥补供给短板，不断满足广大人民群众对美好生活的需要。

第四，实施协调发展战略，满足全国不同地区、不同群体对美好生活的共同需要。一是“强化举措推进西部大开发形成新格局，深化改革加快东北等老工业基地振兴，发挥优势推动中部地区崛起，创新引领率先实现东部地区优化发展”，满足我国不同区域不同层次的需求，特别是满足中西部和东北地区人民赶超发展和对美好生活的需要。二是“加大力度支持革命老区、民族地区、边疆地区、贫困地区加快发展”，满足发展滞后地区的百姓对美好生活的需要。三是“以城市群为主体构建大中小城市和小城镇协调发展的城镇格局，加快农业转移人口市民化”，并“实施乡村振兴战略”，满足城乡百姓特别是农村居民和农业转移人口对美好生活的需求。

第五，构建社会主义公平正义，满足人民对公平发展和自由正义的需求。一是“坚持党的领导、人民当家作主、依法治国有机统一”，同时，加强“人民当家作主制度保障”，并“深入推进依法治国”，“努力让人民群众在每一个司法案件中感受到公平正义”，满足人民不断提高的对公平正义的需要。二是深化机构和行政体制改革。“转变政府职能，深化简政放权，创新监管方式，增强政府公信力和执行力，建设人民满意的服务型政府”，并进而提高现代治理能力、建设现代治理体系，满足百姓对廉洁政党和高效能政府的需要。

五、结　语

中国共产党自成立以来，始终思考和着力解决的核心问题之一便是中国社会的主要矛盾，引领全党、全国各项工作的准绳，也是我们对社会主要矛盾的判断。可以说，凡是我们正确认识社会主要矛盾并将其与工作紧密结合时，我们的社会主义事业就有了昌盛的保障；凡是我们不能正确认识或只能部分正确认识社会主要矛盾时，我们的社会主义事业就会出现危机隐患。习近平总书记关于新时代中国社会主要矛盾的新判断，既契合中国特色社会主义理论逻辑发展，也是对中国经济社会发展历史逻辑、现实逻辑的科学判断。可以相信，在以习近平同志为核心的党中央的带领下，全国各族人民将坚持和贯彻习近平新时代中国特色社会主义思想，不忘初心、砥砺奋进，集中解决社会主要矛盾变化后出现的新问题，不断满足人民对美好生活的需求，并在破解中国社会主要矛盾、不断满足人民不断增长的美好生活需要的过程中，把我国建设成为富强民主文明和谐美丽的社会主义现代化强国。

参考文献

[1][德]马克思，恩格斯. 马克思恩格斯全集(第26卷)：第2册[M]. 北京：人民出版社，1973.

[2][德]马克思,恩格斯.马克思恩格斯选集:第3卷[M].北京:人民出版社,2012.

[3][苏]列宁.列宁选集:第3卷[M].北京:人民出版社,2012.

[4][苏]斯大林.苏联社会主义经济问题[M].北京:人民出版社,1953.

[5]刘少奇.中国共产党第八次代表大会政治报告[R].1956-09-15.

[6]中国共产党第十一届中央委员会第三次全体会议公报[N].人民日报,1978-12-22.

[7]邓小平.邓小平文选:第3卷[M].北京:人民出版社,1993.

[8]沿着有中国特色的社会主义道路前进——赵紫阳在中国共产党第十三次全国代表大会上的报告[Z].中国共产党历次全国代表大会数据库.

[9]习近平在中共中央政治局第二十次集体学习时强调 坚持运用辩证唯物主义世界观方法论 提高解决我国改革发展基本问题本领[EB/OL].新华网,2015-01-24.

[10]习近平.立足我国国情和我国发展实践 发展当代中国马克思主义政治经济学[N/OL].人民日报,2015-11-25. http://product.dangdang.com/23374303.html。

[11]习近平.习近平在庆祝中国共产党成立95周年大会上的讲话[EB/OL].新华网,2016-07-01.

[12]习近平.决胜全面建成小康社会 夺取新时代中国特色社会主义伟大胜利[EB/OL].新华网,2017-10-18.

[13]洪银兴.构建解放、发展和保护生产力的系统性经济学说[J].经济学家,2016(3):7-9.

[14]白永秀.创新当代中国社会主义生产目的理论及其实现途径[J].经济研究,2016(3):35-37.

[15]白永秀,吴丰华."后改革时代"的主要矛盾与改革任务[J].经济学动态,2012(8):31-37.

[16]吴丰华,白永秀.改革主体、改革战略及其关联因素的宏观情境[J].改革,2012(2):17-24.

马克思分配理论视域下新时代共享发展理念的内涵及实现路径①

何爱平　赵任洁②

一、引　言

习近平总书记在党的十九大报告中指出："中国特色社会主义进入新时代，我国社会主要矛盾已经转化为人民日益增长的美好生活需要和不平衡不充分的发展之间的矛盾。"③ 站在新的历史方位，解决好发展不平衡不充分问题，"必须坚定不移贯彻创新、协调、绿色、开放、共享的发展理念"，④ 这是习近平新时代中国特色社会主义经济思想的主要内容，集中体现了中国特色社会主义道路的发展思路、发展方向和发展着力点。⑤ 其中共享发展不仅是当代中国发展的根本出发点和落脚点，更是新时代中国特色社会主义思想的本质要求。新时代下，共享发展坚持以人民为中心，"发展为了人民、发展依靠人民、发展成果由人民共享，作出更有效的制

---

① 本文获得陕西省社会科学基金面向"十三五"重大理论与现实问题研究项目"中国特色社会主义政治经济学的创新发展研究"(2016ZDA18)的资助。本文也是西北大学研究生自主创新项目"马克思分配理论视域下中国城乡利益分配不均的影响及作用机制研究"(YZZ17019)研究成果之一。

② 何爱平，女，西北大学经济管理学院教授，博士生导师，研究方向为政治经济学；赵任洁，女，西北大学经济管理学院2016级硕士研究生，研究方向为政治经济学。

③ 习近平. 决胜全面建成小康社会　夺取新时代中国特色社会主义伟大胜利[N]. 人民日报，2017－10－28(1).

④ 习近平. 决胜全面建成小康社会　夺取新时代中国特色社会主义伟大胜利[N]. 人民日报，2017－10－28(1).

⑤ 习近平. 关于中共中央关于制定国民经济和社会发展第十三个五年规划的建议的说明[N]. 人民日报，2015－11－04(2).

度安排，使全体人民在共建共享发展中有更多获得感”,[①] 强调社会公平正义，是不断促进人的全面发展、实现全体人民共同富裕目标的重要途径。根据国家统计局发布的数据，2017 年全国居民人均可支配收入 25974 元，城镇居民人均可支配收入 36396 元，农村居民人均可支配收入 13432 元，城镇居民人均收入是农村居民人均收入的 2.71 倍，城乡收入分配差距依然较大。在基尼系数方面，2010—2016 年，中国基尼系数分别为 0.481、0.477、0.474、0.473、0.469、0.462 和 0.465，虽然整体上呈现出逐渐下降的趋势，但仍然连续 7 年超过国际公认的社会贫富差距“警戒线”0.4。这表明，目前中国发展不平衡不充分的问题，在分配领域突出表现为收入差距扩大造成的贫富分化现象，也正是新时代推进共享发展必须解决的首要问题。关于利益分配问题的探讨，一直是马克思主义经济学的重要组成部分，对共同富裕的追求，也是马克思对未来社会的理想目标，因此，共享发展理念正是马克思分配理论的题中之义。本文基于对马克思经典文献中相关理论的提炼和梳理，从马克思分配理论视域考察了新时代下共享发展理念的基本内涵和实现途径，以期为推进共享发展和中国分配制度改革提供理论支持。

二、马克思经济学的分配理论

马克思的分配理论随着他对生产关系以及资本主义生产方式演变规律研究的不断深入而逐渐发展完善，体现着一般到特殊的思想逻辑。从分配的一般规律来看，分配关系由生产关系决定，又反过来作用于生产关系；从分配的特殊规律来看，资本主义分配方式蕴含着矛盾和危机，资本主义生产方式具有历史性和向社会主义过渡的必然性。马克思正是在这种生产关系和分配关系的演变中进行分析，提出了对未来社会分配方式的构想。

---

① 中共中央关于制定国民经济和社会发展第十三个五年规划的建议[N]. 人民日报，2015－11－04(1).

（一）分配的一般规律

马克思在《政治经济学批判导言》《资本论》等著作中阐述了分配的一般规律。

他认为生产、分配、交换、消费构成了社会生产过程的不同环节，之间存在密切关系，马克思指出："生产表现为起点，消费表现为终点，分配和交换表现为中间环节。"① 他反对割裂生产和分配的内在联系，将分配当作独立的领域与生产并列的错误观点。当时的一些经济学家把生产作为超历史性的永恒规律，把分配作为不同社会阶段影响贫富差距的特殊规定，在分配问题上大做文章，认为生产和分配是不同的经济学研究对象，从而得出资本主义条件下，"在分配上出现的是地租、工资、利息和利润，而在生产上作为生产要素出现的是土地、劳动、资本"② 的结论。表面上，分配决定产品归个人的数量，是处于生产之外的独立环节。实际上，正是资本主义的所有制关系决定了资本、劳动和土地等生产要素以私人资本、土地所有权和雇佣劳动的形式参与生产，并取得利息和利润、地租、工资各种收入形式，资本主义分配的特殊规定只是历史的生产要素特殊规定的反映。他说："如果劳动不是规定为雇佣劳动，那么，劳动参与产品分配的方式，也就不表现为工资，如在奴隶制度下就是这样。"③ 在马克思看来，生产决定了分配的性质、分配的对象、分配方式以及分配结构。他在考察了资本主义社会的利息、利润、工资、地租等具体分配形式的历史规定性之后指出："分配关系和分配方式只是表现为生产要素的背面。"④ "分配的结构完全决定于生产的结构。分配本身是生产的产物，不仅就对象说是如此，而且就形式说也是如此。就对象说，能分配的只是生产的成果，就形式说，参与生产的一定方式决定分配的特殊形式，决定参与分配的形

① ［德］马克思，恩格斯. 马克思恩格斯选集：第2卷［M］. 北京：人民出版社，1995.
② ［德］马克思，恩格斯. 马克思恩格斯选集：第2卷［M］. 北京：人民出版社，1995.
③ ［德］马克思，恩格斯. 马克思恩格斯选集：第2卷［M］. 北京：人民出版社，1995.
④ ［德］马克思，恩格斯. 马克思恩格斯选集：第2卷［M］. 北京：人民出版社，1995.

式。”[①] 因此，分配领域的问题不能就分配论分配，必须结合生产关系进行研究。

马克思反对分配决定生产的错误观点。他具体论述了产品和生产条件两种分配形式：从产品的分配来看，分配的只能是生产的成果，没有生产就没有可供分配的对象；从生产条件的分配来看，在生产之前，先要对生产工具和社会成员在生产中的地位和关系进行分配，仿佛从这个意义上分配先于生产，并且决定生产的结构。马克思明确否定了这种观点，“在所有的情况下，生产方式……总是决定新出现的分配。因此，虽然这种分配对于新的生产时期表现为前提，但它本身又是生产的产物，不仅是一般历史生产的产物，而且是一定历史生产的产物”[②]。也就是说，生产条件分配的特殊形式决定于生产的历史方式。因而无论是产品的分配还是生产条件的分配，都是由生产决定的。“消费资料的任何一种分配，都不过是生产条件本身分配的结果；而生产条件的分配，则表现生产方式本身的性质”[③]。马克思在《资本论》中进一步揭示了生产对分配的决定作用，“所谓的分配关系，是同生产过程的历史地规定的特殊社会形式，以及人们在他们的人类生活的再生产过程中相互所处的关系相适应的，并且是由这些形式和关系产生的。这些分配关系的历史性质就是生产关系的历史性质，分配关系不过表示生产关系的一个方面”[④]。由于生产资料所有制是生产关系的基础，不同生产资料所有制决定不同的社会关系，从而也就产生不同的分配方式。资本主义私有制和资本家对劳动工人的雇佣关系必然产生按资本进行分配的方式，社会主义公有制和生产者自由联合的关系自然形成按劳分配或按需分配的结果。因此，分配关系完全决定于生产关系，并随着生产关系的变化而发生变化。

马克思在全面阐述生产对分配的决定作用时，也论述了分配对生产的

① [德]马克思，恩格斯. 马克思恩格斯选集：第 2 卷[M]. 北京：人民出版社，1995.
② [德]马克思，恩格斯. 马克思恩格斯选集：第 2 卷[M]. 北京：人民出版社，1995.
③ [德]马克思，恩格斯. 马克思恩格斯选集：第 3 卷[M]. 北京：人民出版社，1995.
④ [德]马克思. 资本论：第 3 卷[M]. 北京：人民出版社，2004.

反作用。生产决定分配，并不是说分配问题不重要，可以只研究生产而不研究分配。一个有机整体内部的不同要素之间存在着相互作用，“生产就其单方面形式来说也决定于其他要素”①。一方面，随着分配的变动，例如，资本积累规模的变动，再生产的规模也就发生变动。另一方面，社会成员分配的财富量决定其消费，消费创造出新的生产动机，因而“消费的需要决定着生产”②。不同地区、不同行业以及城乡之间的不同分配造成居民收入差距的不断扩大，富裕人群的消费需求越来越多样化，贫穷的人却只能消费生活必需品，这样长期的不公平分配会导致社会矛盾的激化和劳动者生产积极性的下降。因此，分配的结果直接或间接作用于新的生产，新的生产又产生新的分配，循环往复，当分配方式适合于生产发展需要时，就会促进生产的发展；反之，就会阻碍生产的发展。

由分配的一般规律可以看出，分配不是处于生产之外的独立领域，而是表现为生产要素的背面，生产决定了分配的各个方面，包括分配性质、对象、方式及其结构；分配反作用于生产，对生产发挥促进或阻碍的作用。研究分配问题，必须从生产关系入手，资本主义生产关系决定资本主义分配制度，社会主义生产关系则决定了社会主义分配制度；同时，要重视分配的反作用，通过对分配的适当调整促进生产的发展。马克思关于分配基本原理的分析，为解决现实的分配问题提供了重要的理论依据和方法论基础。

（二）资本主义社会的分配理论

马克思在《雇佣劳动和资本》《资本论》等文献中，考察了作为分配特殊的资本主义条件下的分配方式即社会总产品在资本家、土地所有者和工人之间进行分配。

“社会生产关系，是随着物质生产资料、生产力的变化和发展而变化

① ［德］马克思，恩格斯．马克思恩格斯选集：第 2 卷［M］．北京：人民出版社，1995.

② ［德］马克思，恩格斯．马克思恩格斯选集：第 2 卷［M］．北京：人民出版社，1995.

和改变的……资本也是一种社会生产关系"。[①] 按资本所有权进行分配的分配关系正是与资本主义生产资料私人占有的生产关系相适应，同样具有独特的、历史的和暂时的性质，是一个动态演变的过程。

资本主义生产方式以劳动者被剥夺劳动条件为前提，资本对劳动的强制关系使工人隶属于资本，"劳动所生产的对象，即劳动的产品，作为一种异己的存在物，作为不依赖于生产者的力量，同劳动相对立"[②]。也就是说，工人的劳动产品并不属于他自己，工资只是他出卖自己的劳动力商品的价格，而不是他所生产的商品中占有的一部分。资本只有购买劳动力商品才能增加，雇佣工人的劳动只有使对它起支配作用的资本增加，才能和资本交换取得生活资料，"因此，资本的增加就是无产阶级即工人阶级的增加"，[③] 即资产阶级对工人阶级统治力量的增加。资本主义的生产过程，不仅生产出资本本身，而且不断地再生产出规模扩大的资本关系和相应的分配关系。于是，生产关系决定的分配关系通过资本积累与再生产，使得资本家和劳动工人之间的矛盾逐渐加深，导致两极分化：一面是资本占有剩余劳动绝对量的不断增加；另一面是劳动工人的日益贫困，从而引起危机的出现和生产过程的突然中断。

同时，分配中介着生产和消费。马克思假定了一种最有利的情形：生产资本的增加提高了工人的工资，工人所分配财富的增加引起了对消费需求的增加，改善了工人的物质生活。然而，工人消费的绝对量虽然增加了，但与资本家所增加的更大的消费相比，其相对量反而降低了。可见，"社会消费力既不是取决于绝对的生产力，也不是取决于绝对的消费力，而是取决于以对抗性的分配关系为基础的消费力；这种分配关系，使社会上大多数人的消费缩小到只能在相当狭小的界限以内变动的最低限度"[④]。实际上，随着资本数量和规模的增大，生产资料通过资本家之间的竞争不

---

① ［德］马克思，恩格斯. 马克思恩格斯选集：第1卷［M］. 北京：人民出版社，1995.
② ［德］马克思，恩格斯. 马克思恩格斯选集：第1卷［M］. 北京：人民出版社，1995.
③ ［德］马克思，恩格斯. 马克思恩格斯选集：第1卷［M］. 北京：人民出版社，1995.
④ ［德］马克思. 资本论：第3卷［M］. 北京：人民出版社，2004.

断变革，“生产资本越增加，分工和采用机器的范围就越扩大。分工和采用机器的范围越扩大，工人之间的竞争就越剧烈，他们的工资就越减少。”① 一方面，分工越细，劳动就越简单化，工人的工资也就越低；另一方面，机器把工人排挤出去，工人为了获得维持生活的工资只能接受更低的工资。生产越是扩大，产品总量越是增加，就越通过分配与消费关系的狭隘基础相冲突，社会产品的种类和数量虽然在增加，却只有少数人能消费。

因此，马克思指出“资本主义生产的真正限制是资本自身”，② 资本追求自身增殖的生产目的与生产无限扩大相矛盾；社会产品的有条件分配，“从而与之相适应的生产关系的一定的历史形式”，③ 与生产力的无条件发展相矛盾；资本对扩大市场的需要的增长与日益狭窄的世界市场相矛盾，最终导致危机的到来。要从根本上解决这些矛盾，只有进行生产关系的变革，由其产生的一定分配形式也会一道消失。

马克思对资本主义分配方式的剖析和批判，不仅是对分配一般规律在资本主义条件下的具体应用，还揭示了资本主义经济危机和最终灭亡的必然趋势，为未来社会分配理论的产生和发展奠定了基础。

（三）未来社会的分配理论

马克思在《资本论》中对社会主义的分配方式已经有了初步设想，在《哥达纲领批判》中，他进一步阐释了未来社会的分配理论。

资本主义向社会主义的过渡，社会主义向共产主义的过渡，从而按资本所有权的分配向按劳分配，进而向按需分配的演进，是一个动态的过程，分配的主体、对象和方式也在这一过程中逐渐发展。

从分配主体看，随着“资本—利息、土地—地租、劳动—工资”分配法则的消失，分配主体从资本占主导地位转变为劳动者占主导地位。“生

① ［德］马克思，恩格斯. 马克思恩格斯选集：第1卷［M］. 北京：人民出版社，1995.
② ［德］马克思. 资本论：第3卷［M］. 北京：人民出版社，2004.
③ ［德］马克思. 资本论：第3卷［M］. 北京：人民出版社，2004.

产将以所有人的富裕为目的”,[①] 基于这个目标，马克思构想了一个“自由人联合体”，“他们用公共的生产资料进行劳动……每个生产者在生活资料中得到的份额是由他的劳动时间决定的”[②]。这里的“每个生产者”包含全部社会成员，每一个人都要参与到劳动生产中来，每个人都能得到属于自己的劳动成果，不存在非劳动者无偿占有他人劳动的情况。

从分配对象上看，未来社会不再是资本家对剩余价值的剥削，而是广大劳动者对社会总产品的分配。同时，马克思坚决批判拉萨尔的“不折不扣的劳动所得”的错误观点，强调社会总产品只有在作出一定扣除之后，才能在劳动者之间进行分配。并且，从某个生产者身上所扣除的“用来满足共同需要的部分，如学校、保健设施等”[③] 以及“为丧失劳动能力的人等等设立的基金”,[④] 又会直接或间接地增加这个生产者的利益。马克思的这一思想构成了当代市场经济条件下政府再分配思想的理论渊源。

从分配方式上看，资本主义社会的“劳动者方面的贫穷和愚昧”[⑤] 与“非劳动者方面的财富和文化”[⑥] 一同发展的分配方式已经消失。马克思分析了未来共产主义社会的不同发展阶段，并认为分配方式会随着生产力发展而发生变化，由按劳分配过渡到按需分配。在共产主义的初级阶段，由于它是“刚刚从资本主义社会中产生出来的，因此它在各方面，在经济，道德和精神方面都还带着它脱胎出来的那个旧社会的痕迹。所以，每一个生产者，在作了各项扣除之后，从社会领回的，正好是他给予社会的。他给予社会的，就是他个人的劳动量”[⑦]。马克思强调，这种以劳动作为尺度的分配方式，仍然是“资产阶级权利”，平等只在于使用同一尺度，而个人不同等的劳动能力是天然特权，“所以就它的内容来讲，它像一切权利

---

① ［德］马克思，恩格斯. 马克思恩格斯文集：第 8 卷［M］. 北京：人民出版社，2009：200.
② ［德］马克思. 资本论：第 1 卷［M］. 北京：人民出版社，2004：96.
③ ［德］马克思，恩格斯. 马克思恩格斯选集：第 3 卷［M］. 北京：人民出版社，1995.
④ ［德］马克思，恩格斯. 马克思恩格斯选集：第 3 卷［M］. 北京：人民出版社，1995.
⑤ ［德］马克思，恩格斯. 马克思恩格斯选集：第 3 卷［M］. 北京：人民出版社，1995.
⑥ ［德］马克思，恩格斯. 马克思恩格斯选集：第 3 卷［M］. 北京：人民出版社，1995.
⑦ ［德］马克思，恩格斯. 马克思恩格斯选集：第 3 卷［M］. 北京：人民出版社，1995.

一样是一种不平等的权利”①。只有在共产主义社会高级阶段，“随着个人的全面发展”②，脑力劳动和体力劳动的对立消失；劳动不再是谋生的手段，而成为人们生活的第一需要；生产力高度发达，集体财富的一切源泉都充分涌流时，分配方式才能采取各尽所能，按需分配。每个生产者能够自由地选择参与生产的方式并取得相应的分配，“所有人共同享受大家创造出来的福利”③，此时，社会为每一个人的全面发展创造了条件，每一个人的发展也从方方面面促进着社会进步。

通过以上分析可以看出，马克思所设想的未来社会的分配主体是全体劳动者，主要分配对象是物质产品，分配的方式具有阶段性和渐进性，在共产主义社会第一阶段采取按劳分配的形式，在共产主义社会高级阶段实行按需分配，这是与生产资料公有制相适应的分配关系，也是社会生产发展的必然趋势。尽管马克思对未来社会分配理论的构想具有一定的空想性，但其中所包含的共享思想对中国收入分配改革具有重要的指导意义。

三、新时代共享发展理念的内涵

新时代下的共享发展理念，其实质是以人民为中心，促进人的全面发展，注重解决社会公平正义问题的发展思想，体现了社会主义共同富裕的根本原则。坚持共享发展，必须准确把握共享发展理念的基本内涵。在马克思分配理论视域下，共享发展理念的内涵可以从以下四方面来理解：从范围上，共享发展是全民共享，强调社会发展的成果要覆盖全体人民，是对马克思分配主体的继承；从内容上，共享发展是全面共享，要求经济、政治、文化、社会、生态各方面的建设成果都要共享，是对马克思分配对象的扩展；从形式上，共享发展是共建共享，注重机会均等、人人参与、人人尽力，是对马克思分配方式的发展；从实现过程上，共享发展是渐进共享，需要一个逐步推进的过程，是对马克思分配理论发展阶段的创新。

---

① [德]马克思，恩格斯. 马克思恩格斯选集：第3卷[M]. 北京：人民出版社，1995.

② [德]马克思，恩格斯. 马克思恩格斯选集：第3卷[M]. 北京：人民出版社，1995.

③ [德]马克思，恩格斯. 马克思恩格斯文集：第1卷[M]. 北京：人民出版社，2009.

（一）全民共享：对马克思分配主体的继承

社会主义共同富裕的核心目标要求共享发展是“人人享有、各得其所”的全民共享，而不是“少数人共享、一部分人共享”，“绝不能出现‘富者累巨万，而贫者食糟糠’的现象”。① 改革开放40年来，在中国经济社会发展活力不断增强、人民生活水平普遍提高的同时，也出现了地区之间、城乡之间、行业之间收入分配差距较大，基本公共服务资源分布不均，社会保障制度覆盖面小，以及农村贫困人口脱贫任务艰巨等问题，成为实现全民共享的主要障碍。全民共享，回答了共享发展的范围问题，本质上就是要把社会发展的成果和发展的机会实实在在地分享给每一个社会成员，真正让全体人民在改革发展中受益，防止贫富两极分化，逐步实现共同富裕。全民共享，强调了人民在社会分配中的核心地位，是中国社会主义制度区别于其他社会制度的重要标志。人民是社会财富的创造者和经济发展的动力源泉，把握住人民，就把握住了不断满足其日益增长的美好生活需要的社会主义生产目的，才能进一步激发广大劳动者的积极性、主动性和创造性。习近平总书记指出：“马克思主义是人民的理论”，②“人民性是马克思主义最鲜明的品格。”③ 马克思的分配理论也是以人民为出发点，通过揭示资本主义生产方式下资本对劳动的剥削本质，维护广大劳动人民的根本利益。新时代下，坚持全民共享，体现了以人民为中心的发展思想，这是马克思主义政治经济学的根本立场，继承了马克思人民主体地位的分配思想。

（二）全面共享：对马克思分配对象的扩展

共享发展的内容随着社会生产力的发展和人民群众各方面需求的增加而不断丰富。新时代下，人民日益增长的美好生活需要对共享发展的内容提出了新的要求，不仅仅是经济发展成果的共享，还包括政治、文化、社

① 习近平. 在党的十八届五中全会第二次全体会议上的讲话（节选）[J]. 求是，2016(1).
② 习近平. 在纪念马克思诞辰200周年大会上的讲话[N]. 人民日报，2018-05-05(2).
③ 习近平. 在纪念马克思诞辰200周年大会上的讲话[N]. 人民日报，2018-05-05(2).

会、生态各个领域建设成果的全面共享。政治共享要坚持人民民主，“推进社会主义民主政治建设，不断加强人民当家作主的制度保障”,[①] 使全体人民共同享有参与国家政治生活和管理国家事务的平等权利；文化共享是社会主义先进文化在人民群众之间的传播，为广大人民提供了丰富的精神文化产品，有利于增强文化自信和文化认同感，提高社会文明程度，“使全体人民在理想信念、价值理念、道德观念上紧紧团结在一起”[②]；社会共享关键是要保障和改善民生，解决好教育、住房、就业、养老和医疗卫生等人民最关心最直接最现实的问题，创造公平正义的社会环境，使全体人民有更多获得感和幸福感；生态共享要深入贯彻环境就是民生、“绿水青山就是金山银山”的理念，走绿色发展道路，使全体人民共享美好的生产生活环境。按照马克思的观点，“物质生产力是社会全部生活的物质前提”,[③] 物质财富的共享是其他成果共享的基础，物质产品的分配决定其他成果的分配。同时，政治、文化、社会、生态领域的共享又对经济产生反作用，政治民主、文化先进、社会和谐、生态文明能够更好地促进经济发展。从这个角度上来说，新时代下坚持全面共享，体现了在分配对象上对马克思分配理论的扩展。

（三）共建共享：对马克思分配方式的发展

共享发展不是少数人“做蛋糕”，其他人只“分蛋糕”，需要依靠全体人民共同奋斗。习近平总书记指出：“共建才能共享，共建的过程也是共享的过程。”[④] 共建是共享的基础和前提。人民群众是发展成果的分享者之前，首先是社会的建设者，没有共建，就没有共享的内容和对象。共享是共建的目的和方向。每个人消费自己劳动产品的同时，也消费着他人的劳

---

① 习近平. 在纪念马克思诞辰200周年大会上的讲话[N]. 人民日报,2018-05-05(2).

② 习近平. 决胜全面建成小康社会　夺取新时代中国特色社会主义伟大胜利[N]. 人民日报,2017-10-28(1).

③ 习近平. 在纪念马克思诞辰200周年大会上的讲话[N]. 人民日报,2018-05-05(2).

④ 习近平. 在省部级主要领导干部学习贯彻党的十八届五中全会精神专题研讨班上的讲话[N]. 人民日报,2016-05-10(2).

动产品，这种人人平等、人人互助的共享关系是进一步共建的动力。共建共享，本质上是一个社会发展同个人发展相辅相成、相互促进的过程。一方面，个人不能脱离社会独立存在，因而人的“活动和享受，无论就其内容或就其存在方式来说，都是社会的活动和社会的享受”①。人的社会性本质决定了每一个人都应当为社会发展贡献自己的力量，只有全体社会成员共同参与发展过程、平等享有发展机会、共同分享发展成果，才能最大限度地促进社会发展，“形成人人参与、人人尽力、人人都有成就感的生动局面”。② 另一方面，“已经生成的社会创造着具有人的本质的这种全部丰富性的人”，③ 社会的全面发展为个人的全面发展创造条件，是个人丰富自我、完善自我的重要手段，进而使每个人“作为一个完整的人，占有自己的全面的本质”，④ 自主、自由地选择参与社会建设的形式。共建共享包含着“共同生产、平等分配”的思想，是对马克思未来社会分配方式的一脉相承，因此，新时代下，坚持共建共享体现了对马克思财富分配方式的发展。

（四）渐进共享：对马克思分配理论发展阶段的创新

共享发展不是平均主义，允许合理范围内的差距，是一个渐进的、动态的过程。习近平总书记强调：“共享发展必将有一个从低级到高级、从不均衡到均衡的过程，即使达到很高的水平也会有差别。”⑤ 立足于中国社会主义初级阶段的基本国情，面对发展不平衡不充分的现状，推进共享发展，必须正确认识共享发展在各个方面的渐进性。首先，全民共享的渐进性体现在发展成果在不同社会群体之间的分配是一个不均衡到均衡的过程。现阶段，城市和农村、发达地区和欠发达地区的居民在收入、社会保

① ［德］马克思，恩格斯. 马克思恩格斯文集：第1卷［M］. 北京：人民出版社，2009.

② 习近平. 在省部级主要领导干部学习贯彻党的十八届五中全会精神专题研讨班上的讲话［N］. 人民日报，2016-05-10(2).

③ ［德］马克思，恩格斯. 马克思恩格斯文集：第1卷［M］. 北京：人民出版社，2009.

④ ［德］马克思，恩格斯. 马克思恩格斯文集：第1卷［M］. 北京：人民出版社，2009.

⑤ 习近平. 在省部级主要领导干部学习贯彻党的十八届五中全会精神专题研讨班上的讲话［N］. 人民日报，2016-05-10(2).

障制度、基本公共服务等方面还有一定差距，这个差距是逐渐缩小的。其次，当前经济、政治、文化、社会、生态各领域的发展速度不同，全面共享的水平还不够高。虽然经济的优先发展为其他领域的发展奠定了物质基础，但社会的全面进步仍需要一定时间。最后，共建共享也是一个渐进的过程。人的能力有大小，在社会建设中的贡献有差异，因而在成果分享时应当有所区别，盲目追求平均会挫伤人们的积极性，阻碍长期的发展。共同富裕是社会主义的本质要求，也是共享发展的最终目标，共享发展的渐进性决定了共同富裕不是“同步富裕”，要经过一部分人、一部分地区先富起来的阶段，再到先富带动后富的漫长过程，不能“好高骛远、寅吃卯粮、口惠而实不至”。[①] 马克思所阐释的社会历史性质和分配关系的演变过程也是渐进的、阶段性的，新时代下，坚持渐进共享，“深刻认识实现共产主义是由一个一个阶段性目标逐步达成的历史过程”，[②] 体现了对马克思未来社会分配理论发展阶段的创新。

四、共享发展的实现途径

马克思的经济理论“提供的不是现成的教条，而是进一步研究的出发点和供这种研究使用的方法”[③]。新时代下回答如何实现共享发展这一问题，不能企图从马克思的分配理论中寻找现成的答案，而是要坚持马克思分析问题的思路和方法，从中国经济发展的具体实际出发，结合共享发展理念的科学内涵，在实践中不断探索共享发展的实现路径。

（一）坚持基本经济制度和分配制度

共享发展主要解决的是分配问题，生产决定分配，不能离开所有制空谈分配。社会主义生产资料公有制为主体的生产关系特征决定了实行按劳

① 习近平. 在省部级主要领导干部学习贯彻党的十八届五中全会精神专题研讨班上的讲话[N]. 人民日报,2016-05-10(2).

② 习近平. 在纪念马克思诞辰200周年大会上的讲话[N]. 人民日报,2018-05-05(2).

③ [德]马克思,恩格斯. 马克思恩格斯全集:第39卷[M]. 北京:人民出版社,1974:406.

分配的必然性，但“我国仍处于并将长期处于社会主义初级阶段的基本国情没有变”，[①] 生产力的发展仍然存在不平衡不充分的突出问题，必须继续坚持基本经济制度，“毫不动摇巩固和发展公有制经济，毫不动摇鼓励、支持、引导非公有制经济发展。”[②] 生产资料的不同所有制形式决定了按劳分配为主体、多种分配方式并存的分配制度，即劳动要素和非劳动要素都参与收入分配，这是符合马克思分配一般规律和中国基本国情的分配制度，体现了政治经济学理论逻辑与中国特色社会主义历史逻辑的统一。[③] 新时代下落实共享发展，首先要把握好这一基本的分配制度，使“劳动要素同其他要素共享发展成果”[④]。

一方面，坚持按劳分配原则，提高劳动报酬在收入分配中所占的比重。收入分配差距的不断扩大与全面建成小康社会实现共同富裕的发展目标产生了背离。长期不均衡的分配格局使劳动要素与资本、技术、管理等生产要素之间的矛盾不断积累，从而影响了整个社会经济发展的效率，甚至可能出现危机。因此，实现共享发展必须坚持劳动者的主体地位，提高劳动收入占比，把收入分配的差距控制在合理的范围内。但这种提高不是简单地在量上增加收入，而是从根本上提升劳动者的劳动能力和劳动效率，从而“在经济增长的同时实现居民收入同步增长、在劳动生产率提高的同时实现劳动报酬同步提高”[⑤]。收入水平的提高会反作用于劳动生产，调动劳动者的生产积极性，使其主动参与社会发展过程，进一步共享发展成果。同时，针对我国劳动力市场存在的工资报酬和福利待遇不公的现象，政府要从法律上、制度上维护劳动者的合法权益，“健全科学的工资

---

① 习近平. 决胜全面建成小康社会　夺取新时代中国特色社会主义伟大胜利[N]. 人民日报，2017－10－28(1).

② 习近平. 决胜全面建成小康社会　夺取新时代中国特色社会主义伟大胜利[N]. 人民日报，2017－10－28(1).

③ 方敏. 不断完善中国特色社会主义新时代的分配关系[J]. 政治经济学评论，2018，9(2)：16－30.

④ 洪银兴，任保平. 经济新常态下发展理论创新[M]. 北京：经济科学出版社，2017.

⑤ 习近平. 决胜全面建成小康社会　夺取新时代中国特色社会主义伟大胜利[N]. 人民日报，2017－10－28(1).

水平决定机制、正常增长机制、支付保障机制，完善最低工资增长机制”①，促进收入分配更合理、更有序。

另一方面，健全非劳动要素参与分配的制度，“完善市场评价要素贡献并按贡献分配的机制”②。社会主义市场经济条件下，非劳动生产要素按贡献参与收入分配实质上是各种要素所有权的实现，目的是动员资本、技术、管理等生产要素的所有者将各种要素投入经济发展过程，提高财富创造效率，促进社会生产力的发展。这种分配体制同允许一部分人先富起来的大政策是一致的，③ 为先富带动后富奠定了经济基础。十九大报告中指出“使市场在资源配置中起决定性作用”，④ 这就要求政府完善市场机制，加快要素价格市场化改革，营造公平的市场竞争环境，保障各类市场主体参与竞争的机会公平和规则公平，从而提高资源配置效率和合理性，实现非劳动生产要素共享发展成果的公平性。

（二）注重社会公平正义，促进共建共享和渐进共享

分配总是具体的、历史的，没有抽象的“公平分配”，不同所有制有不同的公平分配的标准。⑤ 马克思明确强调，按劳分配本身也存在分配结果的不平等，劳动“这种平等的权利，对不同等的劳动来说是不平等的权利”，⑥ 依然是“资产阶级权利”。每个人作为独立的个体具有一定的特殊性，家庭出身、财富状况、身体素质、智力水平等因素均存在差异，从而导致发展机会和分配结果的不公平。共享发展正是中国社会主义初阶段公平分配的标准，共享的实现过程就是逐渐消除这种不平等的过程，只有在

---

① 中共中央关于制定国民经济和社会发展第十三个五年规划的建议[N]. 人民日报,2015-11-04(1).

② 中共中央关于制定国民经济和社会发展第十三个五年规划的建议[N]. 人民日报,2015-11-04(1).

③ 洪银兴,任保平. 经济新常态下发展理论创新[M]. 北京:经济科学出版社,2017.

④ 习近平. 决胜全面建成小康社会 夺取新时代中国特色社会主义伟大胜利[N]. 人民日报,2017-10-28(1).

⑤ 周新城. 研究分配问题必须从生产资料所有制出发——研究分配问题的一个方法论原则[J]. 当代经济研究,2018(1):22-27,97.

⑥ [德]马克思,恩格斯. 马克思恩格斯选集:第3卷[M]. 北京:人民出版社,1995.

社会发展中促进每一个人自由而全面的发展，才能不断缩小不同个体所拥有的要素差别，实现真正的公平正义。因此，不仅仅要让广大人民群众积极主动参与到社会发展中来，更进一步的，要让每一个参与者享有公平的发展起点和发展过程。

实现起点公平就是要逐步缩小不同社会成员所占有劳动、资本、技术、管理等生产要素的差距，使社会成员拥有相同的天然禀赋。针对资本要素的差距，要拓宽居民财产性收入渠道，如支持员工持股、提供投资机会、鼓励私人创业等，增加居民的各类资产。[①] 针对劳动、技术和管理要素的差距，要推进教育公平尤其是高等教育的大众化，统筹城乡义务教育资源均衡配置，让每个人都能享受同等质量的教育。通过增加对低收入人群的人力资本投资，使其提高劳动能力、技术能力和管理能力，最终共享人生出彩和梦想成真的机会。

在起点公平的基础上，还要保障过程公平，才能最终实现结果公平。一方面，就业是人民群众参与共建共享过程的主要方式，只有“破除妨碍劳动力、人才社会性流动的体制机制弊端”,[②] 同时，加强对劳动者的职业技能培训，解决结构性就业矛盾，才能实现更高质量和更充分就业，使人人都有实现自身发展的机会。另一方面，市场是各个要素所有者参与共建共享过程的主要场所，必须营造公平竞争的市场环境，破除行政垄断和行业垄断，使各类市场主体都能公平获取市场资源和信息，才能激发各类市场主体的活力。

（三）强调政府的再分配职能，保障全民共享和全面共享

坚持以人民为中心的发展思想，让广大人民群众共享改革发展成果，实质上就是要在发展中让民生真正得到改善。民生与发展是统一的，发展是为了改善民生，解决好民生问题，发展才有更强的动力，使民生改善和

① 洪银兴. 非劳动生产要素参与收入分配的理论辨析[J]. 经济学家,2015(4):5－13.

② 习近平. 决胜全面建成小康社会　夺取新时代中国特色社会主义伟大胜利[N]. 人民日报,2017－10－28(1).

经济发展有效衔接的正是再分配机制。通过物质产品和生产要素的再分配，劳动者实现了对生活资料和生产资料的占有，社会的生产条件得到重构，可以充分发挥生产关系对生产力的反作用，促进生产力和生产关系协调发展。① 再分配调节收入差距主要是从基本公共服务和社会保障制度两方面入手。

增加公共财政支出，实现基本公共服务均等化。随着人民群众对教育、就业、医疗卫生等方面需求的增加，政府公共服务呈现出财政投入不足、供需不平衡、城乡公共服务资源配置不均等问题。同时，在市场机制的作用下，要素不断流向公共服务完善的地区，造成区域之间、城乡之间的差距越来越大，严重阻碍了全民共享和全面共享的实现。促进发展成果惠及全体人民，必须加强公共服务均等化建设，提高公共服务的共享水平，把人民群众最关心、最直接、最现实的利益问题作为公共服务供给的重点领域。一方面，政府要从量上增加基本公共服务建设的投入，扩大公共服务专项转移支付的比重，把农村和贫困地区作为基本公共服务的重点供给对象，实现城乡基本公共服务均等化发展；另一方面，要从质上优化财政支出结构，全面发展义务教育、就业服务、基本医疗和卫生服务、公共文化等各项社会公共服务，全方位地满足人民群众在共享发展中的基本需求。除此之外，要进一步在深化财税制度改革的基础上完善公共财政体制，拓宽资金渠道，加强资金管理，防止资金被贪污、挪用。

健全社会保障制度，实现城乡社会保障一体化。社会保障制度是促进分配结果公平、实现发展成果全民共享和全面共享的重要途径之一。根据目前我国社会保障制度主要存在的覆盖面小、城乡不均衡、体系不完善、管理机制不健全等问题。进一步深化社会保障制度改革，增强社会保障制度的公平性和可持续性，首先，要全面实施全民参保计划，提高社会保险的覆盖面，同时，加快实现养老保险全国统筹，基本医疗保险、大病保

① 李雪娇，何爱平. 政治经济学的新境界：从人的全面自由发展到共享发展[J]. 经济学家，2016(12)：5－11.

险、失业和工伤保险城乡统一，确保城乡居民享受同等的保障水平。其次，要完善社会保障体系，关注各类社会成员尤其是弱势群体的需要，促进社会福利、社会保险、社会救助等各项保障制度共同发展。最后，要健全管理机制，实行集中统一的社会化管理，明确各级管理部门的权利与责任，防止权力攀比和责任推诿。保证资金安全，严禁挤占、挪用社会保障资金的行为，并从法律和制度层面规范社会保障资金的管理。

"理论的生命力在于不断创新",① 马克思主义是在实践中不断发展的开放的理论。共享发展理念对马克思的分配理论既是继承又是创新，一方面，全民共享、全面共享、共建共享和渐进共享是对马克思未来社会分配主体、分配对象、分配方式和发展阶段的一脉相承；另一方面，共享发展是立足于中国特色社会主义新的历史方位和社会主义初阶段的基本国情，结合中国实际、融入中国智慧、解决中国问题的新思想。新时代下，在坚持马克思主义的立场观点方法的基础上，"不断探索时代发展提出的新课题、回应人类社会面临的新挑战",② 是对待马克思主义的科学态度。

参考文献

[1]习近平.决胜全面建成小康社会　夺取新时代中国特色社会主义伟大胜利[N].人民日报,2017-10-28(1).

[2]习近平.关于中共中央关于制定国民经济和社会发展第十三个五年规划的建议的说明[N].人民日报,2015-11-04(2).

[3]中共中央关于制定国民经济和社会发展第十三个五年规划的建议[N].人民日报,2015-11-04(1).

[4][德]马克思,恩格斯.马克思恩格斯选集:第2卷[M].北京:人民出版社,1995.

[5][德]马克思.资本论:第3卷[M].北京:人民出版社,2004.

① 习近平.在纪念马克思诞辰200周年大会上的讲话[N].人民日报,2018-05-05(2).
② 习近平.在纪念马克思诞辰200周年大会上的讲话[N].人民日报,2018-05-05(2).

[6][德]马克思,恩格斯.马克思恩格斯选集:第1卷[M].北京:人民出版社,1995.

[7][德]马克思,恩格斯.马克思恩格斯文集:第8卷[M].北京:人民出版社,2009:200.

[8][德]马克思.资本论:第1卷[M].北京:人民出版社,2004:96.

[9][德]马克思,恩格斯.马克思恩格斯选集:第3卷[M].北京:人民出版社,1995.

[10][德]马克思,恩格斯.马克思恩格斯文集:第1卷[M].北京:人民出版社,2009.

[11]习近平.在党的十八届五中全会第二次全体会议上的讲话(节选)[J].求是,2016(1).

[12]习近平.在纪念马克思诞辰200周年大会上的讲话[N].人民日报,2018-05-05(2).

[13]习近平.在省部级主要领导干部学习贯彻党的十八届五中全会精神专题研讨班上的讲话[N].人民日报,2016-05-10(2).

[14][德]马克思,恩格斯.马克思恩格斯全集:第39卷[M].北京:人民出版社,1974:406.

[15]方敏.不断完善中国特色社会主义新时代的分配关系[J].政治经济学评论,2018,9(2):16-30.

[16]洪银兴,任保平.经济新常态下发展理论创新[M].北京:经济科学出版社,2017.

[17]周新城.研究分配问题必须从生产资料所有制出发——研究分配问题的一个方法论原则[J].当代经济研究,2018(1):22-27,97.

[18]洪银兴.非劳动生产要素参与收入分配的理论辨析[J].经济学家,2015(4):5-13.

[19]李雪娇,何爱平.政治经济学的新境界:从人的全面自由发展到共享发展[J].经济学家,2016(12):5-11.

下篇

重大实践问题

中国特色的中高速增长问题研究

钞小静　薛志欣①

一、引　言

中国作为一个发展中、转型中的大国，经历了30多年GDP增长率平均9.9%的高速增长，按照世界银行的标准，2010年我国进入中等收入国家行列。习近平总书记指出，中国特色社会主义拓展了发展中国家走向现代化的途径，为解决人类问题贡献了中国智慧、提供了中国方案。国际经验表明，由中等收入国家向高收入国家迈进阶段，是各种经济社会矛盾集中爆发的时期。在1960年的101个中等收入经济体中，到2008年仅有13个成为高收入经济体。迄今为止，成功跨入高收入水平阶段的都是日本、韩国、新加坡等资本主义国家，而对中国这样一个社会主义大国而言，这完全是一个前所未有的极具挑战性的崭新课题。

两个“一百年”奋斗目标的实现离不开经济增长的速度。自2012年以来中国经济增速正式告别9%以上的快速增长，中高速增长成为我国进入经济发展新阶段后基本的新常态。党的十九大报告中指出，中国特色社会主义进入新时代，我国社会主要矛盾已经转化为人民日益增长的美好生活需要和不平衡不充分的发展之间的矛盾。解决社会主要矛盾，我们应坚定不移地全面深化改革，着力增强改革的系统性、整体性、协同性，拓展改革的广度和深度，推动经济发展不断朝着更高质量、更有效率、更加公

① 钞小静，女，西北大学经济管理学院教授，硕士生导师，研究方向为经济增长质量；薛志欣，女，西北大学经济管理学院2016级硕士研究生，研究方向为西方经济学。

平、更可持续的方向前进。转入新常态，意味着我国经济发展的条件和环境已经或即将发生诸多重大转变，必须坚定不移地推进改革，才能破除原有发展方式赖以存在的体制安排和利益结构，为适应经济新常态的发展创造条件。那么，中高速增长是否可以自然实现？更进一步的，如果无法自动实现，那么未来推动中国经济中高速增长的突破性因素究竟又是什么？这些问题成为当前中国经济发展中亟须回答的问题。

二、中国特色的中高速增长演进轨迹

高速持久的经济增长是工业革命以后才出现的现象，尤其是 20 世纪 80 年代中后期至 2008 年国际金融危机爆发的这 20 年间，世界各类经济体大多实现了较高速的经济增长。罗斯托（2010）根据工业发展状况将世界各国的经济发展划分为传统社会、为起飞创造前提、起飞、成熟、大众消费、追求生活质量 6 个阶段，其中，成熟阶段持续时间长且经济保持持续高速增长，欠发达国家只有实现了经济起飞，才能跳出“贫困的恶性循环”，进入成熟阶段①。钱纳里等（1989）从结构转变过程角度依据人均收入水平将经济发展划分为初级产品生产、工业化、发达经济 3 个阶段，其中工业化阶段又划分为 4 个时期，以 2004 年美元来计算，人均 GDP 在 1179 ~ 2358 美元时进入工业化的第一个时期，人均 GDP 在 2358 ~ 4717 美元时进入工业化的第二个时期，人均 GDP 在 4717 ~ 8845 美元时进入工业化的第三个时期，人均 GDP 在 8845 ~ 13569 美元时进入工业化的最后一个时期②。皮凯蒂（2014）的研究发现在工业革命之前，世界各国的经济增长都是极为缓慢的，高速经济增长只是工业化时期发生的一段特殊历史现象，当工业化完成后这种高速增长将不复存在③。现有研究表明，中高速增长只是一个阶段性的经济特征，历史上大部分的经济体在经历了较长时间的高速增长以后，经济增速下降的概率会明显加大，当经济增长阶段发

① ［美］罗斯托．经济成长的阶段［M］．北京：中国社会科学出版社，2010.

② ［美］钱纳里．工业化进程［M］．上海：上海三联出版社，1989.

③ ［美］皮凯蒂．21 世纪资本论［M］．北京：中信出版社，2014.

生转变时相应的增长速度也会不可避免地随之发生变化。基于此，本文借鉴金碚（2015）对中国工业化进程的划分，将中国近现代历史分为工业萌芽期（1912—1949 年）、工业化雏形期（1950—1979 年）、工业化加速期（1980—2012 年）和工业化深化期（2013 年至今）这四个时期来研究我国特色的中高速经济增长的演进轨迹，旨在以史为鉴，总结经验，探寻我国特色的中高速经济增长道路。

一方面，整体来看，中国自工业化以来经济增长变化的长期趋势明显（见表 1）。在工业化萌芽期（1912—1949 年），中国处于由传统以农业为主自给自足的自然经济向以机器大生产为主的近代经济转型的阶段，这一时期以“实业救国”为口号，洋务企业、民族资本企业和外资企业相继兴办，在帝国主义、封建主义、官僚资本主义“三座大山”的夹缝中推动中国近代经济发展。在这一期间，国内生产总值由 164. 8 亿元增加为 189. 5 亿元，这一时期国内生产总值的年均增长率为 0. 4%。到工业化雏形期（1950—1979 年），我国为了迅速恢复国民经济，摆脱“一穷二白”的经济落后局面，采取计划经济体制改革以进行大规模经济建设。国内生产总值从 1950 年的 290. 0 亿元到 1979 年的 4100. 5 亿元，约为 1950 年国内生产总值的 14 倍、1912 年国内生产总值的 25 倍，这一时期国内生产总值的年均增长率达 9. 6%，相比工业化萌芽期的年均增长率增加了近 9 倍。在工业化加速期（1980—2012 年），中国从原先的计划经济体制转变为中国特色社会主义市场经济体制，开启了改革开放的新征程。这一时期国内生产总值由 4587. 6 亿元增加到 540367. 4 亿元，2012 年的国内生产总值是 1980 年国内生产总值的 118 倍、1950 年国内生产总值的 1863 倍、1912 年国内生产总值的 3279 倍。此外，这一期间国内生产总值的年均增长率为 16. 1%，相比工业化雏形期的年均增长率扩大了 0. 7 倍，相比工业化萌芽期的年均增长率扩大了近 39 倍，中国经济超常增长。在工业化深化期（2013 年至今），中国进入全面深化改革阶段，经济呈现出“新常态”，经济增速由高速增长转向中高速增长态势。截至 2016 年年末，国内生产总值由 2013 年的 595244. 4 亿元增加到 2016 年的 744127. 0 亿元，这一时期国内生产总值的年均增长率达 7. 7%，相比工业加速期的年均增长率下降了 8.4 个百分点，可见，在工业化深化期间经济增长速度存在下移趋势。这也印证了大部分发达国家经济增速的发展实践。

表 1　工业化以来中国名义 GDP 变化的长期趋势

时　期	起止年份	名义 GDP/亿元	年平均增长率
工业化萌芽期（1912—1949 年）	1912	164.8	0.4%
	1949	189.5	
工业化雏形期（1950—1979 年）	1950	290.0	9.6%
	1979	4100.5	
工业化加速期（1980—2012 年）	1980	4587.6	16.1%
	2012	540367.4	
工业化深化期（2013 年至今）	2013	595244.4	7.7%
	2016	744127.0	

注：①小数点后保留一位。②1912—1949 年 GDP 数据分别参考张乃丽（2013）和王玉茹、张东刚（2006）得到①。其余数据均由 2016 年《中国统计年鉴》得到。对于个别缺失数据，本文通过建立方程进行估算得到。

另一方面，分阶段来看（见图 1），第一阶段为 1912—1949 年的工业化萌芽期，大致可以分为两个发展阶段：1912—1936 年国内生产总值从 164.8 亿元渐进上升到 258.0 亿元，国内生产总值的年均增长率为 1.9%，该阶段的峰值出现在 1932 年；1937—1949 年由于战争的缘故，经济发展被迫中断，国内生产总值下降到 1949 年的 189.5 亿元，年均增长率下降为 -2.4%，经济出现倒退迹象。第二阶段为 1950—1979 年的工业化雏形期，该阶段国内生产总值 1950—1960 年呈上升趋势，1961—1963 年略有下降，1963—1979 年波动上升；GDP 增速在 1950—1959 年波动上升，1960—1963 年国内生产总值增速大幅下降，呈现出负增长，1963—1979 年国内生产总值增速渐进上涨。其中，国内生产总值增速的谷底出现在 1961 年，峰值在 1958 年。第三阶段为 1980—2012 年的工业化加速期，该阶段国内生产总值大致呈“L”形上升趋势，而 1980—1990 年国内生产总值增速先上升后下降，谷底在 1990 年，为 3.9%，1990 年以后国内生产总值增速波动变化，虽有下降但总体仍

---

① 王玉茹，张东刚. 中国近代史[M]. 天津：南开大学出版社，2006.

维持在7%以上，按照汪红驹（2015）对高速经济增长率的界定，将经济增长率超过7.2%视为高速经济，则1990年以后中国经济进入高速增长阶段。其中，1992—1995年和2003—2007年区间内国内生产总值增速在10%以上，1992年和2007年都达到峰值，为14.2%。第四阶段为2013年至今的工业化深化期，从目前来看，我国进入一个新的增长阶段，国内生产总值仍然上升，而经济增长率从2013年的7.8%下降到2016年的6.7%，不过该阶段的国内生产总值的年平均增长率仍高于同期世界2.6%和发展中经济体4.6%的平均增长率。总体来看，工业化萌芽期和工业化雏形期的经济增长率有较大的波动幅度，而在工业化加速期经济增速波动幅度逐渐减少，经济总体高位运行，到了工业化深化期，国内生产总值的增速逐渐回落，且回落幅度呈现出逐步收窄的态势，经济运行逐渐趋稳。

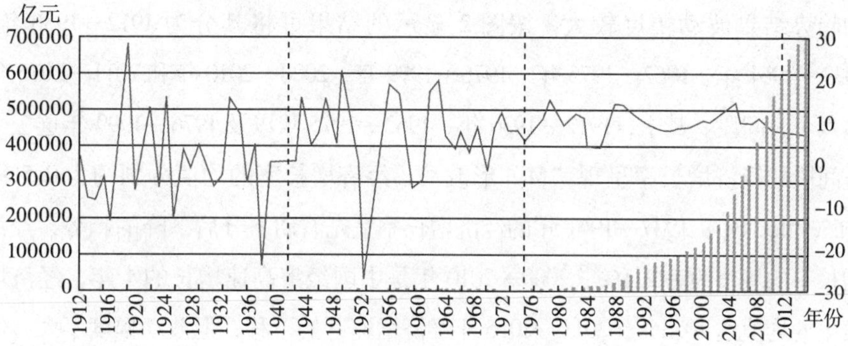

图1 中国1912—2016年GDP增长分析

接下来，为了进一步真实地反映经济增长中的客观变化，本文采用HP滤波方法将经济中的周期波动成分滤去，只保留趋势成分，从而分析中国工业化以来经济增长的长期均衡趋势以及周期变化。此外，由于年度数据平滑参数λ的选取存在分歧，故本文结合Backus和Kchoc（1992）以及Ravn和Uhlig（2002）的年度数据中平滑参数λ设定，将λ分别设为100和6.25，并借助Eviews7.2软件对中国工业化以来经济增长率的年度数据进行滤波分解，得到趋势成分和波动成分（见图2、图3）。

由图2可知，依据100和6.25两种平滑参数下HP滤波所得到的两个经济增长率趋势序列的差异显著，且平滑参数λ为100的HP滤波对应的经济增长率序列相对于平滑参数λ为6.25的HP滤波对应的经济增长率序列的平滑程度较高。在平滑参数λ为100下，这一周期经济增长率波动幅度呈现出阶段性特征。大致可分为四个阶段：第一阶段为1912—1938年，经济增长率大致呈现倒“U”形增长趋势，增长率前期处于上升阶段，后期开始下降，增长率的均值形约为0.3%；第二阶段为1939—1962年，经济增长率同样呈现先上升后下降的倒“U”形趋势，这一阶段增长率的均值约为2.7%；第三阶段为1963—1978年，经济增长率缓慢上涨但有小幅波动，增长率的均值大致为6.7%；第四阶段为1979—2016年，经济增长率总体上升，但在2011年以后经济增长率开始回落，且这一阶段经济增长率的离散程度有所降低，经济增长率的均值为9.6%，较前三个阶段经济增长率大幅增加。在平滑参数λ为6.25下，该滤波的趋势结果波动幅度较大，按图2显示的结果可将其分为1912—1936年、1937—1961年、1962—1975年、1976—1999年、2000—2010年和2011—2016年这六个时间段。其中，1912—1936年、1962—1975年以及1976—1999年这三个时间段的经济增长率呈现“M”形波动，经济增长率的均值分别约为0.5%、6.6%和9.4%；1937—1961年的经济增长率呈先波动上升后下降的趋势，经济增长率的均值约为2.1%；2000—2010年是中国经济高速增长的十年，经济增长率的均值达10.3%，2011—2016年经济增速开始下移，但波动幅度不大，经济增长率的均值在7.7%左右。

由图3可知，平滑参数λ为100的HP滤波对应的经济增长率序列相对于平滑参数λ为6.25的HP滤波对应的经济增长率序列的波动幅度较大，但整体来看两个经济增长率序列都表现出一致且显著的周期波动特点。进一步分析，在100和6.25两个平滑参数λ下，一方面，HP滤波后经济增长率的波动序列峰点都出现在1919年，经济产出的缺口率分别为26.6%和23.8%；而经济增长率的波动序列波谷出现在1961年，经济产出的缺口率分别为-31.7%和-25.1%。另一方面，1979年以前经济增长率波动幅度都较大且变化频繁，其中，在1914—1937年和1953—1976年两个时间段波动表现尤为明显，这一阶段的经济产出波动主要是因为制度因素，经济产出的缺口率为负居多，即实际经济增长率低于潜在经济增长率，经济相对不稳定；而 1979 年以后，经济形势逐渐好转，1979—1996 年经济增长率的波动序列虽仍有起落，但经济增长率的波动幅度都明显降低且离散程度相对较小，经济增长率也开始由负缺口转为正缺口，出现实际经济增长率高于潜在经济增长率的局面。到 2012 年以后波动幅度进一步减小，经济相对更平稳增长。综上所述，对比平衡参数 λ 为 100 和 6.25 时经济增长率的趋势序列和波动序列可知，平滑参数取 6.25 的 HP 滤波更能反映经济产出的结构性变动，刻画结果相对准确。

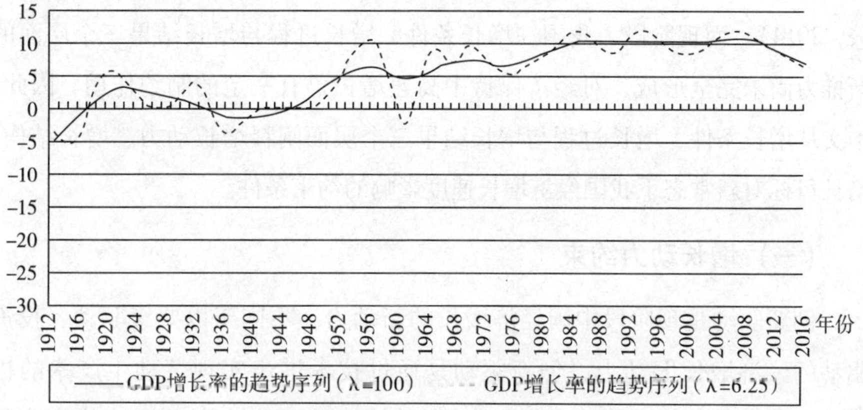

图 2　中国 1912—2016 年 GDP 增速的趋势分析

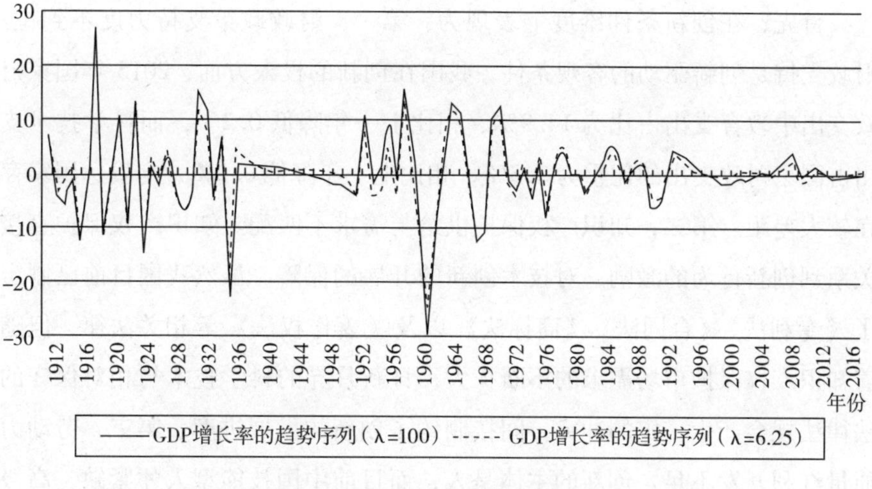

图 3　中国 1912—2016 年 GDP 增速的波动分析

三、新常态下中高速增长面临的约束条件

中国经济由工业化加速期进入工业化深化期，经济增速也由原先的以年均 16.1% 的高速增长转变为以年均 7.7% 的中高速增长，出现了明显不同于以往的特征与表现。对于经济增长速度问题的研究，既要从增长过程中来考察，也涉及经济增长的初始条件与最终结果问题，中高速经济增长是经济增长的条件、过程、结果同时得以改善的产物，历史证明，中高速增长不是自然形成的，而是需要不断形成新的推力来支撑中国经济中高速增长（洪银兴，2014）。而现阶段，我国在增长条件、增长过程与增长结果三个层面的新推力尚未完全形成，对经济保持中高速增长仍有一定的制约作用。因此，本文从增长条件、增长过程与增长结果三个层面阐释增长动力、增长结构、增长目标对新常态下我国经济增长速度影响的约束条件。

（一）增长动力约束

创新驱动是现阶段中国经济增长的新动力，不同于以要素驱动、投资驱动的经济增长旧动力，创新驱动是通过技术进步实现劳动生产率的提高，而目前中国创新驱动在创新条件、创新过程和创新结果三个维度上都面临着相应的制约因素。

首先，在创新条件维度上表现为：第一，财政政策支持力度不到位。财政支持是创新驱动的客观条件，我国在创新的投入方面，2015 年国家财政支出中教育支出占比为 14.9%，相比上一年降低 0.2%，而科学技术支出占国家财政支出的比重为 3.3%，相比上一年降低 0.2%，与发达国家存在较大差距。第二，知识产权保护供给与需求不匹配。知识产权保护直接关系到创新行为的激励，对技术创新的开展的保障。虽然我国目前已制定了《专利法》《合同法》《商标法》以及《著作权法》等相关法律，但随着知识产权保护市场需求的不断扩大，日新月异的科学技术与相对保守的法律法规会产生一定的冲突，间接制约了创新的发展进度。第三，劳动力质量红利开发不足。创新的主体是人，而目前中国技能型人才紧缺，高级

技工比例仅有5%左右，与日本高级技工比例的40%、德国高级技工比例的50%等发达国家的差距悬殊。此外，《2016年农民工监测调查报告》显示，2016年农民工总量已达到28171万人，而接受过农业和非农职业技能培训的农民工仅占32.9%，高级技能型人才的稀缺极大地制约了创新的产生。

其次，在创新过程维度上表现为：第一，研究企业创新能力培育不足。企业是创新的主体，企业的创新能力决定了生产要素的边际价值以及资源的有效配置。我国企业目前整体研发投入总量还偏少，研发强度相对较低，企业内部研发机构进行创新研发的占比还很低，且多为应用试验等研发，关键性和前瞻性的高精尖技术研发能力不足，研发体系也尚不完善。[①] 第二，企业家精神有限。企业家精神是引领企业激发创新改革的重要活力，其根本特征在于企业家的创新精神，而目前我国大部分中小企业创新精神缺失，缺少对产品精益求精的坚持与积累，缺乏长远的创新规划，企业的稳定性和可持续性不足。第三，所有制掣肘。所有制结构会通过影响企业的战略选择从而干预创新研发的开展，我国目前的所有制改革并没有有效推进反而掣肘了创新的进程。在找国所有制改革过程中，国有资本股权集中以及长期固化的问题仍然存在，企业内部激励机制尚不完善，故而都会干扰企业创新能力的持续性。

最后，在创新结果维度上表现为：第一，创新成果转化不畅。持续活跃的技术创新是实现高质量经济增长的源泉，2015年我国发明专利申请受理数为2798500项，而专利申请授权数为1718200项，仅占受理数的61.4%；2015年我国发明专利申请受理数为1101864项，而发明专利申请授权数为359316项，仅占受理数的32.6%左右，科技成果并未有效转化为现实生产力，严重影响了技术创新。第二，多元创新共同体系未形成。创新的开展取决于政府、企业与高校、科研机构的协同合作，各创新主体

---

① 任保平，钞小静，魏婕．中国经济增长质量发展报告（2014）[M]．北京：中国经济出版社，2014.

的协同创新能力通过影响创新行为的内在机制从而产生更大范围的创新成果。但目前我国尚未形成创新共同体，主要在于政府、企业与高校、科研机构的利益诉求和激励机制不同，同时，在进行创新研发过程中创新链内部分工不明晰且缺乏有效衔接，从而协调合作中的矛盾有一定的难度，不易形成稳定的长期合作机制。

（二）增长结构约束

近年来，我国经济结构优化与升级已取得一定成效。然而随着国内外发展环境的急剧变化，经济增长的结构性问题也逐渐凸显，主要体现在宏观层面的供需结构、中观层面的产业结构和区域结构以及微观层面的市场结构等方面对中国中国经济实现中高速增长起到制约作用。

首先，在宏观层面上表现为：第一，供给结构方面。供给是产品供给，主要从事生产和提供产品有关的活动（金碚，2016）。总体来看，我国供给体系存在的问题是中低端产能过剩，高端供给相对匮乏，造成国内产品与服务的供给能力无法满足居民消费结构升级的需要，导致居民对国外产品的依赖度较高，消费需求外溢，不能正确引导国内产品的有效升级。第二，需求结构方面。需求包括消费需求、投资需求和进出口需求，而我国近年来消费需求相较于投资与进出口需求对经济的拉动性要弱。财政部公布的数据显示，2017 年 8 月国内增值税为 3908 亿元，同比增长 19.3%。其中，国内消费税为 856 亿元，同比增长 2.9%。而进口货物增值税、消费税为 1361 亿元，同比增长 19.1%。这说明国内消费需求低迷，消费前景不太乐观。此外，我国投资主体易位，投资仍由政府主导，民间投资增速回升缓慢且动力不足（许光建等，2017）。

其次，在中观层面上表现为：第一，产业结构方面。产业内部的演进趋势是传统行业逐步被替换为新兴产业，整个产业高技术密集型趋势日益明显。而目前我国产业结构中，第一产业中现代农业比重偏低，第二产业中现代制造业比重偏低，第三产业中现代服务业比重偏低，产业结构不合理。此外，我国高新技术产业面临着创新基础薄弱、缺乏核心和关键共性技术的问题，生产的产品亟待向轻量化、精密化、绿色化产品转型，与发达国家相比仍有上升空间。第二，区域结构方面。区域经济的发展本应是一个由非均衡走向高水平均衡的过程。我国目前的发展不平衡不充分已经成为满足人民日益增长的美好生活需要的主要制约因素，着重体现在地区间经济差距呈“先升后降”趋势，但地区内经济差距经济差距呈“先降后升”趋势，地区经济差异总体明显（朱承亮，2014）；城乡之间在收入水平、教育、医疗、消费、就业、社会保障等方面的差距日趋扩大；家庭间贫富差距日益严峻，其核心特征由穷人太穷转变为富人太富，社会流动性在逐渐下降，并开始出现代际固化的特点（郭豫媚等，2015）。

最后，在微观层面上表现为：市场结构方面。完全竞争厂商在配置资源方面比垄断厂商更有效率，因为竞争厂商在价格等于边际成本的点处经营，而垄断厂商在价格大于边际成本的点处经营。因此，垄断厂商的均衡价格高于竞争厂商，均衡产量低于竞争厂商，则垄断会造成帕累托低效率，存在帕累托改进。而目前虽然我国在下游产品市场已实现了市场化竞争，但上游要素市场仍然具有较大垄断势力，特别是国有企业的垄断力较强，市场要素不够完善。这种上游市场垄断下游市场竞争的格局使得生产要素的价格不由市场决定，而是由垄断厂商自己决定，会影响到整个市场的稳定。因为产品的最终价格看似是由市场决定的，但实则上游要素市场可通过控制要素价格影响产品的生产成本进而改变产品的最终价格，使得价格不能完全反映市场供需，导致市场的紊乱。由此可以看出市场机制仍需进一步强化。

（三）增长目标约束

中国以往将数量速度作为经济增长的目标，但是当经济增长速度提高到一定程度、社会生产规模逼近生产可能性边界时，经济增长质量就会对经济增速形成明显的制约。因此，我国经济发展新阶段的核心目标是实现数量与质量效益的同步提升。而目前我国增长目标对中国经济增长中高速增长的制约作用体现在经济增长稳定性、收入分配格局、资源环境质量三大方面。

首先，在经济增长稳定性方面表现为：第一，金融与实体经济失衡。经济增长的稳定性是保证经济增长质量的重要内容，而金融的稳定直接关系到经济的稳定性。随着我国金融业的发展，资金投资在影子银行理财产品或票据贷类理财产品的收益率高于实体部门的利润率，资金存在脱实向虚的现象，大量资金在金融体系内“空转”，不仅阻碍了实体经济的发展，更加大了金融衍生风险。第二，地方政府和企业加杠杆。企业作为经济活动的主体，企业的发展波动影响其经济活动的变化既而决定宏观经济的稳定性。现阶段，我国的高杠杆主要集中在地方政府和企业两大部门，地方政府通过融资平台、PPP 以及投资基金等方式债务骤增，而企业尤其是国有企业主要通过向银行借款导致债务过高，出现一些“僵尸企业”。长期以往，地方政府和企业缺少自我发展的潜能，不仅实体经济会逐渐空洞化，还会加大金融风险，不利于增长动力的提升和经济的平稳运行。

其次，在收入分配方面表现为：第一，收入分配不平等。在国民收入分配中，如果居民收入中劳动要素收入不平等程度低于资本要素收入的不平等程度，那么劳动收入份额相对于资本要素收入份额的上升将会缩小居民收入差距（郭庆旺等，2012）。目前我国在要素收入分配体系中，资本报酬的比重偏高，而劳动报酬的比重相对偏低，劳动收入份额过低会通过人力资本机制、消费需求机制以及收入分配机制对经济增长质量产生负向影响，不利于收入分配公平。第二，不完善的基本公共服务体系。针对收入分配的差距可以通过收入再分配机制来平抑。现阶段我国社会保障方面尚未形成完善的基本建制，各个服务部门也尚未建立联动机制与配套政策，公共产品以及准公共产品供给不足甚至有些地区严重匮乏，这严重影响了收入分配改革的推进（刘树成，2013）。第三，政策的偏向性。某些公共服务的特权不利于社会的公平与效率。长期以来，我国偏向城市的经济发展政策诸如建立住房、医疗、教育等排他性福利制度，使得城乡之间形成不同的发展机会以及不同的生活条件，逐渐改变了城乡之间的收入结构，加剧了城乡之间的收入差距。

最后，在生态环境方面表现为：第一，政绩考核机制改革的落实难。单一化的政绩考核机制是生态环境恶化的诱因之一。我国从“以 GDP 论英雄”向“淡化 GDP，重视民生”的政绩考核标准转变过程中，一些地方官员的思想认识不到位，观念上仍有轻视生态建设的倾向。同时，政绩考核周期与生态文明建设周期的错位问题还未有效解决，生态环境保护的推进缓慢。第二，发展机制的资源粗放利用。经济增长成本的高低从根本上取决于经济增长的方式，即生产要素的组合和使用方式（钞小静等，2016）。长期以来我国主要采取高投入、高消耗、高污染的粗放式经济发展，依靠的是生产要素数量的扩张，会在一定程度上造成对资源的过度开采和使用，并以环境污染与破坏为代价。经济增长受到收益递减机制的限制，不利于经济的长期发展。此外，我国促进地区资源节约利用的长效机制尚未完善，对资源保护的作用还未完全发挥，生态环境的质量还未提升。

四、推动中国经济中高速增长的路径选择

“保持经济中高速增长”是“十三五”期间经济社会发展的主要目标任务之一，而我国目前在增长条件、增长过程和增长结果方面都对实现经济中高速增长有着不同程度的制约作用。因此，本文认为实现经济中高速增长的关键在于重塑增长动力、优化增长结构和提升增长质量，并将“三维创新驱动—结构再平衡支撑—增长导向转变引领”的“三位一体”的系统性改革框架作为推动中国经济中高速增长的路径选择。

（一）通过三维创新驱动中国经济中高速增长

新常态下，经济增长动力应由要素驱动向创新驱动转变，创新和技术进步可以克服资源有限性的约束从而为实现经济高效增长提供持续动力（任保平等，2013）。为保持经济中高速的增长态势，我国应在创新驱动的改善条件、完善过程、提升结果三个维度上下功夫。

首先，改善创新条件。第一，加大政府在创新方面的财政投入力度。通过政府引导、部门支持的方式，优化政府的财政资金，加快创新公共服

务平台建设，加强对企业的财税扶持，给企业和创新者减负。第二，改革知识产权保护体系。通过完善知识产权保护的相关法律法规，构建多方联动的知识产权保护体系的措施，假设规范化知识产权保护市场，提高知识产权保护效率，保障创新的活力。第三，重视劳动力质量投资。政府应引导高层次教育尽快适应就业结构的调整，重点提高非农产业的劳动参与率，设立人才培养基地，有针对性地逐步培养适应非农产业要求的技能型人才（蔡昉，2015）。其次，完善创新过程。第一，推进企业研发平台建设。政府通过协助企业构建专业化高水平研发平台，吸引科创资源在平台集聚，使企业在技术溢出中获益，并以高端技术支撑高端产品研发为目标，引领产业高端化发展。第二，充分激发企业家精神。政府应为企业家打造健康良好的成长环境，以优秀企业家的示范作用，带动广大民营企业家主动对接创新，激发市场活力，创造社会价值。第三，深化所有制改革。政府应通过建立国有资本市场化运作专业平台，盘活国有资本，在资本流动中优化企业布局结构，全方位提高国有企业的运营效率，从而为创新助力。最后，提升创新结果。第一，加快搭建创新成果转化平台。政府应加速打通科技成果的转换通道，通过建立健全成果孵化平台，做好高校或科研机构与企业的对接与合作，让科研成果尽快转化为适应社会发展的生产力，推动科研项目企业化落地。第二，推进创新共同体构建进程。通过建立第三方服务平台作为沟通政府、企业与高校、科研机构的桥梁与纽带，协调政府、企业与高校、科研机构的利益诉求，明确创新链条内各部门的分工，并建立适应各方的创新激励机制，以期形成稳定的长期合作机制。

（二）通过结构再平衡支撑中国经济中高速增长

新常态是一个经济结构再平衡的过程，经济增长过程由优先发展转变为结构协调。要实现经济中高速增长，我国应从宏观层面的供需结构、中观层面和区域结构以及微观层面的市场结构的优化升级着手推动突破性改革机制与路径。

首先，宏观层面的结构优化升级。这里主要的侧重点在于深化供给侧改革。第一，加快推进有效供给。政府应多方位培育发展新产业，着力打造技术、材料、产品、业态等创新，并且应研究制定与市场化破产程序及不良资产处理有关的配套政策，积极淘汰落后产能。第二，推动消费结构升级。政府应积极培育新的消费增长点，优化消费结构，促使商品向品牌化、高端化和个性化转型，带动国内享受型和发展型消费。第三，优化投资结构。政府应进一步降低民间投资市场准入门槛，引导并扶持民间投资进入教育、医疗、养老等领域，同时，夯实软硬基础设施条件，全面提高投资质量。其次，中观层面的结构优化升级。第一，加强产业结构优化。政府应积极转变在三次产业方面的财政支持方式，立足结构调整，以增量优化推动存量调整，加快推进传统农业向现代化农业、传统制造业向现代化制造业、传统服务业向现代化服务业转化的步伐。第二，推进区域经济均衡发展。从区域发展理念、要素流动、就业收入、产业培育以及城市建设等惠及民生的方面全面加速各区域的“合纵连横”，逐渐缩小我国在地区之间、城乡之间和家庭之间的经济差距，打造区域平衡发展新格局。最后，微观层面的结构优化升级。主要通过完善市场机制和政府干预相协调来推进上游要素市场改革提速。政府应积极转变政府职能，深化国有企业改革，逐步放开对上游市场要素的价格管制，打破国有企业对上游要素市场的垄断，消除民营企业进入上游市场的壁垒，实现要素市场的充分竞争。并通过以市场主导、政府支撑的方式打造一个适于上游要素市场自由竞争的市场氛围，确保市场机制对要素价格的决定性地位。完善上游要素市场机制，实现要素市场化，使得资源配置更合理。

（三）通过增长导向转变引领中国经济中高速增长

新常态下增长目标由单一目标向多维目标转变。要保持经济中高速增长，我国在增长目标方面应从增强经济增长稳定性实现速度协调、调整收入分配格局实现成果共享、改善资源环境质量实现绿色发展三大方面入手。

首先，增强经济增长稳定性。第一，强化金融助推实体经济发展。金融与实体经济并不是对立关系，相反，实体经济的发展需要以金融作为支撑。因此，应推动金融更好地为实体经济服务，防范化解系统性风险，让脱实向虚的资金更好地回流到实体经济中，助力实体经济转型。第二，地方政府和企业去杠杆。政府应加大化解传统企业的过剩产能，清除包括僵尸企业在内的低效率企业，积极推动落后企业的兼并与重组。并进一步落实财税支持、不良资产处置以及失业员工安置等政策。其次，调整国民收入分配格局。第一，继续深化收入分配改革。发展的根本目的是增进民生福祉，通过确立与完善市场秩序、竞争规则以及相关保障制度，化解初次分配中造成的收入差距不公，实现发展成果惠及全民。第二，加快完善公共服务体系。通过搭建各部门在公共服务方面的联动机制，提高服务质量，并结合地方实际情况与民众诉求，制定与之配套的公共服务法律制度。第三，促进城乡公共服务均等化。健全地方政府对公共服务的财政制度，加大农村公共服务的供给力度，提高资源配置效率，实现城乡发展一体化。最后，改善资源环境质量。第一，建立与完善政绩考核的监督机制。在提高党政干部的生态环境认识、树立正确政绩观的基础上，还应建立健全自然资源离任追责与离任审计机制，将生态环境切实与政绩考核挂钩，落实生态政绩考核制度。第二，建立健全碳市场机制。为践行绿色发展理念，实现低碳经济，相关政府应制定严格的与低碳相关的法律、战略以及财政和税收政策，并建立健全包括碳交易市场、资源循环利用以及节能降耗激励等方面的相关机制以加强碳约束，切实改善资源环境质量。

参考文献

[1]蔡昉.引领新常态才有中高速[J].经济研究,2015,50(12):4-6.

[2]钞小静,任保平.中国经济增长质量的时序变化与地区差异分析[J].经济研究,2011,46(4):26-40.

[3]郭豫媚,陈彦斌.收入差距代际固化的破解:透视几种手段[J].改革,2015(9):41-52.

[4]郭庆旺,吕冰洋.论要素收入分配对居民收入分配的影响[J].中国社会科学,2012(12):46－62,207.

[5]洪银兴.论中高速增长新常态及其支撑常态[J].经济学动态,2014(11):4－7.

[6]刘树成.中国经济增长由高速转入中高速[J].经济学动态,2013(10):4－8.

[7]金碚.中国经济发展新常态研究[J].中国工业经济,2015(1):5－18.

[8]金碚.总需求调控与供给侧改革的理论逻辑和有效实施[J].经济管理,2016,38(5):1－9.

[9]任保平,王蓉.经济增长质量价值判断体系的逻辑探究及其构建[J].学术月刊,2013,45(3):88－94.

[10]许光建,许坤.以经济周期性回暖为契机加快推进供给侧结构性改革——2017年上半年宏观经济形势及下半年走势分析[J].价格理论与实践,2017(6):18－21.

[11]朱承亮.中国地区经济差距的演变轨迹与来源分解[J].数量经济技术经济研究,2014(6):36－54.

[12]张乃丽.近代中国的进出口、商品化趋势与经济增长(1887—1936年)[J].文史哲,2013(6):51－59,162.

[13]Backus,DavidK.,Patrick J. Kehoe. International Evidenceonthe Historical Properties of Business Cycles[J]. *American Economic Review*, 1992(4): 864－888.

[14]Ravn,M.,H. Uhlig. On Adjusting the HP－Filter for the Frequency of Observations[J]. *Review of Economics and Statistics*, 2002(2): 371－376.

中国特色的经济发展新常态研究

郭　晗①

经济发展新常态是合乎中国当前阶段经济周期波动规律、产业结构演化规律和经济发展战略规律而出现的必然状态，是从一个经济发展阶段向另一个经济发展阶段过渡的转换期。认识新常态、适应新常态、引领新常态，是当前和今后一个时期中国经济发展的大逻辑。经过了改革开放以来近40年的高速增长，中国已经从一个落后的农业国转变为一个中等收入的工业国，但在快速发展的过程中也存在着一系列矛盾和问题，尤其在经济领域还存在着“富而不强”的特征。而随着社会的主要矛盾发生变化，经济发展的任务也随着发生变化，需要从过去的高速增长转向高质量发展。因此，在经济发展新常态背景下，需要依据新发展理念的指引，积极实现从传统数量型增长向质量型增长的转变。要在经济发展价值导向从数量向质量转型的基础上，积极推动经济发展的路径转型，提升中国经济发展的质量和效益，完成从“富起来”到“强起来”的飞跃。

一、中国经济发展新常态的理论解释

习近平总书记2014年5月在河南考察时首次提出了“新常态”，此后“新常态”一词被频频提及。同年12月，中央经济工作会议又一次强调新常态，并把其作为对中国经济发展形势的一种判断。在此背景下，新常态引起了人们的高度关注，成为各界认识和解释中国经济形势的关键词。新

---

① 郭晗，男，西北大学经济管理学院副教授，研究方向为理论经济学。

常态既关系到对当前中国经济特征的判断和经济运行状态的理解，也涉及未来宏观政策的选择，必须从理论上正确理解。

当前理论界和实际工作部门对新常态的解释，主要有以下几种观点：刘世锦（2014）认为中国经济目前仍处在由高速增长向中高速增长的转换期，进入中高速后的新稳定增长的轨道或者状态叫新常态。刘伟（2014）指出，在新的发展阶段出现的新机遇、新条件、新失衡等，正逐渐成为经济发展中较长时期稳定存在的特征。洪银兴（2014）认为转向中高速增长是中国进入中等收入发展阶段后的基本新常态，并进一步指出，中高速增长的新常态需要与以下三个方面新常态相互支撑：一是发展战略新常态，涉及结构再平衡战略和创新驱动发展战略；二是宏观调控新常态，涉及市场决定资源配置和明确宏观经济的合理区间；三是发展动力新常态，涉及以改善民生为着力点的消费需求拉动与投资拉动相协调。李稻葵（2014）认为发达国家新常态的主要特征是：在全球化的压力下，经济社会体制和政策“向左转”，更加强调分配的公平性，强调对市场机制尤其是金融市场的约束，同时，对于社会高收入人群的税收也会有所加强。而中国和新兴市场国家新常态的基本主题，是在低增长时代寻求经济体制的改革，试图为新一轮增长创造制度基础。同时，他还指出中国经济有四种新常态：新旧增长点的拉锯式交替、渐进式的经济结构调整、改革的艰难推进以及国际经济领域中中国要素的提升。李杨和张晓晶（2015）指出，新常态所展示的摆脱“中等收入陷阱”、迈上经济发展新台阶的美好愿景亟须正确的引领，这包括打造创新驱动引擎、在调结构中发挥市场的决定性作用、构筑全面对外开放新格局、向生态环境改善中求增长以及实现包容性增长。龚刚（2016）用发展经济学两阶段理论解释了新常态，他指出新常态是指中国已经进入经济发展的第二阶段，大规模的剩余劳动力在中国已不复存在，从而使中国经济出现了一系列的结构性变化，而最为主要的变化是新常态下中国已经是一个供给决定型经济，因此，新常态是实施供给侧结构性改革的逻辑起点。

依据经济学的基本原理，结合学术界对当前新常态的理解，不难看出，经济增长的新常态是一种必然状态。不同经济发展阶段的要素禀赋结构和经济增长动力机制不同，经济增长将产生不同的表现状态。新常态实质是对经济发展新阶段出现的合乎规律的必然状态和特征的判断。世界经济发展有其新常态，不同国家的经济发展也有其新常态，只不过表现形式不同。中国经济增长的新常态是合乎当前阶段经济周期波动、工业化发展和经济发展战略规律的必然状态和特征，是从一个经济发展阶段向另一个经济发展阶段过渡的转换期。其内涵主要体现为：

（一）新常态是合乎经济增长阶段特征的必然常态

从经济增长理论来看，新常态是指要素禀赋结构发生变化情况下的增长动力转换期。要素禀赋条件是经济增长所依赖的基础条件，不同的要素禀赋结构和丰裕程度对应不同的经济增长方式和路径。当有比较丰裕的要素支持时，可以选择规模扩张型增长路径，通过需求管理政策拉动经济增长。而当要素逐渐趋于稀缺之后，规模扩张和需求管理的局限性就会凸显出来。这时就需要转换经济增长路径，改变经济增长政策。改革开放初期，依靠规模扩张的增长路径和需求管理的经济政策，中国经济实现了30多年的高速增长。但目前无论是劳动力资源还是自然资源都对经济增长构成了强约束，资源禀赋条件和结构发生了根本性变化，经济增长进入了路径转换期和速度换挡期，这个转换阶段就是中国经济增长的新常态。

（二）新常态是合乎经济周期波动规律的必然常态

从经济周期理论来看，新常态是指经历了长期的繁荣阶段后，经济增长进入萧条阶段之后的漫长且缓慢的恢复过程。按照经济周期理论，经济增长总是沿着经济发展的总体趋势经历有规律的扩张和收缩过程。在一个典型的增长周期中，扩张阶段可分为经济增长率的回升期和超速期，收缩阶段可分为经济增长率的回落期和低速期，新常态实际上是指经济进入了收缩阶段的回落期和低速期。2008 年之前中国经济周期的收缩阶段都历时很短，结构性问题和发展方式问题的长期累积造成了经济发展不平衡、不协调、不可持续的深层次矛盾，在这种矛盾下经济增长接近生产可能性边界。相比而言，2008 年之后经济周期收缩阶段持续的时间比较长，由收缩向扩张回复的过程长、痛苦而且艰难，经济的短期波动背离了长期趋势，表现出和以往不一样的特征。因此，新常态是经济周期短期波动背离长期趋势的过渡期，也是合乎经济周期波动规律的必然常态。

（三）新常态是合乎产业结构演化规律的必然常态

从产业经济学理论来看，新常态是产业结构从多元化向高级化升级的转型期。产业结构演化的一般规律是“产业结构单一化—产业结构多元化—产业结构高级化和合理化”。一国经济发展的最初阶段，为了实现产业结构多元化，往往从比较优势出发，通过规模扩张，以工业化为手段推动经济发展。当产业结构多元化实现之后，再以高级化和合理化为目标，进行产业结构的升级与转型。改革开放以来，虽然中国实现了产业结构的多元化，但是未能实现产业结构的高级化和合理化，这造成了产业结构的低端锁定和结构失衡，导致了经济增长的下滑。因此，中国当前必须实现产业结构由多元化向高级化和合理化的转型，这个转型时期就是新常态，因此，新常态是合乎产业结构演化规律的必然常态。

（四）新常态是合乎经济发展战略规律的必然常态

经济发展战略是指一定时期内，国家关于国民经济发展的基本思想及为此实施的总体规划和方针政策。发展中国家早期经济发展面对的问题是如何迅速改变贫穷落后的状态，因而往往选择实施追赶型战略。追赶型战略往往通过扭曲产品和要素价格提高国家动员资源的能力，进而使经济增长水平和产业结构达到先行发达国家水平。但是当追赶型战略实施到一定阶段，经济增长速度提高到一定程度、社会生产规模逼近生产可能性边界、实际经济增长率接近最大潜在增长率时，就需要适时调整发展战略。经过 30 多年追赶型战略的实施，中国经济总量已经位居世界第二，但是随着人口红利的逐步消失、劳动力成本的不断上升、自然和环境对经济增长制约的日益显现，我们迫切需要实现从追赶型战略向质量效益型战略的转变。因此，新常态是从追赶型战略转向质量效益战略转换时期的一种必然状态。

总之，新常态相当于从一条高速增长通道向另一条高质量增长通道转换的过渡期。它符合一国经济增长和发展的一般规律，但又有中国的特殊表现：作为一个发展中大国，中国经济30多年来经过了快速的增长和转型，但积累起的矛盾并未得到及时化解。同时，随着当前经济发展中各项禀赋条件的变化，中国经济已经逼近生产可能性边界，再使用传统的需求管理政策，将面临经济发展与结构调整的两难抉择。此外，新常态下的诸多问题主要来自内部因素，而不是外部冲击。总之，新常态意味着中国经济要从追求短期高速增长转向追求长期可持续增长，从重视需求刺激转向重视供给侧结构性改革，从着眼于国外市场转向着眼于国内市场。因此，新常态下中国经济增长速度会有所降低，调整时间会比较长，而且调整期间需要忍受的阵痛也会比较大。

二、中国经济发展新常态的实践特征

我国经济发展历程中新状态、新格局、新阶段总是在不断形成，经济发展新常态是这个长过程的一个阶段，这完全符合事物发展螺旋式上升的运动规律。相对于传统经济发展过程中的“旧常态”，在经济发展新常态的阶段，也出现了一些新的实践特征和要求。这些新的实践特征，表现在新常态时期的经济增长速度、动力、结构和成果分配状况等各个方面。

（一）经济发展新常态意味着经济增长速度要实现换挡

新常态从增长速度来说首先面临着一个下台阶的过程。自改革开放以来，中国实现了近40年平均8%以上的速度增长，这在世界经济增长的历史上被称为“中国奇迹”。这种长达40年的大国经济超高速增长在世界发展历史上是绝无仅有的，也是基于体制转轨红利、人口红利、城乡二元结构转化红利等多种因素叠加作用产生的结果。从罗斯托的经济成长阶段论来看，经济发展的6个阶段依次是传统社会阶段、准备起飞阶段、起飞阶段、走向成熟阶段、大众消费阶段和超越大众消费阶段，因此，从经济起飞阶段转到走向成熟阶段和大众消费阶段的过程中，必然会经历经济增长速度下降的问题。从经济增长的历史来看，发达市场经济体和发达新兴经济体的增长经验都表明，长时期的超高速增长不可能成为一种常态化的发展状况。从中国经济发展的特征事实来看，过去40年的超高速增长同时伴随着经济发展中的不平衡，并且经济增长的资源环境生态代价过高。在经济发展进入新常态后，这种超高速增长的状态既无实现的可能，也无实现的必要。而增长速度的适度下调，可以为争取更加充分和平衡的发展换取调整的空间，使经济发展的成果更好地服务于人民群众的美好生活。因此，从超高速增长转换到中高速增长、实现经济增长速度下台阶，就成为经济发展新常态的重要实践特征。

（二）经济发展新常态意味着经济增长动力要实现转换

美国学者迈克尔·波特认为，经济发展具有阶段性，在不同的发展阶段，驱动经济增长的力量不一样。具体而言，国家竞争优势可分为四个阶段：要素驱动阶段、投资驱动阶段、创新驱动阶段和财富驱动阶段。在经济发展的要素驱动和投资驱动阶段，宏观经济管理的模式主要以需求管理为主，通过刺激投资需求、增加要素投入来使经济发展规模得到扩张。但随着中国经济发展进入新常态，宏观上支持中国长期增长的体制转轨、自然资源、投资、人口、外资外贸等要素禀赋条件发生了新的变化。要素禀赋条件的新变化导致微观上企业原先熟悉的投资驱动、规模扩张、出口导向的发展模式也发生了重大转变。支撑中国经济发展的红利空间正在发生变化，劳动力、资源、环境成本都在提高，原有的发展模式空间越来越小。单纯靠规模扩张推动发展会产生严重的产能过剩，依靠要素驱动的经济发展方式已经变得不可持续。因此，中国经济发展新常态，从要素禀赋条件上来说，传统的要素禀赋条件发生了变化，过去以规模扩张为特征的投资驱动和要素驱动不能够再持续。因此，要认识到这种变化，并在认识到要素禀赋条件变化的基础上，使经济增长动力要从过去的投资驱动、要素驱动转向创新驱动，通过构建新的经济增长新模式，为经济发展新常态时期的经济增长寻求新的增长动力。

（三）经济发展新常态意味着经济增长结构要实现优化

在传统经济发展过程中，中国经济的最大特征就是几乎是以 GDP 增长作为地方发展的唯一核心目标，这导致了经济高速增长与结构失衡并存。因此，在中国经济总量扩张的同时，也积累了明显的结构性问题，主要体现为：从产业结构上看，以加工制造业为主的工业产能过剩，服务业尤其是现代服务业发展相对滞后；从需求结构上看，投资和出口超常增长，消费占比却相对下滑；从区域结构上看，中西部地区发展相对滞后，“大城市病”越发严重，中小城市及小城镇相对薄弱。经济发展新常态是一个经济再平衡过程，这一过程中要提高经济增长的质量和效益，优化经济结构，重新整合区域经济架构。所以，进入经济发展新常态，中国宏观管理重心将更注重结构调整，产业结构、需求结构、区域结构、城乡结构等都将发生新的转向。在产业结构层面上，需要在产业结构合理化的基础上，积极实现产业结构的高级化，使中国在全球价值链分工体系中占据中高端地位，实现从“中国制造”向“中国智造”的转型；在需求结构层面上，要通过改善居民收入分配和提高居民收入等手段，扩大消费在经济增长中的贡献率，满足人民群众的美好生活需要；在区域结构层面上，要强调区域经济发展平衡，建立新的区域经济发展格局；在城乡结构层面上，要重视城乡之间的平衡发展，积极推动乡村振兴，建立城乡发展新格局。所以，经济发展新常态从目标来说，不仅是总量的扩张，更要结构的优化，结构再平衡将成为中国经济发展的新常态。

（四）经济发展新常态意味着经济增长成果要实现共享

在传统经济发展过程中，经济高速增长也伴随着居民收入差距的不断扩大，目前，中国的快速发展已经实现了“让一部分人先富起来”，但是还没有实现“先富带动后富”。收入分配的不平衡，不仅影响了社会平均消费倾向的提升，从而可能造成社会需求的下降，也使得社会发展的矛盾因素不断增多，影响了社会公平和稳定。因此，经济发展进入新常态，意味着需要更加强调经济增长成果的分享性，更加强调公平与效率之间的相互依存和良性互动，从传统的效率优先发展模式转变为更公平公正的协调发展模式。因此，在未来经济发展的过程中，不仅仅要强调经济规模的扩大，也要实现分配结构的改善，让弱势群体得到保护，促进中等收入阶层的成长，缩小收入差距。同时，最大限度地创造就业与发展机会，确保民众基本的福利保障；确保民众能机会平等、公平参与经济增长，通过经济增长创造和发展机会，社会所有成员都可以平等地利用这些机会，并在此过程中提高自身收入和能力，使经济实现可持续增长、社会发展步入良性循环。

三、中国经济发展新常态：从“富”到“强”的价值转型

经济发展新常态，从大的时代背景来说，是中国发展进入了新时代。在党的十九大报告中，习近平总书记提出了中国发展进入了新时代的重大判断，并提出，我们社会的主要矛盾已经转化为人民日益增长的对美好生活的需要和不平衡不充分的发展之间的矛盾。新时代和主要矛盾的变化，也意味着经济发展新常态下我国经济发展的主要任务发生了转向，具体来说，就是要实现从“富起来”到“强起来”的飞跃。从“富起来”到“强起来”的转型，本质上是从过去的经济增长数量扩张转向经济发展质量和效益的提升。因此，随着中国进入经济发展新常态，要在新发展理念的指引下，积极实现质量型增长的价值导向转向，推动经济增长理念、价值导向和发展方式的转型。

（一）新常态下的增长理念转型：传统的数量型增长转变为新的质量效益型增长

数量型增长是一种 GDP 至上的发展观，即把经济增长简化为 GDP 的增长。数量型增长主要依靠投资和出口来拉动经济，走的是高投入、高消耗、高排放、低劳动力成本、低土地成本、低社会保障甚至是无社保、出口拉动的工业化道路。数量型增长的典型后果是经济发展不平衡，社会各个方面的差距持续扩大。质量型经济增长与数量型增长有根本性区别，提

高经济增长质量体现了一种新的增长模式。在经济增长理念上，提高经济增长质量反映出了经济增长的出发点和归宿。在经济增长方式上，依靠投资、消费和出口的协同来拉动，注重消费对经济的拉动作用，依靠内需拉动，以充分就业作为经济发展的优先目标，大力发展战略性新兴产业和现代服务业。在经济增长的结果方面，强调各个经济利益主体矛盾的缓和，促使城乡差距、地区差距及群体差距的缩小与和谐共生。因此，在经济发展进入新常态的背景下，需要实现从数量型增长转向质量型增长的理念转型。

（二）新常态下的发展目标转型：从片面追求GDP向追求人们的美好生活转变

中国当前正处在新的发展理念与传统发展理念博弈的时刻，已到了从“量”的过度扩张到“质”的战略提升的新阶段。经济发展新常态下，不应再以片面追求GDP作为经济增长的目标，而是要把以人为本和环境保护作为新的增长理念和原则。一方面，新常态下要更加强调人作为经济主体的作用，增长的目的是为了人的发展，增长的过程依靠人的参与，增长的成果由所有人共享，也就是说，新常态下更加注重生活水平的提高和人的全面发展。另一方面，新常态下经济增长的理念从以高能耗、高污染为特征的超常增长转向以资源节约和环境友好为特征的可持续增长，从追求传统的“黑色GDP”转向追求增长与生态并重的“绿色GDP”，节约能源，保护环境，在实现经济发展的同时，保障人们的美好生活。

（三）新常态下的价值导向转型：从传统的以速度优先的价值导向转变为更具包容性的共享型价值导向

新常态下需要更强调经济发展的质量，因此需要强调新的价值导向：一是倡导了增长成果共享的价值观。不同社会阶层共享增长成果，增长成果由人民共享，关注人的生活质量、幸福指数，把发展的目的真正体现到满足人民需要和提高人民生活水平上，特别要使穷人分享增长的成果。二是倡导了民生导向的增长价值导向。要改变过多地强调GDP的增长的理念，在经济增长中更多地强调民生，在收入分配等方面都要向穷人和弱势群体方面倾斜。三是从“国富”到“民富”转型的价值导向。新常态下强调经济增长质量强调民富优先，意味着促进居民收入水平的提高将成为宏观经济政策的价值目标，这一目标意味着更多的社会产品分配给居民而不是企业和政府；意味着政府更多的财政支出用于社会福利体系建设而不是用于项目建设，使社会财富更多地为居民所有，居民的消费倾向和消费能力在经济增长中都应该得到极大的改善。

（四）新常态下的增长模式转型：从以物为本的经济增长转变为以人为本的经济增长

经济增长模式分为两类：以物为本的经济增长和以人为本的经济增长。“以物为本”的经济增长把“物质经济增长”视为经济增长的关键，把物质生产的高速度和物质财富的高积累及物质生活的高消费放在核心地位。从大多数国家的经济增长实践来看，最初的经济发展都是“以物为本”的模式，在经济发展的初期总是倾向于高投入、高消耗、追求高增长率和大规模生产。而倡导经济增长质量更加强调人本主义的增长，“以人为本”的经济增长以人的自由发展和福利改善为出发点，以人本主体的自由为核心，以生存自由、社会自由和精神自由为侧重点来设计发展的思路和实现路径。把经济增长的终极关怀建立在以人为本的基础之上，发展应该是“为了一切人和完整人的发展”。在发展中不仅要重视物的增长，而且要特别重视人的全面发展，健全公共服务，提高教育、医疗水平等与人的全面发展密切相关的问题。把提高人的生活福利、拓宽人的发展空间、维护人的发展权利作为经济发展的终极目标。

（五）新常态下的发展方式转型：从追求“快”的发展转向追求“好”的发展

经济发展是有阶段性的，不同经济发展阶段的发展方式不同，发展中国家在经济发展的初期，一般都实行追求增长速度赶超战略，单纯追求“快”的增长方式是主流。随着工业化的全面推进、经济发展整体水平的提高，这种片面追求“快”的粗放型增长发展方式必然要走到尽头。在中国经济高速增长的同时，一些问题也逐渐暴露出来，资源浪费严重、生态环境破坏的背后反映的是经济增长模式问题。所以要积极推动发展方式从追求“快”的发展转向追求“好”的发展，具体来说，要实现由资源耗费型和环境污染型增长向资源节约型和环境友好型增长的转变，由经济社会失调型的增长向经济社会协调增长的转变，由低成本的扩张向高效率创新型增长的转变，由要素投入型经济增长转化为内生技术进步型增长，由不可持续性增长向可持续性增长的转变，由出口拉动型增长向内需推动型增长转变，由结构失衡型增长向结构优化型增长转变，由高碳经济型增长向低碳经济型增长的转变，由技术引进型增长向自主创新型增长的转变，由“少数人”先富型增长向“共同富裕”型增长的转变。

四、中国经济发展新常态：从“富”到“强”的路径转型

在中国经济发展进入新常态背景下，要实现“富起来”到“强起来”，需要更加强调发展的质量和效益。具体来说，要积极推动在增长动力、产业结构、企业行为、空间布局、政策导向和体制机制等多方面的路径转型。

（一）推动经济发展新常态下的增长动力从要素驱动向创新驱动转变

新常态下，中国经济增长要由过去的要素和投资驱动向创新驱动转变，据此培育新的增长动力和竞争力，特别是要形成自主创新的动力。新常态势必将使中国经济逐步走向一个依赖研发创新与品牌进行国际竞争的新舞台，进入高效率、低成本、可持续的中高速增长阶段。因此，新常态背景下，首先，要加快实施创新驱动发展战略，鼓励自主性研发，掌握更多拥有自主知识产权的创新型技术，为创新驱动增长模式的建立提供重要保障。其次，要依靠自主创新和劳动力素质提高，切实增强产业竞争力和提高全要素生产率，实现向产业价值链中高端的跃进。最后，要依靠创新

驱动有效克服资源环境制约，完成经济结构的调整和发展方式的转变，以实现中国经济的长期可持续发展。因此，新常态下要积极开发经济增长的潜力和重塑经济增长的动力，为新增长时代的到来准备条件。

（二）推动经济发展新常态下的产业结构从多元化向高级化、合理化转变

新常态下，推动中国未来经济增长的核心因素将从过去的投资规模扩张转向产业结构升级、技术进步和人力资本作用的发挥。因此，未来经济改革的重心应转向产业结构的调整和技术进步。通过知识和技术为主的现代产业部门的快速发展，促进产业结构的高级化和合理化。未来中国经济增长的主题不再是通过产业结构多元化追求经济增长的数量，而是要通过产业结构高级化和合理化追求经济增长的质量。在结构高级化方面，主要是提高自主创新能力，促进科技成果向现实生产力转化，注重人力资本积累，倡导科技、知识和技术在产业发展中切实发挥作用；在结构合理化方面，主要是从制造业为主向服务业为主转变，使服务业取代工业成为经济增长的主要动力。

（三）推动经济发展新常态下的企业行为从追求比较优势向追求竞争优势转变

新常态下，企业“暴利”时代已经结束，“微利”时代已经到来，因此新常态也是企业行为的转型期。一是企业核心竞争力的转型。新常态下企业的核心竞争力将从比较优势转向竞争优势，创新将成为企业竞争优势的源泉，企业的利润源泉要素从依靠低劳动力成本和资源投入转向信息、知识和技术这些新要素。企业必须通过产品创新、技术创新、商业模式创新、管理创新等方式，加快自身转型升级。二是企业盈利模式的转型。以现代信息技术、高新技术武装起来的物联网企业将成为新的趋势，给企业发展带来新的创造力。企业必须参与信息技术、高新技术的生产、储存、营销全过程，要抓住信息技术带来的技术机会，一方面积极利用大数据技术，使企业能够实现精准的营销定位和技术优化；另一方面抓住移动互联

时代中“互联网+”带来的机遇，整合传统产业的资源，积极发展新型业态，进行盈利模式的创新。

（四）推动经济发展新常态下经济增长的空间布局由非均衡走向均衡

新常态也是中国区域经济从非均衡发展走向均衡发展的转换时期。在旧常态下，在传统增长过程中，中国总体区域经济差异呈波动上升趋势。区域经济的“极化”作用比较明显，而在新常态下，区域经济的“扩散”作用更加明显。因此，在新常态下，东中西部地区经济发展的协调性在增强，东部地区在结构调整、转型升级中的引领作用更加明显，而中西部地区在一系列区域发展战略的推动下，后发优势继续得到发挥。区域发展会逐渐均衡化。因此，应加大措施促进生产要素在区域间的自由流动，引导产业转移，鼓励和支持各地区开展多种形式的区域经济协作和技术、人才合作，形成区域间相互促进、优势互补的互动机制。通过协调互动，使经济增长的空间布局从非均衡走向均衡，防止区域经济差距进一步扩大，促进区域经济的和谐发展。

（五）推动经济发展新常态下的体制机制更加完善和更具包容性

转入新常态，意味着中国经济发展的条件和环境已经或即将发生诸多重大转变，必须坚定不移地推进改革，才能破除原有发展方式赖以存在的体制安排和利益结构，为适应经济新常态的发展创造条件。充分激发市场活力，辩证认识和正确处理政府与市场、政府与社会的关系，统筹发挥“政府有形的手”和“市场无形的手”的职能作用，确保政府既不缺位放纵市场，又不越位干预市场，也不错位扰乱市场，将市场在资源配置中起决定性作用这一要求落到实处。首先，要努力消除阻碍经济增长和发展的体制和机制，完善社会主义市场经济体制，正确处理政府和市场的关系，矫正市场机制的扭曲，放松市场管制，发挥市场机制的作用和效能。其次，要积极构建激励创新的体制机制，促进制度创新、产业创新、技术创新，增强和保护经济发展的内生动力，提高市场主体的创造活力。最后，要努力创造公平竞争的市场环境，促进社会的公平正义，建立公正的社会分配结构和完善的社会保障机制，使人民群众的积极性、主动性、创造性得到充分发挥。

（六）推动经济发展新常态下的政策导向从需求管理转向供给侧结构性改革

在传统经济发展过程中，由于充足的劳动力和高储蓄率所带来的充裕资本，经济增长的发展不会面临要素瓶颈，此时对经济的调整主要是通过需求管理来完成的。在过去供给约束不明显的情况下，需求管理具有明显的效果。而在进入经济发展新常态，中国的人口结构发生了变化，中国经济发展开始面临劳动力和资本带来的要素瓶颈和供给约束，需求管理的局限性日益凸显。此时实施供给侧结构性改革，就成为新阶段加快转变中国经济发展方式的重点问题。供给侧结构性改革是在扩大生产可能性边界的条件下来进行的，供给侧结构性改革的政策效应大都具有长期性，供给变化而引起的生产成本及经济结构等方面的变化，往往是以技术创新和制度创新为前提，并以效率改变为条件，而这种发展方式的变化是通过长期供给因素创造新的红利空间来实现的。因此，新常态下需要坚定不移地推动供给侧结构性改革，从而实现增长潜力的开发和经济结构的优化。

参考文献

[1]刘世锦. 进入增长新常态下的中国经济[J]. 中国发展观察,2014(4):17－18.

[2]刘伟,苏剑."新常态"下的中国宏观调控[J]. 经济科学,2014(4):5－13.

[3]龚刚. 论新常态下的供给侧改革[J]. 南开学报(哲学社会科学版),2016(2):13－20.

[4]洪银兴. 论中高速增长新常态及其支撑常态[J]. 经济学动态,2014(11):4－7.

[5]李稻葵. 什么是中国与世界的新常态[J]. 经济导刊,2016(3):36－39.

[6]李扬,张晓晶.“新常态”:经济发展的逻辑与前景[J].经济研究,2015(5):4-19.

[7]任保平,郭晗.新常态下提高我国经济增长质量的路径选择与改革取向[J].天津社会科学,2015(5):84-90.

[8]任保平,段雨晨.新常态下中国经济增长的长期趋势与短期机制[J].学术研究,2017(1):80-87.

中国特色的经济发展阶段研究

林建华[①]

经济发展具有阶段性，判断一国经济发展所处的阶段，是其确立经济发展目标、制定发展战略、选择发展路径的前提。正确认识我国社会所处的历史阶段，是建设有中国特色社会主义的首要问题，也是我们制定和执行正确的路线和政策的根本依据。

新中国成立后，党中央审时度势，立足我国国情作出了我国处于社会主义初级阶段的科学判断，为中国特色的社会主义建设提供了依据。我国社会主义初级阶段贯穿从 1956 年社会主义改造基本完成到社会主义现代化基本实现的整个历史阶段，根据对我国社会主义初级阶段社会主要矛盾的认识，党的十三大明确制定了我国社会主义现代化建设“三步走”的发展战略，引领中国特色社会主义经济建设。新中国成立 60 多年尤其是改革开放以来，随着我国社会主义市场经济体制的逐步建立和完善，经济持续快速增长，“三步走”战略目标正如期一一实现，中国特色的经济发展不断进入新的阶段。

明确我国仍处于社会主义初级阶段这一基本判断，准确把握经济发展的阶段性特征，才能清楚掌握经济发展方向，选择适当的经济发展路径，制定正确的政策和措施。60 多年中国特色的经济发展实践之所以能够取得举世瞩目的成就，创造中国奇迹，就是因为我国始终牢牢把握住人民日益增长的物质文化需要同落后的社会生产之间的矛盾这一社会主义初级阶段的主要矛盾，紧紧扣住经济建设这一中心，通过改革开放，冲破僵化的计

① 林建华，女，西北大学经济管理学院副教授，研究方向为西方经济学和公共财政学。

划经济体制，建立和完善社会主义市场经济体制，从而极大地解放和发展了社会生产力，这是中国特色的经济发展不断取得阶段性胜利的经验所在。

梳理中国特色的经济发展阶段，厘清中国特色的经济发展脉络，对于理解社会主义初级阶段的整体发展思路和发展逻辑，促进中国特色的经济发展取得更大成就，全面建成小康社会，完成社会主义现代化，并最终实现中华民族的伟大复兴具有重要意义。

一、1949—1956 年：社会主义经济制度确立

1949—1956 年是中国特色社会主义经济制度的确立时期。1949 年中国取得了新民主主义革命胜利，在半殖民地半封建社会的基础上建立了新中国，开始了由新民主主义向社会主义的过渡。1953 年中共中央制定并颁布过渡时期总路线，明确从中华人民共和国成立到社会主义社会建成，这是一个过渡时期。国家在过渡时期的总任务是逐步实现国家的社会主义工业化，逐步完成对农业、手工业和资本主义工商业的社会主义改造。这一过渡时期总路线后被写入 1954 年的《中华人民共和国宪法》，用法律形式确定下来。基于此，我国于 1953 年开始启动第一个“五年计划”（1953—1957 年），根据国家在过渡时期的总任务提出了“一五计划”的基本任务：建立我国的社会主义工业化的初步基础和建立国家对于农业、手工业、资本主义工商业的社会主义改造基础。在工业化方面，“一五”时期，我国集中主要力量进行以苏联帮助我国设计的 156 个建设单位为中心的、由限额以上的 694 个建设单位组成的工业建设。鉴于当时的国际政治经济环境及国内现实经济发展条件，我国选择了与苏联类似的工业化道路，即高积累、优先发展重工业的发展模式，并形成了高度集中的计划经济体制。在社会主义改造方面，“一五”时期为配合工业化建设需要，我国加快推进各经济领域的社会主义改造。通过发展农业和手工业生产合作社，建立对于农业和手工业的社会主义改造的初步基础，通过发展国家资本主义，建立对于私营工商业的社会主义改造的基础。到 1956 年，我国基本完

成了农业从个体小农经济向社会主义集体经济的转变；手工业从个体手工业到社会主义性质的手工业生产合作社的转变；全国的资本主义工商业基本实现了公私合营，完成了社会主义改造，逐步把生产资料的资本主义私有制改造成为社会主义的公有制，**三大改造**的完成标志着**社会主义制度**基本建立，我国开始了中国特色社会主义经济建设的实践。

二、1957 年至今中国特色社会主义现代化实现：社会主义初级阶段的经济发展

1982 年 9 月，邓小平提出把马克思主义的普遍真理同我国的具体实际结合起来，走自己的道路，建设有中国特色的社会主义。党的十三大报告再次强调必须从我国国情出发，在实践中开辟有中国特色的社会主义道路。

建设有中国特色社会主义的首要问题是正确认识我国社会所处的历史阶段。鉴于我国的社会主义脱胎于半殖民地半封建社会，生产力水平远远落后于发达的资本主义国家，1981 年 6 月党的十一届六中全会通过的《关于建国以来党的若干历史问题的决议》第一次明确指出“我们的社会主义制度还是处于初级的阶段”，1987 年 10 月，党的十三大系统地阐述了社会主义初级阶段理论，并指出我国目前正处在社会主义的初级阶段。

社会主义初级阶段不是泛指任何国家进入社会主义都会经历的起始阶段，而是特指我国生产力落后、商品经济不发达条件下建设社会主义必然要经历的特定阶段，即从 1956 年社会主义改造基本完成到社会主义现代化基本实现的整个历史阶段，都属于社会主义初级阶段。这个阶段，既不同于社会主义经济基础尚未奠定的过渡时期，又不同于已经实现社会主义现代化的阶段。社会主义初级阶段的主要矛盾是人民日益增长的物质文化需要同落后的社会生产之间的矛盾，这个主要矛盾贯穿于我国社会主义初级阶段的整个过程和社会生活的各个方面。为解决这一主要矛盾，就必须大力发展商品经济，提高劳动生产率，将集中力量发展社会生产力摆在首要地位。通过社会主义初级阶段的经济发展，我国要实现社会主义现代化、

消除贫困和地区差距、建立和完善社会主义市场经济体制、实现中华民族伟大复兴等一系列目标。

社会主义初级阶段的提出是我国建设中国特色社会主义的总依据，依据这一基本判断，我国制定了社会主义初级阶段的经济发展目标、发展战略、路径选择和实施步骤，开始了中国特色社会主义经济建设。

具体地，党的十三大明确制定了我国社会主义现代化建设“三步走”的发展战略，第一步，1981—1990年，实现国民生产总值比1980年翻一番，解决人民的温饱问题；第二步，从1991年到20世纪末，使国民生产总值再增长一倍，人民生活水平达到小康水平；第三步，到21世纪中叶，人均国民生产总值达到中等发达国家水平，人民生活比较富裕，基本实现现代化。

中国特色的社会主义经济建设可以具体划分为以下五个阶段：第一阶段1957—1978年，中国特色的社会主义计划经济阶段。第二阶段1979—1992年，确立建立中国特色社会主义市场经济改革目标阶段。第三阶段1993—2000年中国特色的社会主义市场经济的建立阶段。第四阶段2001—2011年，完善中国特色的社会主义市场经济和转变经济发展方式阶段。第五阶段2012年至今，中国特色社会主义市场经济发展进入新阶段。

（一）1957—1978年：中国特色的社会主义计划经济阶段

1957—1966年3月，社会主义改造基本完成后，我国开始转入全面的大规模的建设社会主义阶段，取得了很大成就。1956—1966年，全国工业固定资产按原价计算增长了3倍，建立了电子工业、石油化工等一批新兴的工业部门，棉纱、原煤、发电量、原油、钢和机械设备等主要工业品的产量增长巨大，1965年起实现了石油全部自给。

1966年4月—1976年10月，是“文化大革命”的10年，阶级斗争取代了社会主义现代化建设，使我国社会主义经济建设遭到巨大破坏，国民经济遭受巨大损失。

从1976年10月“文化大革命”结束，到1978年12月十一届三中全会的召开，由于指导思想上“左”的错误，虽然工农业生产得以较快恢复，但总体而言，党的工作和我国社会主义经济建设呈现徘徊局面。

1978 年十一届三中全会明确党和国家的工作重点必须转移到以经济建设为中心的社会主义现代化建设上来，大力发展社会生产力，针对我国计划经济体制存在的权力过于集中等严重制约社会生产力的弊端，作出了实行改革开放的伟大决策。改革开放的实质和目标，是要从根本上改变束缚我国生产力发展的经济体制，建立充满生机和活力的社会主义新经济体制。

（二）1979—1992 年：确立建立中国特色社会主义市场经济改革目标阶段

我国改革开放从 1978 年，党的十一届三中全会起步，党的十二大以后全面展开。由于没有既成的经验可以照搬，改革之初我国采取“摸着石头过河”的策略，逐步探索出建立社会主义市场经济体制这一目标模式。

1981 年 6 月，党的十一届六中全会指出“必须在公有制基础上实行计划经济，同时发挥市场调节的辅助作用。要大力发展社会主义的商品生产和商品交换”。1984 年党的十二届三中全会通过了《中共中央关于经济体制改革的决定》，提出我国社会主义经济是公有制基础上的有计划商品经济，突破把计划经济同商品经济对立起来的传统观念，为全面经济体制改革提供了新的理论指导。1987 年党的十三大又进一步强调了计划与市场的内在统一，提出了“国家调节市场，市场引导企业”的经济运行模式。在这些思想的指导下，经济体制改革为市场的发育和拓展提供了有利的条件。

1992 年初，邓小平南方谈话中说到：“计划多一点还是市场多一点，不是社会主义与资本主义的本质区别，计划和市场都是经济手段”，解除了计划经济和市场经济被看作社会制度属性的思想束缚，确认社会主义也可以实行市场经济，为社会主义市场经济的提出扫清了思想障碍。1992 年党的十四大报告提出了我国经济体制改革的目标，是在坚持公有制和按劳分配为主体、其他经济成分和分配方式为补充的基础上，建立和完善社会主义市场经济体制。至此，经过14年的探索，我国改革开放终于确立了明确目标，并由此开启了中国特色社会主义市场经济建设的新篇章。

我国的经济体制改革从农村开始，废除人民公社，实行家庭联产承包责任制，解决了我国社会主义农村体制的重大问题。此后又在城市和其他领域进行改革，极大地解放和发展了社会生产力，极大地改善和提高了人民生活。国内生产总值由1978年的3678.7亿元增加到1992年的27194.5亿元，年均增长9.6%。城镇居民人均可支配收入和农村居民人均纯收入分别由1978年的343.4元、133.6元增加到1992年的2026.6元和784元。按1978年标准，贫困人口由1978年的2.5亿人减少到1992年的8000万人，贫困发生率由1978年的30.7%下降到1992年的8.8%。

（三）1993—2000年：中国特色的社会主义市场经济建立阶段

在建设有中国特色社会主义理论的指导下，按照党的十四大所作出的决策，我国开始了建立社会主义市场经济体制的深刻变革。

1993年11月，党的十四届三中全会审议并通过了《中共中央关于建立社会主义市场经济体制若干问题的决定》，指出建立社会主义市场经济体制，就是要使市场在国家宏观调控下对资源配置起基础性作用，明确了建立社会主义市场经济体制的总体部署：转换国有企业经营机制，建立现代企业制度；培育和发展市场体系；转变政府职能，建立健全宏观经济调控体系；建立合理的个人收入分配和社会保障制度；深化农村经济体制改革。

按照建立社会主义市场经济体制的要求和部署，我国大步推进了财政、税收、金融、外贸、外汇、计划、投资、价格、流通、住房和社会保障等体制改革，市场在资源配置中的基础性作用明显增强，宏观调控体系的框架初步建立。国有企业改革在试点基础上积极推进。以公有制为主体、多种经济成分共同发展的格局进一步展开。

1997年党的十五大明确指出建设有中国特色社会主义的经济，就是在社会主义条件下发展市场经济，将社会主义公有制为主体、多种所有制经济共同发展确立为中国特色社会主义市场经济的基本经济制度，实现了所有制理论的新突破，为社会主义市场经济建设扫清了制度障碍，极大地推进了经济体制改革和社会主义市场经济建设的步伐。

到2000年，我国公有制经济比重由体制改革前的近90%下降到75%，社会商品零售总额、农产品收购总额、生产资料销售总额的市场调节比重分别达到95%、84%和86%。[①] 我国经济发展的体制环境发生了重大变化，市场机制在配置资源中日益明显地发挥基础性作用，社会主义市场经济体制初步建立。中国特色社会主义市场经济体制是中国特色社会主义最鲜明的特点和最重大的成果，也是此后我国创造经济持续高速增长奇迹的基础。

1993—2000年，我国的社会生产力、综合国力和人民生活水平又上了一个新的台阶，国内生产总值由1993年的35673.2亿元增加到2000年的100280.1亿元，年均增长10.13%。城镇居民人均可支配收入和农村居民人均纯收入分别由1993年的2577.4元、921.6元增加到2000年的6280.0元和2253.4元。按照1978年标准，贫困人口和贫困发生率持续下降，2000年我国贫困人口已降至3209万人，贫困发生率降至3.5%，我国已经胜利实现了现代化建设的前两步战略目标，经济和社会全面发展，人民生活总体上达到了小康水平。

在取得巨大经济成就的同时，我国经济发展不平衡、不协调、不可持续等问题也越来越凸显出来。主要表现为：国民经济整体素质和效益不高，经济结构不合理的矛盾仍然比较突出，特别是部分国有企业活力不强；收入分配关系尚未理顺，地区发展差距还明显存在，城乡部分群众生活比较困难；人口增长、经济发展给资源和环境带来巨大的压力等。上述问题的解决需要通过进一步深化改革、完善中国特色社会主义市场经济和

① 陈扬勇，王德蓉，石建国，赵宇，赵士刚．中国特色社会主义经济发展道路（市场经济篇）[M].北京：中央文献出版社，2013.

转变经济发展方式来完成。

（四）2001—2011年：完善中国特色的社会主义市场经济和转变经济发展方式阶段

21世纪，按照“三步走”战略安排，我国进入全面建设小康社会、加快推进社会主义现代化的新的发展阶段。在这一阶段，针对经济发展中所面临的体制障碍以及发展不平衡、不协调、不可持续等问题，我国进一步推进改革开放，促进社会主义市场经济体制的完善，同时推进经济发展方式的转变，由追求数量型增长转变为更加关注增长质量，通过改革促进发展方式的转变。

2003年党的十六届三中全会通过的《中共中央关于完善社会主义市场经济体制若干问题的决定》中强调要坚持以人为本，树立全面、协调、可持续的发展观，促进经济社会和人的全面发展，这是中央文件中首次正式提出科学发展观。2006年12月胡锦涛在中央经济工作会议上提出，又好又快发展是全面落实科学发展观的本质要求。

科学发展观，是立足社会主义初级阶段基本国情，总结我国发展实践，借鉴国外发展经验，适应新的发展要求提出来的。进入21世纪，我国经济发展呈现出新的阶段性特征，一方面经济实力显著增强，人民生活总体上达到小康水平，协调发展取得显著成绩；另一方面生产力水平总体上还不高，影响经济发展的体制机制障碍依然存在，收入差距拉大的趋势尚未根本扭转，城乡差距、区域差距依然突出，经济发展与资源、环境之间的矛盾日益尖锐。这些新的阶段性特征是社会主义初级阶段基本国情在新世纪的具体表现。

2007年党的十七大报告进一步明确：科学发展观，第一要义是发展，核心是以人为本，基本要求是全面协调可持续，根本方法是统筹兼顾。落实科学发展观，关键是加快转变经济发展方式、完善社会主义市场经济体制，促进国民经济又好又快发展，实现全面建设小康社会的经济发展目标。为此，党的十七大从八个方面对经济发展进行了全面部署：①提高自主创新能力，建设创新型国家；②加快转变经济发展方式，推动产业结构优化升级；③统筹城乡发展，推进社会主义新农村建设；④加强能源资源节约和生态环境保护，增强可持续发展能力；⑤推动区域协调发展，优化国土开发格局；⑥完善基本经济制度，健全现代市场体系；⑦深化财税、金融等体制改革，完善宏观调控体系；⑧拓展对外开放广度和深度，提高开放型经济水平。

为完善中国特色社会主义市场经济体制，我国进行了农村综合改革、集体林权制度改革、国有资产管理体制改革，以及财税、金融、价格、科技、教育、社会保障、医药卫生、事业单位等方面的改革，进一步深化国有企业改革，加快转变政府职能，促进非公有制经济进一步发展，现代市场体系和宏观调控体系日益健全完善，市场在资源配置中的基础作用得以更大程度地发挥。

在致力于完善社会主义市场经济的同时，我国也越来越重视经济发展方式的转变和城乡、区域、人与自然等的统筹发展，由追求经济又快又好的增长转变为追求又好又快的增长。为此，我国出台了一系列政策措施，如 2003 年 10 月印发《关于实施东北地区等老工业基地振兴战略的思想》，2004 年 3 月印发《关于进一步推进西部大开发战略的若干意见》，2005 年 12 月印发《中共中央国务院关于推进社会主义新农村建设的若干意见》，2006 年印发《关于促进中部地区崛起的若干意见》，2011 年 6 月，发布了《全国主体功能区规划》等，对于缩小城乡差距、区域差距，逐步形成人口、经济、资源环境相协调的可持续协调发展具有重要意义。

中国特色社会主义市场经济体制的确立和完善，极大地促进了社会生产力的提高，使我国经济持续高速增长，综合国力显著提高。国内生产总值由 2001 年的 110863.1 亿元增加到 2011 年的 489300.6 亿元，年均增长率超过 10.45%。城镇居民人均可支配收入由 2001 年的 6859.6 元增加到 2011 年的 21809.8 元，农村居民人均纯收入由 2001 年的 2366.4 元增加到 2011 年的 6977.3 元。按照 2008 年标准，贫困人口由 2001 年的 9029 万人（按 1978 年标准为 2927 万人）下降到 2010 年的 2688 万人，贫困发生率由

2001年的9.8%（按1978年标准为3.2%）下降到2010年的2.8%。产业结构调整取得新进展，基础设施全面加强。城镇化水平明显提高，城乡区域发展协调性增强。创新型国家建设成效显著，载人航天、探月工程、载人深潜、超级计算机、高速铁路等实现重大突破。生态文明建设扎实展开，资源节约和环境保护全面推进。

（五）2012年至今：中国特色社会主义市场经济发展进入新阶段

从党的十八大开始，中国特色社会主义进入新的发展阶段，正在进行深刻的方式转变和结构调整。中国特色社会主义初级阶段的具体特征与之前相比发生了很大变化。

自2012年以来，我国经济增速持续下降，2012—2016年，经济增长率分别为7.7%、7.7%、7.4%、6.9%和6.7%，在经济增速不断下降的同时，我国经济还面临着严重的结构性问题，一方面，煤炭、钢铁、水泥、平板玻璃等行业产能严重过剩；另一方面，居民的需求得不到满足，供需结构不匹配，资源错配问题突出。由此，中国经济发展进入新常态。

新常态下，我国经济呈现出以下特点：一是从高速增长转为中高速增长。二是经济结构不断优化升级，第三产业、消费需求逐步成为主体，城乡区域差距逐步缩小，发展成果惠及更广大民众。三是从要素驱动、投资驱动转向创新驱动。

2014年12月召开的中央经济工作会议从消费需求、投资需求、出口和国际收支、生产能力和产业组织方式、生产要素相对优势、市场竞争特点、资源环境约束、经济风险积累和化解、资源配置模式和宏观调控方式等九个方面阐释了新常态下我国经济发展的新趋势、新特点，认识新常态、适应新常态、引领新常态，是当前和今后一个时期我国经济发展的大逻辑。

新常态揭示的是新阶段的表现形式，经济发展进入新常态就是进入新阶段。新阶段最基本的发展和改革战略取向，就是在保持经济中高速增长条件下，推进发展方式转变、经济结构优化、发展动力转换。在新常态理论的指引下，中央实施了把稳增长、调结构、促改革、惠民生、防风险结合起来的政策措施，并提出在适当扩大总需求的同时，着力推进供给侧结构性改革。①

供给侧结构性改革就是从提高供给质量出发，用改革的办法推进结构调整，矫正要素配置扭曲，扩大有效供给，提高供给结构对需求变化的适应性和灵活性，提高全要素生产率，更好地满足广大人民群众的需要，促进经济社会持续健康发展。供给侧结构性改革的根本目的是提高社会生产力水平，落实好以人民为中心的发展思想。

为尽快推行供给侧改革，加快调整经济结构，2016 年，习近平在青海考察工作时就供给侧改革的思路和方向问题进行了说明。他强调在三个层面上下功夫，使供给体系有效适应需求结构变化，实现由低水平供需平衡向高水平供需平衡跃升。“一是优化现有生产要素配置和组合，提高生产要素利用水平，促进全要素生产率提高，不断增强经济内生增长动力。二是优化现有供给结构，通过调整现有产品供给结构、提高产品和服务质量，从深层次上解决供给同需求错位问题，满足现有产品和服务需求。三是优化现有产品和服务功能，大力培育发展新产业和新业态，提供新的产品和服务，创造新的供给，以此来创造新的需求”。

党的十八大以来，我国统筹推进“五位一体”总体布局，协调推进“四个全面”战略布局，贯彻新发展理念，转变发展方式，提升发展质量和效益，经济建设取得重大成就。国内生产总值由 2012 年的 540367.4 万亿元增长到 2016 年的 744127.2 万亿元，稳居世界第二，对世界经济增长贡献率超过 30%。人均国内生产总值由 2012 年的 40007 元增长到 2016 年的 53980 元。城镇居民人均可支配收入由 2012 年的 24564.7 元增加到 2016 年的 33616.2 元，年均增长 7.37%，农村居民人均纯收入由 2012 年的 7916.6 元增加到 2016 年的 12363.4 元，年均增长 11.23%，城乡居民收入增速超过年均 7.28% 的经济增长速度。脱贫攻坚战取得决定性

① 郭克莎．中国经济发展进入新常态的理论依据[J]．经济研究，2016(9)．

进展，按照 2010 年标准，6000 多万贫困人口稳定脱贫，贫困发生率由 10.2% 下降到 4% 以下。

经过改革开放近 40 年的发展，我国社会生产力水平明显提高，人民生活显著改善，对美好生活的向往更加强烈，人民群众的需要呈现多样化多层次多方面的特点，期盼有更好的教育、更稳定的工作、更满意的收入、更可靠的社会保障、更高水平的医疗卫生服务、更舒适的居住条件、更优美的环境、更丰富的精神文化生活。中国特色社会主义进入新时代，我国社会的主要矛盾已由人民日益增长的物质文化需要同落后的社会生产之间的矛盾转变为人民日益增长的美好生活需要和不平衡不充分的发展之间的矛盾。

党的十九大报告指出，未来五年我国经济发展的短板就是“不平衡不充分”，“不平衡”讲的是结构，如城乡结构、生产消费结构、区域结构等。“不充分”讲的是潜力，如创新潜力、市场潜力、对外开放潜力等。传统产业优化升级，促进我国产业迈向全球价值链中高端，坚持去产能、去库存、去杠杆、降成本、补短板，优化存量资源配置，扩大优质增量供给。我国稳定解决了十几亿人的温饱问题，总体上实现了小康，不久将全面建成小康社会，人民美好生活需要日益广泛，不仅对物质文化生活提出了更高要求，而且在民主、法治、公平、正义、安全、环境等方面的要求日益增长。同时，我国社会生产力水平总体上显著提高，社会生产能力在很多方面进入世界前列，更加突出的问题是发展不平衡不充分，这已经成为满足人民日益增长的美好生活需要的主要制约因素。我们要在继续推动发展的基础上，大力提升发展质量和效益，更好地满足人民在经济、政治、文化、社会、生态等方面日益增长的需要，更好地推动人的全面发展、社会全面进步。

中国特色的经济发展最鲜明的特点是改革开放，最显著的成就是快速发展，最突出的标志是与时俱进。纵观中国特色的经济发展历程，在每一发展阶段、每一时点，我国都能正确从社会主义初级阶段这一基本判断出发，准确把握社会主要矛盾，在坚持以经济建设为中心、坚持改革开放的前提下，深刻认识经济发展的阶段性特征，及时调整发展理念和发展策略，使中国特色的经济发展不断取得阶段性胜利，逐步实现“三步走”的战略目标。

1949 年，在共产党的领导下，我国取得了新民主主义革命的胜利并建立了中华人民共和国，新中国的成立，开辟了中国历史的新纪元，从此，中国结束了 100 多年来被侵略被奴役的屈辱历史，真正成为独立自主的国家，中国人民从此站起来了，成为国家的主人。

新中国成立后，经过社会主义改造，确立了社会主义基本制度，我国开始走上社会主义建设道路，进入中国特色社会主义经济发展阶段。在社会主义经济建设的初始阶段，我国根据经济发展状况，借鉴苏联经验，选择实行高度集中的计划经济体制，使我国在整个国民经济实力非常弱小的情况下，能够集中主要力量，迅速建立起社会主义工业化的初步基础，并在此基础上建立起较为完整的工业体系和国民经济体系，使社会主义经济建设取得巨大成就。随着社会主义经济建设的深入推进，计划经济体制也暴露出越来越多的弊端，如权力过度集中、政企职责不分、企业没有生产经营自主权、忽视商品生产和市场机制的作用、分配中平均主义严重等，严重制约了经济主体的积极性、主动性和创造性，阻碍了社会主义经济建设。我国迫切需要对该体制进行变革。

1978 年党的十一届三中全会在深刻总结我国社会主义建设正反两方面经验、借鉴世界社会主义历史经验的基础上，作出把党和国家工作中心转移到经济建设上来、实行改革开放的历史性决策，深刻揭示了社会主义本质，确立了社会主义初级阶段基本路线，明确提出了走自己的路、建设中国特色社会主义。经过 14 年的探索实践，1992 年，我国确立了社会主义市场经济体制的改革目标和基本框架，确立了社会主义初级阶段的基本经济制度和分配制度，从此我国开始建立社会主义市场经济体制的实践，到 2000 年，我国初步建立起市场经济体制，胜利实现现代化建设的前两步战略目标，经济和社会全面发展，解决了人民的温饱问题，人民生活总体上达到了小康水平，实现了“三步走”战略目标中的两个。到 2016 年，我国国内生产总值达到744127.2万亿元，稳居世界第二，对世界经济增长贡献率超过30%。2017年党的十九大在综合分析国际国内形势和我国发展条件的基础上，提出到2020年我国全面建成小康社会，并在此基础上，再奋斗15年，到2035年基本实现社会主义现代化。从2035年到21世纪中叶把我国建成富强民主文明和谐美丽的社会主义现代化强国。从1949年新中国成立至今，尤其是改革开放40年来，经济实现快速持续增长，我国实现了从站起来、富起来到强起来的历史性飞跃，中国已经到了“强起来”的历史阶段。当前，我国经济已由高速增长阶段转向高质量发展阶段，正处在转变发展方式、优化经济结构、转换增长动力的攻坚期，我们应秉持创新、协调、绿色、开放、共享的新发展理念，在中国特色社会主义道路上全面建成小康社会、完成社会主义现代化、实现中华民族伟大复兴。

参考文献

[1]陈扬勇，王德蓉，石建国，赵宇，赵士刚. 中国特色社会主义经济发展道路（市场经济篇）[M]. 北京：中央文献出版社，2013.

[2]郭克莎. 中国经济发展进入新常态的理论依据[J]. 经济研究，2016（9）.

中国特色的经济发展战略研究：历史演进和时代创新

魏　婕①

经济发展战略是一国经济发展中带有全局性、长远性的总体构想，是一国一定时期内关于国民经济发展的基本指导思想以及为此而实施的总体规划和方针政策。在一国的经济发展中，根据国际国内经济形势的变化、经济发展所处的不同阶段、不同阶段中资源约束条件的变化等，及时调整和转变一国的经济发展战略，既是经济发展方式转变的题中之义，也是实现国民经济长期较快发展的必由之路。

过去的“红利时代”以及形成“低价工业化模式”造就了“中国奇迹”。中国奇迹的出现是我国经济发展战略与当时的时代背景和阶段特征相适应的结果。但随着中国廉价的劳动力、土地、资源等传统要素红利的消退和阶段拐点的到来，传统增长模式和经济发展战略难以为继，所以引致经济增长方式转变的“倒逼”机制形成。中国经济增长方式从过去的“主动转变”已经转向“不得不转”的境地。

党的十九大报告对中国的阶段特征进行了研判：我国经济已由高速增长阶段转向高质量发展阶段，正处在转变发展方式、优化经济结构、转换增长动力的攻关期，建设现代化经济体系是跨越关口的迫切要求和我国发展的战略目标。所以未来中国发展的主题即转为谋求经济增长的质量和推动高质量发展阶段的转变。对于经济增长质量的追求需有一个合适的发展战略，传统的发展战略在增长质量阶段弊端凸显，所以如何创新发展战略

① 魏婕，女，西北大学经济管理学院副教授，研究方向为经济发展与转型。

成为当下亟待考虑的问题。鉴于此，本文从文献的角度对中国经济发展战略的历史演进进行了梳理和归纳，并针对新阶段，审时度势地提出中国特色的经济发展战略的时代转型和创新问题。

一、中国经济发展战略的历史演进：基于文献综述的思考

（一）新中国成立之初：重工业优先发展战略

20 世纪 50 年代，新中国成立之初百废待兴，百年的屈辱近代史给中国人留下了“落后就要挨打”的深刻教训，新生政权面临的最重要任务是如何让国家迅速发展且强大起来。二战以后，发展中国家普遍把拥有独立、完整和强大的重工业部门视为强国的标志（林毅夫、蔡昉、李周，1994①）。所以发展重工业部门成了经济发展的一条“捷径”。除此之外，当时紧张的国际形势使得战争的阴霾还没有散去，边境不稳定、台湾未统一等问题，使得中国都迫切地需要提高国防和军事实力，而这都是以重工业为基础的。同时由于当时的冷战思维、意识形态的差异，面对西方的封锁和制裁，苏联成为中国最大的强援，自然而然地苏联也成为中国学习的榜样。另外，又加之苏联模式在世界经济大萧条中的强劲表现，我们接受了苏林的社会主义工业化道路理论并受到苏联成功的巨大鼓舞，所以重工业优先发展战略是我们不二选择（于光远，1996②）。但计划经济时期的重工业优先发展战略在改革开放之初几乎被彻底否定，由于实行重工业优先发展战略，不得不形成了扭曲产品和要素价格的宏观政策环境，同时需要建立高度集中的资源计划配置制度和毫无自主权的微观经济机制。这种“三位一体”的经济体制付出的代价是沉重的，一是形成了扭曲的产业结构，二是造就了低下的微观效率，所以这种违背要素禀赋结构的发展战略绩效并不好（林毅夫、蔡昉、李周，1994③）。同时，林毅夫及其合作者对

① 林毅夫，蔡昉，李周. 中国的奇迹：发展战略与经济改革［M］. 上海：上海人民出版社，1994.

② 于光远. 论“历史大调整时期”［J］. 经济问题探索，1996(12)：4 -7.

③ 林毅夫，蔡昉，李周. 中国的奇迹：发展战略与经济改革［M］. 上海：上海人民出版社，1994.

这种重工业优先发展的“赶超战略”造成的不利影响进行了系统的研究（徐朝阳、林毅夫，2010①；陈斌开，林毅夫，2010②）。

但近些年与20世纪90年代几乎彻底否定重工业优先发展战略不同，姚洋、郑东雅（2008③）认为，由于投入要素的迂回生产提高了轻工业的效率，重工业的发展具有正的外部性，因此，必要的补贴有利于整个经济的发展。这说明重工业优先发展战略是一把“双刃剑”，特别是当重工业的技术外部性较强时，重工业优先发展战略对经济的促进作用比较大；反之，随着这种外部性重要性的下降，重工业优先发展战略不利于人民福利的提高。而中国计划经济时代实施重工业优先发展战略是合理的，且对重工业的补贴并不比最优补贴率高多少，只是这个补贴的时间持续太长。除此之外，由于轻、重工业投资的外部性不同，私人对重工业投资会出现不足。适度优先发展重工业可以促进经济增长，主要逻辑在于，重工业投资引起中间品种类增加，从而一方面通过技术外部性提高轻工业部门的生产效率，另一方面又通过金融外部性降低中间品进入门槛。所以可以说计划经济时代重工业优先发展战略是有合理性的，其为中国迅速建立起了工业部门，为改革开放的经济腾飞奠定了基础（姚洋、郑东雅，2007④）。还有循着以上思路，有研究认为“三位一体”的制度安排极大地弥补了重工业和基础设施等部门的外部性从而成为一种有效率的制度安排。在新中国成立前30年中，新中国在当初“一穷二白”的基础上建立了门类齐全、独立的工业体系。同时，重工业及国有企业的外部性引起了总体经济的“增长溢出”，使得改革开放之前经济表现良好，为后30年的腾飞奠定了基础（李勇、王满仓，2013⑤）。

① 徐朝阳，林毅夫．发展战略与经济增长[J]．中国社会科学，2010(3)：94－108.

② 陈斌开，林毅夫．重工业优先发展战略、城市化和城乡工资差距[J]．南开经济研究，2010(1)：3－18.

③ 姚洋，郑东雅．重工业与经济发展：计划经济时代在考察[J]．经济研究，2008(4)：26－40.

④ 姚洋，郑东雅．外部性与重工业优先发展[J]．中国经济学前沿，2007(4)：3－19.

⑤ 李勇，王满仓．知识产权保护、剩余索取权与长期经济增长[J]．产业经济评论，2013(2)：48－71.

（二）改革开放后：比较优势的发展战略

改革开放30年中国高达8%的年均经济增长率造就的中国发展的奇迹不得不令人欣喜。对此的解释之一在于，中国实行了符合自身要素禀赋结构的比较优势战略。对一个经济体来说，一个经济的产业和技术结构是由其要素禀赋结构所内生决定的。若发展中国家所采取的发展战略违背其要素禀赋结构，与之相适应的扭曲的宏观经济环境和缺乏自生能力的企业将相伴而生，收敛是不会发生的。只有以比较优势为基本准则来才能达到要素禀赋结构的升级并实现收敛（林毅夫，2002①）。改革开放后，政府首先放开了产品市场价格，允许其由市场决定，在一定程度上扭转了以压低要素价格为主要特征的宏观政策环境。其次，政府还引入“双轨制”成功地实现了从计划经济向市场经济的转轨，市场交易的基本规则得以制定和维护，确保了企业在公平竞争的市场经济环境中获得“自生能力”，其努力程度和实际收入水平提高，并成为实现改革开放30年来快速经济增长奇迹的重要力量（林毅夫等，1994②）。可以说，宏观经济政策的矫正、资源的市场配置制度的建立和有效率微观机制民营企业的兴起这样“三位一体”的发展战略成为中国经济腾飞的关键所在。

比较优势战略清晰地构建了“要素禀赋—自生能力—技术、结构升级—经济增长（收敛）”的分析范式，即经济增长取决于技术和经济结构的升级，经济结构内生于要素禀赋结构。只有遵循要素结构的比较优势，企业才能有自生能力，经济才能有好的绩效。中国近几十年的发展可以说是对这一理论的具体实践。但对这一理论在中国适宜性的质疑一直都没停止过。一是比较优势理论能否转化为竞争优势。参与国际分工和竞争在于竞争优势，而比较优势理论不必然导致竞争优势（洪银兴，1997③），尽管一国有资源禀赋结构的比较优势，但企业缺乏竞争优势一样不具备自生能

---

① 林毅夫. 发展战略、自生能力和经济收敛[J]. 经济学(季刊)季刊,2002 (1):269－300.

② 林毅夫,蔡昉,李周. 中国的奇迹:发展战略与经济改革[M]. 上海:上海人民出版社,1994.

③ 洪银兴. 从比较优势到竞争优势:兼论国际贸易的比较利益理论的缺陷[J]. 经济研究,1997(6):20－26.

力，同时若存在交易效率的比较优势，即使没有资源禀赋的比较优势，企业也是具有自生能力的（廖国民、王永钦，2003①），所以比较优势不是能自动转到竞争优势的充分必要条件。二是劳动密集型产业无法带动产业结构的升级。按照比较优势战略，把劳动密集型产业作为主导产业，其不会获得较高的经济绩效，则也就没更多的剩余来实现要素禀赋结构的升级（王允贵，2002②）。郭熙保、胡汉昌（2002）③也认为具有比较优势的劳动密集型产业不能自动、自发地向资本密集型、技术密集型产业转换。这就意味着对以比较优势理论来发展劳动密集型产业是否能够带来产业结构升级产生了疑问。三是大国的适宜性问题。对于比较优势理论，小国的经验表明了其适宜性，但是大国的适宜性备受讨论。欧阳峣、易先忠、生延超（2012）④认为大国在数量型到质量型增长的不同阶段，如果大国以总体要素禀赋的比较优势介入国际分工，在数量型阶段比较优势战略会表现出有限适宜性，而到质量型阶段则表现为欠适宜性。

二、中国传统经济发展战略的“双刃剑”效应

（一）中国传统经济发展战略的“优”：“中国奇迹”的创造

Acemoglu（2007）⑤将一国增长本质原因分为四类，包括运气、地理条件、文化和制度，并进一步与其合作者（2001）⑥认为制度才是决定一个国家长期经济增长并解释国际收入差距的最根本的原因。所以考察一国的经济发展绩效，关键在于研究发展中国家选择什么发展战略（徐朝阳、

---

① 廖国民，王永钦. 论比较优势与自生能力的关系[J]. 经济研究，2003(9)：32－39.

② 王允贵. 产业政策的中长期主题：发展中技术产业[J]. 管理世界，2002(4)：7－10.

③ 郭熙保，胡汉昌. 后发优势研究这评[J]. 山东社会科学，2002(3)：15－20.

④ 欧阳峣，易先忠，生延超. 从大国经济增长阶段性看比较优势战略的适宜性[J]. 经济学家，2012(8)：80－90.

⑤ D Acemoglu. Equilibrium Bias of Technology [J]. *Ecomometrica*，2007，75(5)：1371－1409.

⑥ D Acemoglu，F Zilibotti. Productivity Differences [J]. *Quarterly Journal of Economics*，2001，116(2)：563－606.

林毅夫，2010①）。

站在改革开放30多年后的今天回望历史的起点，如果说从18世纪末开始中国错过了世界，“东方的巨龙”风采不再，科技、经济和生活水平从那时开始与西方的差距越来越大，中国成了名副其实的积贫积弱的国家。中华人民共和国成立伊始，出于发展生产力、改善人民生活，使中国重新屹立强国之林的迫切愿望，则如何增强综合国力成为首要考虑的问题。但中华人民共和国成立之前的内忧外患以及新中国成立以后一系列政治运动延缓了这一发展的脚步。同时，“赶超战略”的实施，可以说中国新中国成立之初确立赶超对象（英国、美国等发达国家）和目标（实现社会主义现代化）本身就是一件极有意义的事情。另外，这一战略核心是重工业化优先发展的战略，从“一五”时期（1953—1957年）的经济绩效来看，正是这一发展战略为中国工业部门的建立做出了贡献。“一五”期间，集中力量进行苏联援助的156个重点建设项目，保证有限的资金和物质实现重工业优先发展的目标。到1957年年底，“一五”计划的各项指标已全部超额完成。国民收入平均每年增长8.9%，工业总产值比1952年增长了128.6%，平均年增长率达18.4%。钢产量达到535万吨，比1952年增长了266%；煤产量1.31亿吨，比1952年增长了96%，粮食产量达到390亿斤，比1952年增长了19%（周树立，2003②）。正是这些建设项目填补了新中国工业部门的空白，为以后经济腾飞奠定了基础。

改革开放以后，中国经济才实现了真正意义上的持续、高速的经济增长，从此才开始了中华民族伟大的复兴，这一时期（1978—2006年）的年均GDP增速达到9.7%，且经济增长速度逐渐递增，被誉为“中国奇迹”（林毅夫等，1994③）。诺贝尔经济学奖获得者斯蒂格利茨认为，“世界上还未出现过如此大规模而又持久的经济增长”。

除了经济总量，人均收入增加也创造了奇迹，比较不同国家人均收入翻一

---

① 徐朝阳，林毅夫. 发展战略与经济增长[J]. 中国社会科学，2010（3）：94－108.

② 周树立. 论改革开放前的中国经济发展战略[J]. 经济经纬，2003（4）：36－38.

③ 林毅夫，蔡昉，李周. 中国的奇迹：发展战略与经济改革[M]. 上海：上海人民出版社，1994.

番所需要的时间，英国在1780—1838年花了58年时间，美国在1839—1886年花了47年，日本在1885—1919年花了34年，韩国在1966—1977年花了11年。中国则在1978—1987年只用了9年时间，随后又在1987—1995年和1995—2004年期间分别用了8年和9年时间再次两度翻番，并于2011年再翻一番，而这次只用了7年时间。可以说，中国用了30年的时间，完成了其他国家近百年的发展。美国经济学家萨默斯认为，如果300年后的人民书写我们今天的历史，最主要的事件可能是中国因其高速经济增长，在人类历史上第一次做到，在一个人的生命周期内生活水平可以提高100倍以上，及其对世界上其他人和全球经济带来了重要影响。①从表1可以看出，改革开放30年经济增长的绩效在复兴中华民族昔日的辉煌中走好了难得的第一步。同时，随着经济快速增长，中国在全球经济体的重要性不断上升（见图1）。

表1　中国GDP和人均GDP的长期变化

年份	GDP		人均GDP	
	1990年国际元/十亿	所占世界份额	1990年国际元	对世界平均（%）
1	27	25.4	460	96.4
1000	27	22.7	466	102.8
1500	62	24.9	600	105.9
1700	83	22.3	600	97.6
1820	229	32.9	600	90.0
1900	218	11.1	545	43.2
1950	245	4.6	448	21.2
1978	935	4.9	978	22.1
2006	7928	16.8	6048	83.8
2010	—	—	8032	102.8

资料来源：Angus Maddison, "Statistics on World Population, GDP and Per Capita GDP, 1 - 2006AD"（March 2009）.

① 引自萨默斯撰写的《日本失落的十年值得中国反思》发表于2007年1月23日《21世纪经济报道》。

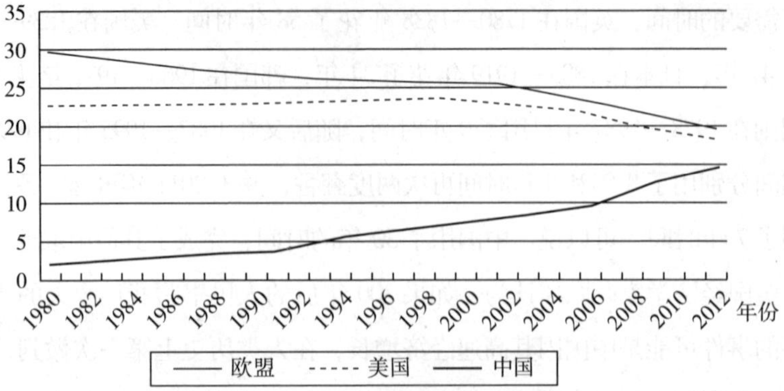

图1　中国在全球经济体系中的地位

资料来源：世界银行WDI数据库。其中为购买力平价（PPP）计算的国内生产总值（GNI）。

对于中国过去30年发展成绩的总结，最为关键的因素在于正确的发展战略的实施。正是改革开放后中国面对劳动力资源相对丰裕这一事实，重新评估原有发展战略，以重工业优先发展为核心的赶超战略发生了重大的转变，取而代之比较优势战略的实施。中国基于要素禀赋结构，改革过去超前发展资本密集型产业的各种扭曲政策，进行以市场配置资源的市场化改革，通过明确产业发展要与要素禀赋结构相匹配这个准则，认识到中国发展初级阶段劳动力资源相对丰富这一基本事实，大力促进劳动密集型产业的发展来促进经济剩余的增加。同时，中国利用这一比较优势参与国际分工，鼓励劳动密集型出口产业的发展从而形成出口导向型的战略，承接了国际产业转移和技术扩散，最终奠定了中国的国际专业化分工，造就了中国"世界工厂"的地位。正确发展战略的实施在促进中国经济高速增长方面发挥了不可磨灭的贡献，同时也为产业结构变动注入了活力，所以中国过去30年在增长数量方面巨大成绩的取得，得益于传统发展战略的实施。

（二）中国传统经济发展战略的"劣"："低端锁定"与持续发展能力有限

对于比较优势战略的质疑，其在数量型经济增长阶段表现出有限适宜性，而在质量型发展阶段表现出欠适宜性（欧阳峣、易先忠、生延超，2012①）。这其实说明比较优势发展战略呈现出阶段的适宜性问题，其“优”和“劣”、促进作用和阻碍作用随着阶段的发展呈动态变化。在中国发展的起步阶段，对于经济增长数量的追求是我们的第一选择，比较优势发展战略顺应了这种需求，成就了中国增长奇迹，其“优”的一面发挥得淋漓尽致。但随着中国发展阶段的跃升，“比较优势陷阱”（干春晖、余典范，2013②）开始凸显。

第一，国际分工地位的“低端锁定”，价值链升级举步维艰。国际分工从最初的产业间分工（Inter - industry Specialization）到后来的产业内分工（Intra - industry Specialization）。这种从产业间向产业内渗透和深化成为当今国际分工的主流。世界各国通过专业化生产，在国际分工体系中谋得“一席之位”。在国际产业内分工中，水平分工深化主要是以技术落差为基础，实现在产品生产价值链上不同生产工序的纵向分工，更多体现在以知识产权和人力资源优势带来的交易成本下降和规模经济效应上。而垂直分工深化以水平分工为基础，在产品生产价值链环节，主要依赖于土地、资源、劳动力等要素成本低而形成的比较优势。目前发达国家之间以水平分工为主，发达国家与发展中国家以垂直分工为主（张建平、关秀丽等，2009③；陈亮，2011④）。

改革开放以来，中国依靠劳动力、土地等要素低价比较优势来促进发展，而这种比较优势的发展战略也恰是中国在国际产业分工处于低端的首因。一是发达国家为了稳定国际分工体系的格局，保持自己的利益不受损失，会想方设法对技术密集型工序和产业进行垄断，这样发达国家向中国

---

① 欧阳峣，易先忠，生延超．从大国经济增长阶段性看比较优势战略的适宜性［J］．经济学家，2012（8）：80 - 90.

② 干春晖，余典范．中国构建动态比较优势的战略研究［J］．学术月刊，2013（4）：76 - 85.

③ 张建平，关秀丽等．国际经济结构变动趋势及对我国的影响研究［M］．北京：中国计划出版社，2009.

④ 陈亮．中国跨越“中等收入陷阱”的开放创新——从比较优势向竞争优势转变［J］．马克思主义研究，2011（3）：50 - 61.

等发展中国家的雁式转移就很少涉及技术密集型产业，而是想方设法将中国固定在劳动密集型产业的工序上，遏制中国分工地位的提升。自1995年以来中国三项加工贸易占总出口额比重保持在50%左右这一事实可以看出，我们长期从事的贸易仍是发挥我们劳动力和土地等要素的比较优势。二是长期出口劳动密集型产品会产生一种路径依赖。比较优势战略主导的劳动密集型产业的迅速发展是中国过去辉煌的主要支撑，到目前新阶段虽然式微，但政府基于就业、税收、资金投入、经济增长等考虑也难以割舍劳动密集型工序产业来支持转型升级，这样的导向存在，出口低端产品就成了一种路径依赖。

唐海燕、张会清（2009）[①] 通过对贸易数据的深入分析，从全球价值链视角研究发现中国在国际分工体系中的专业化层次较低，主要扮演着“加工车间”的角色，尽管高技术产业和产品发展迅猛，但竞争力集中在低附加值的劳动密集型生产阶段，目前处于新国际分工体系中的中低端位置。正是践行这种发展战略，保持出口贸易的增长，造成了金属、矿产品以及其他原材料的巨额需求，随着贸易增长，中国未加工的铝的消耗量占全世界比例在2004—2006年达到22.9%，精炼铜达到21%。所以中国贸易增长存在一个“大国效应”的福利损失（欧阳峣、易先忠、生延超，2012[②]），而这恰恰就是比较优势战略有限适宜性造成的。

第二，技术供给和产业发展失衡的问题越发严重。中国经济增长与宏观稳定课题组（2006）[③] 认为中国高速增长离不开“干中学”这个技术进步的机制。这个机制概括起来说，就是因为开放之初中国原有技术基础比较薄弱，与发达国家技术差距较大，通过开放中的FDI“外溢”效果和贸易诱发的“干中学”效果从而促进了中国技术进步，但随着学习能力的衰

① 唐海燕，张会清．中国在新型国际分工体系中的地位——基于价值链视角的分析[J]．国际贸易问题，2009(2)：20－28.

② 欧阳峣，易先忠，生延超．从大国经济增长阶段性看比较优势战略的适宜性[J]．经济学家，2012(8)：80－90.

③ 中国经济增长与宏观稳定课题组．干中学、低成本竞争和增长路径转变[J]．经济研究，2006(4)：4－14.

减，国内技术进步减速并最终停止。在经济发展的初级阶段，中国主要通过对新近国家技术的学习和模仿来实现技术进步，这样低水平阶段发展战略主导下的产业发展和技术改善都是适宜的。但随着中国发展阶段的跃迁，这种“模仿型”技术进步就非最优，中国技术供给方式应该有一个跃迁，从过去的“模仿创新”已经升级到“自主创新”阶段。但从现实状况来看，中国山寨文化和低端模仿横行，高端技术也不乏简单改造。我们从中国的制造业和高新技术产业的 R&D 强度可以看出，中国高新技术附加值份额不高。对于这种原因的解读同样和我们的发展战略相关，长期处于与发达国家垂直分工体系低端的中国，劳动密集型工序仅能保留一定微薄的利润空间，使得我们企业常年在压力和挤压下难以有能力进行研发动力。由于国外低端技术易得和简单模仿的微利性，中国企业把有限资源投向了规模扩张，而不关注技术创新，这样就造成一个现象：虽然强大，制造能力世界领先，但缺乏核心技术，最终使自己成为“生产能力的巨人”“技术能力的矮人”（朱岩梅，2008①）。

表 2　部分国家制造业和高新技术产业 R&D 强度

	中国 2009	美国 2007	日本 2006	德国 2007	法国 2006	英国 2006	意大利 2007	韩国 2006
制造业	0.6%	3.4%	3.7%	2.3%	2.5%	2.4%	0.7%	1.9%
高技术产业	1.5%	16.9%	10.7%	6.9%	7.7%	11.1%	3.8%	5.9%

资料来源：《中国高新技术产业数据 2011》，摘自干春晖、余典范《中国构建动态比较优势的战略研究》一文。

第三，技术供给方式的问题存在，进一步诱发了产业升级的刚性。发展劳动密集型企业会在初期具有见效快的特征，但长期来看自主创新的资金积累和能力不足都成为发展的约束条件。“任何技术进步引发的生产要素密集度转换的诱因，都会被中国大量的廉价劳动力和劳动力要素充沛的事实无情地瓦解……”②。长期发展劳动密集型产业，会忽视技术密集型工

① 朱岩梅. 比较优势战略对中国经济发展局限性的研究[J]. 中国软科学,2008(8):24－29.

② 引自“崔勇列发表在《读书》(2005 年 11 期)上的《贸易和发展的双刃剑》一文”。

序产业的发展，而一旦进入低端锁定状态，实施技术转型升级的风险会导致发展动力不足、阻力巨大（欧阳峣、易先忠、生延超，2012[①]；陈亮，2011[②]；俞炜华、秦波涛，2006[③]）。另外，企业大量从事加工制造业，会造成企业之间的过度竞争、产业同构、产能过剩等问题的产生，使得产业结构的发展向着失衡的通道越滑越远，一方面，产业的合理化受限；另一方面，产业的高级化无从谈起。对于产业来说，长期依赖比较优势发展战略会陷入一种“比较优势陷阱”，增大经济转型的压力。

三、新时期中国经济发展战略的转型与创新

（一）新阶段中国经济发展战略转型与创新的必要性

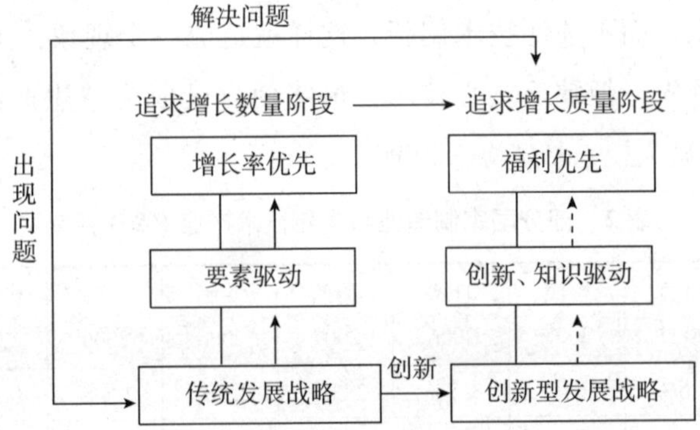

图2　中国经济发展战略时代转型与创新的逻辑

在中国“一穷二白”的起步阶段，对于经济增长总量的积累的诉求，使得我们尽可能地利用我们廉价劳动力和资源土地等要素的优势，追求经济增长数量，在此发展的起步阶段，传统发展战略“优”的一面表现得淋漓尽致，具有一定的适宜性，此时，传统发展战略“优”明显大于“劣”。

---

① 欧阳峣，易先忠，生延超．从大国经济增长阶段性看比较优势战略的适宜性[J]．经济学家，2012(8)：80－90.

② 陈亮．中国跨越“中等收入陷阱”的开放创新——从比较优势向竞争优势转变[J]．马克思主义研究，2011(3)：50－61.

③ 俞炜华，秦波涛．大国与比较优势发展战略[J]．预测，2006，25(5)：1－5.

但经济增长不光关注生产效率和物质财富创造的数量增长，还关注经济增长的后果、前景以及给人们带来的真实福利。但长期对于增长数量的追求，造成了中国高投入、高消耗、高污染以及技术创新乏力、产业升级刚性等一系列“副产品”的出现。所以追求经济增长的质量成为未来经济增长的主题。从发展战略来看，当经济发展到一定阶段，中国存在的诸多“不和谐”的问题就需要反思传统发展战略的合理性，特别是党的十九大已经对中国的发展阶段进行了研判：我国经济已由高速增长阶段转向高质量发展阶段，中国在追求经济增长质量阶段，传统发展优势战略“劣”的一面开始显现，开始慢慢大于“优”的一面，给长期经济健康以及可持续发展带来了新的约束，所以创新发展战略势在必行。

（二）新阶段中国经济发展战略转型与创新原则：“三位一体”的逻辑

从传统发展战略到创新型发展战略的逻辑框架，依然是如何通过创新来构建市场、政府与企业“三位一体”的良性互动关系。

（1）市场

张五常和张曙光将中国经济增长的原因归结为由计划向市场经济的转轨。可以说，中国长期的经济发展得益于市场经济的建立。但市场机制以及与之相配套的各项机制逐渐成熟的同时，关于中国市场经济的“夹生”讨论不绝于耳。但对于市场机制的完善和市场配置效率的作用发挥讨论，其中一个关键的问题在于区分市场缺失和市场失灵两者之间的区别，才能明确未来市场机制健全以及市场成长的方向。对于外部性发生机制和市场的关系探究，贾丽虹（2003）① 归纳总结了 Arrow（1970）② 对于这一问题的讨论，认为只要市场集是完整的，就不会有外部性。外部性是市场失灵的存在方式，但不是所有市场失灵都可以被描述为外部性。此外，市场缺

---

① 贾丽虹．外部性发生机制与市场缺失的关系新探[J]．学术研究，2003(4)：53 – 55.

② Kenneth J. Arrow. New Ideas in Pure Theory: Discussion [J]. *American Economic Review*, 1990, 60(2): 462 – 463.

失的原因有很多（非排他性、缺乏交易的条件等），而市场失灵仅仅发生在交易成本十分高昂的场所。沿着这样的思路，我们应该具体区别一下外部性的发生机制，导致两种不同结果：市场缺失和市场失灵。一方面是市场缺失的外部性，对于这一问题的解决，只要坚持市场化的改革，弥补市场缺失的问题，是直线上升的，没有问题；另一方面是市场失灵的外部性，应该属于波动范畴，即围绕着长期趋势上下波动。这一部分只能降低、不能消除，所以在这里需要的是降低交易费用、提高交易效率的问题，一方面要消除人为因素造成的高额交易费用；另一方面降低交易费用的有效途径之一在于市场创新。主要是以创新的方式来促进市场成长，以创新的意识来推动市场交易方式的革新，提升交易技术来降低信息的不对称性，根本途径在于进行市场机制完善，从而为治理由于外部性作用机制而造成的市场失灵提供逻辑。中国未来实施创新型的发展战略内涵之一——对于市场的改造。通过市场创新来降低外部性作用机制，既要修补市场缺失，坚持市场化改革方向，又要降低市场失灵，明确市场创新的方式和作用机理。

（2）政府

对于政府的作用，斯密早在《国富论》中就将政府定位为保证市场自由竞争的“守夜人”角色，仅在治安、国防、教育、公共服务和公共产品供给等方面发挥作用。所以一直以来古典和新古典的基本信条是政府在政策上应“自由放任”，“无为而治”的政府才是好政府。但是市场有一个问题，就是市场机制不完全会导致的资源配置过程中信息不对称的程度和代理成本较大等问题仍然严重。所以关于政府如何补充市场以及政府和市场界限的探讨由来已久。传统的政府与市场非此即彼的关系正在日益弱化，真正的政府与市场的关系更多地表现为长期动态相互影响的关系。可以说市场是一种价格契约机制，而从某种程度上来说，政府、企业以及计划指令经济都是以计划指令契约管理经济，无论是价格契约机制还是指令契约机制均是配置稀缺资源的一种方式。但自身禀赋的差异使得不同领域的信息不对称程度也存在着差异。价格契约机制与指令契约机制在各自不同的领域可能存在着“比较优势”。根据边际原则，当价格契约机制引起的成本与指令契约机制引起的成本相等时，政府与市场的最优边界也就确定了（李勇等，2011①）。

中国长期发展有太浓厚的政府色彩，地方政府由于晋升激励形成了“为增长而竞争”的局面被解读成中国奇迹的主要逻辑之一（周黎安，2004②；张晏、龚六堂，2005③；傅勇、张晏，2007④）。所以中国的发展离不开政府合理定位的问题，以及政府和市场边界的问题，所以创新型发展战略的要义在中观层面就是如何创新政府的行为和治理方式，在转型国家建立起现代市场经济即构建市场与政府完美配合发挥作用的机制来促进经济的长期持续健康的增长才是关键所在，让发展中国家的政府发挥因势利导的作用，通过引导和促进结构变迁（产业升级和经济多样化）以扶持增长、增加就业和减少贫困。另外，政府干预——提供信息、协调软硬件基础设施的改善以及补偿外部性——对于帮助经济体从一个发展阶段过渡到另一个发展阶段同样是不可或缺的（林毅夫，2012⑤）。

（3）企业

“三位一体”的框架中，核心之一是市场经济中的微观主体企业，企业要具有自生能力。从比较优势理论来讲，企业遵循比较优势来组织生产活动，企业和整个经济才能最大限度地创造经济剩余（林毅夫、李永军，2003⑥）。但从现代社会来看，技术进步能够弥补要素禀赋的缺陷，企业的自生能力更多已从最初的要素成本决定转到要素使用效率方面。创新型发

① 李勇，王满仓．市场成长与经济发展——对于“政府与市场关系”的再界定[J]．东北财经大学学报，2011(5)：3－10.

② 周黎安．晋升博弈中政府官员的激励与合作——兼论我国地方保护主义和重复建设问题长期存在的原因[J]．经济研究，2004(6)：33－40.

③ 张晏，龚六堂．分税制改革、财政分权与中国经济增长[J]．经济学：季刊，2005，5(4)：75－108.

④ 傅勇，张晏．中国式分权与财政支出结构偏向：为增长而竞争的代价[J]．管理世界，2007(3)：4－12.

⑤ 林毅夫．新结构经济学与中国发展之路[J]．中国市场，2012(5)：3－8.

⑥ 林毅夫，李永军．比较优势、竞争优势与发展中国家的经济发展[J]．管理世界，2003(7)：21－28.

展战略与传统发展战略相比，强调企业的自生能力，即通过技术和效率改善来构建和保持企业的自生能力。一方面，改善企业技术能力，培养企业的商业能力，构建企业的管理能力，发挥以知识为基础的企业组织能力，从而使得企业赢得竞争优势；另一方面，改善配置效率，除了关心技术和创新带来的产出最大化，企业更要关心盈利能力、市场份额、竞争有序与否等能够实现成本最小化的因素，从而获得配置效率（蔡昉等，2003①）。除此之外，企业在争取政府补贴等方面应该更多地释放正确的信息，防止个别企业为争取补贴释放虚假信号，防止“逆向”激励的发生，让政府在技术创新、环境质量以及扶持弱小等方面伸出援助之手来帮助企业获得自生能力或是创建核心竞争力。

与宏观市场和中观政府相结合，若市场体系相对较健全，机制能够充分发挥作用，政府有一个合理定位，“援助之手”而非“掠夺之手”，那企业生存的环境将是健康的。在这样一个健康环境中，企业时刻铭记效率是核心竞争力，通过适时根据市场的需要改变内在技术和生产要素组合方式来赢得持续的发展动力。

（三）新阶段中国经济发展战略转型与创新的具体内容

战略是发展最重要的指导，经济增长离不开正确的发展战略。中国过去的增长奇迹被津津乐道，正是合适发展战略发挥效能的结果，但是站在中国新的发展阶段，创新发展战略就是为未来赢得进一步可持续发展的关键所在。

从传统发展战略向创新型发展战略的转型，特别是用创新意识、创新方式和创新技术来重新构筑市场、政府和企业“三位一体”的和谐且良性互动关系，通过对市场经济中最核心要素问题的解决，从而引致其他方面失衡和不和谐问题自我恢复和纠偏机制的触发。既是对过去经济增长带来的一系列“负产品”的再消化，使中国经济健康、有序、良性发展；又是

① 蔡昉，都阳，王美艳．劳动力流动的政治经济学[M]．上海：上海人民出版社，2003．

寻求一种新的发展动力机制、发展规律及战略模式，为中国可持续发展以及增长质量向好提供新的指导。

（1）以创新驱动的企业能力提升和产业结构优化为基本动力的发展战略

波特曾将经济发展划分四个阶段：第一阶段是要素驱动阶段，第二阶段是投资驱动阶段，第三阶段是创新驱动阶段，第四阶段是财富驱动阶段。在我们比较优势的战略弊病凸显以及传统要素资源优势逐步丧失的今日，对新战略的寻求即要遵循竞争优势。竞争优势来自最根本的创新，并且维持竞争优势需要不断地创新。所以在微观层面强调企业自生能力的提高和创新能力的改善。优化企业技术创新行为，不断获取新知识，利用以智能制造为基础的新型创新模式，不断消化吸收、改进、创造技术，使产品创新永不停息。其中关键在于，以企业技术能力升级为目标，构建企业先进的生产方式。以参与国内和市场竞争为目标，动态整合企业的各种资源，建立起高端高效的供给生产体系。强化企业的创新主体地位。企业是新技术的采用主体，企业是新技术的研发主体，企业是新技术的投资主体，企业是新技术的孵化主体。改善政府宏观政策、政府创新补贴、知识产权保护和人力资本投资等政府行为，为企业创新能力提升构建强有力的宏观环境。

进一步在以创新驱动微观企业能力改善的基础上，通过产业创新助推产业迈向中高端。拘泥于资源禀赋的比较优势，只有模仿和引进创新，如此只能实现跟踪，不能实现中高端，最终只有规模优势，无法形成价值链优势。所以产业水准的中高端化，同样需要由比较优势战略转向竞争优势。一是前瞻性的培育战略性新型产业，应顺应第四次工业革命的潮流，培育以智能制造、人工智能和大数据为核心的战略性新兴产业，加快新产业体系的培育。二是推动传统制造业的革新和升级。促进传统制造业研发和采用新技术，特别通过“互联网 +”等途径推进传统产业的更新升级。另外，推动传统产业向新兴产业转型，以及实现服务业的转型与升级，发挥现代服务业对经济的服务、带动和提升作用。

总体来说，创新驱动微观企业创新能力提升和中观产业结构升级，核心在于重塑增长的新动能以及转变增长方式，即通过以加快技术创新来实现中国企业和产业在全球价值链上的动态攀升，为推动中国向高质量阶段转变提供必要的驱动力。

(2) 以深度城市化和乡村振兴计划为突破口的城乡融合发展战略

纵观60年的发展历程，我国的农村进城务工人员虽然自改革开放以来逐渐增加，但城市化进程却相当缓慢，并长期滞后于我国的工业化水平(叶裕民，1999①；陈钊、陆铭，2008②；段成荣等，2008③；Henderson，2009④)。滞后的城市化水平制约了消费需求和市场容量的扩大，限制了城市集聚和扩散效应的发挥，妨碍了产业结构的升级和转型，拉大了城乡收入差距和地区差距，并最终对中国经济的长期增长和转型构成了严重挑战(Chang and Brada，2006⑤；中国经济宏观增长与稳定课题组，2009⑥；陈钊，2011⑦；陆铭等，2011⑧等)。

党的十九大报告提出，新时代需要贯彻新发展理念、建设现代化经济体系。现代化经济体系要义之一就是农民进入工业化、城镇化的过程，是融入城市文明的过程，也是生产生活方式转型的过程。针对我国城市化仍然滞后于工业化这一“痼疾”，发展战略转型之一即推进以农民市民化为核心的深度城市化战略。树立“以人为本”的城市化推进理念，以农民工

---

① 叶裕民. 中国城市化滞后的经济根源及对策思路[J]. 中国人民大学学报,1999(5):1-6.

② 陈钊,陆铭. 从分割到融合:城乡经济增长与社会和谐的政治经济学[J]. 经济研究,2008(1):21-32.

③ 段成荣,杨舸,张斐,卢雪和. 改革开放以来我国流动人口变动的九大趋势[J]. 人口研究,2008(6):30-43.

④ W. O. Henderson. Economic progress in Western Germany [J]. *Journal of Tribology*, 2009, 131(4): 85-94.

⑤ GH Chang, JC Brada. The paradox of China's growing under-urbanization [J]. *Economic Systems*, 2006, 30(1): 24-40.

⑥ 中国经济增长与宏观稳定课题组. 全球失衡、金融危机与中国经济的复苏[J]. 经济研究,2009(5):4-20.

⑦ 陈钊. 中国城乡发展的政治经济学[J]. 南方经济,2011(8):3-17.

⑧ 陆铭,向宽虎,陈钊. 中国的城市化和城市体系调整:基于文献的评论[J]. 世界经济,2011(6):3-25.

市民化为突破口，积极推动综合体制改革，让“就近市民化”和“就地市民化”为统筹城乡发展的重要形式，促进中小城市和小城镇快速发展，“深度”拓展城市化空间格局。同时实现我国城市化质量的战略性提升，积极为农民工提供与城市居民相同的基本公共服务，探索建立有利于市民和农民工融合发展的社会管理体制和机制，逐步实现城市化与工业化的平衡发展。

推进城乡融合发展战略的创新另一方面就是大力实施乡村振兴计划。首先，实现乡村振兴战略要凝聚乡村振兴力量，充分发挥农民群体的主体作用，激发他们创新创业、增收致富的激情；其次，实现乡村振兴战略要形成乡村振兴的合力，充分调动各种力量，在政策法规制定、发展思路谋划、产业格局规划、技术设施建设、农业科技投入等方面为“三农”提供帮扶；最后，实现乡村振兴战略要丰富乡村振兴的内涵，大力发展特色效益农业，支持农民专业合作社等新型农业经营主体加快发展，大力发展乡村旅游，从而实现产业先行和产村融合的格局。

（3）以国家治理体系和治理能力现代化为核心内容的宏观调控有度战略

中国传统的经济发展战略逻辑下，地方政府和官员面对晋升政治激励和财政激励从而产生了“为增长数量而竞争”的局面，官员在较短的任期最优的选择是不断地扩大经济增长的量，带来了中国经济增长的奇迹。但时至今日，总量积累已经不是首要任务，中国经济已迈入高质量发展阶段，所以发展阶段的转变对涉及治理体系和宏观调控的经济发展战略的转型也提出了新时代的新要求。

党的十九大报告提出，明确全面深化改革总目标是完善和发展中国特色社会主义制度、推进国家治理体系和治理能力现代化。在经济层面，国家治理体系和治理能力更多强调政府行为的有度、宏观调控的有序。即新时代对高质量发展的追求，强调政府的归位，转变政府主导的增长机制，政府应该合理回归最基本的教育和健康服务以及最基本的社会保障中的支付责任，尽量少参与具体经济活动，将基本经济活动归位市场，培育公平、竞争的市场环境，市场自发作用成为增长核心机制。同时强调宏观调控有度，即面对错综复杂的宏观环境，政府应提高识别和研判能力，强调宏观调控的手段有力、调控的方式有度、调控的目标有效。

国家治理体系和治理能力的现代化，核心之一在于设计更为合理的官员政绩考核体系。取消“一票否决制”的指标，特别是加大增长质量各核心内容的考核指标，促进各级政府官员更好地为社会经济发展服务。要克服“自上而下”的内在弊端，要注意对官员考核的“自上而下”和“自下而上”之间的结合，多倾听所辖居民的呼声和诉求，加强民主制度建设，增进地方民众对于地方官员的约束力，使得地方官员重视“民意”，以“民意”为施政的方向。因此，一个以提升国家治理和宏观调控为核心内容的战略转型思路应该是：将政府的“权力关在笼子”里，纠偏地方政府的行为，形成以市场经济为基本机制的经济发展机制。

参考文献

[1] 林毅夫,蔡昉,李周. 中国的奇迹:发展战略与经济改革[M]. 上海:上海人民出版社,1994.

[2] 于光远. 论“历史大调整时期”[J]. 经济问题探索,1996(12):4－7.

[3] 徐朝阳,林毅夫. 发展战略与经济增长[J]. 中国社会科学,2010(3):94－108.

[4] 陈斌开,林毅夫. 重工业优先发展战略、城市化和城乡工资差距[J]. 南开经济研究,2010(1):3－18.

[5] 姚洋,郑东雅. 重工业与经济发展:计划经济时代在考察[J]. 经济研究,2008(4):26－40.

[6] 姚洋,郑东雅. 外部性与重工业优先发展[J]. 中国经济学前沿,2007(4):3－19.

[7] 李勇,王满仓. 知识产权保护、剩余索取权与长期经济增长[J]. 产业经济评论,2013(2):48－71.

[8] 林毅夫. 发展战略、自生能力和经济收敛[J]. 经济学(季刊)季刊,

2002 (1):269 - 300.

[9] 洪银兴. 从比较优势到竞争优势:兼论国际贸易的比较利益理论的缺陷[J]. 经济研究,1997(6):20 - 26.

[10] 廖国民,王永钦. 论比较优势与自生能力的关系[J]. 经济研究,2003(9):32 - 39.

[11] 王允贵. 产业政策的中长期主题:发展中技术产业[J]. 管理世界,2002(4):7 - 10.

[12] 郭熙保,胡汉昌. 后发优势研究这评[J]. 山东社会科学,2002(3):15 - 20.

[13] 欧阳峣,易先忠,生延超. 从大国经济增长阶段性看比较优势战略的适宜性[J]. 经济学家,2012(8):80 - 90.

[14] D. Acemoglu. Equilibrium Bias of Technology [J]. *Ecomometrica* , 2007, 75(5): 1371 - 1409.

[15] D. Acemoglu, F. Zilibotti. Productivity Differences [J]. *Quarterly Journal of Economics*, 2001, 116(2): 563 - 606.

[16] 周树立. 论改革开放前的中国经济发展战略[J]. 经济经纬,2003(4):36 - 38.

[17] 干春晖,余典范. 中国构建动态比较优势的战略研究[J]. 学术月刊,2013(4):76 - 85.

[18] 张建平,关秀丽,等. 国际经济结构变动趋势及对我国的影响研究[M]. 北京:中国计划出版社,2009.

[19] 陈亮. 中国跨越“中等收入陷阱”的开放创新——从比较优势向竞争优势转变[J]. 马克思主义研究,2011(3):50 - 61.

[20] 唐海燕,张会清. 中国在新型国际分工体系中的地位——基于价值链视角的分析[J]. 国际贸易问题,2009(2):20 - 28.

[21] 中国经济增长与宏观稳定课题组. 干中学、低成本竞争和增长路径转变[J]. 经济研究,2006(4):4 - 14.

[22] 朱岩梅. 比较优势战略对中国经济发展局限性的研究[J]. 中国

软科学,2008(8):24－29.

[23] 俞炜华,秦波涛. 大国与比较优势发展战略[J]. 预测,2006,25(5):1－5.

[24] 贾丽虹. 外部性发生机制与市场缺失的关系新探[J]. 学术研究,2003(4):53－55.

[25] Kenneth J. Arrow. New Ideas in Pure Theory: Discussion [J]. *American Economic Review*, 1990, 60(2): 462－463.

[26] 李勇,王满仓. 市场成长与经济发展——对于"政府与市场关系"的再界定[J]. 东北财经大学学报,2011(5):3－10.

[27] 周黎安. 晋升博弈中政府官员的激励与合作——兼论我国地方保护主义和重复建设问题长期存在的原因[J]. 经济研究,2004(6):33－40.

[28] 张晏,龚六堂. 分税制改革、财政分权与中国经济增长[J]. 经济学:季刊,2005,5(4):75－108.

[29] 傅勇,张晏. 中国式分权与财政支出结构偏向:为增长而竞争的代价[J]. 管理世界,2007(3):4－12.

[30] 林毅夫. 新结构经济学与中国发展之路[J]. 中国市场,2012(5):3－8.

[31] 林毅夫,李永军. 比较优势、竞争优势与发展中国家的经济发展[J]. 管理世界,2003(7):21－28.

[32] 蔡昉,都阳,王美艳. 劳动力流动的政治经济学[M]. 上海:上海人民出版社,2003.

[33] 叶裕民. 中国城市化滞后的经济根源及对策思路[J]. 中国人民大学学报,1999(5):1－6.

[34] 陈钊,陆铭. 从分割到融合:城乡经济增长与社会和谐的政治经济学[J]. 经济研究,2008(1):21－32.

[35] 段成荣,杨舸,张斐,卢雪和. 改革开放以来我国流动人口变动的九大趋势[J]. 人口研究,2008(6):30－43.

[36] W. O. Henderson. Economic progress in Western Germany [J].

Journal of Tribology, 2009, 131(4): 85 - 94.

[37] GH Chang, JC Brada. The paradox of China's growing under - urbanization [J]. *Economic Systems*, 2006, 30(1): 24 - 40.

[38] 中国经济增长与宏观稳定课题组. 全球失衡、金融危机与中国经济的复苏[J]. 经济研究,2009(5):4 - 20.

[39] 陈钊. 中国城乡发展的政治经济学[J]. 南方经济,2011(8):3 - 17.

[40] 陆铭,向宽虎,陈钊. 中国的城市化和城市体系调整:基于文献的评论[J]. 世界经济,2011(6):3 - 25.

[41] 劳伦斯·H. 萨默斯. 日本失落的十年值得中国反思[N]. 21 世纪经济报道,2007 - 01 - 23.

[42] 干春晖,余典范. 中国构建动态比较优势的战略研究[J]. 学术月刊,2013(4):76 - 85.

[43] 崔勇列. 贸易与发展的双刃剑[J]. 读书,2005(11):40 - 48.

中国特色扶贫开发道路

吴振磊　李戗霆[①]

一、中国特色扶贫道路文献综述

消除绝对贫困、实现共同富裕是我国一直以来关注的重大民生问题，让贫困人口和贫困地区同全国一道进入全面小康社会是我们党的庄严承诺。党的十九大提出，确保到2020年我国现行标准下农村贫困人口实现脱贫，贫困县全部摘帽，解决区域性整体贫困，做到脱真贫、真脱贫。自改革开放以来，我国大力推进扶贫开发，扶贫事业取得了显著成就。《中国农村扶贫开发纲要（2001—2010年）》确定的目标任务于2010年年底已基本实现。UNDP表示中国在1990—2015年，完成了全球1/3的扶贫任务，为千年发展目标的成功实施做出了不可替代的贡献。但是我国目前仍有14个连片特区800多个贫困县12.8万个贫困村7000多万贫困人口，贫困问题仍然十分突出。且贫困人口较多、分布较广、程度较深，而且致贫原因多样，脱贫难度大。贫困问题不仅是需要紧迫解决的现实问题，而且其理论对于我国扶贫政策的实施有着重要的指导作用。国内关于扶贫政策的研究，也是随着我国扶贫政策的制定与实施展开的。

（一）中国开发扶贫的内涵

国务院扶贫开发领导小组对于扶贫开发的解释是以经济建设为中心，支持、鼓励贫困地区干部群众改善生产条件，开发当地资源，发展商品生

---

① 吴振磊，男，西北大学经济管理学院教授，研究方向为反贫困与城乡一体化；李钺霆，女，西北大学经济管理学院2018级硕士研究生。

产，增强自我积累和自我发展的能力。对于扶贫开发内涵的认识，不同的学者有不同的看法。主要分为以下几点：

从运行机制上讲，凌文豪、刘欣[①]认为开发式扶贫仍然沿袭了经济发展带动实现减贫的传统发展观，即通过增加贫困地区发展的外部资源来推动其自身“造血”功能的产生，促进地区经济发展进而实现贫困人口减贫脱贫，这在一定程度上弥补了农村经济增长速度放缓带来的减贫效益递减事实，也为改善贫困地区外部发展环境、增强贫困人口内源发展动力奠定了基础。邓玲、吴勇超[②]则认为扶贫开发应更加注重社会保障制度建设、生态文明建设、环境生态补偿、基本公共服务均等化问题，按照提高发展能力、缩小贫富差距等更高的标准来解决贫困问题要以体制机制改革创新为突破口，增强内生动力与释放发展活力。

从扶贫过程上讲，岳润生等[③]认为扶贫开发就是帮助贫困地区的贫困户利用本地资源优势，发展商品经济，从而摆脱贫穷，使贫困地区和全国人民一起走向共同富裕的道路。在其过程中，必须以帮助落后地区摆脱贫穷为使命，以提高社会生产率为突破口，坚持因地制宜的科学方法。类似的，楚永生[④]认为开发式扶贫是以发展援助为导向，通过向特定的贫困群体提供他们所缺少的资本、技术等生产要素，开发当地资源，发展商品生产，使贫困者经过自身努力和能力的提高，来增加收入、摆脱贫困。学者刘超、朱满德、王秀峰[⑤]认为，扶贫开发这一概念意在通过扶持、扶助、扶建的方式促进贫困地区经济发展，改善贫困地区和贫困人口生产生活条件，提高贫困人口的生计能力和收入水平。

---

① 凌文豪，刘欣．中国特色扶贫开发的理念、实践及其世界意义[J]．社会主义研究，2016(4)：69－75.

② 邓玲，吴永超．论新时期我国扶贫开发工作的新变化及其创新路径[J]．理论探讨，2014(6)：81－84.

③ 岳润生等．中国扶贫开发[M]．北京：新华出版社，1991：4－5．

④ 楚永生．公共物品视野下农村扶贫开发模式研究[M]．长春：吉林人民出版社，2011：7.

⑤ 刘超，王满德，王秀峰．中国农村扶贫开发的制度变迁：历史轨迹及对贵州的启示[J]．山东农业生物学报，2015(1)：71－76.

（二）中国扶贫的阶段划分

对于扶贫阶段的划分，不同学者有不同的看法，主要观点如下：

陈标平、胡传明①根据扶贫模式的演进规律，即扶贫手段的演进规律手段的演进规律：单向度—多向度；扶贫对象的演进规律：面（区域）—线（县）—点（村、户）；扶贫主体的演进规律：纵向—横向—多元化网络式；区域发展理论的演进规律：全国均衡发展论—区域性非均衡发展论—区域可持续发展论；扶贫方式的演进规律：外部输血式—外部造血—内外造血式—多元造血。将新中国成立以来中国农村扶贫划分为以下五个阶段：单一性、救济式的扶贫模式（1949—1977 年）；区域性、救济式的扶贫模式（1978—1985 年）；全国性、经济开发式的扶贫模式（1986—1993 年）；参与性、综合开发式的扶贫模式（1994—2000 年）；多元性、可持续发展式的扶贫模式（2001 年至今）。

胡鞍钢②认为贫困很大程度上就是制度的贫困，他以制度改革为着力点，将我国农村扶贫划分为三个阶段，即第一次"解放农民革命"解放农民、保护农民、限制农民（1949—1978 年）阶段：第二次"解放农民革命"解放农民、转移农民、富裕农民（1978—2000 年）阶段；第三次"解放农民革命"解放农民、投资农民、服务农民、转移农民、富裕农民（2000—2020 年）。

刘超、朱满德、王秀峰③根据中国农村扶贫开发政策变迁的轨迹将农村扶贫分为四个阶段。第一阶段：1949—1985 年：以制度变革减缓农村贫困程度；第二阶段：1986—2000 年：以专项性扶贫措施减少贫困人口；第三阶段：2001—2010 年；以综合性发展措施减少贫困人口：第四阶段：

① 陈标平，胡传明．建国 60 年中国农村反贫困模式演进与基本经验[J]．求实，2009(7)：82－86.

② 清华大学国情研究中心．国情报告(第十一卷 2008 年(下))[M]．北京：党建读物出版社，社会科学文献出版社，2012：362－399.

③ 刘超，王满德，王秀峰．中国农村扶贫开发的制度变迁：历史轨迹及对贵州的启示[J]．山东农业生物学报，2015(1)：71－76.

2011 年至今：全面深入扶贫开发以根除贫困。

（三）中国扶贫的政策演进

按照政策演变的内在逻辑，将政策演进分为以下几种不同的划分：

陈标平、胡传明①认为新中国成立以来根据扶贫内容的不同可将政策分为以下几个阶段。救济救灾的实物救济（1949—1977 年）— 财政物资的技术支持（1978—1985 年）— 人力资本投资（1986—1993 年）— 重参与、内外兼顾扶贫（1994—2000 年）— 一体两翼整村扶贫（2001 年至今）。与此相对应的是扶贫特征由外部输血 — 内外造血 — 多元造血的转变。

胡鞍钢②认为通过中国扶贫政策的演进过程就是解放农民、发展农村生产力的过程。根据这一思路，他将政策演进分为了三个阶段。第一阶段（1949—1978 年），即土地改革，使贫困的农民从地主的压迫与剥削中解放出来。第二阶段（1978—2000 年），即家庭联产承包责任制，大力兴办乡镇企业，使农民从低效率的人民公社的制度中解放出来，从土地上解放出来。第三阶段（2000—2020 年），即通过消除二元体制的体制性障碍，加速城镇化进程，从根本上解决长期以来城乡隔绝、对立、分离的不公平局面。

刘超、朱满德、王秀峰③认为扶贫政策的演进就是我国扶贫现状的不断改变。从新中国成立初期，基础设施不完善，全民贫困到我国东、西部发展差异的变大，局部贫困突出再到我国经济实力的不断发展与贫困人口大幅减少，这些事实使得扶贫政策有了相应的转变。即（1949—1985 年）通过全面的、综合性的制度变革调整社会生产关系，发展农业生产和农村

① 陈标平，胡传明．建国 60 年中国农村反贫困模式演进与基本经验[J]．求实，2009(7)：82 - 86.

② 清华大学国情研究中心．国情报告(第十一卷 2008 年(下))[M]．北京：党建读物出版社，社会科学文献出版社，2012：362 - 399.

③ 刘超，王满德，王秀峰．中国农村扶贫开发的制度变迁：历史轨迹及对贵州的启示[J]．山东农业生物学报，2015(1)：71 - 76.

经济；（1986—2000 年），以开发式扶贫、开放式扶贫为基本手段，推进开发式扶贫、开放式扶贫，在国家扶持下，开发和利用贫困地区资源，发展商品生产和地区经济。（2001—2010 年）在坚持开发式扶贫的基础上，增加了综合开发、全面发展、可持续发展等内容究其内涵。（2011 年至今）坚持开发式扶贫与将扶贫开发与农村最低生活保障有效衔接，即把扶贫开发作为脱贫致富的主要途径，鼓励和帮助有劳动能力的扶贫对象通过自身努力摆脱贫困。

申秋①根据不同时代的中国贫困问题现状的解决思路与方法，将改革开放以来中国扶贫政策分为了四个阶段。首先是 1978—1985 年的体制改革下救济式扶贫；在这之后进入了 1986—2000 年开发式扶贫制度化和发展阶段；随着经济高速发展和国家对农村地区的扶贫开发力度的不断加大，迎来了 2001—2012 年的“大扶贫”格局的形成和发展阶段；为实现全面建成小康社会形成的 2013 年至今的脱贫攻坚和精准扶贫阶段。

（四）中国扶贫的绩效评价

学界通过建立不同的绩效评价指标，对中国扶贫进行评价，主要包含以下几种指标体系：

康亮②认为扶贫绩效评价指标可以整村推进扶贫评价指标体系、产业化扶贫评价指标体系、科技扶贫评价指标体系。其中，每个指标体系又可细分为经济、社会、环境三个维度指标。根据这一指标体系，得出了以下结论：在整村推进扶贫中，整村推进只能在短期内完成扶贫任务、解决贫困农民的眼前吃饭问题，很难解决贫困村的社会经济综合发展问题。在产业化扶贫效中，增加了当地人民的就业，增加非农收入，发挥了企业集群效益，使更多好的企业进入帮扶贫困区，带动当地群众提高人均收入和人民生活水平。在科技扶贫中，社会效果在一定程度上逐步转化为经济效

① 申秋．中国农村扶贫政策的历史演变和扶贫实践研究反思[J]．江西财经大学学报,2017(1):91-100.

② 康亮．“十一五”以来我国五大扶贫模式的效果评价及其对策建议研究——以江西省为例[D]．江西：华东交通大学,2014：34-41.

果，具体表现如农民收入增加、贫困人口减少等。

魏后凯、邬晓霞①从各区域贫困人口规模、各区域贫困发生率、各区域农村贫困人口比重等指标角度对我国扶贫绩效进行了分析。认为农村反贫困政策实施效率出现了“瓶颈”；农村反贫困的制度建设滞后；农村社会保障制度建设滞后；贫困主体的参与性不强。

王俊文②以全国绝对贫困人口、贫困发生率、贫困人口人均年纯收入、贫困地区农民收入与全国差距、贫困人口消费水平、贫困地区生产生活条件等指标构建贫困体系，认为中国反贫困取得了举世瞩目的贡献。

（五）党的十九大之后的扶贫新观念

党的十九大关于扶贫的战略为坚持大扶贫格局，注重扶贫同扶志、扶智相结合，深入实施东西部扶贫协作，重点攻克深度贫困地区脱贫任务，确保到2020年我国现行标准下农村贫困人口实现脱贫，贫困县全部摘帽，解决区域性整体贫困，做到脱真贫、真脱贫。

目前学术界对精准扶贫的研究方面主要集中在精准扶贫的内涵、实现困境及原因、与中国扶贫体系的关系。在十九大之后，如何进一步实践精准扶贫落地仍将是研究的重点。在扶贫的同时，如何进行扶志与扶智也是一个研究方向。除此之外，精准扶贫之后的返贫研究也是一个着眼点。再者，对这些帮扶对象的致贫原因及其共性提炼也可能对我国扶贫事业的进一步发展做出贡献。

二、中国特色扶贫道路阶段划分

回顾自1949年新中国成立以来特别是1978年改革开放以来的扶贫开发历程，对其进行梳理和阶段划分，是总结中国特色扶贫开发道路的基础，是为新时期的扶贫工作提供指导思想、为其他国家地区的扶贫工作提

---

① 魏后凯，邬晓霞．中国的反贫困政策：评价与展望[J]．上海行政学院学报，2009(2)：56－68.

② 王俊文．当代中国农村贫困与反贫困问题研究[D]．武汉：华中师范大学，2007：78－123.

供成功经验的必由之路。作为人口基数大、贫困发生率高的社会主义大国，中国的扶贫开发道路漫长而曲折，政府在扶贫开发行动中占据着最重要的主导地位，因此，本章以政府的扶贫政策和扶贫战略演进为依据，将我国的扶贫开发道路划分为五个阶段：制度变革推动的救济式扶贫阶段、体制变革推动的引导带动发展式扶贫阶段、开发式扶贫政策体系形成阶段、综合开发和整村推进的参与式扶贫阶段，以及聚焦连片特困地区的精准扶贫阶段，并在此基础上，分析不同扶贫阶段中社会的贫困特征、扶贫目标、扶贫对象、扶贫主体、扶贫政策、扶贫方式的演进。

（一）制度变革推动的救济式扶贫阶段（1949—1977 年）

（1）社会条件、贫困特征及扶贫目标

经历过第二次世界大战战火的洗礼，新中国成立之初，国困民穷、经济萧条、民生凋敝、百废待兴，贫困在全国范围内成为一种普遍现象。政府面对贫困范围大、贫困程度深的局面，在社会生产力低下、粮食匮乏的条件下，将扶贫目标定为恢复生产发展、消除极端贫困、缓解全社会的贫困程度。而这一时期的扶贫成就，一方面归功于制度变革的正面效应；另一方面来自政府的救济，因此，我们称之为制度变革推动的救济式扶贫阶段。

（2）扶贫方式

从全国范围看，这一阶段的扶贫工作是伴随制度变革、围绕推动国民经济增长的总目标开展的，意图通过经济增长来缓解全社会的贫困问题。从解放战争时期到新中国成立之初，以稳定政权、消灭封建地主阶级的剥削为目的的土地改革运动建立了社会主义土地制度，使得无地少地的农民免交地租、获得土地，在一定程度上减少了贫困现象的发生。继而伴随社会主义三大改造的完成，以人民公社为代表的集体经济体制在农村应运而生，虽然在人民公社运动的后期，“大锅饭”制度在抑制劳动人民生产积极性、造成效率损失方面的弊端逐渐显现，但不可否认，其实行的高度平均的分配制度显著缩小了农村的贫富差距，对消除绝对贫困、维持社会稳定、保障生产发展具有重要的积极意义。

（3）扶贫对象、扶贫主体及扶贫政策

“优先发展重工业”的战略实施后，为保障城市工人的生活水平，国家不得不压低农产品价格，利用工农业产品的价格“剪刀差”来发展工业，城乡差距因此越来越大，农村的贫困状况加剧。政府对农村贫困地区采取了直接向其提供生产生活所需的物资的扶贫方式，其本质是一种社会救济。此外，政府也出台了一系列针对性强、扶贫方式单一的扶贫政策，其帮扶对象主要是因灾致贫人口和战争伤残人士，利用自然灾害救济、优抚救济等救济式扶贫手段对其进行帮扶。这种由国家和政府发动并提供物资的扶贫形式虽降低了农村贫困程度，但其效果是暂时的、难以为继的，甚至导致贫困人口对于救济产生依赖性而降低其生产积极性，不能从根本上提高贫困地区的自我发展水平。因此，救灾式扶贫也被称为“输血式”扶贫。

（二）体制变革推动的引导带动发展式扶贫阶段（1978—1985 年）

（1）社会条件、贫困特征及扶贫目标

长期实行的计划经济体制抑制了劳动人民的生产积极性，制约着生产力的发展。到 1978 年年底，我国农村整体性的贫困状况仍未得到有效改善，贫困人口有 2.5 亿人，贫困发生率高达 30.7%①。面对日益严峻的农村贫困问题，中央政府逐步认识到体制的弊端，意识到救济式扶贫并不能解决根本问题。于是伴随经济体制改革和对外开放国策的实施，政府转变了扶贫思路，中国自此走上了具有中国特色的扶贫开发道路。到 1984 年 9 月，国务院颁布了《关于帮助贫困地区尽快改变面貌的通知》，这一阶段的扶贫目标因此确定为“改变贫困地区面貌”，政府主导和开发式扶贫的扶贫方针初步确定。这一时期的扶贫方式表现为体制变革推动的引导带动发展式扶贫。

（2）扶贫方式

这一时期的扶贫成就在很大程度上归因于体制的变革，是一系列农村

---

① 数据来源:《新中国 50 年经济建设成就统计资料摘编》。

经济体制改革带动了农村地区经济快速增长，从而通过经济增长的“涓滴效应”有效缓解农村的整体贫困问题。政府认识到计划经济体制的弊端，进一步判定造成当时的农村贫困的根本原因在于以合作社为代表形式的集体经营方式降低了劳动人民的生产积极性，原有的经济体制与生产力发展的现实需要不相适应。针对这一矛盾，政府大刀阔斧地进行了农村经济体制改革，通过实行家庭联产承包责任制提高农民的生产积极性，通过提高农产品价格、全面开放农产品市场、取消农业税等措施增加农民的农业收入，通过大力发展乡镇企业、允许农村剩余劳动力流动的方式引导农民获取非农业收入，从而解放了农村生产力，使农民实现了自主增收脱贫。

(3) 扶贫对象、扶贫主体及扶贫政策

不同于前一阶段，政府不再填补救济式扶贫的“无底洞”，而是引导农民就业，带动农村发展，鼓励劳动致富、自主脱贫。作为地方扶贫的代表，乡镇企业异军突起，一方面大幅增加了农村贫困人口的收入，分担了中央政府的扶贫压力；另一方面也为推动农村工业化创造了有利条件。1984年实施的“以工代赈”计划，在吸纳农村剩余劳动人口、让他们获得劳动收入、实现脱贫致富的同时，在贫困地区完成了一大批基础设施的建设，改善了贫困地区的生产生活环境，为之后的扶贫开发工作创造了良好的条件，可谓一举两得。引导带动发展式的扶贫具备可持续发展的特性，有效避免了反贫困现象的发生。此外，借着全国范围扶贫工作的良好势头，政府又将视线转向了自然资源条件制约之下的发展滞后地区，如1982年针对定西、河西、西海固地落后地区实施了“三西”农业建设计划，开创了我国区域性扶贫行动的先河，也为后期实施大规模、有组织的区域性扶贫开发工作积攒了宝贵的经验。

（三）开发式扶贫政策体系形成阶段（1986—2000年）

(1) 社会条件、贫困特征及扶贫方式

经历了改革开放，我国大部分地区的经济都得到了快速发展，但是在经济飞速增长的经济特区和东部沿海地区，同受自然、区位资源制约其发展的发展的老少边穷地区之间，以及城乡二元制度之下要素难以自由流动的城乡之间，经济、文化、社会保障的差距逐渐拉大，发展的不平衡问题日益凸显。为缩小地区间发展差异，促进贫困地区的经济发展、消除贫困，政府于1986年首次成立了专门的扶贫机构——国务院贫困地区经济开发领导小组（后于1993年更名国务院扶贫开发领导小组），并首次构建了扶贫瞄准机制，确定了国定贫困县标准，在全国范围内开展了以贫困县为重点的有计划、有组织的大规模开发式扶贫。

（2）扶贫政策、扶贫目标、扶贫对象及扶贫主体

根据1990年发布的《关于九十年代进一步加强扶贫开发工作的请示》以及1994年开始实施的《国家八七扶贫攻坚计划（1994—2000年）》，这一阶段的扶贫有了一个明确的目标，可以总结为“基本解决温饱问题”。相较于以前扶贫对象的模糊性，这一阶段也产生了有具体范围限定的扶贫对象：随着国定贫困县标准的确定，国家扶贫的重点便向国家划定的18个集中连片贫困带和一批国家级、省级贫困县转移，进行重点区域扶贫开发。与此同时，扶贫主体也有所扩展，不再局限于单一的政府扶贫，而是要求“动员社会各界力量”，不仅动员了国内的社会力量、民间机构参与扶贫，还争取到了世界银行、欧盟、福特基金会等国际组织的扶贫项目合作，为扶贫工作的开展提供了新的助力。

（四）综合开发和整村推进的参与式扶贫阶段（2001—2010年）

（1）社会条件及贫困特征

经过了前一阶段的大规模扶贫开发和扶贫攻坚，中国农村的温饱问题已经基本得到解决，农村经济快速增长，乡镇企业蓬勃发展，农村基础设施建设不断完善，但城乡两极分化的问题也日趋严峻，城市的快速发展和农村贫困地区发展滞后的矛盾成为经济增长背后的隐患。

（2）扶贫政策及扶贫方式

根据《中国农村扶贫开发纲要（2001—2010年）》的要求，这一阶段的扶贫开发由单一的经济开发转向了综合开发。一方面，针对经济增长的

涓滴效应难以惠及的弱势群体，国务院于2007年出台了《关于在全国建立农村最低生活保障制度的通知》，农村最低生活保障制度随之建立，保障了丧失劳动能力的弱势人群的基本生活，有效缓解了其贫困状况。另一方面，考虑到已脱贫的低收入人群温饱以外的发展需求，着力解决收入性贫困之外的多元贫困问题，统筹全局，综合开发，推动贫困地区教育、医疗、环境、社会保障等社会事业的全面进步，注重贫困人口生活质量、综合素质的提高。

（3）扶贫对象

扶贫对象的范围进一步精细化，国务院扶贫办在各级扶贫重点县的基础上建立了村级瞄准机制，到2002年，全国一共确定了148051个贫困村，占全国行政村的21.4%，覆盖贫困人口占总贫困人口的83%，比之前贫困县瞄准下的贫困人口覆盖率高22个百分点①。机制建立后，各村级政府纷纷出台了村级扶贫规划，扶贫资金也由县级瞄准向村级瞄准转移，扶贫开发道路走进了整村推进的新时期。

（4）扶贫主体

这一阶段扶贫主体进一步扩大。首先，各级政府继续加强领导、发挥主导作用；其次，积极动员社会参与，充分利用现有资源，开展多种形式的定点帮扶，实施西部大开发战略，加强东西扶贫协作，重视民间组织在扶贫事业中的作用，支持和鼓励各类人民团体、社会组织、民营企业和广大公众积极参与扶贫开发；最后，进一步加强国际合作，于2005年和联合国开发计划署等国际组织共同成立中国国际扶贫中心，在争取到更多国际扶贫资金援助的同时引进了先进扶贫理念，为新时期的扶贫工作开展提供了更多思路。由于这一阶段的扶贫政策高度强调民间组织和人民群众的参与，发挥广大劳动者的生产积极性和创造力，这一阶段的扶贫可以说是一种“参与式扶贫”。

① 数据来源：《新中国50年经济建设成就统计资料摘编》。

（五）聚焦连片特困地区的精准扶贫阶段（2011 年至今）

（1）社会条件、贫困特征、扶贫目标及扶贫政策

直到上一阶段，扶贫的总体指导思想还是区域开发，其存在贫困人口底数不清、致贫原因不明、扶贫措施针对性不强、扶贫资金和扶贫项目指向不准等问题，导致扶贫工作虽然取得了一定成果，但扶贫的边际效应不断下降，且区域开发政策难以惠及的罹患大病或伤残的无劳动能力的贫困人口一直存在。

2010 年以来，转变经济发展方式、统筹城乡发展成为阶段性发展主题，我国进入全面建设小康社会的关键时期，与新一阶段的发展目标相适应，政府出台了《中国农村扶贫开发纲要（2011—2020 年）》，指出了新一阶段的扶贫目标，即“到 2020 年，稳定实现扶贫对象不愁吃、不愁穿，保障其义务教育、基本医疗和住房。贫困地区农民人均纯收入增长幅度高于全国平均水平，基本公共服务主要领域指标接近全国平均水平，扭转发展差距扩大趋势”。后又于 2015 年出台了《中共中央国务院关于打赢脱贫攻坚战的决定》（以下简称《决定》），要求“确保我国现行标准下农村贫困人口实现脱贫，贫困县全部摘帽，解决区域性整体贫困”。为实现这一目标，针对贫困人口“大分散、小聚集”的地理分布特征，考虑到开发式扶贫难以惠及因残、因病导致丧失劳动能力而致贫的人群的现状，直面前几个阶段的区域开发式扶贫思想的弊端，政府相继提出了“实事求是、因地制宜、分类指导、精准扶贫”的十六字方针及聚焦连片特困地区扶贫攻坚计划，由此进入了聚焦贫困地区的精准扶贫阶段。

（2）扶贫对象、扶贫主体及扶贫方式

新时期的扶贫工作重新调整了扶贫对象范围，除对原定的贫困县、贫困村加大扶持力度外，特别提出要聚焦连片特困地区和深度贫困地区，加大政策倾斜，聚焦精准发力。此外，以以人为本为导向，国务院印于 2014 年先后印发了《关于印发〈建立精准扶贫工作机制实施方案〉的通知》和《关于印发〈扶贫开发建档立卡工作方案〉的通知》，提出要扶贫到户、精

准到人，精准扶贫工作机制随之在全国范围内建立起来。事实证明，建档立卡政策的推行有效加深了基层干部对贫困户家庭构成、收入来源及具体困难的了解，为针对农户的贫困根源实施精准的帮扶措施提供了重要依据，也对实时监控脱贫进度、评价政策效果提供了重要依据。

扶贫主体的范围进一步扩大，根据胡锦涛2011年在中央扶贫工作会议中的讲话和《决定》的要求，提出构建专项扶贫、行业扶贫、社会扶贫互为补充的“三位一体”大扶贫格局，强调“多方力量”之间的协同发力和“多种举措”之间的互相补充。此外，还进行了许多扶贫方式的创新和完善，一些新的理念不断注入其中。在“三位一体”大扶贫格局之外，易地搬迁扶贫、产业扶贫、就业扶贫、彩票公益金扶贫、科技扶贫、教育扶贫、社会保障兜底扶贫、生态扶贫、健康扶贫、资产收益扶贫、电商扶贫、旅游扶贫等多种形式均为这一阶段的扶贫成果立下了汗马功劳。总体来说，本阶段的扶贫方式更具综合性、长效性、开发性、精准性。

这部分内容回顾了新中国成立以来的扶贫历程，梳理了扶贫目标、扶贫方式、扶贫对象、扶贫主体以及扶贫政策的演进，并以之为依据将我国的扶贫开发道路划分为五个阶段（见表1）。

纵观中国的扶贫开发道路，扶贫方式根据社会贫困特征的变化不断作出调整。适应我国农村贫困人口基数大，贫困面逐渐缩小，贫困人口分布向中西部地区、高寒山区、少数民族聚居区集中的现状，我们的扶贫目标不断调整，扶贫政策推陈出新，扶贫方式、扶贫对象和扶贫主体均不断变革。扶贫方式由经济带动转向专项扶贫，扶贫效率不断提升；由“输血式”转向“造血式”，注重可持续发展能力；由单一经济开发转向综合开发，全面提升农村地区人民生活水平。扶贫对象的范围不断缩小，从缓解全国普遍贫困，到瞄准重点地区，划定贫困县、贫困村和连片特困区，最终趋于精准，扶贫到户、到人。扶贫主体不断扩大，在坚持政府主导的基础上，越来越重视民间组织和社会群众的作用，加强国际联系。

通过对扶贫道路进行阶段划分，使扶贫政策演进的内在逻辑更为清晰，为不同贫困状况下的扶贫政策匹配提供借鉴思路，也为后续的扶贫开发政策研究提供实践经验和奠定基础。

表 1　中国特色扶贫开发道路的阶段划分

扶贫阶段	社会条件	扶贫目标	扶贫政策及文件
制度变革推动的救济式扶贫阶段（1949—1977 年）	社会生产力低下、粮食匮乏；社会主义制度建立；土地改革，人民公社；优先发展重工业战略	恢复生产发展； 消除极端贫困； 缓解全社会的贫困程度	社会救济； 自然灾害救济； 优抚救济
体制变革推动的引导带动发展式扶贫阶段（1978—1985 年）	计划经济体制弊端显露；家庭联产承包责任制的实施；农村经济体制改革	改变贫困地区面貌	1982 年实施“三西”农业建设计划；1984 年：“以工代赈”计划；《关于帮助贫困地区尽快改变面貌的通知》
开发式扶贫政策体系形成阶段（1986—2000 年）	生产力发展、经济迅速增长；老、少、边、穷地区发展滞后；各地区、城乡发展不平衡	基本解决温饱	《关于九十年代进一步加强扶贫开发工作的请示》（1990）；《国家八七扶贫攻坚计划（1994—2000 年）》（1994）
综合开发和整村推进的参与式扶贫阶段（2001—2010 年）	温饱问题基本解决；社会边缘群体贫困，相对集中；城乡发展不平衡矛盾加剧	巩固温饱成果	《中国农村扶贫开发纲要（2001—2010 年）》；西部大开发战略；《关于在全国建立农村最低生活保障制度的通知》（2007）
聚焦连片特困地区的精准扶贫阶段（2011 年至今）	转变经济发展方式；城乡统筹发展；农村地区社会保障体系趋于完善	2020 年全面建成小康社会，实现“两不愁，三保障”	《中国农村扶贫开发纲要（2011—2020 年）》；《关于印发〈建立精准扶贫工作机制实施方案〉的通知》；《关于印发〈扶贫开发建档立卡工作方案〉的通知》；《关于打赢脱贫攻坚战的决定》

参考文献

[1] 刘俊霞. 改革开放以来我国的扶贫历程、经验与展望[J]. 哈尔滨学院学报,2018(5).

[1]凌文豪,刘欣. 中国特色扶贫开发的理念、实践及其世界意义[J]. 社会主义研究,2016(4):69－75.

[2]邓玲,吴永超. 论新时期我国扶贫开发工作的新变化及其创新路径[J]. 理论探讨,2014(6):81－84.

[3]岳润生,等. 中国扶贫开发[M]. 北京:新华出版社,1991:4－5 .

[4]楚永生. 公共物品视野下农村扶贫开发模式研究[M]. 长春:吉林人民出版社,2011:7.

[5]刘超,王满德,王秀峰. 中国农村扶贫开发的制度变迁:历史轨迹及对贵州的启示[J]. 山东农业生物学报,2015(1):71－76.

[6]陈标平,胡传明. 建国 60 年中国农村反贫困模式演进与基本经验[M]. 求实,2009(7):82－86.

[7]清华大学国情研究中心. 国情报告:第十一卷 2008 年(下)[M]. 北京:党建读物出版社,社会科学文献出版社,2012:362－399.

[8]申秋. 中国农村扶贫政策的历史演变和扶贫实践研究反思[J]. 江西财经大学学报,2017(1):91－100.

[9]康亮. 十一五以来我国五大扶贫模式的效果评价及其对策建议研究——以江西省为例[D]. 江西:华东交通大学,2014:34－41.

[10]魏后凯,邬晓霞. 中国的反贫困政策:评价与展望[J]. 上海行政学院学报,2009(2):56－68.

[11]王俊文. 当代中国农村贫困与反贫困问题研究[D]. 武汉:华中师范大学,2007:78－123.

[12]庄天慧,张海霞,余崇媛. 西南少数民族贫困县反贫困综合绩效模糊评价——以 10 个国家扶贫重点县为例[J]. 西北人口,2012,33(3):89－93,98.

[13]陈小丽. 基于多层次分析法的湖北民族地区扶贫绩效评价[J]. 中南民族大学学报(人文社会科学版),2015,35(3):76－80.

[14]陈爱雪,刘艳. 层次分析法的我国精准扶贫实施绩效评价研究[J]. 华侨大学学报(哲学社会科学版),2017(1):116－129.

[15]陈健,龚晓莺."精准供给"视阈下精准扶贫的内涵、困境与突破[J]. 科学社会主义,2017(4):81－85.

[16]陈明生. 我国精准扶贫的三种方式:内涵、手段与政策措施[J]. 北方经济,2018(11):13－16.

[17]汪三贵,郭子豪. 论中国的精准扶贫[J]. 贵州社会科学,2015(5):147－150.

[18]葛志军,邢成举. 精准扶贫:内涵、实践困境及其原因阐释——基于宁夏银川两个村庄的调查[J]. 贵州社会科学,2015(5):157－163.

[19]祝慧,莫光辉,于泽堃. 农村精准扶贫的实践困境与路径创新探索[J]. 农业经济,2017(1):9－11.

[20]吴国宝. 改革开放40年中国农村扶贫开发的成就及经验[J]. 南京农业大学学报(社会科学版),2018,18(6):17－30,157－158.

[21]邢成举,李小云. 超越结构与行动:中国特色扶贫开发道路的经验分析[J]. 中国农村经济,2018(11):32－47.

[22]乔陆印,何琼峰. 改革开放40年中国农村扶贫开发的实践进路与世界启示[J]. 社会主义研究,2018(6):67－75.

[23]邓金钱,李雪娇. 改革开放四十年中国扶贫开发实践与理论创新研究[J]. 经济学家,2019(2):47－54.

[24]汪三贵,殷浩栋,王瑜. 中国扶贫开发的实践、挑战与政策展望[J]. 华南师范大学学报(社会科学版),2017(4):18－25,189.

[25]凌文豪. 改革开放40年来中国扶贫开发政策嬗变与未来展望[J]. 社会主义研究,2018(6):76－82.

[26]易柳. 改革开放40年中国扶贫政策的演化与前瞻——立足国家层面政策文本的分析[J]. 西南民族大学学报(人文社科版),2018,39(4):

183 -191.

[27]汪三贵,刘未."六个精准"是精准扶贫的本质要求——习近平精准扶贫系列论述探析[J].毛泽东邓小平理论研究,2016(1):40 -43,93.

[28]黄承伟,覃志敏.我国农村贫困治理体系演进与精准扶贫[J].开发研究,2015(2):56 -59.

[29]王国勇,邢溦.我国精准扶贫工作机制问题探析[J].农村经济,2015(9):46 -50.

[30]唐任伍.习近平精准扶贫思想阐释[J].人民论坛,2015(30):28 -30.

中国特色的新型城镇化研究

王颂吉　黎思灏　王　特①

一、改革开放以来的中国城镇化之路

城镇化是现代化的必由之路，它表现为人口向城镇集聚、城镇规模扩大和城镇数量增加，并由此引发经济结构、社会结构、空间结构的变革②。从经济结构变革来看，城镇是非农产业集聚的空间载体，城镇化在经济结构上体现为非农产业增加值占一国 GDP 总量的比重不断上升，城镇化会推动"农业国"实现工业化，并在此过程中实现农业现代化。从社会结构变革来看，城镇是人口集聚的空间载体，城镇化会推动绝大多数农村人口转移到城市生活，在此过程中，人们的生产方式、生活方式、价值观念逐步由"乡土"向"现代"转变。从空间结构变革来看，随着人口和产业向城镇集聚，一方面，城镇成为人口集聚和产业集聚的空间载体；另一方面，区域范围内的核心城市与其他中小城市、小城镇、乡村之间将逐步实现合理分工，进而推动城市群成为人口大国城镇化的主要空间载体，这必然导致一国在空间结构上实现经济地理重塑。

（一）世界范围内的城镇化发展图景

从人类社会的发展历程来看，城镇是生产力发展的产物，城镇的发展

---

① 王颂吉：男，西北大学经济管理学院副教授，研究方向为城乡与区域经济发展；黎思灏：男，西北大学经济管理学院国际贸易专业 2015 级学生；王特：男，西北大学经济管理学院经济学（基地班）2015 级学生。

② 魏后凯．走中国特色的新型城镇化道路［M］．北京：社会科学文献出版社，2014：1.

进一步推动了生产力水平的提升。公元前5000年前后，西亚苏美尔地区出现了世界最早的城市——萨利都①。欧洲中世纪在1000年的时间里，缓慢产生了近1000个城镇，这些城镇作为地区商业中心，刺激了经济生活的商业化与货币化②。中国有着悠久的城市建设史，以夏商时期的二里头古城遗址和安阳殷墟为标志，中国最早的城市可以上溯到4000多年前。城市作为商业和手工业的主要集聚地，在城乡经济交流中发挥了重要作用。但总体而言，在以农业经济为主的传统社会，由于生产力水平和专业化分工程度相对较低，城市化呈现出低水平扩张的相对稳定状态，世界各地的城市化水平长期徘徊在3%～5%。

工业革命开启了现代城市化进程。18世纪中叶兴起的工业革命极大地促进了生产力的发展，引发了新兴市场经济国家的工业化与城市化。英国领风气之先，在工业革命的推动下，英国1800年的城市化水平达到19.2%，是当时欧洲平均水平的两倍。此后，英国城市化水平一路攀升，到19世纪末已有70%的人口生活在城市地区，成为第一个基本完成城市化进程的国家。在英国的带动之下，法、德、美、日等国家的工业化与城市化水平也不断提高。以美国为例，到第一次世界大战时，美国的城市人口比重达到40%，而在60年前这一比重仅为5%③。

第二次世界大战之后，世界城市化的主体由发达国家转移到发展中国家，拉丁美洲、亚洲的城市化进程尤为迅速（见表1）。但一些地区在快速城市化过程中也引发了一系列经济社会问题，例如，拉美一些国家的少数大城市迅速扩张，城市化高于工业化水平，这被称为“过度城市化”。作为世界人口第一大国，中国推进城镇化在世界经济发展史上没有先例，因此将对世界产生广泛影响。诺贝尔经济学奖获得者斯蒂格利茨曾说：“中国的城市化与美国的高科技，将是影响21世纪人类社会发展进程的两件大事。”

① 高德步．世界经济通史（上卷）[M]．北京：高等教育出版社，2005：68.

② [美] 罗伯特·L. 海尔布罗纳，威廉·米尔博格．经济社会的起源：第十二版[M]．李陈华，许敏兰，译．上海：三联书店，2010：39.

③ 英美国家数据来源于世界银行．2009年世界发展报告：重塑世界经济地理（中译本）[M]．北京：清华大学出版社，2009：70.

表1　1925—2025 年世界各地区的城市化水平　　（%）

年份	1925	1950	1975	2000	2025
世界平均	20.5	29.7	37.9	47.0	58.0
发达地区	40.1	54.9	70.0	76.0	82.3
欠发达地区	9.3	17.8	26.8	39.9	53.5
欧洲	37.9	52.4	67.3	74.8	81.3
北美洲	53.8	63.9	73.8	77.2	83.3
大洋洲	48.5	61.6	71.8	70.2	73.3
亚洲	9.5	17.4	24.7	36.7	50.6
非洲	8.0	14.7	25.2	37.9	51.8
拉丁美洲	25.0	41.4	61.2	75.3	82.2

资料来源：郑秉文．拉丁美洲城市化：经验与教训［M］．北京：当代世界出版社，2011：4.

（二）中国改革开放以来的城镇化历程

中国改革开放以来，城镇化快速推进，成为创造经济奇迹的主要动力之一，取得了举世瞩目的显著成绩。1978—2016 年，中国城镇人口从 1.72 亿人增加到 7.93 亿人，城镇化率由 17.92% 提高到 57.35%①（见图 1），城市数量从 193 个增至 656 个②。珠三角、长三角、京津冀三大城市群成为支撑中国经济发展的增长极，中西部地区和东北地区也形成了若干城市群。改革开放以来，城镇化的快速推进，使中国的经济结构、社会结构、空间结构发生了显著变化，成为带动中国实现现代化的有力支撑。

中国城镇化在快速推进的同时，也积累了一系列问题，集中表现在以下方面：一是城市建设用地快速扩张，农业转移人口市民化步履蹒跚，“土地城镇化”明显快于“人口城镇化”；二是各类资源过度向大城市集中，大城市与周边城镇之间未完全形成合理分工，城市带动区域经济发展的作用未得到全面发挥；三是城乡融合发展不畅，快速推进的城镇化与滞后的农业农村现代化形成鲜明对比，城乡二元结构难以顺利转化；四是土

① 《中国统计年鉴 2017》。

② 《中国城市统计年鉴 2016》。

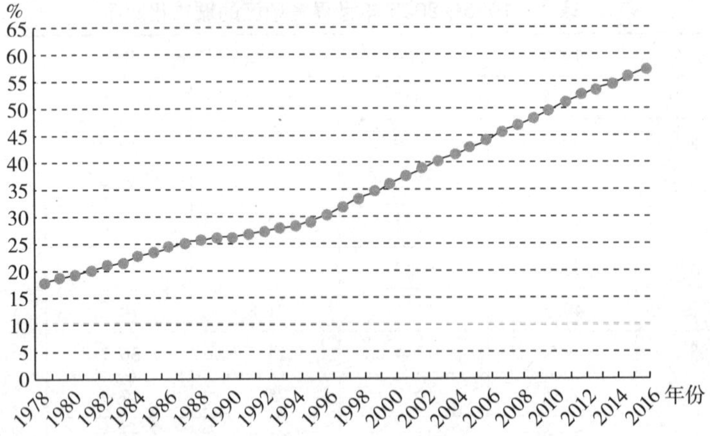

图 1　中国 1978—2016 年的城镇化变动趋势

资料来源：《中国统计年鉴 2017》。

地财政成为城镇化建设资金的主要来源，地方政府债务负担过重，财政与金融风险不断累积①；五是城市治理水平提升不足，城市污染加剧，资源粗放利用，发展不可持续。

党的十八大以来，中央从促进中国特色新型工业化、信息化、城镇化、农业现代化“四化”同步发展的高度，提出走“新型城镇化”道路。我们认为，新型城镇化是高效、包容、绿色的城镇化，核心是提高城镇化质量。具体而言，“高效”是发挥城镇化的产业集聚和产业升级效应，提高生产要素利用效率和配置效率，带动新时代中国经济增长；发挥中心城市的辐射带动作用，以城市群为主体构建大中小城市和小城镇协调发展的城镇格局。“包容”是破除城市内部的二元结构，改革户籍及其他相关制度，有序推进农业转移人口市民化和城镇内部基本公共服务均等化；破除城乡之间的二元结构，促进城乡融合发展，形成以工促农、以城带乡、工农互惠、城乡一体的新型工农城乡关系。“绿色”是提高城市资源利用效率，解决城镇环境问题，促进城镇低碳宜居发展，提高城镇可持续发展能力。表 2 比较了新型城镇化与传统城镇化的区别：

① 习近平. 在中央城镇化工作会议上的讲话[Z]. 2013-12-12.

表 2 新型城镇化与传统城镇化的区别

	时间	本质	动力	表现
传统城镇化	1978—2012 年	以物为本	政府主导	规模扩张
新型城镇化	2013 年至今	以人为本	市场主导	质量提升

资料来源：笔者整理。

二、传统城镇化的贡献及其问题

（一）传统城镇化的阶段划分

改革开放以来至党的十八大之前，是中国的传统城镇化发展阶段。对于这一时期城镇化的发展历程，不同学者有不同的看法。根据周飞舟、王绍琛（2015）的观点，1994 年实行的分税制改革改变了中央与地方的财权与事权划分，使地方政府的主要收入来源由“发展企业”转变为“经营城市”，由此导致此后城镇化的快速发展①。这一观点与中国城镇化的发展事实相吻合，因此，我们借鉴这一观点，把中国的传统城镇化历程进一步划分为两个阶段：1978—1994 年的城镇化快速发展阶段，1995—2012 年的城镇化加速发展阶段。

（1）城镇化快速发展阶段（1978—1994 年）

1978—1994 年是中国城镇化的快速发展阶段，该阶段中国城镇化率由 17.92% 增至 28.51%，年均增长 0.62%，城镇人口由 1.72 亿人增长到 3.42 亿人。这一阶段，中国进入了由计划经济向市场经济转型的时期，中央为激励地方政府开展经济改革，实行了财政包干制度。财政包干制使得地方政府能够从乡镇企业与地方国企的发展中获取足够多的财政收入，因此，地方政府大力支持上述两类企业的发展，推动了工业化进程。与改革开放之前相比，这一阶段的城镇化速度较快，但城镇化仍明显滞后于工业化进程。原因在于，乡镇企业采取的是农民“离土不离乡，进厂不进城”

① 周飞舟，王绍琛．农民上楼与资本下乡：城镇化的社会学研究［J］．中国社会科学，2015（1）：66－83.

的发展模式，大部分劳动力虽然从农业转移到工业，但其生活区域仍然停留在农村，因此城镇化的发展仍然缺乏人口迁移的强大动力。

（2）城镇化加速发展阶段（1995—2012 年）

1995—2012 年是中国城镇化的加速发展阶段，该阶段城镇化率由 29.04%增至 52.57%，年均增长速度达到 1.31%，城镇人口由 3.52 亿人增长到 7.12 亿人。这一阶段城镇化的快速发展主要有以下两个方面的原因：一方面是“土地财政”带来的财力支撑。1994 年分税制改革之后，地方政府的主要收入来源从“发展企业”向“经营城市”转变。由于土地出让收入基本归地方政府所有，地方政府还可以通过土地抵押获得信贷资金，因此地方政府有充分的激励来出让和抵押城市建设用地，这种通过出让以及抵押土地获得收入的做法被学界称为“土地财政”，土地财政构成了这一时期“土地城镇化”发展的强大动力。另一方面是农民工进城带来的人口集聚。这一阶段随着中国外向型经济的发展壮大，劳动密集型企业在东南沿海地区“遍地开花”，吸引了大批农民工进城务工，农民工向城市的大量流动构成了城镇化的强大动力。

（二）传统城镇化对中国发展的贡献

中国改革开放以来的经济增长奇迹与城镇化进程及其伴生的经济活动密不可分。具体而言，人口在城市地区的集聚为非农产业提供了劳动力与需求市场，居民的公共服务需求推动了基础设施建设，还通过乘数效应产生了巨大的投资需求。此外，经济活动的密集开展也降低了公共服务与基础设施的供应成本，产生了知识溢出效应等正外部性。城市规模增长还具有自身的强化效应，随着规模的不断扩大，城市会聚集越来越多的人口与要素，从而进一步强化了规模效应，直到城市达到最佳规模。接下来，我们简要分析城镇化对中国经济发展的贡献。

（1）产业聚集与经济发展

国务院发展研究中心和世界银行联合课题组（2014）指出，高速城镇化推动了中国过去 30 多年前所未有的经济转型，城镇地区的廉价土地、充足的外来劳动力以及良好的基础设施为这一高速增长提供了支撑。图 2 显示，1995—2012 年中国非农产业增加值一直保持快速增长态势，第二产业增加值由 28677. 5 亿元增至 244643. 3 亿元，第三产业增加值由 20641. 9 亿元增至 244821. 9 亿元。非农产业的快速发展，进一步推动了中国经济总量的快速增长，GDP 总量由 1995 年的 61339. 9 亿元增至 2012 年的 540367. 4 亿元。由此可以看出，城镇化通过经济活动的聚集产生了巨大的规模效应，极大地释放了中国的经济发展活力，从而推动了经济规模的不断壮大。

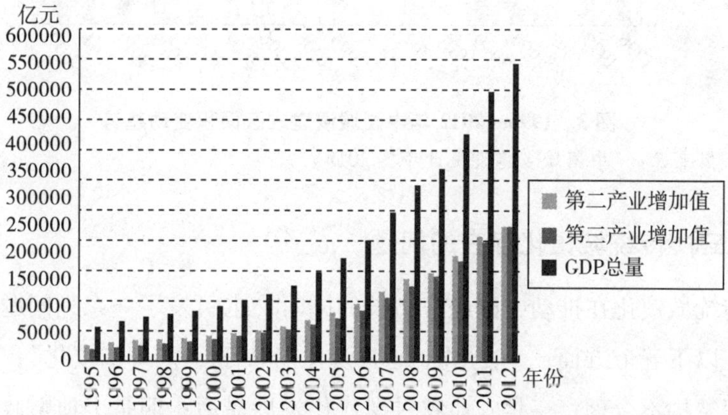

图 2　1995—2012 年中国 GDP 总量与非农产业增加值增长情况

数据来源：《中国统计年鉴（2017）》。

（2）收入增长与城乡变迁

随着城镇化水平的不断提高，中国城乡居民的人均可支配收入也逐步增加，其中，城镇居民的收入增长尤为明显。1996—2012 年，中国城镇居民人均可支配收入由 4838. 9 元增至 24564. 7 元，增长了将近 5 倍；农村居民人均纯收入由 1926. 1 元增至 7916. 6 元①，增长了将近 4 倍。与此相对应，中国城乡面貌也发生了历史性剧变。通过图 3 可以看出，1996 年中国城镇建成区域面积为 20214. 2 平方千米，到 2012 年增至 45565. 8 平方千

① 相关数据来源于《中国统计年鉴 2017》。

米，年均增长率达4.8%。

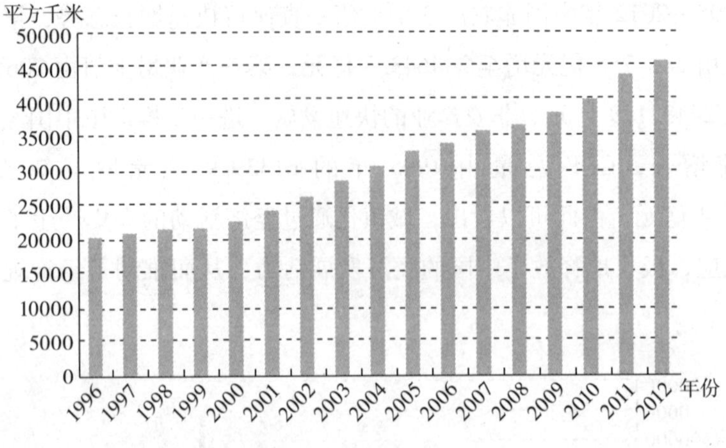

图3 1996—2012年中国城镇建成区面积变动趋势

数据来源：《中国城乡建设统计年鉴2015》。

（三）传统城镇化存在的问题

传统城镇化在推动中国经济增长的同时，也引发了一系列问题，主要体现在以下五个方面：一是“土地城镇化”快于“人口城镇化”；二是城镇空间结构不合理；三是农业农村现代化发展滞后；四是土地财政快速扩张；五是资源浪费与环境污染。接下来我们分别进行论述。

（1）“土地城镇化”快于“人口城镇化”，农业转移人口市民化步履蹒跚

1981—2012年，中国城市建设用地面积由6720平方千米增至45750.7平方千米①，“土地城镇化”增长近6倍；同期城镇人口由20171万人增至71182万人②，“人口城镇化”仅增长2.5倍，由此可见“土地城镇化”的速度远超过“人口城镇化”。2015年国家统计局数据显示中国城镇化率达到56.1%，但真正能够完全享受市民待遇的人口仅为39.9%③。1978—2009年我国农村转移到城镇的人口数量累计为3.9亿人左右，但从农业户

① 相关数据来源于《中国城乡建设统计年鉴2015》。

② 相关数据来源于《中国统计年鉴2017》。

③ 易信．谨防户籍人口与常住人口城镇化率差距拉大[J]．宏观经济管理，2016(8)：50－52.

籍转为城镇户籍的人口数量仅为1.7亿人[①]。土地城镇化与人口城镇化严重失调，一方面使得城镇基础设施浪费现象严重，重复建设问题凸显，许多地方政府牵头开发的“新城”变成了与市场需求脱节的“空城”。同时，过度投资引发了边际收益递减。根据世界银行课题组的估计，中国绝大多数城市的ICOR（增量资本产出率）持续攀高，平均水平已经达到了4以上，小城市（人口低于50万）更是达到了5.5。国际经验表明，ICOR保持在3左右时，资本利用是高效的，而中国投资对经济的拉动作用已经显著下滑[②]。

（2）城镇空间结构不合理，城镇带动区域经济发展的功能未得到全面发挥

进入21世纪以来，中国不同类型城市的发展速度迥异，资源向大城市过度集中。2000—2011年，中国新增67座大城市，其中200万人口以上的特大城市增加了11座，大城市数量比重与人口比重分别提高了10.62%与14.64%；中等城市虽然在数量上有所增加，但其人口比重却有所减少；小城市数量减少了112座，城市数量比重与人口比重分别下降了15.46%与8.68%。大城市尤其是特大城市快速扩张，中小城市趋于萎缩的“两极分化”倾向[③]，一方面使大城市内部发展空间饱和，“城市病”问题严重；另一方面使一些中小城市出现了发展迟缓甚至萎缩的现象，大中小城市发展失调，不利于区域经济和城市群健康发展。

造成中国城镇规模“两极分化”的原因，一方面在于市场机制的极化效应；另一方面在于政府的过度干预。从市场机制的自身运行来看，由于人口、要素以及非农产业在向城市集中的过程中会产生集聚效应，例如，生产的规模优势、基础设施与公共服务的共享、知识经济的溢出效应，城市会不断强化自身的集聚功能，从而吸引越来越多的人口与市场要素，导

---

① “城镇化进程中农村劳动力转移问题研究”课题组，张红宇．城镇化进程中农村劳动力转移：战略抉择和政策思路[J]．中国农村经济，2011(6)：4－14.

② 国务院发展研究中心和世界银行联合课题组．中国：推进高效、包容、可持续的城镇化[J]．管理世界，2014(4)：5－41.

③ 刘爱梅．我国城市规模两极分化的现状与原因[J]．城市问题，2011(4)：2－7.

致城市自身的规模不断膨胀。这种市场机制虽然使得大城市在生产要素与产业发展方面获得了集聚优势，但也会对小城镇的发展产生抑制作用，加剧不同规模城市之间的发展差距。从政府干预角度来看，中国实行的城镇管理体制划定了不同城镇的行政级别，行政级别决定了该城镇的官员级别、行政管理、资源配置与法律制定等[①]，下级城镇严格服从上级城镇的管理，省会城市、直辖市、计划单列市以及首都等特大城市往往具有资源配置上的绝对优势地位。如此一来，上级城市往往会利用行政优势来“盘剥”下级城市的人口、资源与产业，在一定程度上阻碍了下级城市的持续发展。与此同时，我国城镇化本身就带有严重的行政干预的色彩，政府官员往往也倾向于将资源配置于行政中心与大城市，这种城镇管理体制与资源配置偏向共同构成了我国城镇化两极分化的根本原因。

当然，也有学者对于中国大城市规模过度膨胀的现象持不同的观点。部分学者指出，中国少数大城市出现交通拥挤、房价高企、环境污染和过度蔓延的现象，原因在于大城市数量过少，无法分担中心城市的压力[②]。而中国目前城市化发展的问题，恰恰不是因为城市规模过大，而是城市规模偏小，不同城市间的规模差距过小，只有继续发挥大城市在产业与人口聚集以及公共服务与基础设施供应上的高效优势，才能在大城市充分发展的基础上带动中小城镇以大城市生产性服务业为依托发展制造业、农产品加工制造以及服务于农业生产的产业，为大城市上班族提供居住等生活服务，形成具有良好互动效应的城市群[③]。

（3）农业农村现代化发展滞后，城镇对农村的带动作用不足

2012 年，党的十八大报告中提出要“促进工业化、信息化、城镇化、农业现代化同步发展”，同时指出中国“四化”存在融合不够、互动不足、协调不力的问题，其中城镇化、工业化与农业现代化协调不力，农业现代

① 魏后凯．中国城镇化进程中两极化倾向与规模格局重构[J]．中国工业经济，2014(3)：18－30.

② 王小鲁．中国城市化路径与城市规模的经济学分析[J]．经济研究，2010(10)：20－32.

③ 陆铭，向宽虎，陈钊．中国的城市化和城市体系调整：基于文献的评论[J]．世界经济，2011(6)：3－25.

化明显滞后。农业是整个国民经济的基础，农业不仅能向非农产业和城市社会提供原料、食品和劳动力，还能向城市居民提供良好的生态环境、休闲享受和更广阔的市场。而工业化和城镇化则能通过农业剩余劳动力吸纳、多功能农业需求、先进技术支持等途径对农业发展起到引领、支持和推动作用①。中国经过改革开放以来将近40年的高速经济增长，工业化、信息化与城镇化发展迅速，但农业现代化始终处于滞后状态。中国2016年第一产业就业比重达到27.7%，但第一产业增加值占全国GDP的比重仅为8.6%②，这表明农业现代化依然任重道远。

我国农业农村现代化发展滞后，与新中国成立以来的经济发展战略、地方官员治理机制以及农村生产要素流失有关。计划经济时期，中国实行重工业优先发展的赶超战略，导致了农产品价格扭曲，农村优质生产要素被抽离。虽然改革开放以来这一状况有所好转，近年来中央一直倡导"工业反哺农业，城市支持农村"，但农业农村的历史欠账仍然较重。此外，改革开放以来在"政治集权"和"经济分权"相结合的体制下，地方政府以追求地方经济总量最大化为目标③，受到任期制的限制，地方官员倾向于将财政资源更多地配置到能够在短期内带来经济增长的领域，农业农村发展备受冷落。除此之外，农村优质生产要素（资金、土地以及劳动力）的快速流失也构成了农业农村现代化落后的重要原因：农村金融机构将大量资金投资于非农领域，而农户贷款难问题越发严重；城镇化进程的快速发展也吸纳了大量农村青壮年劳动力进城务工，从事农业生产的人口主要为老人、妇女以及儿童，劳动能力较低；土地财政的扩展使得大量农业用地转换为城市建设用地，耕地资源大量流失。

（4）土地财政快速扩张，地方债务风险问题严峻

作为城镇化、工业化与分税制改革的产物，中国土地财政问题由来已

---

① 黄祖辉，邵峰，朋文欢．推进工业化、城镇化和农业现代化协调发展[J]．中国农村经济，2013(1):8-14.

② 依据《中国统计年鉴2017》相关数据计算。

③ 周黎安．中国地方官员的晋升锦标赛模式研究[J]．经济研究，2007(7):36-50.

久。根据国家统计局与《中国国土资源统计年鉴》公布的数据，2016 年我国全年出让国有建设用地 20.82 万公顷，出让合同价款为 3.56 万亿元，同比增长 19.3%，中国同期的地方财政收入为 8.72 万亿元。由此可见土地出让金对地方财政收入的重要意义。从狭义的范围来看，土地财政主要指的是地方政府通过从一级市场中征收土地，再在二级市场中出让以获得财政收入的行为。从征地的收入与支出两个角度来看：一方面，地方政府作为土地征收与出让的中间主体，在土地征收的一级市场和土地出让的二级市场上都具有垄断地位；另一方面，现行的土地征收与出让制度，为地方政府采取“低价征收，高价出让”的模式来筹集财政收入提供了套利空间①。从广义范围来看，地方政府的土地财政行为不仅包括土地出让金收入，还包括通过土地抵押贷款获得资金（见图 4），而这一部分的收入相对于土地出让金而言具有更高的杠杆率，能够让地方政府撬动更多的资金用于基础设施建设。因此，土地财政成为地方政府推动土地城镇化和基础设施建设的有力工具。但由于其过程由政府主导，缺乏监管，因此不可避免地存在土地寻租、征地冲突等一系列问题。更重要的是，过度的土地抵押贷款还会导致地方政府的债务风险，由于其庞大的规模与存在的普遍性，更可能造成系统性的金融风险，已经成为威胁中国经济社会稳定发展的重要隐患。

据世界银行课题组的估算，中国 2010—2013 年地方政府债务以年均 20% 左右的速率增长，一些地方政府可能已过度负债，而这其中的大部分是地方政府以土地资源作为抵押所形成的。这种以土地抵押贷款来筹集财政收入的方式具有其不可持续性：一旦不能继续征收土地或土地价格走低，政府的土地出让收入就会缩水，便无力偿还土地抵押贷款。另外，土

---

① 我国《土地管理法》第四十七条规定：土地被征补偿给集体组织和农民的土地补偿费和安置补助费的总和不得超过土地被征收前三年平均年产值的三十倍。由此可见，土地转换用途（农业用地转化为工业或商业用地）的增值部分根本没有列入补偿范围。另外，2002 年开始实行的《招标拍卖挂牌出让国有土地使用权规定》中指明：商业、旅游、娱乐和商品住宅等各类经营性用地，必须以招标、拍卖或者挂牌方式出让。这种土地出让方式也是高地价形成的重要制度原因。在两种制度和合力下，地方政府可以从低价的土地征收与高价的土地出让中获取巨额财政收入。

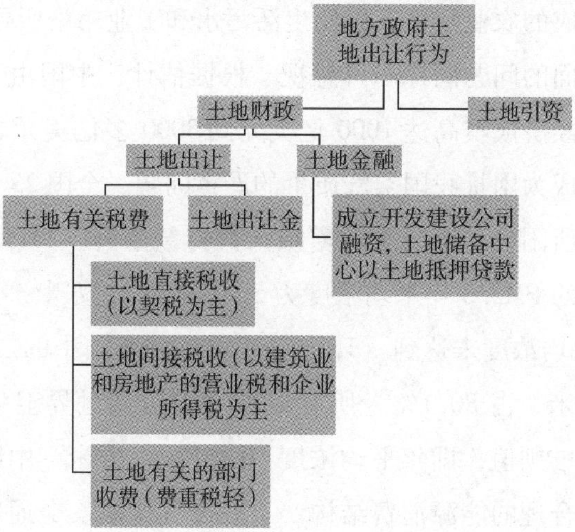

图4　中国地方政府的土地财政

资料来源：笔者根据相关文献自行整理。

地收入的减少会导致财政收入的减少，使得基础设施建设规模缩小，从而进一步导致财政预算收入减少，那么以财政作为担保的抵押贷款的偿还也会变得困难重重①。

（5）资源粗放利用，城镇污染加剧，发展不可持续

中国传统城镇化在发展的过程中，较少考虑环境污染与资源消耗的成本，虽然在短时间内实现了城镇化水平的提高与经济增长，但却造成了严重的资源环境问题，具体表现在水资源与空气资源的污染、耕地资源的流失、农业生态环境恶化以及城市拥堵等几个方面。随着环境成本的不断提升，粗放式的传统城镇化道路亟须转型。

目前，中国主要水系干流水质状况较差，松花江、淮河、海河以及辽河绝大部分水质在三类以下；大型淡水湖泊（水库）和城市湖泊水质普遍较差，重点评价湖泊不同程度上都存在水体营养化的现象，主要由氮、磷污染引起。大面积的严重水污染状况主要是由牲畜和家禽的养殖以及大量

① 周飞舟．生财有道：土地开发和转让中的政府和农民[J]．社会学研究，2007(1)：49－82.

使用化肥农药造成的农业污染，以及生活污水和工业污染所导致的①。

空气污染方面的问题同样不可忽视。根据估计，中国由于空气污染带来的健康损害的经济成本高达1000亿美元到3000多亿美元之间。2013年以来，雾霾逐渐成为困扰我国空气质量的严重问题，全国25个省100多个大中城市被雾霾所困扰，全国平均雾霾天数持续攀升。2015年数据显示：全国366座城市的PM2.5年平均浓度为50.2微克/立方米，其中293座城市的PM2.5年平均浓度未达到《环境空气质量标准》中的二级浓度限值，即35微克/立方米，占80.1%。所有城市均未达到世界卫生组织设定的PM2.5空气质量准则值，即年平均浓度10微克/立方米。中国造成空气污染的主要有：不合理的能源消费结构、工业废气排放、交通废气排放以及生活污染等，其中工业污染和交通污染占其中的主要因素。

同时，随着城市建设用地的不断扩张，我国耕地资源流失严重。全国土地利用数据预报结果显示，截至2015年年末，全国耕地面积为20.25亿亩，年内减少耕地面积达到99万亩，逐渐逼近18亿亩耕地红线，对于保障我国粮食安全产生严重威胁。另外，受到来自城镇工业“三废”和城市生活污水垃圾等多种污染的压力，我国农业生态环境恶化问题加剧。近年来，农业环境污染事故中大气污染占比为40%左右，农业水污染也日益严重，约有50%左右的地表水不符合灌溉水质标准。在城市内部，传统城镇化带来的环境问题同样严重。低密度的城市蔓延造成城市交通拥堵，提高了基础设施供应成本，供暖、供水的低效率导致了能源资源与水资源的浪费。在一些特大城市，由于人口数量膨胀，生活垃圾处理落后，“垃圾围城”现象十分严重。

三、新型城镇化的路径及其进展

随着中国进入全面建成小康社会的决定性阶段，如何深入推进城镇化建设、提高城镇化质量成为一个重要课题。2003年10月召开的党的十六

---

① 资料来源于《中国环境统计年鉴2016》。

大提出了坚持“走中国特色的城镇化道路”，这是“新型城镇化”的概念萌芽，同时也提出了大中城市与小城镇协调发展的建设思路。2005 年 10 月召开的党的十六届五中全会通过的《中共中央关于制定国民经济和社会发展第十一个五年规划的建议》中首次提出将“新型城镇化”作为“新四化”的核心内容，这一论述将“新型城镇化”置于了国家战略层面。2012 年 11 月召开的党的十八大提出“坚持走中国特色新型工业化、信息化、城镇化、农业现代化道路，促进工业化、信息化、城镇化、农业现代化同步发展”。此后，“新型城镇化”作为中国经济建设的核心目标之一，成为推动经济持续稳定发展的重要动力。

（一）新型城镇化的内涵

（1）高效的城镇化

一方面，发挥城镇化的产业集聚和产业升级效应，提高生产要素配置效率，充分发挥城镇化对于经济增长的带动作用。深化土地、资本和劳动力要素市场的全面改革，推动要素向生产率水平高的城镇地区集聚，从而充分发挥城镇化的产业集聚和产业升级效应，提高生产要素利用效率和配置效率。转变经济增长的动力源泉，实现经济增长由投资驱动向消费驱动转型，提高城市创新水平。形成合理高效的城市产业结构，为中国经济提供长期持续的增长动力。

另一方面，发挥中心城市的辐射带动作用，以城市群为主体构建大中小城市和小城镇协调发展的城镇格局。城市群是中国推进城镇化的主体形态。在城市群内部，首先应发挥中心城市的集聚辐射作用，大、中、小城市之间应根据自身比较优势推进主导产业和特色产业发展，在协作过程中形成一种横向和纵向的城市间分工关系。建立完善各城市协调发展机制，以城市群为主要平台，科学规划城市空间格局，推动跨区域城市间产业分工、基础设施、环境治理等协调联动，实现城市群一体化发展。在此基础上，逐步形成以城市群为主体、大中小城市和小城镇协调发展的城镇格局。

（2）包容的城镇化

包容性城镇化基于以下两个原则：一是保证人员的自由流动；二是实现跨地区均等享受基本公共服务[①]。

一方面，应按照“存量优先、带动增量、分步推进”的原则统筹推进户籍制度改革和基本公共服务均等化，有序推进农业转移人口市民化，破除城市内部的二元结构。

另一方面，应促进城乡融合发展，加快形成以工促农、以城带乡、工农互惠、城乡一体的新型工农城乡关系，破除城乡二元结构。构建统一的城乡金融、劳动力和建设用地市场，推进城乡要素平等交换和公共资源均衡配置。加快转变农业发展方式，不断提升农业现代化发展水平，加强农产品流通体系和市场体系建设，提高农业综合生产能力。实施乡村振兴战略，促进城乡融合发展。

（3）绿色的城镇化

一方面，应将生态文明理念全面融入城市发展，创建绿色生产方式、生活方式和消费方式。转变经济发展模式，促进产业优化升级，发展资源密集度更低和能效更多的高科技产业。通过技术创新降低资源损耗，提升资源利用效率。减少能耗高、效率低的煤、石油等传统能源的挖掘和利用，提高新型能源在能源消费结构中的比重，改善能源消费结构。

另一方面，加强城镇环境的改善保护，强化激励和问责机制，提高环境可持续性政策在城镇化进程中的影响力和效力。提高环保部门执法能力，改善地方官员政绩评估体系，增强社会公众参与程度。开展区域联防联控联治，扩大城镇生态空间，促进城镇低碳宜居发展，提高城镇可持续发展能力[②]。

（二）新型城镇化的实践进展

党的十八大以来，中央统筹推进新型城镇化建设，中国城镇化发展质

① 国务院发展研究中心，世界银行．推进高效、包容、可持续的城镇化［M］．北京：中国发展出版社，2014：199－200.

② 《国家新型城镇化规划（2014—2020年）》。

量显著提升。表3梳理了党的十八大以来中央关于新型城镇化的表述。

表3　十八大以来中央关于新型城镇化的政策文件

时间	政策文件	政策要点
2012. 11	《十八大报告》	提出坚持走中国特色新型工业化、信息化、城镇化、农业现代化道路，增强中小城市和小城镇发展、公共服务、吸纳就业和人口聚集功能。加快改革户籍制度，有序推进农业转移人口市民化，努力实现城镇基本公共服务常住人口全覆盖
2012. 12	中央经济工作会议	着力提高城镇化质量，构建科学合理的城镇格局，大中小城市和小城镇、城市群要合理布局。切实有序推进农业转移人口市民化，把生态文明理念和原则全面融入城镇化全过程，走集约、智能、绿色、低碳的新型城镇化道路
2013. 12	中央经济工作会议	着力提高城镇化质量，构建科学合理的城镇格局，大中小城市和小城镇、城市群要合理布局。切实有序推进农业转移人口市民化，把生态文明理念和原则全面融入城镇化全过程，走集约、智能、绿色、低碳的新型城镇化道路
2013. 12	中央城镇化工作会议	指出未来的城镇化建设要坚持以人为核心、合理优化布局、坚持生态文明，切实提升城镇化发展质量和资源利用效率，“稳中求进，积极稳妥”地推进新型城镇化的建设工作
2014. 03	《国家新型城镇化规划》	指出有序推进农业转移人口市民化，优化城镇化布局和形态，提高城市可持续发展能力，切实推进城乡发展一体化，完善城镇化发展体制机制，努力实现2020年常住人口城镇化率要达到60%左右，户籍人口城镇化率达到45%左右的既定目标
2015. 12	中央经济工作会议	指出2016年要重点落实提高户籍人口城镇化率和深化住房制度改革，允许农业转移人口在就业地落户，逐步建立购租并举的住房制度
2015. 12	中央城市工作会议	指出推动以人为核心的城镇化，有效化解各种“城市病”，不断提升城市的规划水平，提高城市建设水平，推进绿色城市的建设和发展，不断提升城市管理水平，以实施居住证制度为抓手推动城镇常住人口基本公共服务均等化
2016. 2	《关于深入推进新型城镇化建设的若干意见》	进一步深化实施《国家新型城镇化规划（2014—2020年）》，着力解决仍然存在农业转移人口市民化进展缓慢、城镇化质量不高、对扩大内需的主动力作用没有得到充分发挥等问题

续表

时间	政策文件	政策要点
2016.3	《国务院批转发改委关于2016年深化经济体制改革重点工作意见的通知》	建立健全"人地钱"挂钩机制，推动居住证制度尽快落实，抓好中小城市的综合试点工作，逐步将一些特大镇发展为中小城市，健全城乡和跨区域公共交通衔接机制
2016.6	《"十三五"规划纲要》	指出坚持以人的城镇化为核心，以城市群为主体形态，以城市综合承载能力为支撑,，以体制机制创新为保障，加快新型城镇化步伐，努力缩小城乡发展差距，推进城乡发展一体化
2016.12	中央经济工作会议	指出继续扎实推进以人为核心的新型城镇化，促进农民工市民化。落实人地挂钩政策，根据人口流动情况分配建设用地指标。特大城市要加快疏解部分城市功能，带动周边中小城市发展

资料来源：笔者根据公开资料整理。

（1）城市规模不断扩大，城市化水平不断提高

第一，城市数量不断增加，城市面积不断扩大。2012—2015年，中国的地级市不断增加，县级市数量则有所缩减，2016年分别达到278个和369个，其中400万以上人口的城市数量保持稳定，大中城市的数量稳定增加，小城市的数量保持基本稳定。同时，建制镇的数量从2012年的19881个增加到2016年的20883个（见表4）。总体来看，中国的城镇结构不断优化，摒弃了以往偏重于中小城镇建设、抑制大城市发展的城镇化建设思路，科学贯彻了促进大中小城市和小城镇协调发展的城镇化战略。此外，城市建成区的面积也在稳定增加，到2016年年底已经达到54331.5平方千米，"土地城镇化"的进程依旧迅速。城市规模不断扩大，城市空间格局也不断优化，在城市结构布局日益合理的基础上推进城镇化的空间效应不断强化，从而为城市的产业发展奠定了基础。

表4　2012—2016年我国城市数量和规模的演进

年份	2012	2013	2014	2015
地级市/个	270	271	273	276
县级市/个	368	368	361	361
年末400万以上城市	14	14	17	15

续表

年份	2012	2013	2014	2015
200万~400万	31	33	35	38
100万~200万	82	86	91	94
50万~100万	108	103	98	92
20万~50万	50	52	47	49
20万以下	4	2	4	7
建成区面积（平方千米）	45565.8	47855.3	49772.6	52102.3

数据来源：《中国统计年鉴2017》。

第二，城市人口不断增加，城市化水平不断提高。如图5所示，中国的城镇化率从2012年的52.57%上升到2016年的57.4%，城镇化水平快速提升。依据《国家新型城镇化发展报告（2014—2020年）》，我们估算出了中国户籍人口城镇化率由2012年的35.3%上升到2016年的41.53%，户籍城镇化率与常住人口城镇化率的差距在此期间缩小了1.4%，这表明农业转移人口市民化水平不断提升，切实提高了中国的城镇化质量。

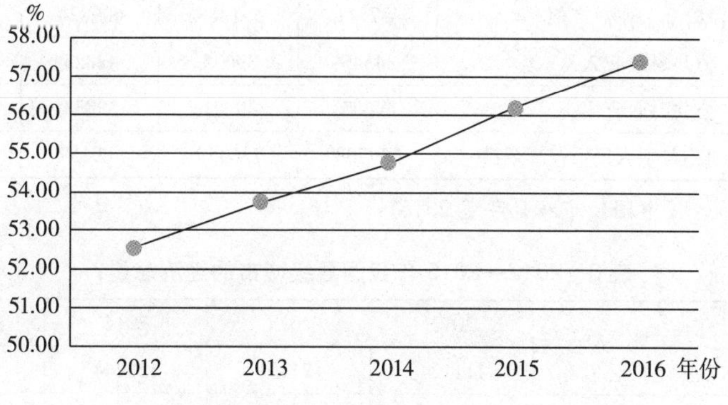

图5　2012—2016年中国城镇化率演进趋势

数据来源：《中国统计年鉴2017》。

第三，逐步实现从传统的省域经济和行政区经济向城市群经济过渡。据统计，京津冀、长三角和珠三角三大城市群以5.2%的国土面积集聚了23.0%的人口，创造了39.4%的国内生产总值。党的十八大以来，通过巩固中心城市的核心地位，推动以中心城市为增长极的城市群发展显著地增强了城市的聚集效应和扩散效应，在继续深化大城市经济建设的同时带动中小城市以及其他小城市群的经济建设，城市群对全国城镇化建设的辐射带动作用不断增强。

（2）城市经济实力显著增强，发展方式加快转变

城市经济规模不断扩大。随着新型城镇化的不断深化，中国地级以上城市的生产总值从2012年的327382亿元增加到2015年的428359亿元（见表5），相应的公共财政收入和支出也随之大幅增加（见表6），为加强公共设施建设和增加公共服务供给提供了条件。与此同时，中国县级城市的经济规模也在迅速扩大，生产总值、规模以上工业总产值以及居民储蓄存款都实现了明显增加，县级城市同地级以上城市一起构成中国经济发展的重要增长中心。

表5　2012—2015年我国地级以上城市经济总量　　单位：亿元

	2012	2013	2014	2015
地级以上城市地区生产总值	327382	363325	396268	428359
规模以上工业总产值	497711	551888	609824	611754
公共财政收入	34545	39635	42823	48671
公共财政支出	44652	49571	53833	66851
年末金融机构各项人民币存款余额	659708	736459	789157	994940

数据来源：《中国城市统计年鉴2016》。

表6　2012—2015年我国县级城市的经济总量　　单位：亿元

	2012	2013	2014	2015
县级城市地区生产总值	111124	121791	126244	128704
规模以上工业总产值	197852	222799	232900	235145
年末居民储蓄存款余额	58629	67038	72142	78410

数据来源：《中国城市统计年鉴2016》。

城市产业结构进一步优化。随着经济总量的不断扩大，城市产业结构也不断地趋于合理，产业结构高级化和合理化程度不断提升。地级以上城市和县级城市的第一产业比重都在10%左右的水平保持缓慢下降，第二产

业比重则出现了更为明显的下降趋势，第三产业比重始终保持稳定的上升趋势（见图6、图7），产业结构不断转型升级。其中，县级城市因为经济发展水平较低，尽管第三产业快速发展，然而第二产业仍旧占据主导地位。在地级以上城市中，第三产业产值和就业人数比重不断增加，并逐渐居于主导地位。

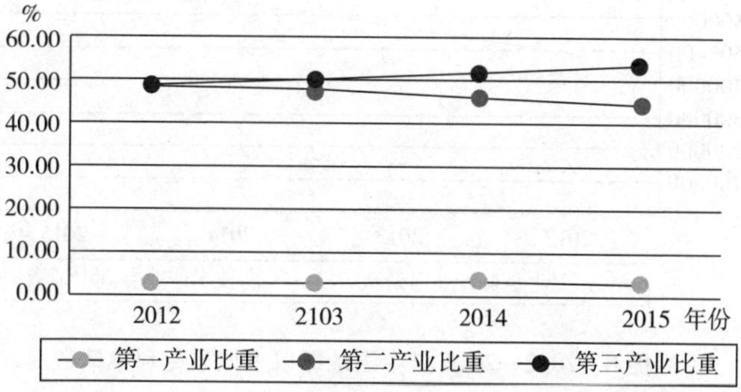

图6　2012—2015年中国地级以上城市三大产业比重

数据来源：《中国城市统计年鉴2016》。

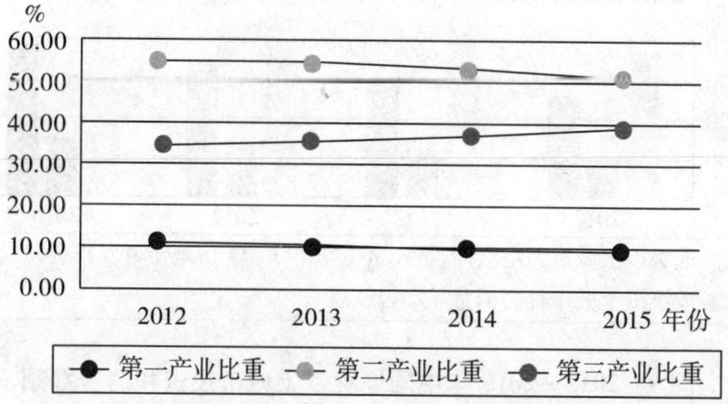

图7　2012—2015年中国县级城市三大产业比重

数据来源：《中国城市统计年鉴》。

随着城镇化的不断推进和产业结构的不断优化，城市地区的科技水平也在不断提升。2012—2015年，工业企业和高科技产业的专利申请数量逐渐增加，企业创新能力不断增强。通过技术创新和技术转化，企业的生产效率随之提升，进一步增强了企业竞争力。2015年高技术产业和工业企业的专利申请数分别达到158463个和638513个，较2012年分别增加30642

个和148568个（见图8）。工业企业的专利申请在数量和增加速度上都优于高新技术产业，反映了中国城市地区的工业企业依旧占据主导地位，工业企业的技术创新水平依旧保持在较高水平，而高新技术产业的发展还有待加强。

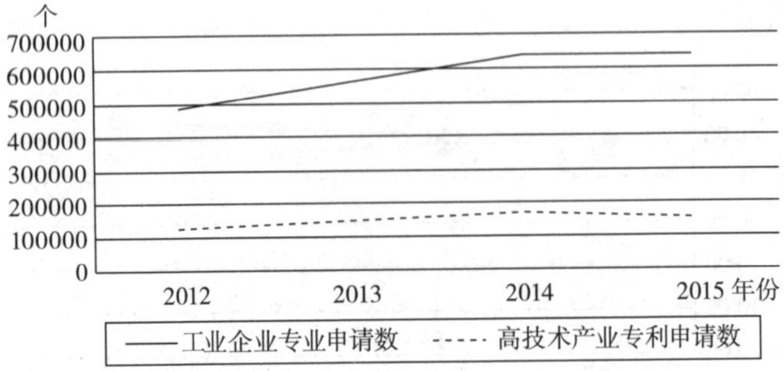

图8 2012—2015年中国地级以上城市专利申请数

数据来源：《中国城市统计年鉴》。

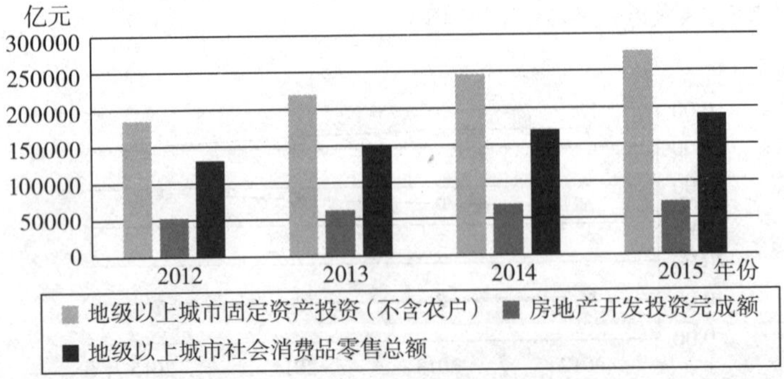

图9 2012—2015年中国地级以上城市投资和消费数额

数据来源：《中国城市统计年鉴2016》。

消费逐渐成为带动城市经济发展的主要动力。党的十八大以来，城市的固定资产投资和房地产开发投资持续增加，投资驱动仍旧是带动城市经济增长的关键动力。但是相较而言，地级以上城市社会消费品零售总额的增加更为明显，2015年的城市社会消费品零售总额较2012年增长了45.7%，年均增长13.3%（见图9），消费对于城市经济长期持续发展的贡献正在不断提升，城市经济增长源泉正在由传统的投资和出口向潜力更为巨大的消费转型，通过经济增长动力的转型，为经济的长期发展提供了更为强大和稳定的推力。同时，2014 年县级城市的固定资产投资和房地产投资额分别达到 85434 亿元和 10775 亿元，较 2012 年分别增加 26409 亿元和2791 亿元，增长幅度较大。社会消费品零售总额从 2012 年年底的 33445 亿元增加到 2014 年的 41664 亿元，年均增长 12%。

（3）城市基础设施不断完善，公共服务能力明显提升

公共交通设施规模不断扩大，城市基本生活资料保障程度不断增强。城市交通建设是推动城镇化进程和城市经济不断发展的重要因素，随着城市经济规模和财政收支规模的不断扩大，城市的公共交通设施建设规模也随之扩大。城市公路里程和道路面积不断增加，其中轨道交通在 2015 年年底达到 3730 千米，较 2012 年增加了 63.7%。同时，水、电、气等城市居民基本生活资料的供给水平也在不断提高。城市的基础设施覆盖水平不断提高，基本生活资料保障程度不断增强，保障了城市人民生活和经济的长期稳定运行。此外，城市的科教文卫支出也在逐年扩大，医疗和教育等社会服务设施的覆盖面积也在不断增加，其中，文化体育和传媒支出、医疗卫生支出在 2015 年年底分别达到了 1267 亿元和 1486 亿元。党的十八大以来的城镇化建设不断地将“城镇化是以人为本的城镇化”这一建设原则作为基本理念，将提高城镇人民生活水平、满足城镇人民不断增长的物质文化需求作为城镇化建设的根本目的，进一步提高了城镇化质量。

党的十八大以来，城市人均可支配收入从 2012 年的 42127 元增加到 2016 年的 33616 元，年均增长 6.5%。城市恩格尔系数在 2016 年降到了 29.3%。在城市消费水平不断提升的同时，消费结构也在不断改善，居民生活水平不断提高。同时，社会保障和就业支出、住房保障支出等社会保障指标也在不断提高，在 2015 年年底分别达到 7102 亿元和 2222 亿元。社会保障覆盖面逐渐扩大，在养老、医疗、就业和住房等社会保障方面不断地完善其制度体系建设和基础硬件设施建设。户籍城镇化与常住人口城镇化之间的差距逐渐缩小，社会保障和公共服务在城镇常住人口中的覆盖面不断扩大。

表 7　2012—2015 年我国地级以上城市基础设施和公共服务规模

	2012	2013	2014	2015
城市道路面积/亿平方米	46.4	51.2	54.0	55.1
每万人拥有公共汽车数/辆	9.38	10.1	9.98	10.7
地级以上城市供水总量/亿吨	444	468	477	473
供气总量/亿立方米	710	1021	880	934
科学技术支出/亿元	1418	1646	1802	2176
教育支出/亿元	7686	8013	8487	10077

数据来源：《中国城市统计年鉴 2016》。

（4）城市人居环境不断改善

党的十八大以来的“新型城镇化”建设，坚持把生态文明理念和原则全面融入城镇化全过程，走集约、智能、绿色、低碳的新型城镇化道路，切实推进“宜居城市”的建设，提升城市的可持续发展能力。2016 年中国城市的节能环保支出达到 2085 亿元，工业废水和污染物的排放量逐年递减，城市污水处理率和生活垃圾无害化处理率则明显上升，绿地建设面积也在不断增加（见表 8）。2015 年城市建成区绿化覆盖率达到了 40.1%。在此基础上，城市的生态环境不断优化，城市居民的生活环境质量不断提升，切实提高了居民的健康水平，不断地满足了城市居民对于美好生活环境的追求。

表 8　2012—2015 年中国地级以上城市环境质量的变化

	2012 年	2013 年	2014 年	2015 年
工业废水排放量/亿吨	209	205	195	191
工业二氧化硫排放量/万吨	1713	1653	1586	1413
城市污水处理率（%）	87.3	89.3	90.2	91.9
城市生活垃圾无害化处理率（%）	84.8	89.3	91.8	94.1
城市绿地面积/万公顷	187	197	208	215

数据来源：《中国城市统计年鉴 2016》和《中国环境统计年鉴 2016》。

参考文献

[1]蓝庆新,刘昭洁,彭一然. 中国新型城镇化质量评价指标体系构建及评价方法——基于2003—2014年31个省市的空间差异研究[J]. 南方经济,2017(1).

[2]周飞舟,王绍琛. 农民上楼与资本下乡:城镇化的社会学研究[J]. 中国社会科学,2015(1).

[3]国务院发展研究中心和世界银行联合课题组. 中国:推进高效、包容、可持续的城镇化[J]. 管理世界,2014(4).

[4]魏后凯. 中国城镇化进程中两极化倾向与规模格局重构[J]. 中国工业经济,2014(3).

[5]黄祖辉,邵峰,朋文欢. 推进工业化、城镇化和农业现代化协调发展[J]. 中国农村经济,2013(1).

[6]"城镇化进程中农村劳动力转移问题研究"课题组. 城镇化进程中农村劳动力转移:战略抉择和政策思路[J]. 中国农村经济,2011(6).

[7]刘爱梅. 我国城市规模两极分化的现状与原因[J]. 城市问题,2011(4).

[8]白永秀,王颂吉. 由"被动城市化"到"主动城市化"——兼论城乡经济社会一体化的演进[J]. 江西社会科学,2011(2).

[9]周飞舟. 生财有道:土地开发和转让中的政府和农民[J]. 社会学研究,2007(1).

[10]王颂吉. 中国城乡双重二元结构研究[M]. 北京:人民出版社,2016.

[11]国家新型城镇化规划[M]. 北京:人民出版社,2014.

[12]国务院发展研究中心. 中国:推进高效、包容、可持续的城镇化[M]. 北京:中国发展出版社,2014.

[13]魏后凯. 走中国特色的新型城镇化道路[M]. 北京:社会科学文献出版社,2013.